Ulrike Hensel

Hochsensibilität verstehen und wertschätzen

www.junfermann.de

blogweise.junfermann.de

www.facebook.com/junfermann

twitter.com/junfermann

www.youtube.com/user/Junfermann

www.instagram.com/junfermannverlag

ULRIKE HENSEL

HOCHSENSIBILITÄT VERSTEHEN UND WERTSCHÄTZEN

MIT AUSFÜHRLICHEM FRAGEBOGEN „BIN ICH HOCHSENSIBEL?"

2., überarbeitete Auflage

Junfermann Verlag
Paderborn
2018

Copyright	© Junfermann Verlag, Paderborn 2018
	Die erste Auflage erschien 2013 unter dem Titel *Mit viel Feingefühl: Hochsensibilität verstehen und wertschätzen.*
Coverfoto	© Ulrike Hensel
Covergestaltung / Reihenentwurf	JUNFERMANN Druck & Service GmbH & Co. KG, Paderborn
Satz & Layout	JUNFERMANN Druck & Service GmbH & Co. KG, Paderborn
	Alle Rechte vorbehalten. Das Werk einschließlich aller seiner Teile ist urheberrechtlich geschützt. Jede Verwendung außerhalb der engen Grenzen des Urheberrechtsgesetzes ist ohne Zustimmung des Verlages unzulässig und strafbar. Dies gilt insbesondere für Vervielfältigungen, Übersetzungen, Mikroverfilmungen und die Einspeicherung und Verarbeitung in elektronischen Systemen.
Bibliografische Information der Deutschen Nationalbibliothek	Die Deutsche Nationalbibliothek verzeichnet diese Publikation in der Deutschen Nationalbibliografie; detaillierte bibliografische Daten sind im Internet über http://dnb.d-nb.de abrufbar.

ISBN 978-3-95571-827-5
Dieses Buch erscheint parallel als E-Book.
ISBN 978-3-87387-913-3 (EPUB), 978-3-95571-267-9 (PDF), 978-3-95571-266-2 (MOBI).

Inhalt

Vorwort zur 2. Auflage 7
Einstieg 9

1.	**Hochsensibel?**	13
1.1	Sind Sie hochsensibel?	15
1.2	Ist Ihr Gegenüber hochsensibel?	22
1.3	Differenzen erkennen und ausgleichen	29
2.	**Was bedeutet Hochsensibilität?**	31
2.1	Der Begriff Hochsensibilität	31
2.2	Eine in der Erbanlage begründete Wesensart	37
2.3	Sensibles Wahrnehmen mit allen Sinnen	42
2.4	Sensibilität in hohem Maße	48
2.5	Belastung und Befähigung	55
2.6	Facetten der Hochsensibilität	61
2.7	Das weite Feld der Spiritualität	66
2.8	Hochsensible müssen gut für sich sorgen	71
3.	**Hochsensibel als Kind in der Familie**	73
3.1	Früher Kind, jetzt Mutter oder Vater	73
3.2	Geringes Selbstwertgefühl, mangelndes Zugehörigkeitsgefühl	75
3.3	Erschüttertes Vertrauen	76
3.4	Die Last schwieriger Familienverhältnisse	78
3.5	Reflexion und Neubewertung der Vergangenheit	83
3.6	Was brauchen hochsensible Kinder?	86
3.7	Hilfreiche Konzepte für eine feinfühlige Erziehung	90
3.8	Das Selbstwertgefühl stärken	95
3.9	Empfindungen achten und aufrichtig sein	98
3.10	Überreizung so gut es geht reduzieren	101
3.11	Liebevoll Hürden überwinden helfen	104
3.12	Herausforderung Schule	107
3.13	Hochsensibilität hat dem Kind viel zu bieten	110

4.	**Hochsensibel im Freundeskreis**	111
4.1	Hochsensible finden Erfüllung in engen Beziehungen	112
4.2	Hochsensible sind begehrte Freunde	114
4.3	Schwierigkeiten Hochsensibler mit Freundschaften	116
4.4	Es geht um Konfliktfähigkeit, nicht um Konfliktlosigkeit	119
4.5	Sich Raum nehmen und Grenzen setzen	126
4.6	Die Balance finden zwischen Alleinsein und In-Gesellschaft-Sein	128
4.7	Mit Freunden über die Hochsensibilität sprechen	132
4.8	Freundschaften wandeln sich im Laufe der Zeit	137
5.	**Hochsensibel in der Partnerschaft**	141
5.1	Partnerschaft zwischen Wunsch und Wirklichkeit	141
5.2	Eine Partnerschaft zwischen zwei Hochsensiblen	156
5.3	Eine Partnerschaft zwischen einem hochsensiblen und einem nicht-hochsensiblen Partner	165
5.4	Das A und O in der Partnerschaft: Kommunikation	180
6.	**Hochsensibel im Beruf**	183
6.1	In Bedrängnis durch die moderne Berufswelt	184
6.2	Beruf – Berufung	188
6.3	Hochsensibel im Angestelltenverhältnis	207
6.4	Hochsensibel in der Selbstständigkeit	222

Zum Schluss	233
Fragenkatalog „Bin ich hochsensibel?"	235
Literatur	245

Vorwort zur 2. Auflage

Ich freue mich sehr, dass dieses Buch, das 2013 unter dem Titel *Mit viel Feingefühl – Hochsensibilität verstehen und wertschätzen* erschien, nun in die 2. Auflage geht. Der Titel wird dabei aufs Eigentliche reduziert: *Hochsensibilität verstehen und wertschätzen*. Das passt bestens. Denn ich beschreibe und erkläre das Phänomen Hochsensibilität von Grund auf, sodass ein tief greifendes Verstehen möglich wird. Und ich lege nicht nur die möglichen Schwierigkeiten dar, sondern auch die mit der Hochsensibilität verbundenen Begabungen und Befähigungen, was eine nachhaltige Wertschätzung fördert.

Sehr gern habe ich das Manuskript sorgfältig überarbeitet und ergänzt. So ist jetzt auch hier der ausführliche, von mir für das Buch *Hochsensible Menschen im Coaching* zusammengestellte Fragenkatalog „Bin ich hochsensibel?" aufgenommen worden. Dass ich an mehreren Stellen Persönliches von mir erzähle und andere hochsensible Menschen zu Wort kommen lasse, gefällt mir nach wie vor gut, weil es Authentizität und Lebendigkeit ins Buch bringt.

Mein Herzensanliegen war und ist, hochsensiblen Menschen zu helfen, sich in ihrer Wesensart immer mehr anzunehmen und zunehmend im Einklang damit zu leben. In meinen Coachings, Workshops und Gesprächsgruppen konnte ich über die Jahre feststellen, dass die Selbstannahme sich nicht mit einem Mal verbessert, sondern in einem Entwicklungsprozess, der seine Zeit braucht. Aus dieser Erfahrung heraus lautet mein Appell an Sie, liebe hochsensible Leserinnen und Leser: Seien Sie geduldig und nachsichtig mit sich (natürlich auch mit anderen!), zugleich aber auch entschlossen und beharrlich, die Veränderungen auf den Weg zu bringen, die notwendig sind, damit Sie ein gesundes und zufriedenes Leben führen können.

Als ich dieses Buch schrieb, war mir wichtig, die Außenperspektive mit einzubeziehen. Das ist in der Überarbeitung erhalten geblieben, wenngleich es dafür mittlerweile ein weiteres Buch von mir gibt: *Hochsensible Mitmenschen besser verstehen – Unterstützung für Partner, Familienangehörige, Freunde, Kollegen und Vorgesetzte*. Ich kann einfach nicht genug betonen, wie sehr es auf ein respektvolles, wohlwollendes Miteinander ankommt, auf eine Kommunikation, die von wechselseitiger Akzeptanz und Wertschätzung getragen ist.

Aidlingen, im Juli 2018 *Ulrike Hensel*

Einstieg

Es gibt eine Reihe von idiomatischen Redewendungen, die für hochsensible Menschen verwendet werden: Sie haben eine „dünne Haut", sind „zart besaitet", reagieren „wie eine Mimose", „hören das Gras wachsen", „sehen Gespenster", „lesen Gedanken von der Stirn ab", „haben einen guten Riecher", bekommen mit, wenn etwas „in der Luft liegt", empfinden „einen bitteren Beigeschmack", vieles „geht ihnen auf die Nerven". Was steckt hinter dem, was sich auch von außen beobachten lässt und so oder ähnlich kommentiert wird? Dazu gibt es eine Menge zu sagen – und genau das habe ich mir mit diesem Buch zur Aufgabe gemacht! Ich möchte für Sie als Leser meinen Weg der Erkenntnis nachvollziehbar und mein Wissen über Hochsensibilität verständlich machen, um Ihnen erhellende und hilfreiche Einsichten zu ermöglichen.

Schon immer habe ich mich für Psychologie und Lebenshilfe interessiert. Mit Ende 30 war ich in einer Gesprächstherapie, um persönliche Probleme zu überwinden. Später besuchte ich Workshops und Seminare für Selbsterfahrung und Selbstfindung, rang um ein stabiles Selbstwertgefühl, um Authentizität und um einen stimmigen Kontakt zu anderen – voller Sehnsucht nach innerem Frieden und Zufriedenheit. Mit einigem Erfolg, aber eine wichtige Information fehlte noch, etwas blieb unerklärlich. Das Puzzleteil, ohne das das Selbstbild einfach nicht vollständig werden konnte, fand ich erst im Alter von 50 Jahren: Ich bin hochsensibel.

Das war 2006. Seitdem hat mich das Thema Hochsensibilität nicht mehr losgelassen. Bei allen Weiterbildungen im Bereich der Typologie, der Kommunikation, der Konfliktbewältigung, der Beziehungsgestaltung und der Coaching-Interventionen konnte ich Querverbindungen herstellen und mit Freude erkennen, dass etliche Ansätze gerade für Hochsensible wunderbar geeignet sind – wie zum Beispiel die „Gewaltfreie Kommunikation" nach Marshall B. Rosenberg.

In der Einleitung des Buchs *Gewaltfreie Kommunikation: Eine Sprache des Lebens* erklärt Rosenberg: „Ich nenne diese Methode Gewaltfreie Kommunikation und benutze den Begriff Gewaltfreiheit im Sinne von Gandhi: Er meint damit unser einfühlendes Wesen, das sich wieder entfaltet, wenn die Gewalt in unseren Herzen nachlässt. Wir betrachten unsere Art zu sprechen vielleicht nicht als ‚gewalttätig', dennoch führen unsere Worte oft zu Verletzung und Leid – bei uns selbst oder bei anderen." Meine Grundhaltung, die sicher auch in diesem Buch spürbar wird, ist stark vom Gedankengut der Gewaltfreien Kommunikation geprägt.

Seit 2010 biete ich ein Coaching speziell für hochsensible Menschen an. Mit Hochsensiblen zu arbeiten ist für mich sehr erfüllend. Da ist so viel intuitives Verstehen, eine gemeinsame Basis des Empfindens – bei allen Unterschiedlichkeiten in der Persönlichkeit, der Lebensgeschichte, den individuellen Ansichten.

Ich habe selbst lernen müssen, mich im Leben mit meiner Hochsensibilität zurechtzufinden, meine Wesensart zu akzeptieren und wertzuschätzen und die damit verbundenen Gaben privat wie beruflich gut zu nutzen. Es ist ein andauernder Prozess des Lernens, Erfahrens und Gestaltens.

Es macht mich froh, wenn ich dazu beitragen kann, dass Hochsensible aufhören, sich verkehrt zu fühlen, sich grundlegend infrage zu stellen, sich permanent zu überfordern und sich mit ihren Fähigkeiten zurückzuhalten; wenn ich sie darin unterstützen kann, dass sie sich besser verstehen und besser so annehmen können, wie sie sind, dass sie ihrer Hochsensibilität vermehrt angenehme Seiten abgewinnen und Schwierigkeiten souveräner meistern können.

Schließlich wurde das Thema Hochsensibilität für mich so zentral, dass der Gedanke, darüber ein Buch zu schreiben, aufkam und groß wurde. Bis dahin hatte ich mich mit Sachbüchern als freie Lektorin befasst, jetzt stand es an, selbst Autorin zu werden – eine unheimlich große Herausforderung. In Gesprächen mit Herrn Dr. Dietrich, dem Verlagsleiter des Junfermann Verlags, wurde das Buchprojekt schließlich konkret und nahm die vorliegende Form an. Danke an Herrn Dr. Dietrich für seine Aufgeschlossenheit gegenüber dem für den Verlag gänzlich neuen Thema und seine konstruktive Unterstützung!

Meine Kenntnisse und Erkenntnisse über Hochsensibilität und damit verbundene Themen beziehe ich aus dem intensiven Lesen, Auswerten und Verknüpfen von zahlreichen Büchern und Internet-Informationsquellen, der reflektierten Erfahrung mit mir selbst, dem regen Austausch mit Experten, vielen persönlichen Gesprächen und Mail-Dialogen mit Hochsensiblen, den Einblicken aus Gesprächskreisen für Hochsensible, die ich moderiert habe, und aus meinen Coachings.

Teil der Recherche war, dass ich einen Kreis von hochsensiblen Interviewpartnern aufbaute. Ihnen durfte ich immer wieder per Rundmail aufkommende Fragen stellen und sie sandten mir unermüdlich ihre Antworten und persönlichen Berichte zu. Ich wurde dadurch noch kundiger und das Buch ist durch ihre Beiträge belebt worden. Ein dickes Dankeschön an sie! Darüber hinaus gilt mein herzlicher Dank einfach allen, die mich ermutigt, inspiriert und mit ihrem Wissen und ihren Feedbacks zum Text tatkräftig unterstützt haben!

Das vorliegende Buch ist für Menschen, die auf das Thema Hochsensibilität aufmerksam wurden, die wissen oder vermuten, dass sie hochsensibel sind, und die in der Tiefe verstehen möchten, was es mit dieser hohen Sensibilität auf sich hat, was alles damit verbunden ist und wie man in den verschiedenen Lebensbereichen gut damit leben kann.

Ich verstehe jeden, der nach einfachen und schnellen Lösungen sucht. Aber wer eine Anleitung à la „7 Schritte zum hochsensiblen Glück" oder „Ein dickes Fell im Handumdrehen" erwartet, wird enttäuscht. Ich habe keine Patentlösungen. Ich kann auch nicht wissen, was für einen Einzelnen „das Richtige" ist. Zu individuell sind die Menschen, die Lebenslagen, die praktikablen Handlungsoptionen.

Womit ich dienen kann: mit Einblicken in das Phänomen, mit dem Herstellen von Zusammenhängen, mit Ideen für Veränderung und Entwicklung, mit persönlichen Berichten aus meinem Leben und denen anderer Hochsensibler. Mein Anliegen ist es, Ihnen nützliches Wissen und Inspirationen an die Hand zu geben. Sie leiten daraus für sich ab, was für Sie passt, und gehen eigenverantwortlich Ihren ureigenen Weg.

Auch wenn das Buch in erster Linie für Hochsensible geschrieben ist, richtet es sich nicht nur an sie selbst, sondern auch an die Menschen, die ihnen nahestehen und viel mit ihnen zu tun haben, die mit ihnen zusammentreffen, zusammenleben und zusammenarbeiten und die die Beziehung zu ihnen verbessern möchten. (Anmerkung: Für diesen Personenkreis gibt es mittlerweile ein spezielles Buch, ebenfalls bei Junfermann, nämlich *Hochsensible Mitmenschen besser verstehen: Unterstützung für Partner, Familienangehörige, Freunde, Kollegen und Vorgesetzte.*)

Ich hoffe, mit dem vorliegenden Buch gelingt es mir,
- Sie einzuladen, mit mir Wissenswertes zu ergründen und Erkenntnisse zu gewinnen – und dabei zu differenzieren, zu relativieren und eine gesunde Skepsis walten zu lassen gegenüber jedwedem Schwarz-Weiß-Denken;
- Sie anzuregen, sich über dieses Buch hinausgehend mit den eingebrachten Themen zu beschäftigen, um sich noch mehr Impulse für Ihre persönliche Weiterbildung und Weiterentwicklung zu holen;
- Sie zu ermutigen, Wege in Kommunikation zu beschreiten, die es Ihnen ermöglichen, mit Ihren Mitmenschen in immer besserem Einvernehmen und mit wachsender gegenseitiger Wertschätzung zu leben.

Ich wünsche Ihnen eine aufschlussreiche Lektüre!

Aidlingen, im Oktober 2012 *Ulrike Hensel*

1. | Hochsensibel?

Wenn Sie dieses Buch zur Hand genommen haben, dann vermuten oder wissen Sie von sich, dass Sie hochsensibel sind. Oder Sie haben jemanden im Sinn, der Ihnen wichtig ist und den Sie für hochsensibel halten: Ihr Partner/Ihre Partnerin, Ihr Kind, jemand in Ihrer Familie, in Ihrem Freundes-, Kollegen- oder Mitarbeiterkreis. Auf jeden Fall möchten Sie mehr über dieses Phänomen wissen.

Worum es im Endeffekt geht: Das Sich-Erkennen kann helfen, sich selbst besser zu verstehen, das eigene Leben seinem Wesen entsprechend zu organisieren, belastende Lebensumstände nach Kräften zu verändern, besser mit den schwierigen Seiten der Hochsensibilität zurechtzukommen und mehr von den bereichernden Seiten zu profitieren. Sein Gegenüber als hochsensibel zu erkennen ist eine wichtige Voraussetzung für mehr Verständnis und ein erfreuliches, wertschätzendes Miteinander.

Was genau Hochsensibilität bedeutet, wird im nächsten Kapitel näher ausgeführt. Damit aber schon gleich deutlich wird, wovon die Rede ist, hier schon mal so viel: Unter Hochsensibilität versteht man eine erhöhte Empfindlichkeit gegenüber Reizen aller Art aufgrund einer angeborenen Besonderheit in der Funktionsweise des Nervensystems. Das führt zu einer nuancenreicheren, intensiveren und subtileren Wahrnehmung, einer höheren emotionalen Reaktivität und einer gründlicheren Informationsverarbeitung als bei der Mehrheit der Menschen. Man geht davon aus, dass ungefähr 15 bis 20 Prozent der Menschen hochsensibel sind.

So früh wie möglich möchte ich mit gängigen Vorurteilen aufräumen: Hochsensibilität ist keine Krankheit, keine Störung, kein therapiebedürftiger Zustand, keine Anomalie. Vielmehr ist Hochsensibilität eine Normvariante in der Ausprägung des Nervensystems – mit vielfältigen Auswirkungen.

Beachten Sie: Keinesfalls wird mit dem Merkmal Hochsensibilität eine Persönlichkeit auch nur annähernd vollständig erfasst. Selbst die Eigenheiten, die sich aus der Hochsensibilität ergeben, sind bei jedem Einzelnen ein wenig anders ausgeprägt. Jeder Mensch ist ein Original, einzigartig und wundervoll. Ich kenne viele Hochsensible und kann immer wieder feststellen, wie es einerseits erstaunlich viele Gemeinsamkeiten gibt und andererseits so große Unterschiede. Damit will ich sagen: Bitte reduzieren Sie keinen hochsensiblen Menschen, weder sich selbst noch jemand anderen, auf seine Hochsensibilität!

Die Feststellung, dass jemand hochsensibel ist, „beinhaltet keine Aussage über Extrovertiertheit oder Introvertiertheit, über den Grad an kognitiver und sozialer Intelligenz, über individuelle Charaktereigenschaften. Hochsensible Menschen haben etwas gemeinsam – eben die sehr hohe Sensibilität – und daraus ergeben sich einige Ähnlichkeiten. Jedoch sind sie in erster Linie Individuen und einzigartige Persönlichkeiten, nicht in erster Linie Hochsensible." (Quelle: ↗ http://www.hochsensibel.org/, Website des Informations- und Forschungsverbunds für Hochsensibilität e. V.)

Es gibt kein „Diagnoseverfahren", mit dem Sie zweifelsfrei feststellen könnten, ob Sie hochsensibel sind (wobei der Ausdruck „Diagnose" schon nicht richtig passt, da es sich eben nicht um ein Krankheitsgeschehen handelt). Da und dort – und auch hier! – finden Sie Fragen, die Ihnen mehr oder weniger Klarheit bringen, aber kein absolutes Ergebnis liefern, auch dann nicht, wenn Sie in einem „Test" zu einer Auswertung mit einer bestimmten Punktzahl kommen. Vieles hängt einfach von der eigenen Einschätzung ab; und genau die ist auch die entscheidende.

Der Informations- und Forschungsverbund für Hochsensibilität e. V. (IFHS) ist im Hinblick auf Fragebögen skeptisch und empfiehlt, „eine Weile den Gedanken, eine HSP [= Hochsensible Person] zu sein, quasi versuchsweise ‚mit sich herumzutragen' und nach einiger Zeit zu prüfen, ob sich die Lebensqualität gebessert hat oder man nach anderen Erklärungen für das besondere Lebensgefühl suchen muss." Ich denke: Ein Fragenkatalog kann gut aufzeigen, was üblicherweise mit Hochsensibilität einhergeht, und so zur Selbsterkenntnis führen.

Ebenso wenig wie es einen absolut gültigen Test zur Selbsteinschätzung gibt, gibt es eine zuverlässige Checkliste für andere Personen. Ohnehin sollte es nicht um das Einordnen in eine Kategorie, sondern um eine differenzierte Betrachtung gehen. Nach bestem Wissen habe ich für Sie Fragen und Hinweise zusammengestellt, die Ihnen klären helfen, ob Sie oder derjenige, an den Sie denken, mit einiger Wahrscheinlichkeit zu den Hochsensiblen gehört. Die sehr unterschiedlichen Aspekte, die hier aufgeführt sind, zeigen Ihnen schon, wie vielschichtig das Phänomen Hochsensibilität ist.

Mein Tipp: Lesen Sie die Fragen Sie selbst betreffend auch durch, wenn es um eine andere Person geht, und lesen Sie die Hinweise Ihr Gegenüber betreffend auch, wenn es um Sie selbst geht, und vollziehen Sie dabei jeweils den erforderlichen Perspektivwechsel. Genau dieser Perspektivwechsel ist eine wesentliche Grundlage für eine verständnisvolle und wertschätzende Kommunikation!

1.1 Sind Sie hochsensibel?

Fragen, die Aufschluss geben

Ich habe mich entschieden, statt eines „Tests" einen „Fragenkatalog" zu entwickeln und anzubieten. Den umfangreichen Fragenkatalog habe ich erstmalig im Fachbuch *Hochsensible Menschen im Coaching. Was sie ausmacht, was sie brauchen und was sie bewegt* (erschienen 2015) veröffentlicht. Sie finden ihn nun auch hier, und zwar am Ende des Buchs. In diesem Fragenkatalog habe ich eine Unterteilung in verschiedene Bereiche vorgenommen: Rückblick, Wahrnehmen, Denken, Fühlen, Kommunizieren, Beziehungs- und Lebensgestaltung, Arbeitshaltung und Leistungsfähigkeit sowie Körperempfindungen und Körperreaktionen.

Ein solch ausführlicher und strukturierter Fragenkatalog erfüllt nach meinem Dafürhalten dreierlei Funktion:

Erstens vermittelt er überhaupt erst einmal eine Vorstellung davon, welche Eigenschaften, welche Stärken und Schwächen, welche Art von Erleben in der Regel mit Hochsensibilität einhergehen. Hochsensibilität wird in ihrem Facettenreichtum erfassbar.

Zweitens wird es möglich, bisher für unzusammenhängend gehaltene Einzelaspekte zu einem Gesamtbild zusammenzufügen: zum Phänomen Hochsensibilität.

Drittens hilft der Fragenkatalog denjenigen, die bei sich selbst Hochsensibilität vermuten, eine sichere Einschätzung zu der Frage „Bin ich hochsensibel?" vorzunehmen.

Es sei gleich angemerkt, dass bei den Fragen keine Ja / Nein-Kästchen oder Antwortmöglichkeiten mit Abstufungen vorgesehen sind, demnach bekommt man am Ende auch keine zahlenmäßige Auswertung. Der Grund: Es handelt sich genau besehen nicht um einen diagnostischen „Fragebogen", sondern um einen informativen, zur Selbstreflexion anregenden „Fragenkatalog".

Ich will unbedingt noch hinzufügen: Man darf sich Hochsensibilität nicht eindimensional vorstellen. Sie mischt sich mit anderen Wesenszügen. Niemand ist mit dem Merkmal Hochsensibilität auch nur annähernd vollständig charakterisiert und sollte auch niemals darauf reduziert werden bzw. sich selbst darauf reduzieren. Ganz wichtig: Jeder Mensch – und ebenso jeder hochsensible Mensch – ist in erster Linie eine ganz einzigartige Persönlichkeit, ein Original. Im Laufe der Zeit habe ich eine große Zahl von HSP kennengelernt und konnte immer wieder erleben, wie mannigfaltig sie sind. Ähnlichkeiten ergeben sich lediglich aus der einen Gemeinsamkeit:

der Hochsensibilität. Vorrang hat also immer die individuelle Persönlichkeit, die gesehen, erkannt und gewürdigt sein will.

Auf drei der im Fragenkatalog repräsentierten Bereiche, das Wahrnehmen, das Denken und das Fühlen, will ich gleich hier zusammenfassend und erklärend eingehen, weil sie grundlegend für das Selbstverständnis sind.

Die Art wahrzunehmen – die sensorische Komponente

Hochsensible nehmen optische Eindrücke, Geräusche, Gerüche, Geschmack, Einwirkungen auf die Haut (in aktiver Form beim Tasten und passiv bei Berührung, Temperatur, Druck, Zugluft) sowie Signale aus dem eigenen Körper intensiver, detailreicher, differenzierter und in einer größeren Bandbreite wahr als andere. Sie registrieren subtile Feinheiten in ihrer Umgebung, die anderen nicht auffallen. Hinzu kommt ein feines Gespür für Befindlichkeiten, Stimmungen und nonverbale Mitteilungen anderer Menschen.

Die höhere Reizempfänglichkeit betrifft in der Regel alle Sinne, jedoch ist vom einen zum anderen Hochsensiblen unterschiedlich, welche Sinneskanäle im Vordergrund stehen. Die Sinnessensibilität äußert sich in einer niedrigen Wahrnehmungsschwelle und in einer niedrigen Toleranz gegenüber einer hohen Reizzufuhr. Bei einer Reizflut geraten Hochsensible eher als andere in einen Zustand der Überforderung.

Die Art zu denken – die kognitive Komponente

Der Begriff „Hochsensibilität" führt leicht zu der Annahme, die Sinnessensibilität sei die Kerncharakteristik. Dabei ist die gründliche Verarbeitung von Informationen eine ebenso grundlegende Eigenschaft von Hochsensiblen. Sie denken intensiv über vieles nach, es ist ihnen wichtig, den Dingen auf den Grund zu gehen, verschiedenste Aspekte in ihre Überlegungen mit einzubeziehen, Ursachen zu ergründen, Zusammenhänge herzustellen, das übergeordnete Prinzip zu erfassen. Daraus ergibt sich ein übergreifendes, vernetztes Denken. Ihre Strategie in der Entscheidungsfindung liegt darin, verfügbare Informationen sorgfältig auswerten, alle ersichtlichen Optionen zu durchdenken, die Folgen von Handlungen abzuschätzen, um schließlich besonnen handeln zu können.

Die Art zu fühlen – die emotionale Komponente

HSP haben ein intensives und reiches Gefühlsleben. Insgesamt sprechen sie mit ihren Emotionen stärker als andere auf Geschehnisse in ihrem Umfeld an, sind schnell tief beeindruckt, werden von ihren Gefühlen oftmals geradezu überwältigt. Sie erleben starke Höhen und Tiefen. Nicht nur Liebe, Glück und Freude werden intensiv gefühlt, sondern auch Gefühle wie Angst, Ekel, Sorge, Trauer und Ärger. Grundsätzlich beziehen sich starke emotionale Reaktionen auf jegliche Lebensereignisse, sowohl auf negative als auch auf positive. HSP sind einerseits besonders berührbar und verletzlich, andererseits besonders begeisterungs- und genussfähig.

Überdurchschnittlich intensives Fühlen bedingt starke emotionale Reaktionen, die bei den einen mehr, bei den anderen weniger nach außen sichtbar werden. Mitunter kann es zu heftigen Gefühlsausbrüchen kommen. Alle Gefühlszustände hallen stark nach, es dauert verhältnismäßig lange, bis sich eine Aufregung wieder gelegt hat.

Schließlich bedeutet intensives Fühlen auch intensives Einfühlen. HSP gehen stark mit anderen Menschen in gefühlsmäßige Resonanz; das heißt, sie sind besonders empathiefähig, tun sich allerdings auch entsprechend schwer, sich emotional abzugrenzen.

Auf die Einstellung kommt es an

Der antike Philosoph Epiktet (ca. 50 – ca. 125 n. Chr.) betonte die innere Freiheit des Menschen. Überliefert ist sein Ausspruch „Nicht die Dinge selbst beunruhigen die Menschen, sondern ihre Urteile und Meinungen über sie." Wenn Sie sich als hochsensibel erkannt haben, ist die Umdeutung und Neubewertung Ihres Erlebens und Ihrer Lebensgeschichte sicher eine hochemotionale Angelegenheit. Bemühen Sie sich dennoch um eine vernünftige Neutralität. So wenig angemessen es war, die eigene hohe Empfindlichkeit einseitig negativ zu bewerten (sofern Sie dies überhaupt getan haben), so wenig sinnvoll ist es, auf eine einseitig positive Sicht umzuschwenken. Es ist nun einmal so: Hochsensibilität hat angenehme und unangenehme Seiten, beschert Ihnen sowohl Vor- als auch Nachteile, sie kann Ihnen sowohl nützlich als auch hinderlich sein – je nachdem, in welcher Lebenslage oder welcher Alltagssituation Sie sich befinden, und je nachdem, vor welchen Aufgaben Sie stehen und was Sie vorhaben.

Zur Veranschaulichung vergleiche ich das unsichtbare Merkmal Hochsensibilität gerne mit gleichermaßen unabänderlichen, aber sichtbaren Merkmalen. Es ist an sich weder gut noch schlecht, hochsensibel zu sein, so, wie es weder gut noch schlecht ist, groß oder klein zu sein, Rechts- oder Linkshänder zu sein (wobei auch sehr große Menschen oder Linkshänder Schwierigkeiten im alltäglichen Leben begegnen). Oder nehmen wir jemanden, der rote Haare und helle Haut hat, das ist angeboren und bleibt ein Leben lang so. Na ja, die Haare kann man sich färben – das heißt, nach außen hin anders erscheinen –, aber die natürliche Haarfarbe wird immer wieder hervortreten. Und durch die helle Haut wird derjenige zeitlebens schneller Sonnenbrand bekommen als Menschen eines anderen Hauttyps. Aber er kann sich darauf einstellen, eine Sonnencreme mit höherem Lichtschutzfaktor benutzen, sich mehr im Schatten aufhalten, einen Sonnenhut tragen etc. – und sich des Lebens freuen!

Ihre Chance liegt darin, die Hochsensibilität unter einem neuen Blickwinkel zu betrachten, in einen neuen Zusammenhang zu stellen, ihr einen neuen Rahmen zu geben. Raus aus der Ecke des Problembeladenen oder gar Pathologischen hin zu dem Spielraum einer natürlichen Besonderheit.

Vielleicht ist es eine gute Idee, die neu gewonnene Erkenntnis erst einmal in sich zu bewegen, bevor Sie damit nach draußen gehen. Sonst kann es sein, dass Sie in eine ungewollte Diskussion und (einmal mehr) in eine Position der Rechtfertigung geraten, bevor sich alles gesetzt hat und Sie sich gefestigt fühlen. Die Psychologin Elaine Aron rät: „Schützen Sie (…) sowohl Ihre Sensibilität als auch Ihr gerade entwickeltes Verständnis dafür, indem Sie (…) erst gar nicht darüber reden. Genießen Sie einfach das Bewusstsein, dass es da draußen viele gleich Gesinnte gibt." (Aus dem Buch *Sind Sie hochsensibel? Wie Sie Ihre Empfindsamkeit erkennen, verstehen und nutzen*)

Das Erkennen führt zu großer Erleichterung

Ich höre und lese häufig Äußerungen von Menschen, wie es für sie war/ist, sich als hochsensibel zu erkennen. Die meisten empfinden eine umfassende Erleichterung, für manche ist die Begegnung mit der Begrifflichkeit Hochsensibilität geradezu eine Offenbarung. Viele berichten von einem grundlegend neuen Lebensgefühl.

Besonders beeindruckt hat mich die Erzählung einer jungen Frau, dass sie jedes Jahr den „Tag der Erkenntnis" wie einen zweiten Geburtstag feiert. Ein denkwürdiger Tag, an dem sie in gewisser Weise „das Licht der Welt" erblickt hat. Daran kann man ermessen, als wie verstörend und belastend sie zuvor ihr unerklärliches Anderssein erlebt haben muss.

Nachfolgend antworten hochsensible Personen (kurz: HSP) auf die Frage, was sich verändert hat durch das Erkennen der eigenen Hochsensibilität:

HOCHSENSIBLE BERICHTEN

Manuel*: Ich war sehr erleichtert. Vieles in meinem Leben war auf einmal erklärbar, nicht mehr seltsam. Es ist ein neues Gefühl, obwohl sich an den Fakten nichts ändert. Ich bin, wie ich bin.

Angelika: Die Erkenntnis, eine HSP zu sein, hat mich sehr erleichtert und dazu beigetragen, mich mit mir selbst auszusöhnen. So war ich also nicht mehr nur ‚anders als die anderen', ‚überempfindlich', ‚psychisch und physisch nicht belastbar' (Aussage eines Arztes) u. v. a., sondern ganz normal – eben ich selbst. Ich fühle mich nun auf gleicher Ebene mit meinem Mitmenschen. Ich habe gelernt, mich zu schützen, und kann gelassen akzeptieren, wenn mich Situationen überfordern, die anderen nichts ausmachen. Meine Beziehungen zu Nicht-HSP sind ebenfalls stressfreier, da ich deren Erlebnisweise nun auch in einem anderen Licht sehe.

Daniela: Ich habe meine Hochsensibilität gerade erst als solche entdeckt – bis vor wenigen Wochen wusste ich gar nicht, dass es so etwas gibt. Mir war nur bewusst, dass ich anders bin, und meist war ich bemüht, das zu ändern. Nun mache ich mich auf den spannenden, erkenntnisreichen, befreienden Weg, mich ganz neu kennenzulernen und vieles neu zu bewerten.

Ina*: Schon beim Lesen des ersten Buchs dachte ich nur noch: Die Frau kennt mich, endlich versteht mich jemand. Seitdem verschlinge ich alles, was ich zu diesem Thema finden kann. Ich bin einfach nur glücklich, habe dadurch ein riesen Selbstbewusstsein hinzugewonnen. Das kann mir keiner auf dieser Welt mehr nehmen. Endlich bin ich bei mir angekommen und eins mit mir. Ich möchte es am liebsten in die Welt hinausschreien: Ich bin anders und das ist gut so.

Cordula*: Nach der Lektüre zweier Bücher über Hochsensibilität hat mein Gefühl, irgendwie ‚komisch' zu sein, nach 40 Jahren endlich eine Erklärung gefunden. Seither geht es mir viel, viel besser. Der ständige Gedanke ‚Ich bin falsch' ist verschwunden. Nach Gesprächen in meinem Bekanntenkreis stelle ich fest: Ich bin nicht allein, nur hat keiner darüber geredet.

Maja*: Ich hatte das Gefühl, die Autorin schreibt über mich. Mich überkamen einige Weinanfälle. Weinen vor Erleichterung und Wut, weil ich oft versuchte, mich zu ändern, weil ich oft zu hören bekam: ‚Du bist zu empfindlich, du musst dich irgendwie abhärten.' Mein Selbstbewusstsein litt sehr darunter. Jetzt kann ich endlich aufatmen. Ich bin okay, weil es logische Erklärungen dafür gibt, wie ich fühle und reagiere.

Reinhard: Ich war erst skeptisch, als ich das erste Mal mit dem Thema in Berührung kam. Einiges an mir schien hochsensibel, anderes nicht. Beispielsweise fiel es mir nicht schwer, im wuseligen Großraumbüro konzentriert zu arbeiten, weil ich viel Freude an meiner Arbeit – kreativ am Computer zu tüfteln – hatte. Als Programmierer fühlte ich mich seinerzeit optimal gefordert und hatte Erfolgserlebnisse. Die letzten Jahre in der EDV waren allerdings schwierig und anstrengend für mich. Als ich später herausfand, dass ich wirklich hochsensibel bin, war das für mich wie ein Befreiungsschlag: Ich konnte nun zu meiner Art zu arbeiten und zu denken, zu meinem Ruhebedürfnis und meinen Grenzen stehen. Inzwischen hat sich meine Berufung in Richtung Arbeit mit Menschen gedreht.

Ilse*: Ich sehe meine Mitmenschen und mich jetzt mit einem anderen Bewusstsein. Ich (jetzt 51) hatte fast 30 Jahre viel zu viel in mein Leben gepackt. Ich miste Verpflichtungen aus und will künftig mehr auf mich achten. Ich arbeitet jetzt bewusster daran, mein Arbeitsumfeld angenehmer zu gestalten.

Evelyn*: Es tat so gut, mich das erste Mal in meinem Leben nicht als ‚krank' einzustufen, ich hatte tiefste Selbstzweifel über mich und hab mich schon seit Jahren zurückgezogen. Das wird sich jetzt ändern.

Jochen*: Jetzt habe ich etwas Greifbares. Ich hab immer gedacht, ich bin gelinde gesagt ‚unnormal'. Jetzt fühle ich mich sicherer, dass es keine Absonderlichkeit ist, sondern eigentlich eine wunderbare Gabe.

* Namen geändert

Von mir: Das Selbstbild zurechtrücken

Ich selbst kann mich noch gut erinnern, obwohl es mittlerweile viele Jahre her ist, wie es mir damit ging, für meine stets empfundene Andersartigkeit einen Namen gefunden zu haben: Hochsensibilität. In schneller Folge las ich zwei Bücher über Hochsensibilität und war bass erstaunt, wie zutreffend das Geschriebene für mich war. Mir war, als würden die Autoren mich und mein Leben kennen. Unglaublich! So viel Verständnis für mein Sosein war mir nie zuvor begegnet. Welches Glücksgefühl!

Wie oft hatte ich von Kindheit an das Gefühl, dass mit mir etwas nicht stimmt, dass ich nicht in Ordnung bin. So oft hatte ich Sätze gehört wie „Du bist so überempfindlich", „Was hast du jetzt schon wieder?", „Du siehst Probleme, wo keine sind!", „Stell dich nicht so an!", „Du bist so schwierig!" …

Ganz viel hat es mir bedeutet, die Vorsilbe „über-" bzw. „hyper-" durch „hoch-" ersetzt zu sehen – nicht mehr *über-* oder *hyper*empfindlich, sondern *hoch*empfindlich! Das änderte eine Menge, weil es darauf verzichtet, von einem akzeptierten Normalmaß auszugehen.

Mich als hochsensible Person zu erkennen war eine riesige Erleichterung: zu erfahren, dass es noch andere Menschen gibt, die ähnlich empfindlich sind gegenüber Lärm und Geräuschen (vor allem das!), Gerüchen, Flackerlicht, kratzigen und drückenden Kleidungsstücken usw.; dass es noch andere gibt, die sich so stark in ihre Mitmenschen einzufühlen vermögen, emotional so verletzlich sind, sich von Worten so leicht getroffen fühlen, mit teilweise überwältigenden Gefühlen zu kämpfen haben und die für ihre Mitmenschen eine echte Herausforderung darstellen.

Das hat mich in gewisser Weise rehabilitiert und zugleich auf wohltuende Weise tief beruhigt. Ich fühle mich seitdem nicht mehr so allein und nicht mehr so sehr als Außenseiter, sondern immerhin einer Minderheit zugehörig. Zudem fühle ich mich gleichberechtigter: mit ebensolchen Persönlichkeitsrechten ausgestattet wie all die anderen, die zuvor das Recht irgendwie immer auf ihrer Seite zu haben schienen, deren Einschätzungen als „richtig" im Raum standen, wohingegen meine allzu oft mit „das kann nicht sein" abgetan worden waren und ich dem nichts entgegenzusetzen hatte.

Mich als hochsensibel zu erkennen bedeutete einen Wendepunkt in meiner persönlichen Entwicklung. Endlich konnte ich mein Selbstbild um ein bis dahin fehlendes wichtiges Puzzleteil ergänzen. Das hat beileibe nicht alle Schwierigkeiten beseitigt, aber sie erscheinen in einem anderen Licht und sind deutlich einfacher zu handhaben. Auf jeden Fall kann ich mich heute in meinem Sosein viel besser annehmen und ich kann im Zusammensein mit anderen selbstbewusster auftreten und selbstverantwortlicher für mich eintreten.

Gut leben mit Hochsensibilität

„Man muss sein Leben aus dem Holz schnitzen, das man hat, und wenn es krumm und knorrig wäre."
Theodor Fontane (1819–1898)

Hochsensibilität ist angeboren und bleibt das ganze Leben bestehen, auch wenn sich Erscheinungsformen wandeln können. Jede Bemühung, sie loszuwerden, vergeudet wertvolle Energie. Jeder Versuch, sie zu ignorieren oder zu unterdrücken, wird langfristig scheitern.

Michael Jack, Präsident des IFHS, vermutet, dass der Begriff der „hochsensiblen Person" für diejenigen, die sich als hochsensibel erkennen, das „Angebot einer spezifischen Rolle im menschlichen Interaktionssystem" sein könne. Bevor die hochsensible Person die eigene Hochsensibilität erkennt, versuche sie, „eine ihr fremde, nicht auf sie zugeschnittene Rolle zu spielen, und scheitert dabei ständig. Die ‚neue

Identität' als HSP verlangt nicht mehr, so zu sein wie andere; man verfügt über einen neuen Bezugsrahmen zur eigenen Existenz mit passenderen Normen und Heuristiken zur Selbstinterpretation."

Erfahrungsgemäß hilft das Wissen, hochsensibel zu sein, die ungeheuren Anstrengungen, so sein zu wollen wie die meisten anderen, aufgeben zu können und sein Leben im Bewusstsein der eigenen Besonderheit angenehmer und stimmiger zu gestalten. Es gilt, zunehmend eigenen Maßstäben zu trauen in der Einschätzung, was guttut und was nicht, und sich danach auszurichten. Natürlich ist es nicht immer leicht, sein Leben auf die Hochsensibilität einzustellen, aber richtig problematisch wird es erst dann, wenn der hochsensible Mensch anhaltend gegen seine Natur lebt.

Hochsensibilität gehört zu Ihnen, sie ist ein Teil Ihrer „Grundausstattung". Es ist an Ihnen, das nicht als unliebsame Einengung, sondern als eine bestimmte Ausrichtung auf Ihrem persönlichen Lebensweg zu verstehen. Schöpfen Sie nach Herzenslust aus dem immensen Potenzial, das Ihnen mitgegeben wurde. Je selbstverständlicher Sie zu sich stehen und die Hochsensibilität in Ihre Persönlichkeitsentwicklung integrieren, desto leichter können Sie Ihre Möglichkeiten zur Entfaltung bringen.

Die Auswirkungen der Hochsensibilität auf Ihr Leben sind so umfangreich und tief greifend, dass das Lesen von Veröffentlichungen zu diesem Thema nur einen ersten Schritt bedeuten kann, damit nachhaltig einen guten Umgang zu finden. Insbesondere dann, wenn Ihnen dieses Merkmal Ihr Leben bisher schwer gemacht hat und Sie unter Ihrer Hochsensibilität sehr gelitten haben. An die Erkenntnis schließt sich ein langer Prozess der Auseinandersetzung, Aufarbeitung und (Um-)Orientierung an. Dazu gehören üblicherweise: die Lebensgeschichte in einem neuen Licht betrachten und neu bewerten, das Selbstbild korrigieren, den Umgang mit sich selbst und mit anderen überdenken und umgestalten, die Lebensumstände anpassen, Lebensgewohnheiten verändern, Chancen und neue Perspektiven entdecken und nutzen. Das alles hilft, mit seinem Sosein immer mehr Frieden zu schließen und das Selbstwertgefühl zu stabilisieren.

1.2 Ist Ihr Gegenüber hochsensibel?

Aus den Fragen, die Hochsensiblen selbst Aufschluss geben (siehe Fragenkatalog am Buchende), können Sie vermutlich schon manches ableiten. Klar ist jedoch: Sie können in niemanden hineinschauen, Sie wissen nicht, was in einem anderen Menschen vorgeht, wie er empfindet. Sie sehen nur, was sich nach außen zeigt, nicht, was dem Verhalten zugrunde liegt. Jede Fremdeinschätzung beruht auf vielerlei Vermutungen und darf niemals als feststehende Tatsache angesehen werden. Bitte unterscheiden

Sie sorgsam zwischen Beobachtung und Interpretation. Und hüten Sie sich, so gut es nur geht, vor (Vor-)Urteilen und Bewertungen. Seien Sie stattdessen möglichst offen fürs Entdecken und Staunen.

Wenn Sie wissen möchten, ob jemand anderes hochsensibel ist, scheint es naheliegend, dass Sie ihn / sie einfach fragen. Darin kann allerdings schon eine gewisse Tücke liegen. Viele Hochsensible haben leidvoll erfahren, dass Menschen in ihrer Umgebung ihrer Wesensart nicht neutral, sondern abwertend gegenüberstanden. Daher kann es sein, dass die Frage „Bist du / sind Sie hochsensibel?" mit einer skeptischen oder abweisenden Reaktion quittiert wird. Oder aber Ihr Gegenüber kann mit der Frage nicht so richtig etwas anfangen. Viele Hochsensible spüren zwar, dass sie irgendwie anders empfinden, dass sie deutlich sensibler sind als andere, kennen aber den Fachbegriff Hochsensibilität, wie ich ihn hier verwende, noch nicht. Am ehesten aufgeschlossen wird Ihr Gegenüber sein, wenn Sie außer der Frage auch Ihre Beweggründe mitteilen, sofern diese aufrichtiges Interesse und Wohlwollen erkennen lassen.

Ob Sie nun direkt nachfragen oder es so herausfinden möchten: Werden Sie sich klar über Ihr Motiv. Es wird wahrscheinlich Freude und Gesprächsbereitschaft hervorrufen, wenn Sie folgende Fragen bejahen: Wollen Sie den anderen besser verstehen? Besser auf ihn eingehen können? Ihn wirkungsvoller unterstützen? Mehr Rücksicht nehmen können? Ins Gespräch kommen, um gute gemeinsame Lösungen zu finden? Auf menschlicher Ebene Nutzen ziehen aus den Stärken, die in der anderen Wesensart begründet liegen?

Hinweise, die Aufschluss geben

Folgende Beobachtungen machen Sie mit einiger Wahrscheinlichkeit bei der Person, an die Sie denken, wenn diese hochsensibel ist. Die Punkte werden Sie insbesondere dann auffällig finden, wenn Sie selbst nicht zur Gruppe der Hochsensiblen gehören. (Hinweis: Die folgende Liste erhebt keinen Anspruch auf Vollständigkeit.)

- Die Person zeigt verhältnismäßig schnell Anzeichen von Überreizung, wenn starke Reize, anhaltende Reize oder gleichzeitig viele verschiedene Reize auf sie einströmen. (Hochsensible geraten eher als andere in einen Zustand der Überstimulation. Sie sind somit relativ stressanfällig.)
- Sie werden es im Laufe der Zeit immer wieder erleben, dass es der Person zu laut, zu unruhig, zu hektisch, zu heiß, zu kalt, zu zugig, zu übel riechend, zu stickig ist. Das wird für Sie durch entsprechende Äußerungen und Handlungen offensichtlich. (Der Wohlfühlbereich ist bei Hochsensiblen vergleichsweise eng, da gibt es viel zu regulieren.)

- Wenn es sehr umtriebig ist, wird die Person relativ bald den Wunsch nach Rückzug, einer Pause, dem Beschließen der Tagesaktivitäten erkennen lassen. Möglicherweise zu einem Zeitpunkt, wenn Sie die Aktivität noch in vollen Zügen genießen. (Hochsensible haben früher genug und suchen dann Erholung.) Sie werden im Gespräch eine Unkonzentriertheit bemerken, sobald nebenbei Musik läuft oder andere Gespräche im Hintergrund zu hören sind. (Hintergrundgeräusche irritieren Hochsensible anhaltend, da sie diese nicht einfach ausblenden können.)
- Im Gespräch können Ihnen unruhige Augenbewegungen auffallen und dass die Person den direkten Blickkontakt nicht lange hält. (Die Aufmerksamkeit Hochsensibler wird schon von Kleinigkeiten in der Umgebung abgezogen; direkter Blickkontakt wird schnell als vom Gesprächsinhalt ablenkend und zu intensiv empfunden.)
- Sie bekommen eine beträchtliche Aufgeregtheit mit, wenn Vorhaben wie zum Beispiel eine Reise oder ein wichtiger geschäftlicher Termin anstehen. (Die Gedanken kreisen um bevorstehende Ereignisse; größere Vorhaben lösen Unruhe aus.)
- In Gesprächen werden Sie in der Regel (wenn die Umgebungsbedingungen günstig sind und es der hochsensiblen Person gut geht!) einen empathischen Zuhörer finden, dem Sie sich auch mit Ihren Sorgen und Nöten gut anvertrauen können. Manchmal wird es Ihnen allerdings unpassend erscheinen, wie sehr die Person um Ihr Wohlergehen besorgt ist und Ihnen helfen möchte.
- Die Person ist nicht für Small Talk zu haben. Unter Umständen erscheinen Ihnen manche Fragen im Gespräch als sehr persönlich oder sogar investigativ. Womöglich wird es Ihnen zu viel, wenn ein Thema ständig weiter vertieft wird.
- Gelegentlich ist es für Sie fast unheimlich, wie viel die Person von Ihrer gefühlsmäßigen Verfassung mitbekommt, ohne dass Sie etwas davon in Worte gefasst haben. Zuweilen scheinen Sie es mit einem Gedankenleser zu tun zu haben. Auf jeden Fall mit jemandem mit großem intuitivem Gespür.
- Es kann Sie erstaunen, wie verletzlich Ihr Gegenüber ist. Im Gespräch mag es Ihnen so vorkommen, als lege die Person jedes Ihrer Worte auf die Goldwaage. Eine unbedachte Äußerung kann die Stimmung nachhaltig trüben. Im Konflikt kann die emotionale Reaktion überraschend heftig ausfallen und Sie werden sie schwer nachvollziehen können.
- Die Person äußert des Öfteren, dass sie sich nicht verstanden fühlt, neigt dazu, sich sehr ausführlich zu erklären, was das Verständnis aber eher erschwert als erleichtert. (Hochsensiblen ist es sehr, sehr wichtig, verstanden und angenommen zu werden.)
- Ihnen wird auffallen, wie gewissenhaft und gründlich die Person ihre Aufgaben erledigt, und Sie werden mit den hohen Ansprüchen, was Zuverlässigkeit, Pünktlichkeit, Arbeitsqualität u. v. a. m. anbelangt, konfrontiert. Das ist für Sie unter Umständen anstrengend. (Die höchsten Ansprüche stellen die Hochsensiblen an sich selbst!)

- Ehrlichkeit, Aufrichtigkeit, Wahrhaftigkeit, Authentizität und Integrität sind Werte, die für die Person immens wichtig sind. (Hochsensible haben in aller Regel anspruchsvolle Wertvorstellungen.)
- Die Person wirkt oftmals in sich gekehrt und zurückhaltend. Sie mag Ihnen ungesellig vorkommen, weil sie häufig den Wunsch hat, eine gewisse Zeit allein zu verbringen. (Dahinter steht, auch bei extravertierten Hochsensiblen, das dringende Bedürfnis, zwischendurch immer wieder zu sich zu kommen und zu regenerieren.)
- Wenn die Umgebung und die soziale Situation stimmen, ist die Person durchaus lebhaft und kommunikativ. (Übrigens sind längst nicht alle Hochsensiblen introvertiert; der Anteil der Extravertierten unter den Hochsensiblen liegt bei ungefähr 30 Prozent.)
- In vielen Situationen erscheint die Person unsicher und zögerlich, und sie braucht häufig sehr lange, um eine Entscheidung zu treffen. (Hochsensible brauchen Zeit für das Auswerten alter Erfahrungen, ein gründliches Nachdenken und ein sorgfältiges Abwägen von Handlungsmöglichkeiten.)

Hochsensible Menschen, die um ihre spezielle Andersartigkeit noch nicht wissen, nehmen sehr häufig an, mit ihnen stimme etwas nicht, sie seien vielleicht krank und behandlungsbedürftig, und sie versuchen, dagegen anzukämpfen, um am Ende wieder mit dem eigenen „Unvermögen" konfrontiert zu sein. Die negativen Rückmeldungen der Menschen in ihrer Umgebung bestätigen die irrige verinnerlichte Meinung, sie seien verkehrt. Natürlich fällt den Hochsensiblen immer wieder auf, dass die meisten anderen unbeschadet und froh Dinge tun, die für sie selbst schwer zu ertragen sind. In der Folge setzen sich viele unter Druck, meinen, sich der Mehrheit anpassen zu müssen. Der andauernde krampfhafte Versuch, so zu sein wie alle anderen, ist Kräfte zehrend und frustrierend. Haben Hochsensible überwiegend negative Beziehungserfahrungen gemacht, sind sie im Kontakt womöglich misstrauisch und abweisend.

Von zentraler Bedeutung im Umgang mit einer hochsensiblen Person ist, dass Sie der Wesensart Hochsensibilität mit all ihren Auswirkungen größtmögliches Verständnis entgegenbringen. Versuchen Sie bitte nicht, einer hochsensiblen Person zu erklären, alles sei gar nicht so schlimm, sie könne sich sicher an dieses und jenes gewöhnen, sie solle sich nicht so viele Gedanken machen, sie möge sich doch einfach nicht alles so zu Herzen nehmen. Ihr Gegenüber hat es sich nicht ausgesucht, hochsensibel zu sein, kann nicht beschließen, es nicht mehr zu sein, kann auch nicht „einfach" darüber hinweggehen. Allenfalls kann die Person den Anschein erwecken, sie sei robust und hart im Nehmen.

Machen Sie sich bewusst, dass die Erlebniswelt der hochsensiblen Person sich von Ihrer erheblich unterscheidet. Vielleicht mögen Sie der hochsensiblen Person Einblick geben in Ihre Erlebniswelt, indem Sie ihr davon erzählen, denn die ist bei allem Einfühlungsvermögen für Hochsensible doch nicht ohne Weiteres vorstellbar. Bitten Sie umgekehrt um Erklärungen und klare Aussagen. Selbst wenn Sie aufmerksam sind, werden Ihnen manche Botschaften der hochsensiblen Person zunächst rätselhaft bleiben. Fragen Sie nach!

Hochsensible wünschen sich Achtsamkeit und eine gewisse Rücksicht, aber keine „Sonderbehandlung". Das würde sie ja wieder in die Ecke von Krankheit und Behinderung rücken. Sie wünschen sich den achtungsvollen und wertschätzenden Umgang, der eigentlich generell herrschen sollte. Hochsensible brauchen, was alle Menschen brauchen: gesehen und angenommen werden als die Menschen, die sie sind. Sie wollen Zugehörigkeit erleben, die eigene Stärke spüren und sich einbringen, Sinnstiftendes tun, Selbstwirksamkeit erfahren. Wie alle Menschen sehnen sie sich nach Glück und wollen Leid vermeiden.

Spezielle Hinweise Kinder betreffend

- Im Kapitel „Hochsensibel als Kind in der Familie" komme ich noch näher auf hochsensible Kinder zu sprechen. In diesem Anfangskapitel geht es zunächst um das Erkennen der Hochsensibilität. Daher hier einige Anhaltspunkte für Sie als Eltern, Großeltern, Erzieher, Lehrer, Therapeuten …
- Hochsensible Kinder sind von klein auf schreckhafter und schneller durch Umgebungsreize zu beunruhigen. Sie brechen leichter in Tränen aus. Hochsensible Babys schreien mehr. Auch brauchen diese Kinder länger, um nach einer Aufregung wieder zur Ruhe zu kommen. Sie sind diejenigen Kinder, bei denen man leicht geneigt ist, sie als „Sensibelchen" zu bezeichnen.
- Sie sind schmerzempfindlicher und berührungsempfindlicher als andere Kinder. Sie fühlen sich sichtlich unbehaglich in grober, rauer Kleidung. Kratzige Innenschilder und Nähte stören sie. Sie wollen wahrscheinlich von sich aus dreckige, nasse oder sandige Kleidung schnell wechseln.
- Sie tun sich häufig schwer, ihre intensiven Emotionen zu kontrollieren. Je nach Temperament ziehen sie sich zurück oder gehen damit nach außen. Manche sind kleine Rebellen.
- Sie nehmen sich Misserfolge, Kritik und Beleidigungen sehr zu Herzen. Sie brauchen lange, um über eine emotionale Verletzung hinwegzukommen.
- Sie fühlen sich leicht bedrängt und überrumpelt, tun sich extrem schwer mit unsensiblen, groben, autoritären und dominanten Menschen.
- Ein volles Tages- und Wochenprogramm strapaziert sie sehr. Es gibt eine starke Tendenz, sich zwischendurch zurückzuziehen. Ruhepausen tun ihnen sichtlich gut. Sie schlafen schlecht nach einem vollgepackten und aufregenden Tag.

- Größere Veränderungen machen ihnen sehr zu schaffen. Sie brauchen beträchtliche Zeit, um sich an neue Verhältnisse zu gewöhnen.
- Sie lieben einen routinemäßigen Tagesablauf. Sie sind nicht so leicht zu begeistern für spontane Aktionen und Planänderungen. Wenn die Dinge anders laufen als gewohnt, bringt sie das leicht aus dem Gleichgewicht.
- In einer lauten Umgebung (Lärm im vollen Klassenzimmer!) fällt es ihnen schwer, sich zu konzentrieren.
- Sie sind aufgeweckt, suchen viel Anregung und Lernerfahrungen. Sie wissen viel für ihr Alter, haben ein erstaunliches Erinnerungsvermögen. Einerseits ist ihnen schnell langweilig, andererseits leiden sie schneller als andere sie unter Reizüberflutung. (Achtung Medienkonsum!)
- Sie sind feinfühlig und einfühlsam (wenn es ihnen gut geht). Sie sind sehr intuitiv, scheinen Gedanken lesen zu können. Sie haben feine Antennen für Sprache (auch für die Zwischentöne) und Körpersprache. Sie können sich oft für ihr Alter ungewöhnlich gut ausdrücken.
- Sie haben ein großes Gespür für die Stimmungen der Eltern, bekommen sofort mit, wenn es Spannungen gibt, auch wenn diese unterschwellig sind. Darauf reagieren sie sehr beunruhigt. Sie wollen am liebsten die Harmonie schnell wieder herstellen und versuchen, ausgleichend zu wirken.
- Sie haben einen ausgeprägten Gerechtigkeitssinn, ergreifen Partei für Schwächere, beklagen Missstände. Sie haben ein Herz für Tiere, leiden sehr, wenn sie Tiere in Not sehen.
- Sie sind zurückhaltender gegenüber fremden Kindern und Erwachsenen als andere Kinder, wirken zuweilen eher scheu und schüchtern, insbesondere wenn sie zu den introvertierten Hochsensiblen gehören. Sie haben eher wenige, dafür aber enge Freunde. Sie beschäftigen sich auch sehr gerne für sich allein, versinken im Spiel.
- Sie sind vorsichtiger bei Spiel und Sport als Altersgenossen. Sie bevorzugen in der Regel ruhige Spiele, mögen weniger Wettkampfspiele und Wettkampfsport, besonders nicht, wenn es „Mann gegen Mann" geht.
- In neuen Situationen warten sie erst einmal ab, schauen zunächst lieber zu, versuchen, die Situation gut einzuschätzen, bevor sie sich entscheiden mitzumachen. Sie stürmen nicht gleich los, vergewissern sich vorher, ob etwas sicher ist.
- Sie nehmen die Dinge sehr genau. Mitunter hat es den Anschein, als seien sie langsam, weil sie gründlich zu Wege gehen und vieles mit in Betracht ziehen.
- Sie stellen sehr hohe Ansprüche an sich selbst, sind nicht so leicht zufrieden mit dem, was sie geleistet haben (Schule!). Sie neigen zum Perfektionismus. Sie zeigen bessere Leistungen, wenn sie nicht beobachtet und kontrolliert werden.
- Sie sind meist zuverlässig und legen großen Wert auf die Zuverlässigkeit anderer, reagieren sehr irritiert, wenn Absprachen nicht eingehalten werden.

- Sie tragen nicht gerne etwas vor, mögen sich nicht so exponieren, sind leicht verlegen, brauchen länger als andere, bis sie Zutrauen in ihr eigenes Können gefasst haben.
- Sie verfügen über eine scharfe Beobachtungsgabe, bemerken und kommentieren Kleinigkeiten, die andere oftmals übersehen und überhören.
- Sie stellen in einem für ihr Alter ungewöhnlichen Maße Zusammenhänge her und durchdringen Komplexität.
- Sie denken viel nach, stellen erstaunlich tiefgründige, weitreichende und auch kritische Fragen und wollen erschöpfende Antworten auf ihre Fragen.
- Sie lieben es, kreativ zu gestalten. Sie haben oft genaue Vorstellungen, wie etwas werden soll, und sind enttäuscht, wenn die Umsetzung hinter den Vorstellungen zurückbleibt.
- Hochsensible Kinder bereichern ihr Umfeld durch ihre Fantasie, ihre Gedankenspiele und ihren Ideenreichtum.

Lösen Sie sich von Klischeevorstellungen: Hochsensible Kinder sind längst nicht durchweg still und in sich gekehrt. Es gibt auch die extravertierten und aktiven hochsensiblen Kinder, die allerdings Gefahr laufen, schnell in den Bereich der Überstimulation zu geraten. Und auch tendenziell introvertierte Kinder sind bei entsprechenden Gelegenheiten mitteilsam und lebhaft.

Einen großen Einfluss haben auch soziokulturelle Faktoren. In unserem westlichen Kulturkreis entspricht es nicht der Idealvorstellung, wenn jemand sehr sensibel, besonnen und zurückhaltend ist. Belastbare, wagemutige Extravertierte stehen hoch im Kurs. Dementsprechend werden Verhaltensweisen, die der hohen Sensibilität entspringen, häufig negativ beurteilt. Heranwachsende Hochsensible werden in der Regel von Eltern und Lehrern angehalten, ihre Sensibilität abzulegen, so, als gelte es, eine Schwäche zu überwinden. So gut das gemeint sein mag, so schädlich ist die Wirkung, vermittelt es doch die Einschätzung, etwas sei mit ihnen nicht in Ordnung. Schon hier meine wichtigste Botschaft an die Eltern hochsensibler Kinder: Versuchen Sie nicht, Ihr Kind zu ändern. Versuchen Sie keinesfalls, es „abzuhärten"; das wäre schlimm für das zarte Wesen.

Passen Sie außerdem auf, dass Ihrem Kind keine falsche Diagnose gestellt wird (zum Beispiel AD[H]S). Hochsensibilität ist keine Krankheit, keine Störung. Es kann allerdings nicht beiseitegewischt werden, dass Hochsensibilität Probleme verursachen kann, zum Beispiel Konzentrationsschwierigkeiten in der reizerfüllten Umgebung eines Klassenzimmers oder eine mangelnde Integration in die Klassengemeinschaft. Obwohl hochsensible Kinder auf geeignete Unterstützung seitens der Eltern und Lehrer in manchen Situationen angewiesen sind, benötigen sie keine komplette Sonderbehandlung, die sie noch mehr in eine Außenseiterrolle manövrieren würde.

Wie jedes Kind braucht Ihr hochsensibles Kind vor allem Achtung, Respekt, Wertschätzung, Verständnis, Akzeptanz und ganz viel Liebe. Unterstützen Sie möglichst unaufgeregt, mit der Hochsensibilität innerhalb und außerhalb der Familie zurechtzukommen. Tun Sie, was Sie können, damit Ihr Kind ein gesundes Selbstvertrauen erlangen und Selbstsicherheit im Umgang mit anderen entwickeln kann. Stärken Sie sein Selbstwertgefühl, indem Sie es annehmen, wie es ist. Geben Sie ihm einerseits Schutz, Geborgenheit und Rückhalt und anderseits Bestärkung und Ermutigung. Bagatellisieren Sie nicht seine Probleme, aber führen Sie ihm auch immer wieder seine Begabungen und Talente vor Augen.

Informieren Sie sich umfassend über Hochsensibilität (ich empfehle Bücher, die sich speziell mit dem Thema „Hochsensible Kinder" beschäftigen), geben Sie Ihrem Kind altersgemäße Erklärungen zur Hochsensibilität und helfen Sie ihm, die Unterschiedlichkeit der Menschen in dieser Hinsicht zu verstehen und zu akzeptieren und seinen Platz in der Gemeinschaft zu finden.

1.3 Differenzen erkennen und ausgleichen

„Solange du dem anderen sein Anderssein nicht verzeihen kannst,
bist du noch weit weg vom Weg der Weisheit."

(Aus China)

Dass jeder Mensch anders ist, ist eine Binsenweisheit. Und doch geht jeder zunächst ganz automatisch davon aus, dass alle anderen auf die gleiche Weise empfinden, denken und wahrnehmen wie er selbst, und wundert sich über offensichtlich andersgeartetes Verhalten – solange er nicht eines Besseren belehrt wird.

> **Von mir: Aha-Momente in Serie**
>
> Mindestens so wichtig, wie mich selbst in den typischen Besonderheiten zu erkennen, war es, die (aus meinem Blickwinkel) Andersartigkeit der vielen Nicht-Hochsensiblen konkreter begreifen zu können. Auf einmal wurde mir klar, dass sie nicht so viel mehr aushalten, sondern dass sie – in derselben Umgebung – gar nicht so starken Eindrücken ausgesetzt sind und gar nicht so viel auszuhalten haben wie ich. Aha. Dass vieles, was mich belastet, sie nicht durchdringt, nicht erschüttert, nicht aufwühlt. Dass vieles an ihnen gleichsam abprallt oder abperlt oder sie nur oberflächlich berührt. Aha. Und ich erkannte: Sie brauchen die größere Portion Reize, um sich angenehm stimuliert zu fühlen. Sie leiden unter Umständen an Reizarmut, während ich schon reizüberflutet bin. Aha. Es ist oft gar nicht so, dass sie etwas absichtlich ignorieren, vielmehr haben sie dafür einfach nicht die Antennen. Aha. Wenn jeder die Welt ganz anders erlebt und deswegen auch anders auf sie reagiert, dann kommt es also auf eine tauglichere Verständigung an, um besser miteinander klarzukommen. Aha!

Nicht-Hochsensible haben wenig Anlass, ihr Sosein infrage zu stellen, weil sie in Bezug auf das Maß an Sensibilität konform mit der Mehrheit der Menschen sind und sich demzufolge ganz selbstverständlich als „normal" betrachten. Aus diesem Blickwinkel heraus schauen sie auf die Eigenarten, Verhaltensweisen und Reaktionen der Hochsensiblen. So kommt es, dass sie Hochsensible für überempfindlich, ängstlich, scheu, schüchtern, gehemmt, schwach oder gar für hysterisch und neurotisch halten. All diese Zuschreibungen missdeuten die Wesensart und rufen bei Hochsensiblen Frustration und Resignation, auch Wut und Aggression hervor. Umgekehrt sehen Hochsensible vor dem Hintergrund ihrer Erlebniswelt die Nicht-Hochsensiblen häufig als laut, rücksichtslos, stumpf, egoistisch, rüpelhaft usw. an, was gleichermaßen einer subjektiven Deutung entspringt und nicht die Wahrheit ist.

Hochsensible sind negativen Kommentaren ausgesetzt und teilen umgekehrt welche aus. Beispiele: „Was stört dich jetzt schon wieder?" versus „Wie kannst du nur so unaufmerksam sein?"; „Du hörst die Flöhe husten" versus „Du bekommst ja gar nichts mit"; „Du bist eine Mimose" versus „Du bist ein Holzklotz"; „Du siehst Probleme, wo keine sind" versus „Du erkennst überhaupt nicht das Problem"; „Du machst dir zu viele Gedanken" versus „Du lässt Wichtiges außer Acht". Und natürlich die wechselseitigen Kardinalvorwürfe: „Du bist so überempfindlich!" versus „Du bist so unsensibel!". Jede Äußerung ist aus der Sicht dessen, der sie macht, nachvollziehbar.

Mir erscheint es sehr wichtig, nicht ausschließlich auf die Unterschiede zu fokussieren, sondern auch zu sehen, dass Hochsensible und Nicht-Hochsensible ganz viele Gemeinsamkeiten haben, auf die sich Verbundenheit und ein gelingendes Miteinander gründen können.

Das von dem Psychologen und Konfliktmediator Marshall B. Rosenberg entwickelte Konzept der Gewaltfreien Kommunikation (GFK, auch als empathische Kommunikation bezeichnet) ist meiner Überzeugung nach aufs Beste geeignet, Konflikte in allen Lebensbereichen zu lösen – oder gar nicht erst aufkommen zu lassen! – und ein friedliches und bereicherndes Zusammenleben zu ermöglichen. An die Stelle einer trennenden Kommunikation („Wolfssprache") tritt eine verbindende Kommunikation auf Herzensebene („Giraffensprache"). Mit einer solchen lebensdienlichen Form der Kommunikation lässt sich auch wunderbar die Kluft zwischen Hochsensiblen und Nicht-Hochsensiblen überbrücken. *Die* Buchempfehlung: Marshall B. Rosenberg, *Gewaltfreie Kommunikation: Eine Sprache des Lebens*. Ich werde im Laufe des Buchs noch auf das Gedankengut der Gewaltfreien Kommunikation zurückkommen.

2. Was bedeutet Hochsensibilität?

Wenn Sie mir auch nur ein bisschen ähnlich sind, dann haben Sie als hochsensible Person eine Reihe von Fragen: Was genau ist denn nun Hochsensibilität? Ist Hochsensibilität wissenschaftlich anerkannt? Wie funktioniert eigentlich die Verarbeitung von Sinnesreizen und was ist da bei Hochsensiblen anders? Was charakterisiert hochsensible Menschen? Worin liegen ihre Schwächen und ihre Stärken?

2.1 Der Begriff Hochsensibilität

Ich beginne mit Informationen zum Aufkommen des Fachausdrucks. Dann widme ich mich der Suche nach einer Definition und der Klärung von Begrifflichkeiten. Das halte ich für wichtig, um mit meinen Lesern eine gemeinsame Verständnisgrundlage zu schaffen.

Elaine Aron hat dem Phänomen einen Namen gegeben

Die amerikanische klinische Psychologin und Psychotherapeutin Dr. Elaine N. Aron hat sich seit den 90er-Jahren eingehend mit dem Thema Hochsensibilität auseinandergesetzt. In Seminaren und Einzelsitzungen sprach sie mit einer Vielzahl von Hochsensiblen. Sie führte eigene Forschungsarbeit durch und wertete vorhandene psychologische Wissenschaftsliteratur aus, die sich auf dieses Persönlichkeitsmerkmal bezieht, wenn auch nicht unter demselben Begriff und mit einem anderen Verständnis der Zusammenhänge.

Elaine Aron hat den Begriff „Highly Sensitive Person" (kurz HSP, auf Deutsch: Hochsensible Person) geprägt. In ihrem Buch *Sind Sie hochsensibel?* schreibt sie: „Ich habe lange darüber nachgedacht, wie ich diese Eigenschaft eigentlich nennen könnte. Ich wollte nicht den Fehler wiederholen, sie mit Introvertiertheit, Schüchternheit, Gehemmtsein oder einer Menge anderer fälschlicher Bezeichnungen zu verwechseln, die andere Psychologen uns auferlegt haben. Keiner der Begriffe drückt nämlich den neutralen und erst recht nicht den positiven Aspekt dieser Eigenschaft aus. Der Begriff Sensibilität macht auf neutrale Weise die größere Empfänglichkeit gegenüber Reizen deutlich. Es schien an der Zeit, mit der Voreingenommenheit gegenüber HSP abzurechnen, indem eine Bezeichnung gewählt wurde, die uns gerecht wird." Hochsensibilität ist ein fest verankertes, unabänderliches Persönlichkeitsmerkmal. Nach

Arons Erkenntnis gehören 15 bis 20 Prozent der Menschen – gleichermaßen Männer wie Frauen – zu den Hochsensiblen. Die Abkürzung HSP wird auch im deutschen Sprachraum verwendet, für Einzahl und Mehrzahl, teilweise auch in HSM (hochsensibler Mensch) abgewandelt.

Elaine Aron hat eine Reihe von Büchern über Hochsensibilität veröffentlicht. Ihr grundlegendes Buch erschien 1996 in den USA: *The Highly Sensitive Person: How to Thrive When the World Overwhelms You* (direkt übersetzt: „Der hochsensible Mensch: Wie man gut und erfolgreich leben kann, wenn die Welt einen überwältigt"). Das Buch hat viel Beachtung gefunden und ist in viele Sprachen übersetzt worden. 2005 erschien es auf Deutsch unter dem Titel *Sind Sie hochsensibel? Wie Sie Ihre Empfindsamkeit erkennen, verstehen und nutzen*. (Daraus stammen alle Zitate von Elaine Aron in meinem Buch, sofern nichts anderes angegeben ist.)

Arons Wirken ist es zu verdanken, dass die Erkenntnisse über das Wesensmerkmal Hochsensibilität in die klassische Psychologie Eingang gefunden haben – wenn sie auch noch nicht überall angekommen sind. Ihre Studienergebnisse sind in namhaften psychologischen Fachzeitschriften in den Vereinigten Staaten veröffentlicht worden. Der erste wissenschaftliche Artikel dazu, den sie gemeinsam mit ihrem Mann Arthur Aron schrieb, erschien 1997 unter dem Titel „Sensory-Processing Sensitivity and its Relation to Introversion and Emotionality" (Empfindlichkeit in der Verarbeitung von Sinnesreizen und deren Bezug zu Introvertiertheit und Emotionalität). Eine vollständige Liste der Veröffentlichungen finden Sie auf der Website von Elaine Aron: ↗ https://hsperson.com/research/.

Elaine Aron plädiert für ein neues Selbstverständnis und Selbstbewusstsein der Hochsensiblen. In ihrem Buch *Sind Sie hochsensibel?* schreibt sie, wie bedeutsam es sei, dass sie aus eigener Anschauung die besondere Eigenschaft einschließlich der Vorzüge und Herausforderungen kenne. Sie erzählt von sich, sie habe diverse Probleme ihrer Kindheit in mehreren Jahren Therapie aufgearbeitet, wobei sich ihre Sensibilität zum zentralen Thema entwickelte: „Da war mein Gefühl, mit einem Makel behaftet zu sein. (…) Und dann war da noch die Isolation, in die ich mich aufgrund meiner Empfindsamkeit zurückzog. Aber als ich Einsicht in alles gewann, war ich in der Lage, ins Leben zurückzukehren."

In der April-Ausgabe 2012 von *Psychologie Heute* fand sich ein Interview mit Elaine Aron mit der Überschrift „Von Natur aus dünnhäutig". Darin antwortet sie auf die Frage „Wie betrachten Sie Hochsensibilität heute?": „Als Psychotherapeutin und in der Tat persönlich Betroffene ist für mich zunächst einmal völlig klar: Was immer es sein mag, viele Menschen erkennen es in sich sofort!" Und die Antwort auf die Frage, wo sie sich heute stehen sehe, mehr als 15 Jahre, nachdem sie mit dem Thema Hochsensibilität an die Öffentlichkeit gegangen sei, lautet: „Mein Werk ist fast vollbracht.

Viele Menschen haben Hochsensibilität verstehen gelernt, andere beginnen damit gerade. Grundlagenforscher finden viel Neues heraus, was meine Arbeit stützt. Das alles zu sehen empfinde ich als sehr beglückend."

In einem Interview, das auf welt.de im März 2015 unter der Überschrift „Hochsensibilität – Psychologin Elaine Aron im Interview" erschien, antwortet sie auf die Frage, wie sie denn so sei, indem sie Hochsensible generell charakterisiert: „Generell sind wir Hochsensiblen große Grübler, müssen alles in allen Facetten durchdenken. Viel Energie verwenden wir darauf, unsere Gefühle zu ergründen und uns in andere hineinzufühlen. Es fällt uns schwer, schnelle Entscheidungen zu treffen. Außerdem sind wir schnell überreizt, leichter müde, weinen öfter."

Auf der Suche nach einer Definition

„Definieren Sie Ihre Begriffe präzise, wenn Sie eine intelligente Diskussion führen wollen."
(Ausspruch eines Universitätsprofessors gegenüber seinen Studenten)

Eine genaue Bestimmung des Begriffs und seines Inhalts dient der eindeutigen Verständigung. Eine eindeutige Begriffsbestimmung und ein einheitlicher Gebrauch des Begriffs sind überdies meines Erachtens erforderlich, wenn man anstrebt, dass Hochsensibilität auf breiter Basis in der Gesellschaft und in der Wissenschaft ernst genommen und zum Gegenstand weiterer Forschungen gemacht wird.

Bei meiner Suche nach einer Definition von Hochsensibilität habe ich an vielen Stellen nachgelesen und nachgefragt. Bis heute gibt es offenbar keine einheitliche, allgemein anerkannte neurowissenschaftliche Definition des Phänomens Hochsensibilität, wohl auch deshalb, weil die Forschung dazu noch am Anfang steht. In deutschsprachigen medizinischen und psychologischen Lexika sucht man den Begriff Hochsensibilität vergeblich. Einerseits ist dies verständlich, da es ja weder eine Krankheit noch eine Störung ist, andererseits bedauerlich, da das Wesensmerkmal sowohl in medizinischen Belangen als auch in psychologischer Hinsicht durchaus eine Rolle spielt.

Bei Wikipedia findet man (Stand April 2018): „Hochsensibilität (deutsche Terminologie uneinheitlich; auch: Hochsensitivität, zuweilen auch: Hypersensibilität oder Überempfindlichkeit) bezeichnet ein psychologisches und neurophysiologisches Phänomen. Davon Betroffene nehmen Sinnesreize viel eingehender wahr, verarbeiten diese tiefer und reagieren auch dementsprechend stärker darauf als der Bevölkerungsdurchschnitt."

Unter der Zwischenüberschrift „Wissenschaftliche Erklärungsansätze" heißt es weiter: „Zwar existiert zurzeit ein reicher subjektiver Erfahrungsschatz zum Phänomen an sich, jedoch noch keine anerkannte neurophysiologische Theorie, welche die Ursache der Hochsensibilität objektiv beschreibt. Als wahrscheinlich werden erbliche und auch entwicklungspsychologische Faktoren für die Ausbildung dieser speziellen neuronalen Konstitution diskutiert."

Laut Elaine Aron handelt es sich bei der Hochsensibilität um ein eigenständiges angeborenes Persönlichkeitsmerkmal, das bei jedem fünften Menschen anzutreffen ist. Auf der Website von Elaine Aron steht (übersetzt): „Nach Dr. Arons Definition hat die hochsensible Person (HSP) ein empfindliches Nervensystem, bemerkt Feinheiten in ihrem Umfeld und ist leichter überflutet von einer stark stimulierenden Umgebung."

Die Seite des Informations- und Forschungsverbunds Hochsensibilität e. V. (IFHS) – ↗ http://www.hochsensibel.org – gibt folgende „Blitzinfo": „Aufgrund besonderer Eigenschaften ihres Nervensystems nehmen Hochsensible mehr und intensiver wahr als andere Menschen. Dies hat manche Vorteile, führt allerdings auch zu früherer Erschöpfung und scheinbar geringerer Belastbarkeit."

Der IFHS nimmt auf seiner Website zu der Frage „Ist das Ganze wissenschaftlich anerkannt?" wie folgt Stellung (Stand April 2018): „Prämisse der Arbeit des IFHS ist (…), dass es angemessen und im therapeutischen Kontext (…) sinnvoll ist, von der Existenz eines Phänomens (…) namens ‚Hochsensibilität' auszugehen. Hier stellt sich die Frage, ob dieser Begriff ‚wissenschaftlich anerkannt' ist. Dieser Frage liegt die Vorstellung zugrunde, es ließe sich klar beantworten, was ‚wissenschaftlich anerkannt' ist, so als gäbe es eine Art zentraler Institution, die darüber entscheidet und abschließend befindet. Wissenschaft ‚funktioniert' aber anders: Neue Ideen und Theorien werden zunächst von Einzelnen in der Fachpresse veröffentlicht. Im Laufe der Zeit – dies kann sehr lange dauern – werden die neuen Thesen durch weitere Forschungen bestätigt, widerlegt oder verfeinert. Bis eine Position ‚herrschende Meinung' oder sogar ‚allgemeine Ansicht' (…) wird, ist es aber meist ein weiter Weg. Der Ausdruck ‚Hochsensibilität' als wissenschaftlicher Terminus existiert seit einer grundlegenden Veröffentlichung im (hoch angesehenen) *Journal of Personality and Social Psychology* aus dem Jahre 1997. Inzwischen gibt es eine Vielzahl von Studien, die Unterschiede in der individuellen Reizverarbeitung unter diesem und anderen Stichwort(en) – etwa Differential Susceptibility Theory oder Biological Sensitivity to Context Theory – untersucht haben: Dass Menschen unterschiedlich und manche besonders stark auf Reize reagieren, darf als gesichert gelten. Unklar ist zurzeit allerdings noch, inwieweit das psychologische Konzept der Hochsensibilität (Fachausdruck: Sensory Processing Sensitivity) als solches die biologischen und psychischen Realitäten zutreffend abbildet. Die Verwendung des Begriffes ist damit aus wissenschaftlicher Sicht zumindest nicht unzulässig; der IFHS stellt sich hier auf die pragmatische Position, derzufolge die Benutzung des Begriffes legitim ist, solange er dazu dient, Menschen zu helfen."

Wenn ich aufgefordert bin zu sagen, was man unter Hochsensibilität versteht, fange ich häufig damit an zu sagen, was es alles nicht ist – keine Krankheit, keine psychische Störung, keine Anomalie, nichts Behandlungsbedürftiges, nichts, was abgelegt werden kann. Ich tue dies in der Absicht, gängige Vorurteile aus dem Weg zu räumen und Offenheit für eine neutrale Sichtweise herzustellen.

Das Folgende ist meine Erklärung des Phänomens Hochsensibilität:

> Hochsensibilität bezeichnet eine im Vergleich zur Mehrheit der Menschen höhere Empfänglichkeit und Empfindlichkeit gegenüber äußeren und inneren Reizen aufgrund einer besonderen angeborenen Konstitution der Reize verarbeitenden neuronalen Systeme. Hochsensibilität gilt als ein beständiges Persönlichkeitsmerkmal von 15 bis 20 Prozent der Menschen, Männern wie Frauen. Kennzeichnend sind eine umfangreiche, nuancenreiche und subtile Wahrnehmung, eine tiefe, komplexe und differenzierte Informationsverarbeitung, eine hohe Gefühlsintensität und emotionale Reaktivität verbunden mit einem langen Nachhallen der Eindrücke sowie eine generelle leichte Übererregbarkeit.

Verwirrung bezüglich der Begrifflichkeiten im Deutschen

Gerne möchte ich etwas Klärung in die Begriffsvielfalt, der man begegnet, bringen: Hochsensibilität, Hochempfindlichkeit, Hochempfindsamkeit, Hochsensitivität, Überempfindlichkeit, Hypersensibilität. Die meisten deutschsprachigen Experten und Autoren, die sich seit der Begründung des Konzepts der Hochsensibilität durch Elaine Aron mit dem Thema befassen, verwenden den Begriff „Hochsensibilität" – so auch ich.

Eine Minderheit hat die Bezeichnung „Hochsensitivität" gewählt und verbreitet diese konsequent. Meiner Beobachtung nach wird dieser Begriff von einigen Hochsensiblen aufgegriffen und als der „richtigere" Begriff gehandelt. Ich vermute, dass die Wortwahl „Sensitivität" bei ihnen deshalb auf positive Resonanz stößt, weil für sie das Wort „Sensibilität" durch ihre persönliche Geschichte negativ belegt ist; man denke nur an die abwertende Bemerkung „Sensibelchen". Sie begrüßen daher einen ganz neuen, unvorbelasteten Begriff.

Dazu möchte ich ausführen: Es wird immer so sein, dass man zu einem Wort, ob es nun etwas Konkretes oder etwas Abstraktes bezeichnet, ein bestimmtes Bild im Kopf hat, verbunden mit einer individuellen subjektiven Empfindung. Das wird schon bei ganz einfachen konkreten Dingen anschaulich. Beispielsweise stellt sich jeder unter „Tisch" einen etwas anderen Tisch vor, je nach Erfahrungshintergrund und aktuellem Bezug. Wie viel komplexer sind dann erst die assoziierten Bedeutungsfelder von abstrakten Begriffen wie Liebe, Glück, Erfolg etc. – und von Sensibilität. Damit verbinden die Menschen sehr unterschiedliche Vorstellungen und Emotionen.

Um innerhalb einer Sprachgemeinschaft zu einem möglichst einheitlichen Verständnis und einer übereinstimmenden Verwendung zu kommen, gibt es Festlegungen über die Bedeutung von Wörtern. Diese Festlegungen sorgen dafür, dass wir ohne allzu viele Missverständnisse miteinander reden können. Die Bedeutung von Wörtern im Allgemeinen Sprachgebrauch findet man in Wörterbüchern. Ich schlage im Deutschen Wörterbuch *Wahrig* folgende Wörter nach:

- *empfindsam:* gefühlvoll, zart empfindend, aufnahmefähig für Reize und Eindrücke
- *empfindlich:* empfänglich für Reize, leicht verletzbar, zimperlich, wehleidig, weichlich, leicht zu beleidigen
- *sensitiv:* leicht reizbar, überempfindlich, feinnervig
- *sensibel:* reizempfindlich, empfindsam, feinfühlig; zu lat. sentire „fühlen, empfinden, wahrnehmen"

Wenn ich die Wortbedeutungen von „empfindsam" und „empfindlich" betrachte, sehe ich den unmittelbaren Zusammenhang: Wer sehr empfindsam ist, also aufnahmefähig für Reize, wird in der Folge auch empfindlich sein, also verletzlich. Hochsensible sind also sowohl empfindsam als auch empfindlich. (Aus Sicht von denjenigen, die negativ urteilend auf Hochsensible schauen, mag das zimperlich, wehleidig usw. erscheinen.) Wenn ich „sensitiv" und „sensibel" in ihren allgemeinsprachlichen Bedeutungen anschaue, dann scheint mir eindeutig „sensibel" das Wort der Wahl für das Phänomen, um das es geht, zu sein.

Schließlich noch zur Frage der korrekten Übersetzung aus dem Englischen, der ich mich als Diplom-Übersetzerin mit besonderem Interesse widme. Verfechter des Begriffs „Hochsensitivität" führen als Argument an, „Sensitivität" sei die korrektere Übersetzung von Arons „Sensitivity". Ich ziehe *Langenscheidts Enzyklopädisches Wörterbuch* zurate und stelle fest: Im Deutschen gibt es keine eindeutige Entsprechung zu „sensitive".

„Sensitive" hat ein sehr breites Bedeutungsspektrum: empfindend, fühlend, sensitiv, (über-)empfindlich, sensibel, (reiz-)empfindlich, feinnervig, -fühlig, auch leicht beeinflussbar, veränderlich (im ökonomischen Sinne), leicht reagierend (im biologischen Sinne), empfindlich (im technischen Sinne) und die Sinne betreffend, sensorisch. Die richtige Übersetzung erschließt sich über den Kontext. Vom Wort her scheint die Übersetzung „sensitiv" nahezuliegen, dabei handelt es sich jedoch eher um einen sogenannten falschen Freund – eine scheinbar korrekte Übersetzung durch ein gleich klingendes Wort. Ich komme zu dem Schluss: „Hochsensibilität" ist die am besten passende Übersetzung für Elaine Arons „High Sensitivity".

Auf „Hypersensibilität" stößt man vor allem im therapeutischen Kontext. Hier liegt die Betonung auf der Abweichung von einer gesetzten Norm. Eine überdurchschnittliche Sensibilität wird dabei tendenziell als eine Krankheit bzw. eine Störung behandelt. Überempfindlichkeit ist die umgangssprachliche Variante. Um die in den Vorsilben „über-" und „hyper-" enthaltene Abwertung bzw. Pathologisierung herauszunehmen, eignet sich bestens die Vorsilbe „hoch-", die neutral auszudrücken vermag, dass eine höhere Sensibilität als beim Bevölkerungsdurchschnitt vorliegt.

Langer Rede kurzer Sinn: Mir erscheint es angezeigt und sinnvoll, den schon langjährig eingeführten Begriff Hochsensibilität beizubehalten. Mit meiner Arbeit setze ich mich dafür ein, ihn – sofern nötig – von Vorurteilen zu befreien und seine mitschwingende positive Bedeutung zu betonen.

2.2 Eine in der Erbanlage begründete Wesensart

So, wie Menschen sich veranlagungsbedingt zum Beispiel in der Körpergröße, im Körperbau, in der Haarfarbe und der Augenfarbe unterscheiden, so unterscheiden sie sich auch in Bezug auf ihre Reizempfindlichkeit – die Sensibilität im physiologischen Sinn. Hochsensibilität ist eine natürliche Variation der Ausprägung ihres Nervensystems (hinsichtlich der Reizverarbeitung), die bei einer Minderheit (15 bis 20 Prozent der Menschen) anzutreffen ist.

Durch bestimmte Umwelteinflüsse und Lebenserfahrungen kann sich das angeborene Merkmal der hohen Sensibilität verstärken oder abschwächen, nicht aber völlig verschwinden. (Die Beobachtung ist übrigens, dass sich Hochsensibilität mit zunehmendem Alter tendenziell verstärkt.) Die Persönlichkeit wird von vielen Faktoren bestimmt, die Anlage zur Hochsensibilität ist nur einer davon, wenn auch ein grundlegender.

Hochsensible Menschen hat es schon immer gegeben, nur hat man früher nicht den Terminus verwendet. Das heutige Wissen und die heutige Deutung stützen sich nicht nur auf neuere Studien, sondern auch auf zurückliegende Forschungsergebnisse und Theorien.

Vorausgehende Erkenntnisse

Iwan Pawlow (1849–1936)

Der russischen Mediziner und Physiologe Iwan Pawlow, bekannt geworden durch den von ihm entdeckten „bedingten Reflex" bei Hunden, forschte über Erregungsprozesse im Nervensystem. Bei Versuchen mit Versuchspersonen zur Belastbarkeit bei extremem Lärm zeigte sich, dass ungefähr 15 Prozent der Versuchspersonen die Grenze ihrer Belastbarkeit relativ schnell erreichten (sichtbar an einer gekrümmten Schutzstellung mit dem Kopf zwischen den Knien und den Händen über den Ohren). Für Pawlow waren die Hochempfindlichen ein eigener Menschenschlag und ihre Besonderheit angeboren.

Auch Elaine Aron ist sich sicher, dass die Hochsensiblen eine ganz eigene Gruppe bilden, die sich stark von den Nicht-Hochsensiblen unterscheidet. Eine Überschrift in ihrem Buch lautet bezeichnenderweise: „Sie sind aus einem anderen Holz geschnitzt."

Carl Gustav Jung (1875–1961)

Der Schweizer Psychiater C. G. Jung war der Begründer der analytischen Psychologie. Jung entwickelte eine Typologie (*Psychologische Typen*, 1921), die sehr populär wurde. Grundlegend ist nach Jung die Unterscheidung von Introversion und Extraversion. Als introvertiert bezeichnete er einen Menschen, der bevorzugt auf seine innere Welt der Gedanken, Empfindungen, Fantasien und Träume ausgerichtet ist, als extravertiert einen Menschen, der sich vor allem der äußeren Welt der Dinge, Menschen und Aktivität zuwendet.

Als Tiefenpsychologin bezieht sich Elaine Aron sehr stark auf C. G. Jung. Sie betont, welch herausragende Bedeutung Jung der Introvertiertheit in der Gesellschaft zuschrieb. Mit Introversion einhergehende Eigenschaften haben viel Gemeinsamkeit mit jenen Hochsensibler, jedoch wäre es falsch, Introversion und Hochsensibilität gleichzusetzen (ca. 30 Prozent der Hochsensiblen sind laut Aron extravertiert).

Jerome Kagan (*1929)

Der US-Psychologe Jerome Kagan gilt als einer der Pioniere der Entwicklungspsychologie. An der Harvard University und am New England Complex Systems Institute beschäftigte er sich intensiv mit der Entwicklung von Persönlichkeitszügen (englisch: „Traits") bei Kindern und Jugendlichen. Ihn interessierte, wie sich das angeborene Temperament durch äußere Einflüsse und Lebenserfahrungen verändert.

Bei seinen Forschungen untersuchte er Hunderte von Babys und Kleinkindern regelmäßig über Jahrzehnte hinweg. Er fand heraus, dass das Temperament eines Menschen weitgehend angeboren ist, so zum Beispiel die Veranlagung zur Ängstlichkeit. Trotz unterschiedlicher Erfahrungen, die die Kinder in ihrer jeweiligen Umgebung machen konnten, spiegelte sich in ihrem Verhalten durchgehend ihr angeborenes Temperament wider. (Mit „Temperament" meinen Wissenschaftler eine angeborene Neigung, in einer bestimmten Weise zu agieren und zu reagieren, also die relativ konstanten Merkmale des Verhaltens von klein auf.)

Im Oktober 2010 berichtete Jerome Kagan in einem *Spiegel-Online*-Interview:

„Etwa 20 Prozent aller Babys, die zu uns ins Labor gebracht wurden, reagierten schon im Alter von vier Monaten empfindlich auf fremde Gegenstände, Personen und Situationen. Sie weinten, zappelten mit den Armen und Beinen und drückten den Rücken durch – als Reaktion auf harmlose Stimuli wie Stimmen von einem Tonband, Mobiles oder Wattebäuschchen, die nach Alkohol rochen. (…) Das angeborene Naturell blieb über die Jahre hinweg erstaunlich konstant. Die hochreaktiven Kinder, wie wir sie nennen, waren später oft sehr schüchtern und leicht zu erschrecken. Auch ihre körperlichen Reaktionen waren anders als die der übrigen Studienteilnehmer. Und heute, als junge Erwachsene, neigen viele von ihnen noch immer zu Ängstlichkeit – wobei man ihnen das von außen nicht mehr unbedingt anmerkt."

Elaine Aron bezieht sich mit ihrem Konzept unter anderem auf die Forschungsergebnisse von Jerome Kagan, interpretiert diese allerdings abweichend. Sie sieht in dem Persönlichkeitsmerkmal, das Kagan als „Ängstlichkeit" bezeichnet, im Wesentlichen das der Hochsensibilität. Kagan ist mit dieser Umdeutung seiner Forschung allerdings nicht einverstanden.

Erkenntnisstand heute

Schon in ihrem ersten Buch weist Elaine Aron darauf hin, dass in vielen Tierpopulationen ein bestimmter Prozentsatz eine hohe Reizsensibilität aufweist, das Phänomen Hochsensibilität also nicht nur bei Menschen anzutreffen sei. In jüngerer Zeit stützt sie ihre Theorie auch auf die Erkenntnisse des deutschen Biologen Max Wolf, der Reizsensibilität bei Tieren erforscht, indem er empirische Arbeiten anderer Wissenschaftler über Tiere in mehr als 200 Arten auswertet. „Verhaltensbiologen haben festgestellt, dass in vielen Tierpopulationen eine Minderheit stärker auf Umweltreize reagiert und somit Informationen aufnimmt, die den meisten Artgenossen verborgen bleiben. Das englische Fachwort dafür lautet *responsiveness*." (Wolfgang Streitbörger in *Psychologie Heute,* April 2012)

In dem *Psychologie Heute*-Interview vom April 2012 sagt Elaine Aron: „Wie ich die Sache heute sehe, handelt es sich um eine Strategie von Menschen und Tieren vieler Arten, um eine angeborene Präferenz, Informationen sorgfältiger als andere ihrer Gattung zu verarbeiten, bevor sie handeln. Diese besondere Informationsverarbeitung wird angetrieben durch erhöhte emotionale Empfänglichkeit für subtile Reize. Diese Definition ist eine wissenschaftliche. Die eher praktische lautet: Hochsensible Menschen werden durch Reize stärker angesprochen. Sie sprechen mit ihren Gefühlen stärker als andere auf Dinge in ihrem Umfeld an. Vor allem aber ziehen sie es vor, die Dinge zu beobachten und nachzudenken, bevor sie zur Tat schreiten. Daraus ergibt sich leider auch, dass Hochsensible durch Überreizung leicht überwältigt werden und besonders stark auf negative Dinge reagieren."

Zum Stand der Forschung beim Menschen befragt, berichtet Elaine Aron von Forschungsarbeiten, die ihr Mann Arthur Aron an der Universität Stony Brook, New York, betreut. Seine Doktorandinnen hätten mit bildgebenden Verfahren (MRT = Magnetresonanztomografie) festgestellt, dass bei Hochsensiblen durch Reize andere Hirnregionen aktiviert werden und dass sich auch zeitliche Abläufe im Gehirn von denen der Bevölkerungsmehrheit unterscheiden. Hochsensibilität gehe also tatsächlich mit Unterschieden in den Hirnstrukturen und -prozessen einher. Erkennbar sei, dass die für Furchtreaktionen zuständigen Hirnareale wie die Amygdala eine untergeordnete Rolle spielen würden. Daraus folgert Aron, dass man es eben nicht mit Ängstlichkeit zu tun habe.

In Deutschland beschäftigte sich die Psychologin Dr. Sandra Konrad an der Universität der Bundeswehr in Hamburg im Rahmen ihres (mittlerweile abgeschlossenen) Dissertationsprojekts mit einem diagnostischen Instrument zur Erfassung von Hochsensibilität (sie hat einen erweiterten Fragebogen entwickelt) sowie einer empirischen Untersuchung, um die typischen Persönlichkeitseigenschaften und Dispositionen von HSP genauer zu bestimmen. Ihre MRT-Messungen ergaben, dass bei HSP während der Betrachtung von Fotos die Hirnareale für visuelle Verarbeitung stärker aktiviert sind als bei Nicht-HSP. Ferner seien in Versuchsreihen mit Augenbewegungskameras bei HSP andere vorherrschende Augenbewegungsmuster in den Aufzeichnungen erkennbar. Ihr Blick schweife auffällig mehr umher und richte sich auf mehr Details.

Der Entwicklungspsychologie Dr. Michael Pluess forscht an der Queen Mary University of London unter anderem zur Hochsensibilität (Bezeichnung in der Forschung: „Sensory Processing Sensitivity") und ist hierbei in engem Kontakt zu Elaine Aron. Beim HSP-Kongress in der Schweiz im September 2017 berichtete er von seinen Forschungsergebnissen und hob dabei hervor, dass Hochsensible auf unterstützende Maßnahmen (bei den Probanden der Studie handelt es sich um Hochsensible, die psychotherapeutisch behandelt werden) deutlich besser ansprechen als nicht-hochsensible Personen einer Vergleichsgruppe. Er spricht in diesem Zusammenhang von „Vantage Sensitivity" und meint das starke Ansprechen auf positive Einflussfaktoren. (Der Ausdruck „Vantage Sensitivity" wird nicht übersetzt; „vantage" wörtlich übersetzt heißt Vorteil.)

Hier ist hinzuzufügen, dass Hochsensible selbstverständlich auch stark auf negative Einflussfaktoren ansprechen, daher auch statistisch gesehen mit einer etwas höheren Wahrscheinlichkeit eine psychische Erkrankung erleiden. Die Chance liegt jedoch ganz allgemein darin, das Augenmerk mehr auf die „Vantage Sensitivity" zu legen, was sich auf ganz verschiedene Lebensbereiche beziehen kann und selbstverständlich auch auf Nicht-Erkrankte zutrifft.

Abgrenzung zur erworbenen hohen Empfindlichkeit

Es gibt auch eine hohe Empfindlichkeit, die sich erst im Laufe des Lebens einstellt – mit teilweise ähnlichen Kennzeichen. Gründe für eine erworbene Hochempfindlichkeit können traumatische Erlebnisse, körperliche Krankheiten, organische Funktionsstörungen, Vergiftungen oder Strahlenbelastungen sein. Genau genommen muss man auch an den Einfluss vorgeburtlicher Erfahrungen als mögliche Ursache für „angeborene" Hochsensibilität denken.

Traumatisierungen in der Kindheit oder im Laufe des Erwachsenenlebens (Übergriff, Missbrauch, Vergewaltigung, Überfall, Einbruch, Unfall, Naturkatastrophe etc.) können zu extremer Sensibilität führen; hat jemand die Welt als unsicher und andere Menschen als Bedrohung erlebt, befindet er sich in der Folge in einer mehr oder weniger permanenten Anspannung und Habachtstellung, um sich zu schützen und erneutes Unheil abzuwehren. Die Sensibilität hat die Funktion eines Frühwarnsystems.

Eine Vergiftung kann eine Reihe von nachhaltigen Schädigungen des Organismus zur Folge haben, so auch Veränderungen im Nervensystem. Eine Vergiftung kann durch eine einmalige oder andauernde Schadstoffexposition entstanden sein, durch chemische Substanzen, die am Arbeitsplatz, in der Wohnung oder im öffentlichen Raum auf den Menschen eingewirkt haben. Auch anhaltender starker Elektrosmog kann eine hohe Sensibilität bedingen.

Ein Unterschied zwischen erworbener hoher Empfindlichkeit und anlagebedingter Hochsensibilität ist wohl darin zu sehen, dass bei einer erworbenen hohen Empfindlichkeit die typischen Stärken fehlen, die üblicherweise mit einer Hochsensibilität einhergehen, wie zum Beispiel die generelle nuancenreichere Wahrnehmung und das übergreifende Denken, die Fülle und Tiefe des Empfindens auch bei erfreulichen Erlebnissen. Zudem erstreckt sich die hohe Wachsamkeit, Alarmbereitschaft und Reaktivität häufig nur auf einzelne Lebensbereiche und ist oftmals auf bestimmte Auslösereize beschränkt.

Angefügt sei noch, dass Belastungen durch traumatische Erlebnisse, Erkrankungen, Vergiftungen oder Umweltbelastungen eine vorhandene angeborene Hochsensibilität deutlich verstärken können.

2.3 Sensibles Wahrnehmen mit allen Sinnen

Die besonders feine und intensive Wahrnehmung Hochsensibler wird mit einer besonderen Konstitution des Nervensystems erklärt. Das brachte mich dazu, mich dafür zu interessieren, wie das Nervensystem, die Wahrnehmung und die Sinnesorgane überhaupt funktionieren, um besser zu verstehen, was bei Hochsensiblen anders sein könnte. Elaine Aron formuliert in ihrem Buch *Sind Sie hochsensibel?* vage: Der Unterschied liege „irgendwo auf dem Weg zwischen Nerv und Gehirn oder im Gehirn selbst, in der Verarbeitung von Informationen."

Vorwegschicken möchte ich, dass trotz der enormen Fortschritte der Neurowissenschaften bis heute nicht vollständig erforscht ist, wie das Nervensystem des Menschen genau funktioniert. Annahmen hierzu werden ständig korrigiert und erweitert.

Das Nervensystem

Unter Nervensystem versteht man die Gesamtheit des Nervengewebes im Organismus. Das Nervensystem ist aufgeteilt in das zentrale Nervensystem, zu dem Gehirn und Rückenmark gehören, und das periphere Nervensystem, das alle übrigen Nervenbahnen umfasst. Die Grundeinheit des Nervensystems ist ein Neuron – auch Nervenzelle genannt –, eine auf Erregungsleitung spezialisierte Zelle mit all ihren Fortsätzen.

Das Nervensystem realisiert eine der Grundeigenschaften des Lebens, die Irritabilität – die Reizbarkeit. Es hat die Aufgabe, Informationen über die Umwelt und den Organismus aufzunehmen, zu verarbeiten und Reaktionen des Organismus zu veranlassen.

Über Nervenbahnen werden aufgenommene Impulse ans Gehirn weitergeleitet und umgekehrt Impulse an verschiedenste Körperregionen gegeben. Der Transport von Informationen geschieht, indem sie als ganz schwache elektrische Ströme oder als chemische Reaktionen oder durch körpereigene Überträgerstoffe übermittelt werden. Sämtliche Informationen werden im Gehirn miteinander verbunden und verarbeitet. Das Gehirn ist der Ort, an dem Denken und Fühlen stattfinden.

Im biologischen Sinne ist eine Stimulation eine Erregung des Nervensystems. Reize, die die Nerven stimulieren, können von außen kommen oder aus dem eigenen Körper; ebenso kann eine nervliche Erregung durch Gedanken und Gefühle ausgelöst werden, durch eine Erinnerung, eine Vorstellung, eine Fantasie.

Reize unterscheiden sich in ihrer Art, Stärke und Dauer; wie intensiv ihre Wirkung auf das Nervensystem ist und wie im nächsten Schritt die Reaktion ausfällt, ist individuell sehr verschieden.

Bei derselben Reizexposition ist das nervliche Erregungsniveau bei Hochsensiblen höher als bei anderen Menschen. Daher ist bei Hochsensiblen zum einen eher der Punkt erreicht, an dem sie sich überreizt fühlen und unter Umständen auch sichtlich „gereizt" reagieren. Zum anderen ist schon durch eine geringe Stimulation die Wahrnehmungsgrenze erreicht. Und: Bei ihnen hallen Eindrücke länger nach. „Insgesamt scheint unser Nervensystem so konstruiert zu sein, dass es einerseits auf unterschwellige Dinge reagiert und dass es andererseits nach der Konfrontation mit heftigen Reizen einer längeren Erholung bedarf." (Elaine Aron)

Die Sinne des Menschen

Über unsere verschiedenen Sinne, die wie Antennen fungieren, erfahren wir auf eine komplexe Weise unsere Umwelt und uns selbst. Sinnesorgane sind komplizierte Strukturen zur Wahrnehmung von Reizen von außerhalb und von innerhalb des Körpers. Als wichtiges Element enthalten die Sinnesorgane Sinneszellen. Diese spezialisierten Zellen stellen gleichsam einen biologischen Sensor dar, sie sind Rezeptoren für die entsprechenden Reize. Die Impulse werden über Nervenfasern an das Gehirn weitergeleitet, dort gefiltert, mit Informationen anderer Sinnesorgane und schon abgespeicherten Informationen abgeglichen und zu einer Wahrnehmung zusammengefügt.

Die fünf Sinne

Allgemein unterscheidet man fünf Sinne:
- das Sehen (die visuelle Wahrnehmung) mit den Augen
- das Hören (die auditive oder akustische Wahrnehmung) mit den Ohren
- das Riechen (die olfaktorische Wahrnehmung) mit der Nase
- das Schmecken (die gustatorische Wahrnehmung) mit der Zunge und den Schleimhäuten in der Mundhöhle
- das Tasten (die taktile Wahrnehmung) mit der Haut. Berührung kann entweder aktiv sein beim Betasten und Befühlen oder passiv beim Berührtwerden

Die moderne Physiologie kennt für den Menschen noch vier weitere Sinne: den Temperatursinn und die Schmerzempfindung (Oberflächensensibilität), den Gleichgewichtssinn und die Körperempfindung (Tiefensensibilität). Das Sehen und das Hören sind die sogenannten Fernsinne, alle übrigen die Nahsinne.

Der sechste und der siebte Sinn

Im allgemeinen Sprachgebrauch existiert auch noch der „sechste Sinn". Damit meint man, dass jemand in einer bestimmten Situation auf nicht fassbare Weise etwas wahrnimmt, was über die unmittelbaren Wahrnehmungen der fünf Sinne hinausgeht. Den sechsten Sinn kann man mit „Bauchgefühl" bzw. Intuition gleichsetzen. Ich bleibe gern bei einer sachlichen Erklärung: Intuition verknüpft mit großer Schnelligkeit unbewusst verschiedenste sinnliche Wahrnehmungen miteinander, greift auf vorhandenes Wissen zu und liefert erstaunliche Auswertungen. Der Ausdruck „siebter Sinn" wird häufig synonym zum „sechsten Sinn" verwendet und drückt ebenso aus, dass ein besonderes Gespür für Dinge, Menschen, Zusammenhänge, Gefahren und Chancen vorhanden ist.

Wie funktioniert Wahrnehmung?

Wahrnehmung ergibt sich aus der Empfindung aller Sinneseindrücke aus äußeren und inneren Reizen, den sensorischen Informationen. Ein Sinnesorgan nimmt Reize bestimmter Art (z. B. das Auge visuelle Reize) als Sinneswahrnehmung auf (z. B. das Auge als visuelle Wahrnehmung) und leitet diesen primären Sinneseindruck als sogenannte Sinnesempfindung an den Bereich des Gehirns weiter, der diese Sinnesreize verarbeitet. Zusammen mit den sensorischen Gehirnarealen bilden die Sinnesorgane sogenannte sensorische Systeme. Die Gesamtheit aller Sinneswahrnehmungsvorgänge bezeichnet man als Sensorik.

In einem zweiten Schritt wird die Empfindung im Gehirn verarbeitet, das heißt eingeordnet und bewertet. Das Gehirn wertet den Input der Sinne aus. Dies geschieht größtenteils unbewusst durch den Abgleich der Sinnesempfindungen mit abgespeicherten Informationen. Die Wahrnehmung verarbeitet Einzelinformationen, indem sie diese zu sinnvollen Gesamteindrücken zusammenführt. Zusammenhänge werden hergestellt; Sinn ergibt sich. Erst mit dieser Leistung der Hirnzentren werden die Sinne umgesetzt, werden zum Beispiel mit den Augen wahrgenommene Gegenstände erkannt. Dabei ist Wahrnehmung abhängig von den Vorerfahrungen. Wahrnehmung ist Voraussetzung für Erkenntnis und Orientierung, sie ermöglicht planerisches Denken und sinnvolles Handeln, ist auch die Grundlage von Lernen.

Wahrnehmung ist immer subjektiv. Sie ist eine Interpretation der Welt, niemals ein Abbild der Realität. Sie ist eine Konstruktion, die sich der Einzelne aufgrund seiner Sinneseindrücke und dem Abgleich mit der inneren Vorstellungswelt bildet. Ich begegnete einmal einer bezeichnenden Analogie: Die Außen-Welt wahrzunehmen sei, wie durch eine Kamera zu schauen und gleichzeitig einen ‚inneren Film' zu konstruieren.

Durch das bewusste Steuern der Aufmerksamkeit kann die Wahrnehmung nur bis zu einem gewissen Grad beeinflusst werden. Automatisch ergibt sich die Fokussierung der Aufmerksamkeit durch aktuelle Interessen und brennende Themen. Weithin bekannt ist das sogenannte Gipsbeinphänomen. In Studien entdeckte der US-amerikanische Soziologe Carver Willis, dass es von der subjektiven Wahrnehmung des Betrachters abhängt, welche Besonderheiten vermeintlich häufig auftreten – Gipsträgern fallen mehr als anderen Personen Menschen mit Gipsbein auf, Schwangeren mehr als anderen Frauen Schwangere und junge Mütter, den Käufern eines bestimmten Automodells mehr Fahrzeuge desselben Typs usw.

Wahrnehmung ist immer ein Filterprozess. Das, was uns bewusst wird, ist das Ergebnis eines größtenteils unbewussten Auswahlvorgangs, in dem einzelne Aspekte der Welt rings um uns und der Innenwelt erkannt, andere ausgeblendet werden. Die Filterung dient vom Grundsatz her der automatischen Unterscheidung von (im Moment) wichtig / relevant und unwichtig / irrelevant und sorgt dafür, dass das Bewusstsein (das im Vergleich zum Unbewussten eine wesentlich geringere Kapazität hat) nicht überlastet wird und funktionsfähig bleibt.

Man unterscheidet zwischen neurologischen, sozialen und individuellen Filtern der Wahrnehmung. Neurologische Filter sind die Filter, die durch das Nervensystem vorgegeben sind. (Hier geht man von einer Besonderheit bei den Hochsensiblen aus.) Soziale Filter beziehen sich auf die Zugehörigkeit zu einer sozialen Gruppe, zu einer Sprachgemeinschaft, einer Religionsgemeinschaft, zu einer Nation. Individuelle Filter sind die Haltungen, Überzeugungen und Blickrichtungen, die sich durch persönliche Erfahrungen und Zielsetzungen ausbilden.

Die hochsensible Art des Wahrnehmens

„Wer nicht zuweilen zu viel und zu weich empfindet, der empfindet gewiss immer zu wenig."

Jean Paul (1763–1825)

In journalistischen Artikeln über Hochsensibilität trifft man des Öfteren auf Überschriften wie „Leben ohne Filter". Das ist so ganz sicher nicht richtig! Ähnlich kritisch ist die Diagnose „Reizfilterstörung", die Hochsensiblen mitunter gestellt wird (und die sie sich selbst stellen), zu betrachten. Zutreffender ist es, zu sagen, dass bei Hochsensiblen die neurologischen Wahrnehmungsfilter weniger Informationen herausfiltern. Demnach kann man von einer höheren Reizempfänglichkeit bzw. einer größeren Reizoffenheit sprechen. Das will ich nachfolgend noch etwas näher ausführen.

Einem aktuellen Erklärungsansatz zufolge liegt die Andersartigkeit in der Wahrnehmung bei Hochsensiblen in der Art der Reizweiterleitung begründet, nicht in den Sinnesorganen selbst. Untersuchungen mittels Magnetresonanztomografie, bei denen Hirnaktivität aufgezeichnet wird, liefern Hinweise darauf, dass bei Hochsensiblen eine erhöhte Aktivität im Zwischenhirn, genauer gesagt in dessen Abschnitten Thalamus und Hypothalamus, vorliegt. Der Thalamus enthält Umschaltzentren für Informationen auf dem Weg von den Sinnesorganen, aus dem Körper und vom seelischen Empfinden zur Großhirnrinde. Der Thalamus erfüllt die Funktion eines Filters. Er wird auch „Tor zum Bewusstsein" genannt, weil er entscheidet, welche Informationen so relevant sind, dass sie über die Weiterleitung an die Großhirnrinde bewusst werden sollen. Man geht also davon aus, dass der Thalamus bei Hochsensiblen also insofern anders funktioniert, als mehr Reize als wichtig eingestuft und an die Großhirnrinde weitergeleitet werden und dann dort zur bewussten Verarbeitung anstehen.

Das hat unter anderem zur Folge, dass Hochsensible vieles als störend erleben. Während Nicht-Hochsensible Störreize (zum Beispiel das leise Radio oder Gespräche im Hintergrund) nur zu Anfang bewusst wahrnehmen und weitgehend ausblenden, nachdem sie sie als irrelevant klassifiziert haben, scheint es so, dass Hochsensible permanent aufmerksamer für die Reize ihrer Umgebung bleiben. Sie sind weit weniger in der Lage, einen Störreiz als unwichtig abzuhaken und zu ignorieren; vielmehr beachten sie ihn andauernd, so, als würden sie ihn beständig auf seinen möglichen Informationsgehalt hin prüfen. Der wohlmeinende Rat „Hör doch einfach nicht hin" verkennt also die Gegebenheiten bei der hochsensiblen Person völlig!

Im Ganzen kann man sagen: Aufgrund ihrer höheren Reizempfänglichkeit nehmen Hochsensible intensiver, feiner, detaillierter, differenzierter und in einem größeren Spektrum wahr als Nicht-Hochsensible. Hochsensible bemerken Einzelheiten in ihrer Umgebung, die anderen nicht auffallen. Sie haben besonders „feine Antennen" und können auch geringfügige und unterschwellige Reize wahrnehmen. Mit Reizen ist alles gemeint, was von außen einströmt: Geräusche, optische Eindrücke, Gerüche, Geschmack, Einwirkungen auf die Haut und den Körper (Druck, Vibration, Wärme, Kälte, Zugluft). Was Hochsensible im Einzelfall besonders nuancenreich und stark wahrnehmen, ist unterschiedlich.

Dasselbe wie für Reize aus der Außenwelt gilt für solche aus der Welt des Körpers, der Gefühle, der Gedanken, der Ideen und Assoziationen. Was günstig ist für die Selbstwahrnehmung und Selbstreflexion, für die Intuition und die Kreativität, kann zugleich mächtig überfordern.

Eine große Bandbreite und Fülle von Reizen intensiv wahrnehmen zu können kann zuweilen belastend, andererseits aber auch bereichernd sein und als ein Geschenk erlebt werden. Mir gefällt, wie Marianne Skarics es formuliert: „Die Welt kann für hochsensible Menschen unglaublich farbenprächtig, facettenreich, sinnerfüllt und in ihrer Gesamtheit ein Kunstwerk sein."

Zur Veranschaulichung der umfangreichen Wahrnehmung konstruiere ich einmal ein Beispiel: Eine hochsensible Person kommt in einen Raum, in dem sich mehrere Leute aufhalten, die in Grüppchen zusammenstehen und sich unterhalten. Das Mehr-Wahrnehmen bezieht sich auf den Raum selbst, die Formen und Farben, den Stil und die Anordnung der Möbel, die Bilder an der Wand (für Kunst kann sie sich begeistern), die Beleuchtung (hoffentlich keine blendenden Strahler), die Temperatur (zu warm, zu kalt oder gerade richtig?) und die Luftqualität (stickig, rauchig, zugig?), Deko und Blumenarrangements (vielleicht eine Augenweide?), die Musik (hoffentlich nicht zu laut), die Raumharmonie als Ganzes.

Sie bezieht sich auch auf die anwesenden Menschen, deren Äußeres, deren persönliche Ausstrahlung, deren Stimmungslage und die Verbindungen der Menschen untereinander. Sind sie gut gelaunt? Interessiert oder gelangweilt? Sind sie aneinander zugewandt? Gibt es jemanden, der an keinem Gespräch teilnimmt? Ob sich derjenige ausgeschlossen fühlt? Worum geht es wohl in den Gesprächen?

Dann geht es noch um den Bezug von sich selbst zu den anderen. Der Hochsensible fragt sich: Welche Leute finde ich auf Anhieb sympathisch? An welchem Gespräch möchte ich mich beteiligen? Ob ich störe? Ob ich mich einfach dazugesellen kann? Hat er sich in ein Gespräch eingeklinkt, fällt es ihm schwer, sich auf dieses eine Gespräch zu konzentrieren, während er Gesprächsfetzen von anderen Unterhaltungen aufschnappt. Aus diesem Beispiel geht hervor, dass Hochsensible in solchen Situationen vor der Aufgabe stehen, mit der Informationsflut zurechtzukommen. Der Umgang mit der außergewöhnlichen Wahrnehmungsbegabung stellt wahrlich eine Herausforderung dar!

2.4 Sensibilität in hohem Maße

Sind wir nicht alle ein bisschen sensibel?

Die Antwort auf die Frage ist daher schnell gegeben: Ja! Natürlich verfügen wir alle über Sensibilität.

Im physiologischen Sinne: Sensibilität ist lebensnotwendig, weil sie ein Reagieren auf verschiedenste Dinge und Ereignisse ermöglicht. Hier die Definition aus einem medizinischen Wörterbuch: Sensibilität ist „die Fähigkeit des Nervensystems, adäquate Reize aufzunehmen und in Form einer Wahrnehmung / Empfindung zu interpretieren bzw. in Eindrücke, Gefühle und Reflexe umzusetzen." *(Roche Lexikon Medizin)*

Im psychologischen Sinne: Sensibilität bezeichnet zum einen die soziale Fähigkeit, anderen feinfühlig und einfühlsam zu begegnen – als Teil der sogenannten emotionalen Intelligenz. Wer sich sensibel verhält, zeigt Empathie, ist in der Lage, sich in andere Menschen einzufühlen. Zum anderen meint Sensibilität die emotionale Verletzlichkeit, die „Dünnhäutigkeit". Jeder hat in seinem Verhaltens- und Empfindungsrepertoire seine sensible Seite. Inwieweit sie zum Tragen kommt, hängt außer von der Veranlagung auch sehr stark von der momentanen Verfassung und der jeweiligen Situation ab.

Das heißt: Jeder ist sensibel – mehr oder weniger. Und im einen wie im anderen Sinne sind Hochsensible deutlich sensibler als die Mehrzahl der Menschen. Anzumerken ist noch, dass es auch unter den Hochsensiblen Abstufungen in der Sensibilität gibt bis hin zu extrem hochsensibel – und dass sich die Sensibilität nicht bei jedem Hochsensiblen in genau derselben Weise äußert. Das Merkmal Hochsensibilität ist eines von vielen Merkmalen, die die individuelle Persönlichkeit formen.

Wenn Hochsensible sich selbst als sehr sensibel bezeichnen, erweckt das leicht den Eindruck, als würden sie allen anderen jegliche Sensibilität absprechen und sich nicht nur für etwas Besonderes, sondern auch für etwas „Besseres" halten. Dann kommt womöglich die irritierte Frage: „Willst du sagen, ich sei nicht sensibel?" Selbstverständlich haben Hochsensible die Sensibilität nicht für sich gepachtet! Elaine Aron stellt dazu fest: „Die Vorstellung, hochsensibel zu sein, besitzt bereits ein enormes Diskussionspotenzial in der Gesellschaft, das fast so ist wie die Faszination, die von Fragen rund um die viel diskutierten Geschlechterdifferenzen ausgeht."

Ob es sich nun um Geschlechterunterschiede oder um Unterschiede zwischen Hochsensiblen und Nicht-Hochsensiblen handelt: Es sollte weder um Gleichmacherei noch um eine klischeehafte Kategorisierung gehen; schon gar nicht um einen Anspruch auf Überlegenheit (von wem auch immer) oder um Ausgrenzung (von wem auch immer). Bei aller Würdigung der Unterschiede geht es um Gleichwertigkeit und Ebenbürtigkeit und um größtmögliche Integration.

Da wir gerade bei Geschlechterunterschieden sind: Definitiv unrichtig ist es übrigens, Hochsensibilität einem Geschlecht zuzuordnen. Aus Untersuchungen geht jedoch hervor, dass der Anteil an Hochsensiblen bei Männern ebenso hoch ist wie bei Frauen, auch wenn Frauen sich vielfach leichter damit tun, sich als hochsensibel zu erkennen und zu erkennen zu geben. Das überlieferte Rollenverständnis der Männer und die Vorstellung davon, wie ein „echter" Mann zu sein hat (schnell entschlossen, unerschrocken, draufgängerisch, belastbar, hart im Nehmen …), haben zur Folge, dass Jungen und Männer in der Gesellschaft mehr Probleme mit ihrer hohen Sensibilität haben und noch häufiger als Mädchen und Frauen versuchen, sie zu unterdrücken und zu verbergen – am liebsten loszuwerden. Hoffnungsvoll stimmt, dass es heutzutage auch das Bild des „neuen" Mannes gibt, der gefühlvoll, einfühlsam und verständnisvoll sein kann, ein Bild, das weit eher der Natur des hochsensiblen Mannes entspricht.

EIN HOCHSENSIBLER BERICHTET

Mario: Ich habe einen Scan-Blick. Wenn meine Frau beispielsweise irgendetwas in der Wohnung verändert oder verrückt, und sei es nur eine Vase, bemerke ich das. Sie sagt manchmal, ich sei verrückt und gespenstisch, aber es ist immer lustig und wir haben etwas zu lachen.

Ich fühle Stimmungen und Gefühle sehr intensiv. Wenn es jemandem nicht gut geht, bemerke ich das sofort. Das führt dazu, dass ich sehr viel mitbekomme und Dinge fühle, die andere nicht fühlen. Ich bin sehr emotional, einfühlsam und verständnisvoll. Ich bin der klassische Zuhörer und Versteher, derjenige, zu dem alle kommen, wenn etwas nicht stimmt.

Außerdem spüre ich sofort den Schmerz, den die betreffenden Personen haben. Ich musste lernen, damit umzugehen, mich nicht zu sehr einzufühlen und es nicht so sehr an mich heranzulassen. Ich schütze mich, indem ich ganz konkret sage „Das ist sein/ihr Problem und nicht meines" und dann ganz bewusst nicht mehr darüber nachdenke.

Ich nehme mir ganz viele Auszeiten und gehe in die Natur, um die Dinge vom Tag zu verarbeiten. Ohne das geht es bei mir nicht.

Hochsensiblen wird es schneller zu viel

Wenn eine bestimmte Menge an Informationen hintereinanderweg aufmerksam aufgenommen worden ist, dann entsteht der Wunsch nach einer Pause. Das gilt ganz allgemein, deshalb gibt es Pausen in der Schule, im Theater, in Sitzungen usw. Die Auszeit dient der Erholung; das Aufgenommene kann sich setzen, es kann verarbeitet werden. Da Hochsensible eine größere Fülle von Informationen bewusst aufnehmen und zu verarbeiten haben, ist das Maß des Erträglichen bei ihnen eher erreicht.

Die Grenze der Aufnahmefähigkeit wird erreicht, wenn Informationen in großer Dosis oder in schneller Folge zufließen, wie zum Beispiel bei lauter Musik oder einer hektischen Bildfolge, oder wenn verschiedenartige Informationen parallel einströmen, zum Beispiel bei mehreren Leuten, die gleichzeitig reden, oder einem Multiscreen, oder einem optischen und geruchlichen Sammelsurium auf einem Fressmarkt. Es ist unmöglich, eine Sache in Ruhe auf sich wirken zu lassen, wenn schon die nächste folgt, es ist schwer, sich auf eine Sache zu konzentrieren, wenn eine andere Aufmerksamkeit abzweigt.

Ein belebtes Straßenfest, eine Kneipentour, eine Urlaubsrundreise, ein mehrtägiger Kongress, reizvolle Aktivitäten für die meisten Menschen, werden zu einer echten Herausforderung für Hochsensible. Dass es zu viel wird, zeigt sich häufig körperlich, zum Beispiel durch ein Gefühl von innerer Unruhe, ein Schwirren im Kopf oder Kopfschmerzen. So mahnt der Körper Erholungspausen an.

Zur Überstimulation können sowohl starke Reize (Sirenen von Einsatzwagen, laute Musik, blendende Scheinwerfer, stickige Luft, dicht gedrängte Menschenmenge), auch wenn sie nur relativ kurz andauern, als auch anhaltende schwache Reize (Zugluft in der Nähe eines geöffneten Fensters, eine tickende Uhr, ein tropfender Wasserhahn, ein surrender Lüfter, das Licht einer Energiesparlampe ...) oder viele verschiedene Reize, die gleichzeitig auftreten (Einkaufszentrum, Volksfest, Vergnügungspark ...), führen. Hochsensible sind von alledem schneller als Nicht-Hochsensible überfordert.

Nach einem ausgedehnten Einkaufsbummel in der Großstadt haben nicht nur Hochsensible müde Füße, aber anders als andere werden sie sich kaum für die Idee begeistern, am Abend desselben Tages noch mit ins Kino zu gehen. So übererregt und aufgedreht, wie sie sich fühlen, brauchen sie zunächst das Alleinsein, um wieder zu sich und zur Ruhe zu kommen. So erklären sich die zu beobachtende Tendenz zum Rückzug und das oftmals größere Schlafbedürfnis.

Eine halbe Stunde S-Bahn-Stress

Morgens, an einem sonnigen, warmen Sommertag. Ich will zu einer IHK-Tagesveranstaltung in der Stuttgarter Innenstadt. Was läge näher, als vom Nachbarort aus mit der S-Bahn reinzufahren? In der recht vollen Bahn finde ich gerade noch einen Sitzplatz.

Diverse Geräusche dringen an meine Ohren. Ein Mann zieht die Nase hoch (iiiih), eine Frau hustet, ein Mann niest (oje, sind so viele erkältet?). Stimmengewirr; eine Männerstimme auf Englisch hebt sich hervor. (Ob es seine Muttersprache ist? Fast scheint es so.) Eine Frau, direkt neben mir, atmet schnarrend.

Fast schon beruhigend: das gleichmäßige Rattern des Zuges auf den Gleisen. Weniger angenehm: das Quietschen der Bremsen bei jedem Halt. Zehn Stopps bis zur Stadtmitte Stuttgart. Ausgesprochen unangenehm: das laute Piepen beim Schließen der Türen. Stereotyp die Durchsagen: „Nächster Halt: ...", die, obwohl mir hinlänglich bekannt, meine volle Aufmerksamkeit bekommen.

Eine Zeitung raschelt beim Umblättern (warum liest der Mann nicht länger auf einer Seite?). Schräg gegenüber sitzt ein junger Mann mit Ohrstöpseln, über die er Musik vom Handy hört. So laut, dass vom Rhythmus der Musik etwas nach außen dringt (meine Musik ist es gar nicht).

Da und dort hat jemand sein Handy oder Smartphone in der Hand. Einer tippt etwas, mit Tastentönen. Und dann klingelt ein Handy und eine junge Frau führt ein Gespräch. Ich will eigentlich nicht zuhören, tue es aber unweigerlich (wer mag ihr Gesprächspartner sein?). Einige Leute haben die Augen geschlossen und dösen vor sich hin. Das passt für mich! Rundum Gebrabbel. Immer noch das Gespräch auf Englisch zwischen zwei anscheinend gut gelaunten jungen Männern. „Yeah!", sagt einer.

Schon auf der halben Strecke nach Stuttgart bin ich ziemlich geschafft, denke daran, dass mir andere Hochsensible erzählt haben, dass sie so etwas nur mit Ohrstöpseln angehen.

Ein Mann raschelt mit einer Plastiktüte. (Sind Plastiktüten in Australien nicht verboten? Wie gut für die Umwelt und wie gut für hochsensible Ohren!) Ein Mann kramt und kramt in seinem Rucksack (was sucht er bloß?). Schließlich holt er eine Frühstücksbox hervor.

Ein gepflegt aussehender Mann setzt sich auf den frei gewordenen Platz neben mir, klappt seinen Laptop auf. Er riecht stark nach einem Eau de Toilette (puh!). Etwas breiter gebaut, nimmt der Mann mehr als seinen Teil der Sitzbank ein. Der Ärmel des auf Falte gebügelten kurzärmligen, hellblauen Oberhemds steht leicht ab und berührt meinen bloßen Oberarm. Das kitzelt mich. Ich rücke ein Stückchen ab, sitze schon leicht schräg auf meinem Fensterplatz. Ich spreche ihn an, bitte ihn, etwas von mir abzurücken, damit das Hemd mich nicht mehr berührt. Er schaut erstaunt von dem Laptop auf, murmelt eine Entschuldigung und nimmt etwas mehr Abstand, aber nur um wenige Minuten später wieder in die alte Position zurückzurutschen. Wieder der Ärmel an meinem Arm. Soll ich aufstehen und auf eine Sitzmöglichkeit verzichten? Soweit ich es sehen kann, sind alle anderen Plätze besetzt. Ich behalte meinen Platz und entkomme dem Ärmel, indem ich mich stark seitlich drehe und noch etwas weiter in die Ecke rücke.

> Ich nehme mir vor: Das nächste Mal fahre ich doch mit dem Auto nach Stuttgart, da hab ich einen geschützten Raum um mich.
>
> Was mir wohltuend ins Auge fällt: Eine junge Frau, die mir gegenübersitzt, ist nach meinem Empfinden geschmackvoll gekleidet, trägt hübschen Modeschmuck, Armketten aus Perlen und ornamentierten Silberelementen. Finger- und Fußnägel sind in einem modischen Braunton passend zum Kleid lackiert (das ist wirklich schön anzuschauen).
>
> Die Luft in der S-Bahn ist furchtbar stickig. Mittlerweile fährt die S-Bahn in einem Tunnel, das hat etwas sehr Beengendes ...
>
> Endlich: Ich habe meine Station erreicht: Stadtmitte. Ich kann raus! Meine morgendliche Frische ist leider dahin.

Die enge Spanne zwischen Unter- und Überforderung

Für jeden Menschen gibt es einen individuellen Wohlfühlbereich in Bezug auf die Menge, Intensität und Dauer von Anregungen, der zwischen Überlastung und Unterforderung liegt. „Das gesunde Maß an emotionaler Erregung liegt irgendwo zwischen diesen beiden Extremen. Und tatsächlich sind der Wunsch und das Verlangen nach einer optimalen Reizschwelle ein wichtiger Basisgedanke in der Psychologie." (Elaine Aron)

Wer zu wenig Reize erfährt und unterfordert ist, wird sich antriebslos und gelangweilt fühlen und danach trachten, Abwechslung und Anregung zu finden, zum Beispiel das Radio anstellen, eine Tasse Kaffee trinken, jemanden anrufen, unter Leute gehen. Wer hingegen zu vielen Reizen ausgesetzt ist, wird sich angespannt und überdreht fühlen, sich nach einer Ruhepause sehnen und nach einer Rückzugsmöglichkeit suchen. Menschen werden „mit dem Instinkt geboren, sich von all dem fernzuhalten, was als zu intensiv empfunden wird, um den Zustand der nervlichen Übererregung zu vermeiden. Für manche ist das jedoch leichter gesagt als getan." (Elaine Aron) Hält die Stimulation weiter an, treten Stressreaktionen ein.

Der stark überreizte, überforderte Mensch ist übel gelaunt, unkonzentriert und nicht mehr imstande, klar zu denken und sich zu konzentrieren. Er kann seine Aufgaben nicht mehr so gut wie sonst ausführen, macht fahrige, unkoordinierte Bewegungen. Auch sein Kommunikationsverhalten ändert sich: Er ist nicht mehr präsent, einfühlsam und sanft, sondern geistig abwesend oder ungehalten und grantig. Unter Umständen wird er wütend und aggressiv, verliert vielleicht auch komplett die Beherrschung und explodiert. Das sind die Situationen, in denen Hochsensiblen von Menschen in ihrem Umfeld gesagt wird, sie würden total überreagieren.

Die andere Möglichkeit – die keinen minder kritischen Zustand darstellt – ist ein inneres Abschalten, ein Umschalten auf einen Modus des Funktionierens bei gleichzeitiger innerer Teilnahmslosigkeit. In manchen Fällen mag jemand, der derart im Stress ist, auch versuchen, sich mit Alkohol oder anderen Suchtmitteln zu beruhigen. Weitaus besser wäre es, eine gesündere Lösung zu suchen, am besten bevor einem alles über den Kopf wächst. Der erste Schritt ist zu erkennen, dass man den persönlichen Wohlfühlbereich langfristig nicht einfach ignorieren kann und sich nicht zu viel zumuten darf. Zu beachten ist dabei allerdings, dass es auch der Ruhe und Abgeschiedenheit zu viel werden kann. Auch Hochsensible brauchen ausreichend Anregung und Aktivität!

Der Wohlfühlbereich ist Schwankungen unterworfen. Die Toleranzgrenze hängt von der momentanen physischen und psychischen Verfassung ab. Es macht einen Riesenunterschied, ob man gut ausgeschlafen, gesund und guter Dinge ist oder übernächtigt, gesundheitlich angeschlagen und schlecht gestimmt.

Ein weiterer Unterschied in der Wirkung der Reize ergibt sich daraus, welche Assoziationen mit bestimmten Reizen verbunden sind und wie diese persönlich bewertet werden. Die Musik, die durch die Wand aus der Nachbarwohnung zu hören ist, löst eine andere gefühlsmäßige Reaktion aus als die Musik, die man aus freien Stücken und selbst ausgewählt und in den eigenen vier Wänden hört und deren Lautstärke man selbst regeln kann. Ganz allgemein lässt sich feststellen, dass ein Reiz, den man nicht unter Kontrolle hat und dem man ausgeliefert ist, viel eher stört und überreizt.

Generell ist der Wohlfühlbereich bei Hochsensiblen enger und niedriger angesiedelt. So kann es sein, dass ein Hochsensibler schon beginnt, sich unwohl zu fühlen, wenn ein Nicht-Hochsensibler noch mehr Anregung sucht, und dass die Toleranzgrenze des Hochsensiblen schon überschritten ist, wenn der Nicht-Hochsensible sich auf dem Niveau der optimalen Stimulation befindet und richtig gut drauf ist. Im Vergleich zu Nicht-Hochsensiblen erreichen Hochsensible also deutlich früher das Stadium der Überstimulation – und damit auch den Punkt, an dem sie sich zurückziehen möchten, um sich wieder zu erholen.

Oberflächlich betrachtet, erscheinen Hochsensible als weniger belastbar. Genau genommen stimmt es aber nicht, dass Hochsensible weniger aushalten als andere, vielmehr haben sie aufgrund ihrer höheren Sensibilität tagtäglich viel mehr auszuhalten.

HOCHSENSIBLE BERICHTEN

Gabi*: Sehen, Hören, Fühlen und intuitives Erfassen sind bei mir extrem gut ausgeprägt. Das Fühlen ist der Sinn, mit dem ich im Überreizungsfall am schwersten zurande komme. Das Hören kann ich besser steuern (ich sage nur Oropax), beim Sehen mache ich im wahrsten Sinne die Augen zu, auch mittels Konzentration, aber beim Fühlen bin ich mir selbst oft regelrecht ausgeliefert.

Als Bereicherung empfinde ich die Tatsache, dass mein Leben um ein Vielfaches bunter und vielschichtiger ist. Ich kann damit meine Kreativität nähren, von der ich schreibend lebe, und ich schaffe damit einen sehr tiefen und umfassenden Zugang zu meinem Seelenleben. Zudem praktiziere ich seit Jahrzehnten Tai-Chi und dabei hat mir meine Hochsensibilität schon überaus wertvolle Dienste erwiesen. Die Herausforderung ist, dass ich oft nicht so kann, wie ich möchte. Ich komme sehr schnell an meine Kraftgrenzen. Ich bin mitunter so überreizt, dass nur noch der komplette Rückzug hilft. Ich leide oft unter körperlichen Symptomen, weil ich die Grenzen zu spät ziehe.

Wie ich mich vor Reizüberflutung schützen kann? Schwer. Ich kann das mitunter nur kognitiv lösen und verordne mir Ruhephasen. Aus Erfahrung weiß ich, dass ich zum Beispiel nicht arbeiten und gleichzeitig vier Abende in der Woche auf Veranstaltungen oder Treffen rumturnen kann. Somit sage ich also konsequent maximal einem Treffen zu oder verlege die Treffen in Phasen, in denen ich keine festen Verpflichtungen habe.

Leider ist es oft noch so, dass ich in die Reizüberflutung hineingerate und dann zusehen muss, dass ich „mein System" wieder zügig runterfahren kann. Das gelingt mir am besten mit Schlaf oder zumindest Bettruhe, gefolgt von intensiv praktiziertem Tai-Chi oder Spaziergängen / Wanderungen / Joggen in einsamer Natur, im Idealfall alleine. Hin und wieder hilft ein guter Film oder ein gutes Hörbuch, aber nur, wenn der Pegel nicht zu hoch ist. Manchmal hilft – ehrlich gesagt – gar nichts mehr. Dann heißt es nur noch: Geduld mit mir selbst haben.

Daniela: Ich bin leicht gereizt von Geräuschen, das kann der sprichwörtlich tropfende Wasserhahn sein, der unterschwellig meine Nerven reizt. Aber auch lärmende Kinder, handwerkende Nachbarn usw. stören mich stark in meiner Konzentration. Das verstärkt sich noch, wenn der Nachbar in der Mittagsruhezeit die Löcher in die Wand bohrt, dann verdoppelt sich meine Wahrnehmung geradezu wegen dem Gefühl, dass andere rücksichtslos sind und sich nicht an simple Hausregeln halten.

Große Menschenmengen, wenn viel durcheinandergesprochen wird, schrille Stimmen usw. sind auch schwierig für mich. Manchmal bin ich von all den Geräuschen um mich herum so gereizt, dass ich mir nichts sehnlicher wünsche als einfach Stille. Ich plane dann oft, noch mehr aufs Land zu ziehen oder irgendwohin auszuwandern, wo ich Ruhe habe.

> Je nach Grundsensibilität ist mein Hörsinn mal stärker und mal schwächer. Oft ist es die Geräuschbelastung, die das Fass zum Überlaufen bringt. In sehr sensiblen Zeiten kann ich auch nicht durchschlafen, weil ich vom kleinsten Geräusch wach werde.
>
> Als Bereicherung empfinde ich es praktisch nie, dass ich offenbar mehr über meine Ohren wahrnehme als andere. Allenfalls vielleicht, wenn ich in der Natur bin und Vögel singen höre, die anderen nicht auffallen.
>
> Um mich vor Reizüberflutung zu schützen, meide ich Situationen (Menschenmengen), die zu aufreibend für mich sind. Gegen den Alltagslärm habe ich inzwischen ein ganzes Sammelsurium an Ohrstöpseln. Ich habe verschiedene Varianten: für tagsüber, zum Schlafen, für unterwegs. Ich habe auch immer welche in der Handtasche, falls sie mal gebraucht werden, wie zum Beispiel, wenn ich an einer viel befahrenen Straße entlanggehen muss.
>
> Außerdem versuche ich den Stress, den ich durch Reizüberflutung erfahre, ganz bewusst wieder auszugleichen. Am besten gelingt mir das bei einem langen Spaziergang in der Natur oder wenn ich eine Zeit lang am Bach sitze und dem ruhigen Fließen des Wassers lausche.

2.5 Belastung und Befähigung

Im Verlauf des Buchs werde ich mich im Zusammenhang mit den verschiedenen Lebensbereichen noch näher mit besonderen Verhaltensneigungen sowie Stärken und Schwächen beschäftigen – auch damit, wie man mit den Einschränkungen besser zurechtkommen und die Befähigungen bewusster nutzen kann.

Hier gehe ich zunächst ganz allgemein auf die Licht- und Schattenseiten des Hochsensibelseins ein, wobei ich eine Kategorisierung in „positive" und „negative" Seiten der Hochsensibilität, in „Vorteile" und „Nachteile" am liebsten ganz vermeiden möchte, weil das einem Schwarz-Weiß-Denken entspringt, das ungenügend differenziert. Im Grunde gibt es kaum einen Punkt, der nicht für sich genommen zugleich angenehme und unangenehme, nützliche und hinderliche Seiten hat, wenn man ihn weit genug fasst. Dem habe ich durch entsprechende Hinzufügungen Rechnung getragen. Vor- und Nachteile sind sozusagen zwei Seiten ein- und derselben Medaille. Zudem liegt es natürlich ganz im Auge des Betrachters, was er wie bewertet – sei es bei sich oder anderen.

Von „Fluch und Segen" spreche ich übrigens ganz bewusst nicht, weil ich eine solche Dramatisierung in der Wortwahl im Hinblick auf einen zuversichtlichen, konstruktiven Umgang mit dem eigenen Hochsensibelsein nicht für zweckdienlich halte.

Im Folgenden finden Sie Dinge, die „typisch" sind für Hochsensible, was nicht heißt, dass das bei jedem Einzelnen so sein muss. Einmal mehr möchte ich darauf hinweisen: Die individuelle Persönlichkeit steht über dem Typ (Typ = Schlag; Gepräge, das eine Person mit anderen gemeinsam hat). Denken Sie sich bitte bei allen Aufzählungspunkten ein „tendenziell" bzw. ein „in der Regel" hinzu. Und wie heißt es so schön: Ausnahmen bestätigen die Regel.

Belastungen und Begrenzungen

Zunächst einige Punkte, die von den Hochsensiblen selbst sowie von den Menschen in ihrer Umgebung zumeist als hinderlich und problematisch erlebt werden:

Hochsensible …
- sind in ihrem Wohlbefinden und Leistungsvermögen sehr abhängig von den Umgebungsbedingungen – und haben vielfach ein Händchen dafür, eine Wohlfühlumgebung zu gestalten.
- sind ausgesprochen empfindlich gegenüber Reizen, die auf sie einströmen, häufig vorrangig lärm- und geräuschempfindlich – und können durch ihre stetige wache Aufmerksamkeit frühzeitig Alarmzeichen wahrnehmen und so Gefahren abwenden.
- sind schreckhaft und leicht zu irritieren.
- geraten im Vergleich zu nicht-hochsensiblen Menschen deutlich früher in einen Zustand der Reizüberflutung und Überstimulation – und damit der nervlichen Erschöpfung.
- sind schnell nervös, wenn vieles gleichzeitig auf sie einströmt bzw. sie vieles in kurzer Zeit zu erledigen haben; sie sind ganz allgemein stressanfällig.
- reagieren gereizt, wenn sie überlastet sind.
- brauchen längere Zeit, um sich von einer Aufregung bzw. Übererregung zu erholen.
- sind emotional verletzlich – und eben auch im positive Sinne berührbar, werden stark durch Gefühlsäußerungen und Stimmungen von anderen beeinflusst, finden es oft schwer, sich abzugrenzen – und sind im positiven Sinne resonanzfähig.
- reagieren empfindlich auf Rauch, Staub, Chemikalien und Pollen in der Luft, schädliche Stoffe in der Nahrung (Stichwort Lebensmittelzusatzstoffe) und neigen zu Unverträglichkeiten und Allergien – und haben den Vorteil, dass sie gesundheitsschädliche Einflüsse eher bemerken und vermeiden.
- reagieren stärker auf Koffein und Alkohol.

- reagieren stärker auf Medikamente aller Art, leiden oft unter den Nebenwirkungen – und kommen vielleicht mit geringeren Dosierungen aus oder können unter Umständen gut mit Naturheilmitteln kuriert werden.
- sind anfälliger für psychosomatische und psychische Erkrankungen – sprechen zugleich aber in vielen Fällen gut auf therapeutische Maßnahmen an.
- …

Diese und andere Belastungen und Begrenzungen lassen sich weder wegreden noch ignorieren. Es geht darum, zu akzeptieren, dass es sie gibt, und sich bestmöglich darauf einzustellen und damit umzugehen. Die Energie, die Sie in den Versuch stecken würden, Ihr Naturell zu ändern, können Sie wesentlich konstruktiver für eine Lebensgestaltung, die Ihrer Natur entspricht, aufwenden.

Befähigungen und Begabungen

Eine Reihe von Talenten und Fähigkeiten gehen mit der Hochsensibilität einher bzw. ergeben sich aus ihr. Nicht bei jedem Hochsensiblen sind sie in gleicher Weise ausgeprägt und schon gar nicht sind sie nach Belieben abrufbar.

Es ist mir wichtig aufzuzeigen, dass jede Eigenschaft, die von einem selbst oder von anderen positiv gesehen wird, sich auch nachteilig auswirken kann bzw. in einen kritischen Bereich kommen kann, wenn sie in übersteigertem Maße auftritt.

Hochsensible …
- nehmen intensiv wahr – und werden von Eindrücken oftmals geradezu überwältigt.
- verarbeiten aufgenommene Informationen gründlich – und brauchen daher häufig länger als Nicht-Hochsensible, um die Informationen zu verdauen und wieder aufnahmebereit für Neues zu sein.
- haben eine große Detailwahrnehmung sowie eine Liebe zum Detail – und verlieren sich schon mal in Einzelheiten.
- differenzieren stark und erkennen gut feine Unterschiede – und differenzieren womöglich auch dann, wenn Vereinfachung angesagt wäre.
- sind gut im Entdecken von Fehlern und Irrtümern, spüren leicht Widersprüchliches auf – und sind zuweilen wenig nachsichtig mit sich und anderen, wenn etwas nicht korrekt oder nicht schlüssig ist.
- sind gewissenhaft und darauf bedacht, Fehler zu vermeiden, haben einen enorm hohen Anspruch an die Qualität ihrer Arbeit – und haben mitunter Angst davor, Fehler zu machen oder etwas zu übersehen, was sie in ihrem Tun bremst.

- sind sorgfältig und gründlich und können sich gut in eine Aufgabe hineinvertiefen (wenn keine Ablenkung stört) – und manches Mal nehmen sie es so genau, dass sie lange für eine Aufgabe brauchen; neigen zum Perfektionismus.
- sind reflektiert, denken gründlich über Dinge, sich selbst und andere nach – und haben einen Hang zum Grübeln.
- sind tiefsinnig und tiefgründig – und finden es zuweilen schwierig, Small Talk zu führen oder leichthin Spaß zu haben.
- sind besonnen, umsichtig, vorsichtig – und manches Mal zögerlich und unentschlossen.
- haben eine lebhafte Vorstellungskraft – und die kann sich auch auf mögliche problematische Entwicklungen und Gefahren beziehen und zu Besorgtheit führen; im Extremfall haben sie Katastrophenfantasien.
- denken vorausschauend und interessieren sich für die Auswirkungen von Ereignissen und Handlungen, sind um Nachhaltigkeit bemüht – und fokussieren oftmals mehr auf die Risiken als auf die Chancen.
- können gut Zusammenhänge herstellen, denken ganzheitlich und übergreifend – und finden manches Mal kein Ende im Immer-weiter-darüber-Hinausdenken; dabei müssen sie dann des Öfteren feststellen, dass andere ihnen gedanklich nicht mehr folgen.
- verfügen über eine ausgeprägte Intuition – und finden es mitunter selbst schwierig, Verstand und Intuition zusammenzuführen.
- verfügen über ein gutes Abstraktionsvermögen, denken in Bildern und finden leicht Analogien – und das, was sie davon mitteilen, ist zuweilen nicht mehr anschlussfähig.
- haben ein gutes episodisches Gedächtnis, erinnern sich an Einzelheiten zurückliegender Begebenheiten – und sind oft verständnislos gegenüber denen, die das nicht wie sie können.
- sind vielseitig interessiert – und es fällt ihnen bisweilen schwer, sich auf wenige Interessen zu fokussieren
- sind verantwortungsbewusst und pflichtbewusst – und überfordern sich damit leicht; sie tun sich schwer damit einzuschätzen, wo ihre Zuständigkeit und Verantwortung endet.
- sind anpassungsfähig – und verlieren sich dabei leicht selbst.
- besitzen ein großes Einfühlungsvermögen – und leiden vor lauter Anteilnahme mit anderen mit, denen es schlecht geht (und sei es in einem fiktionalen Film), und tun sich schwer mit emotionaler Abgrenzung.
- sind friedliebend, tierlieb und naturverbunden – und vielfach deprimiert angesichts Brutalität, Kriegen, humanitären Katastrophen, Tierquälerei und Umweltzerstörung.

- sind idealistisch und werteorientiert, möchten am liebsten überall helfen und die Welt verbessern – und bürden sich leicht zu viel auf oder rutschen in die Resignation.
- können gut zuhören und sind verständnisvoll – und werden leicht zum Kummerkasten für andere und bringen sich selbst wenig zu Gehör, worüber sie am Ende unzufrieden sind.
- sind entgegenkommend und hilfsbereit – und sind oft mit der Aufmerksamkeit so stark bei anderen, dass sie nicht ausreichend für sich selbst sorgen.
- behalten in Ausnahmesituationen einen kühlen Kopf und ihre Handlungsfähigkeit – sind jedoch anschließend emotional erschöpft.
- haben einen ausgeprägten Sinn für Ästhetik, Freude an Schönem – und stören sich sehr an Hässlichem, Dreckigem und Ungepflegtem.
- begeistern sich für Kunst und Kultur und sind oft in verschiedenen Richtungen kreativ und künstlerisch begabt – und es fehlt ihnen sehr, wenn sie nicht dazu kommen, ihre musische und kreative Ader auszuleben.
- …

Ich denke, es ist deutlich geworden, wie zweischneidig die Befähigungen und Begabungen sind. Das ist meiner Erfahrung nach den meisten Hochsensiblen so sehr bewusst, dass sie mehr die innewohnende Problematik sehen als die Potenziale. Mein Appell an Sie: Wischen Sie bitte nicht das Positive vom Tisch, indem Sie anführen, dass es Ihnen auch Probleme bereitet. Schmälern Sie nicht Ihre Begabungen und Fähigkeiten durch das Wenn und Aber, noch bevor Sie sie gewürdigt haben. Ich bin überzeugt: Sie verfügen über einen großartigen Fundus, aus dem Sie beruflich und privat schöpfen können. Und es wird Ihnen immer besser gelingen, den Schattenseiten auszuweichen bzw. sich mit ihnen zu arrangieren.

EINE HOCHSENSIBLE BERICHTET

Angelika: Durch die intensive Bearbeitung meiner Traumata in langjährigen Therapien und durch meine therapeutische Tätigkeit in verschiedenen Institutionen, in der Psychiatrie und selbstständig habe ich gelernt, mich selbst voll und ganz anzunehmen und die Vorteile der Sensibilität zu erkennen. Sicher habe ich als Kind (1946 geboren) unter den Nachkriegswirkungen und der strengen Erziehung gelitten, mich unverstanden gefühlt und zurückgezogen. Zum Glück gab es aber auch Menschen im Umfeld (meine Großmutter, mein Lehrer), die auch sensibel waren und von denen ich mich nonverbal verstanden fühlte. Später hatte ich Angstzustände, Panikattacken, Depressionen, deshalb die Therapien. Da ich in einem kleinen Dorf aufwuchs, hatte ich viele Gelegenheiten, in der Natur meine tiefen Empfindungen zu leben. Ich habe gerade damit begonnen, mein Leben für mich autobiografisch zu beschreiben. Es ist spannend, aus heutiger Sicht in die früheren Erlebnisse noch einmal einzutauchen.

Ich brauche absolute Ruhe, um mich konzentrieren zu können. Da ich nicht nur mit dem Verstand, sondern gleichzeitig mit Gefühl und Intuition bei der Sache bin, kann ich keine Störungen ertragen. Ich mag keine Musikberieselung, keine Menschenmassen, keine starken Gerüche, keine lauten Geräusche, habe wenig Temperaturtoleranz. Schnell ist es mir zu kalt und schnell zu heiß. Wenn ich nur einen Tropfen Wein trinke, kann ich seinen Weg in meinem Körper bis in die Fußzehen und Haarspitzen nachverfolgen. Bei Medikamenten reicht meist eine Kinderdosis. Ich fühle mich verwirrt, wenn zu viele Dinge gleichzeitig auf mich einströmen, wenn ich bei der Arbeit unter Druck stehe (geht gar nicht) oder wenn ich mich zu sehr unterordnen muss.

Ich kann super im Team arbeiten, solange sich alle für alles verantwortlich fühlen und keiner die Macht an sich reißt. Beruflich hatte ich nie Probleme, da meine Fähigkeiten immer erwünscht waren. Privat, d.h. in meiner ersten Ehe, war es schwierig. Ich habe lange versucht, die Vorstellungen meines Ex-Mannes zu erfüllen. Wenn ich mich nach acht Stunden Autofahrt nachts in Florenz angekommen erst einmal ausruhen und nicht sofort das Nachtleben erkunden wollte, dann wurde ich als schwach und zu nichts zu gebrauchen abgestempelt. Beispiele gibt es unendlich viele. Damals hatte ich noch nicht erkannt, dass seine Vorstellungen gegen meine Natur waren. Später (in der Therapie) wurde das sehr deutlich, ich lernte mich zu lieben und mich von ihm zu trennen.

Heute lebe ich mit meinem zweiten Mann, der auch sehr sensibel ist, glücklich zusammen. Ich habe weitgehend die Lebensbedingungen, die ich brauche. Wohne auf dem Land und doch nah zur Stadt. Habe ein eigenes Zimmer in unserem gemieteten Bauernhaus, einen schönen Garten und kann so leben, wie ich es brauche.

Praktische Tätigkeiten tun mir sehr gut: im Garten wühlen, Kuchen/Brot backen, Putzen (ich brauche Sauberkeit, Ordnung, Ästhetik). Meiner Großmutter mütterlicherseits (der energischen, willensstarken) verdanke ich meinen Durchsetzungswillen. Manchmal denke ich, meine beiden Großmütter (die väterliche war eine sehr sensible, sanfte Frau) in mir zu vereinen.

Meine tiefste Überzeugung ist, dass ich mir selbst absolut vertrauen kann, dass ich niemandem Rechenschaft schuldig bin, dass ich mein Leben selbst verantworten muss und kann. Schon als Kind war ich recht unabhängig und das ist bis heute so geblieben. Freiheit und Bindung, beides zu leben, daran arbeite ich zeit meines Lebens.

2.6 Facetten der Hochsensibilität

Sind Hochsensible wirklich schüchtern?

Häufig wird Hochsensibilität verwechselt mit Schüchternheit, Gehemmtheit und Ängstlichkeit. Insbesondere introvertierten Hochsensiblen (und das sind circa 70 Prozent) sind diese Attribute von Kindesbeinen an „verpasst" worden, obwohl Wörter wie beobachtend, zurückhaltend und nachdenklich den eigentlichen Sachverhalt meistens viel besser treffen würden.

Wer so oft gehört hat, er sei schüchtern, gehemmt und ängstlich, glaubt das am Ende selbst und wird es in gewisser Weise auch. Ein Umdeuten ist möglich, aber dafür braucht es zunächst einen entsprechenden Anstoß – eine neue Information – und dann Zeit für den Prozess, der zu einem anderen Selbstbild und zu einem stabileren Selbstwertgefühl führt. Es gibt keinen belastbaren Grund, weshalb Hochsensible nicht selbstsicher, kraftvoll und – sofern notwendig – durchsetzungsstark handeln können sollten.

Wie kommt es überhaupt zu dem Etikett „schüchtern"? Hochsensible verhalten sich in der Regel umsichtig und vorsichtig. Sie denken eine Weile nach, bevor sie sich entscheiden, bedenken die möglichen Konsequenzen ihres Handelns. Sie handeln oftmals mit einer kurzen Verzögerung, gehen auch nicht sofort auf fremde Menschen zu. Zudem wissen sie mehr oder weniger bewusst um ihre hohe Empfindlichkeit und scheuen daher aus Selbstschutz manche Aktivitäten, die andere bedenkenlos spontan angehen. Bemerken andere, dass Hochsensible nervlich angespannt sind, so wird dies nicht als Stressreaktion auf eine überstimulierende Situation erkannt, sondern als eine Angstreaktion gewertet – so, wie es der Erfahrungswelt der anderen entspricht.

Warum halten sich Hochsensible häufig selbst für schüchtern? Hochsensible mit ihrer guten Wahrnehmungsgabe bemerken die Aufmerksamkeit, die auf sie gerichtet ist, wenn sie etwas sagen oder tun. Blicke auf sich gerichtet zu sehen, im direkten Blickkontakt mit Menschen zu sein, das sind sehr intensive und mitunter irritierende Eindrücke. Im Mittelpunkt zu stehen kann einen Hochsensiblen nervös machen. Jemanden anzusprechen ist eine aufregende soziale Situation, die Herzklopfen verursachen und erröten lassen kann. Viele Hochsensible haben gelernt, mit der Aufregung in sozialen Situationen umzugehen, manche genießen es sogar, im Mittelpunkt zu stehen. Der Wunsch, in Kontakt zu treten, sich zu zeigen und zu Wort zu melden, ist dann stärker als die Furcht vor Übererregung.

Elaine Aron meint, der Begriff Schüchternheit sei „ungenau, negativ und funktioniert wie die berühmte sich selbst erfüllende Prophezeiung." Sie fordert dazu auf, sich nicht als schüchtern abstempeln zu lassen und die sozialen Vorurteile aus der Welt zu schaffen. Sie zieht den Begriff „soziales Unbehagen" der Bezeichnung „Schüchternheit" vor und weist darauf hin, dass soziales Unbehagen in nahezu allen Fällen auf Überstimulierung zurückzuführen sei. „Diese führt dazu, dass Sie nicht sozial kompetent handeln, sprechen oder auftreten. Es kann auch die große Angst davor sein, in einen Zustand der Überstimulierung zu geraten; was im Normalfall ausreicht, um in Ihnen ein Gefühl der Anspannung hervorzurufen." Soziales Unbehagen sei vorübergehend wie anderes Unbehagen auch und man habe Wahlmöglichkeiten, mit einer Situation umzugehen: sich mit etwas abfinden, eine andere Umgebung aufsuchen, andere um etwas bitten, was das Wohlbefinden verbessert. „In allen Fällen entledigen Sie sich ganz bewusst des Unbehagens. Vergessen Sie also die Vorstellung, dass Ihnen Situationen in Gesellschaft von Natur aus unangenehm sind!"

Schüchternheit ist bei Hochsensiblen ebenso wenig angeboren wie bei anderen Menschen. Sie ist eine erworbene Verhaltensweise, die auch nur in bestimmten Situationen – vor allem in fremder oder missliebiger Umgebung und im Kontakt mit fremden Menschen – auftritt. Dahinter steht die Angst, abgewiesen und abgelehnt zu werden, etwas falsch zu machen, sich zu blamieren, den eigenen Erwartungen nicht gerecht zu werden, zu versagen … Schüchternheit ist auf negative soziale Erfahrungen zurückzuführen. Man denke an die typischen Kommentare „Was hast du jetzt schon wieder?", „Stell dich nicht so an!" etc. Erlebnisse, die sich meist schon in der Kindheit abgespielt haben, bei denen jemand Zurückweisung, Missbilligung und Herabwürdigung erfahren hat, lächerlich gemacht und beschämt wurde, haben sich tief ins Erfahrungsgedächtnis eingebrannt. Das kann zu Schüchternheit führen.

Schüchternheit hindert die Betroffenen daran, erwünschte Kontakte herzustellen und sich in die Gemeinschaft einzubringen. Wer schüchtern ist, kommt nicht zum Zuge, wenn es interessant für ihn wäre. Schüchternheit kann nach und nach überwunden werden, wenn – vielleicht in einem ganz neuen Umfeld – ermutigende neue Erfahrungen gemacht werden. Diese müssen jedoch erst einmal für möglich gehalten und eingegangen werden. Ziel ist dabei nicht, auf einmal wie ausgewechselt zu sein, sondern immer ein bisschen mehr zu wagen, um am Ende das tun zu können, was einem selbst wichtig ist, und relativ unbeschwert am sozialen Leben teilzunehmen.

Geht das zusammen: Hochsensibilität und Sensation Seeking?

Weitverbreitet ist die Vorstellung, Hochsensible seien grundsätzlich von ihrem Wesen her still und zurückhaltend. So einheitlich ist das Persönlichkeitsbild von Hochsensiblen aber nicht. Es gibt introvertierte und extravertierte Hochsensible. Es gibt ruhigere und lebhaftere. Und es gibt auch die Hochsensiblen, die ausgesprochen unternehmungs- und abenteuerlustig sind.

Sensation Seeking

Mit „Sensation Seeking" benannte der amerikanische Psychologe Marvin Zuckerman (*1928) ein hauptsächlich anlagebedingtes Persönlichkeitsmerkmal, das durch das Suchen nach Abwechslung, nach neuen und starken Eindrücken, nach aufregenden und spannenden Erlebnissen und durch ein generell höheres Aktivitätsniveau gekennzeichnet ist. Jeder Mensch wünscht sich ein gewisses Maß an Spannung, Aufregung und Abwechslung. „Sensation Seekers" (der Begriff wird nicht übersetzt) brauchen deutlich mehr davon, um sich optimal stimuliert zu fühlen. Um zu neuen Reizen und aufregenden Empfindungen zu kommen, sind sie auch bereit, Risiken einzugehen. „Besonders ausgeprägt ist die ständige Suche nach Abwechslung bei jüngeren Menschen im Alter von 20 bis 25 Jahren. Des Weiteren neigen Männer eher als Frauen zu ‚Sensation Seeking'." (Wikipedia)

Das psychologische Konstrukt „Sensation Seeking" teilt sich in vier Punkte auf: „Thrill and Adventure Seeking" (dt.: Suche nach Nervenkitzel und Abenteuer), Abwechslung durch körperlich riskante Aktivitäten; „Experience Seeking" (dt.: Suche nach Erfahrungen), Abwechslung durch bewegten Lebensstil (Reisen u. a. m.); „Disinhibition Seeking" (dt.: Suche nach Enthemmung), Abwechslung durch soziale Stimulation; „Boredom Susceptibility" (dt.: Anfälligkeit für Langeweile): Neigung zur Unruhe, wenn keine Abwechslung geboten ist. (Wikipedia)

Aron bezieht sich auf Zuckerman, fügt allerdings ein „high" hinzu, spricht also von „High Sensation Seekers", abgekürzt HSS.

Verschiedene Systeme im Gehirn nehmen Einfluss auf das Verhalten

Man weiß nicht genau, welche Strukturen und Prozesse im Gehirn die grundlegenden Verhaltensweisen beeinflussen, aber es gibt Theorien dazu. Eine gängige Theorie geht auf den britischen Psychologen Jeffrey A. Gray (1934–2004) zurück, der seine

grundlegenden neuropsychologischen Arbeiten in den 70er- und 80er-Jahren verfasste. Die Theorie besagt, dass es drei Gehirnsysteme gibt, die Verhalten steuern:
- das Verhaltensaktivierungssystem, Behavioural Approach (oder Activation) System, kurz BAS,
- das Selbsterhaltungssystem, Fight-Flight-Freezing System, kurz FFFS, und
- das Verhaltenshemmsystem, Behavioural Inhibition System – BIS.

BAS: Das Verhaltensaktivierungssystem sorgt dafür, dass wir uns auf Dinge und Menschen zubewegen, uns an Unbekanntes heranwagen, Neuland betreten. Solange dieses System im Vordergrund steht, sind wir neugierig, experimentierfreudig, unternehmungslustig, impulsiv, tatkräftig, unerschrocken, risikofreudig, darauf aus, Lust und Freude zu gewinnen.

FFFS: Kampf, Flucht oder Erstarrung sind die zum Selbsterhaltungssystem gehörigen Verhaltensreaktionen, die dem Überleben in bedrohlichen Gefahrensituationen dienen. Der Körper stellt die Energie zur Verfügung, um kämpfen oder weglaufen zu können. Die dazugehörigen Gefühle sind Stress, Furcht, Wut oder Hilflosigkeit, Ohnmacht.

BIS: Das Verhaltenshemmsystem tritt auf den Plan, wenn die beiden anderen Systeme in Konflikt geraten und Verwirrung herrscht. Die Aufmerksamkeit und die Erregung erhöhen sich, die Umgebung wird „gescannt", entsprechende Erinnerungen werden im Geiste durchgegangen, um zu verstehen, was geschieht, und das Risiko einer unbekannten Situation einzuschätzen. Erst nach dem prüfenden Innehalten wird eine Handlungsentscheidung getroffen. Dieses System achtet auf Details, fokussiert auf Gefahrensignale und verlangsamt die Aktivität. Eher wird etwas gemieden als angepackt. Steht dieses System im Vordergrund, sind wir aufmerksam, achtsam, wachsam, prüfend, abwartend, zögerlich, vorsichtig, skeptisch, vielleicht auch ängstlich, auf jeden Fall darauf aus, Schmerz und Leid zu vermeiden.

Welches System wie stark wirksam ist, unterscheidet sich zum einen von Individuum zu Individuum, zum anderen nach Lebensumständen und Lebensalter. Tendenzen zu mehr BIS oder BAS sind, so sagen die Forscher, genetisch bedingt.

Hochsensibilität und Sensation Seeking

Man nimmt an, dass das BIS das Verhalten von Hochsensiblen stark leitet. Elaine Aron ist der Meinung, man solle es besser „Achtsamkeitssystem" nennen statt „Verhaltenshemmsystem", um besser auszudrücken, welch nützliche Dienste es leistet, zielt es doch klar auf Unversehrtheit und Gesunderhaltung ab. Sie schreibt: „Für mich ist dies ein höchst signifikantes Zeichen für Intelligenz. Deshalb ziehe ich es vor, dem Verhaltenshemmsystem einen positiveren Namen zu verleihen."

Elaine Aron geht auf das Phänomen Sensation Seeking bei Hochsensiblen besonders ausführlich in ihrem Buch *Hochsensibilität in der Liebe* ein. Offenbar ist es so, dass bei ein und derselben Person sowohl das BIS als auch das BAS stark ausgeprägt sein können. Sie wäre in diesem Fall eine hochsensible Person (HSP) und ein High Sensation Seeker (HSS). „Diese beiden Wesenszüge sind vollständig unabhängig voneinander. Es kann entweder der eine oder der andere sehr stark ausgeprägt sein, es können aber auch beide gleichzeitig in hohem (…) Maße vorhanden sein." Das sind dann die Hochsensiblen, die abenteuerlustig und risikofreudig sind. Jemand, der ein HSS ist, der also schnell gelangweilt ist und begierig ist, Neues und Aufregendes auszuprobieren, scheint das genaue Gegenteil einer HSP zu sein. Und doch schließt sich beides nicht aus.

Rolf Sellin widmet in seinem Buch *Wenn die Haut zu dünn ist: vom Manko zum Plus* unter der Zwischenüberschrift „High Sensation Seeking: Hochsensibel und trotzdem den ‚Kick' brauchen" einige Seiten dieser speziellen Kombination. „Hochsensible, die zugleich zur Gruppe der High Sensation Seekers gehören, verstehen sich oft selbst nicht, und ihre Mitmenschen sind ebenso irritiert über ihre Widersprüchlichkeit. Sie entsprechen nicht der landläufigen Vorstellung, nach der man entweder so ist oder so."

Die Beobachtung ist die, dass bei hochsensiblen HSS Phasen, in denen sie auf starke Reize und neue Erfahrungen aus sind, abwechseln mit Zeiten, in denen sie Reizarmut und Erholung suchen. Der Umschwung von einem Verhalten zum anderen kann von einem Moment auf den anderen erfolgen. „Typisch für Hochsensible, die zugleich High Sensation Seekers sind, ist das plötzliche Umkippen von ‚hochsensibel' auf ‚hochriskant'", schreibt Rolf Sellin und meint: „Leichter leben lässt es sich damit, wenn es den Betroffenen gelungen ist, beiden Begabungen unterschiedliche Lebensbereiche zuzuordnen, in denen sie ihrem Wesen gemäß dominieren dürfen."

Hochsensible HSS müssen immer wieder einen Ausgleich zwischen den widerstreitenden Bestrebungen finden. Wenn ihnen der Ausgleich nicht gelingt, haben sie quasi einen Fuß auf dem Gaspedal und den anderen auf der Bremse. Die Herausforderung für sie liegt darin, ihr optimales Erregungsniveau auf dem schmalen und veränderlichen Grat zwischen Langeweile und Überforderung zu finden. Im Idealfall kommen beide Seiten zum Zuge und die verschiedenartigen Eigenschaften wie Weitsicht und Tatendrang ergeben eine gute Verbindung. Diese Möglichkeit sieht Elaine Aron: „(…) meistens entscheiden sich HSP/HSS für einen sicheren Weg, um neue Erfahrungen zu sammeln." (Elaine Aron, *Hochsensibilität in der Liebe*)

2.7 Das weite Feld der Spiritualität

Aus dem, was Hochsensible in Gesprächsrunden, in meinen Coachings und in den Interviews von sich erzählt haben, weiß ich, dass Spiritualität für viele von ihnen eine wichtige Rolle in ihrem Leben spielt.

Die den Hochsensiblen eigene Art und Weise zu denken – verknüpfend, übergreifend, über den Tellerrand hinaus, visionär –, ihre ausgeprägte Intuition, ihre Werteorientierung, ihr ethischer Anspruch und das für sie typische Streben nach tieferem Sinn und höherer Bedeutung sowie nach Selbstverwirklichung erklären ihre Affinität zur Spiritualität. Viele Hochsensible beschäftigen sich irgendwann in ihrem Leben eingehend mit religiösen und philosophischen Fragestellungen. Dabei stoßen sie an die Grenzen des rein rationalen Denkens, sodass sie vielfach nach anderen Erklärungen suchen und sich für Spiritualität öffnen.

Nicht nur die Ausprägungen der Spiritualität unterscheiden sich, sondern auch das grundsätzliche Verständnis davon, was damit bezeichnet wird. Fangen wir mit der Wortbedeutung an. Spiritualität kommt vom lateinischen „spiritus" (Geist, Hauch) und meint im weitesten Sinn Geistigkeit, im engeren Sinn eine auf Geistliches ausgerichtete Haltung; Spiritualität im spezifisch religiösen Sinn steht für die Vorstellung einer geistigen Verbindung zum Göttlichen, zum Jenseits oder zur Unendlichkeit. Der Begriff Spiritualität ist heute stark geprägt durch die Übersetzung aus dem Englischen und wird oft im Sinne von Religiosität gebraucht, auch mit Gläubigkeit und Frömmigkeit gleichgesetzt. Außerdem findet man ihn auch im Zusammenhang mit Esoterik, Lebenshilfe und alternativer Heilkunde.

Eine griffige Unterscheidung zwischen Spiritualität und Religiosität finde ich in einem Buch der Trendforscherin Patricia Aburdene, die in der Spiritualität – neben Nachhaltigkeit und ethischen Investments – einen der Hauptantriebsfaktoren für das Business im kommenden Jahrzehnt sieht: „Religion ist die eher formelle, institutionell und in einer Konfession verankerte Verehrung Gottes. Spiritualität ist die persönlichere und universelle Erfahrung des Göttlichen, des Heiligen im eigenen Leben." (Patricia Aburdene, *Megatrends 2020*)

Als Ausdrucksformen der Spiritualität sind unter anderem zu nennen: Meditation, Gebet, Gott-Glaube, Ehrfurcht, Gottvertrauen, Glaube an Wesenheiten, Glaube an eine höhere Macht, Transzendenzbezug, Gefühl von Einssein mit allem, allumfassende Liebe; auch Erkenntnis, Weisheit, bewusster Umgang mit anderen, sich selbst und der Umwelt, (Mit-)Menschlichkeit, Dankbarkeit. Der Dalai Lama sieht die wesentlichen menschlichen Werte der Güte, der Freundlichkeit, des Mitgefühls und der liebevollen Zuwendung als Grundspiritualität. „Insoweit könnte man von einer humanistischen Spiritualität sprechen, die darauf ausgerichtet ist, die Werte des

Humanismus zur eigenen Lebenswirklichkeit werden zu lassen." (Aus dem Wikipedia-Beitrag zum Begriff Spiritualität, Stand Oktober 2012)

Unter Spiritualität kann also eine Lebensauffassung und Lebensgestaltung verstanden werden, die – unabhängig von Konfession und Weltanschauung – nach einem höheren Sinn sucht, die Verbundenheit mit anderen Lebewesen und mit der Natur sieht und das Bemühen beinhaltet, Verantwortung zu übernehmen und die Einsichten konkret zu verwirklichen.

Außersinnliche Wahrnehmungen

Im Buch *Zart besaitet* von Georg Parlow gibt es einen Abschnitt, der mit „Außersinnliche Wahrnehmung – Andere Welten" übertitelt ist. Dass Hochsensible die emotionale Verfassung eines anderen Menschen mit geschlossenen Augen wahrnehmen können, lässt sich seiner Meinung nach noch mit der unterschwelligen Wahrnehmung und Interpretation von subtilen Signalen wie dem Rhythmus der Schritte oder der Art und Weise, wie der Betreffende die Tür öffnet, plausibel erklären.

Darüber hinaus habe eine erhebliche Anzahl von hochempfindlichen Menschen Wahrnehmung von ganz anderen Dingen. Dies würden sie jedoch oft nicht als Wahrnehmung erkennen. „Sie halten das vielleicht für spielerische Fantasie, über die sie nie mit jemandem sprechen. (…) Das können einfache Farbmuster sein, fadenartige Verbindungen zwischen Menschen und Dingen, abstrakte Welten, die über die physische wie ‚darüberprojiziert' sind, Wesenheiten aller Art von verstorbenen Seelen, kleinen Leuten, Naturgeistern, Engeln und Lichtwesen, Schattenwesen, unverständlich fremdartigen oder märchenhaft vertrauten, mit denen sie kommunizieren oder auch nicht (…)." (Aus *Zart besaitet: Selbstverständnis, Selbstachtung und Selbsthilfe für hochsensible Menschen* von Georg Parlow)

Parlow schreibt, er würde sich hüten, auf den Realitätsgehalt solcher Wahrnehmungen einzugehen. Dieser Bereich dürfe jedoch nicht unerwähnt bleiben, da er für viele Hochsensible einen mehr oder weniger großen Teil der subjektiven Wirklichkeit ausmache. – Genau aus diesem Grund will ich diesen Bereich nicht unerwähnt lassen.

Erscheinungsformen außersinnlicher Wahrnehmung

Für Hochsensible, für die es eine alltägliche und normale Erfahrung ist, äußerst facettenreich und in einem breiten Spektrum wahrzunehmen und sehr intensiv zu fühlen, liegen vielfach „außersinnliche" Wahrnehmungen im Rahmen dessen, was sie für möglich halten. Oder sie berichten sogar von eigenen derartigen Erlebnissen.

Ich finde es interessant, mich einmal mit den Erscheinungsformen der außersinnlichen Wahrnehmung, häufig auch als übersinnliche Wahrnehmung bezeichnet, zu beschäftigen. Es gibt dafür Fachbegriffe, obwohl diese Wahrnehmungsarten wissenschaftlich nicht gesichert und nicht erklärbar sind und ihre Existenz umstritten ist:

- *Déjà-vu-Erlebnis:* das Gefühl in einer neuen Situation, diese genau so schon einmal erlebt zu haben. Dafür gibt es auch plausible Erklärungen: Die gegenwärtige Situation kann gefühlsmäßig stark an ein vergangenes Erlebnis, einen Traum oder einen Film erinnern.
- *Hellhören:* das Hören von Worten oder Stimmen von Wesen, von Verstorbenen oder von Personen, die sich ganz woanders aufhalten. Stimmen, die Botschaften übermitteln, den Weg weisen. (Von Psychiatern wird das Phänomen, dass jemand Stimmen hört, die mit ihm interagieren, als Symptom einer Psychose eingeordnet.)
- *Hellfühlen:* das Sich-Hineinfühlen in sein Gegenüber und das Erfassen von Gefühlslagen und Energien, das wortlose Verstehen. Die plausible Erklärung hierfür ist das genaue Hinhören auf die Stimmlage, die Atmung, Seufzer etc. und das aufmerksame Beobachten der sogenannten Mikromimik bzw. der Mikroexpressionen (flüchtige emotionale Gesichtsausdrücke, die nur Sekundenbruchteile dauern und willentlich nur schwer unterdrückt werden können). Im Grunde entspricht dies einer ausgeprägten Empathie.
- *Hellsehen:* das Sehen eines Ereignisses, das zur gleichen Zeit woanders geschieht, mit dem „inneren Auge". Der Begriff Hellsehen wird häufig in der hiervon abweichenden Bedeutung von Präkognition verwendet.
- *Präkognition:* das Vorausahnen von zukünftigen Ereignissen. Die Voraussage von Ereignissen in der Zukunft nennt man auch Prophezeiung. In dem Zusammenhang besagt der Ausdruck „sich selbst erfüllende Prophezeiung", dass man im persönlichen Bereich durch entsprechendes eigenes Handeln Einfluss auf den Verlauf der Ereignisse nimmt. Rückwirkend sorgt die selektive Erinnerung für die Deutung, dass man etwas zweifelsfrei vorhergesehen habe. (Dinge, die am Ende anders verlaufen sind als vorausgeahnt, werden ausgeblendet.)
- *Telepathie:* die Wahrnehmung der Gedanken anderer Menschen über weite Entfernungen ohne Informationsübermittlung über bekannte Sinneskanäle.

Einige dieser Begriffe werden im alltäglichen Sprachgebrauch auch mit etwas anderer Bedeutung verwendet. So sagt man ja zum Beispiel „ich werde hellhörig" und meint damit, dass bedeutungsschwangere vage Äußerungen einen dazu veranlassen, die Aufmerksamkeit zu steigern. Auch sprechen wir davon, man solle auf seine „innere Stimme" hören, und meinen damit, dass wir die Weisheit unserer Intuition nutzen sollten. „Vorhersehen" lässt sich manches aufgrund vergangener Erfahrungen und bestimmter bekannter Gesetzmäßigkeiten. Mein Lektüretipp an der Stelle für diejenigen, die einem eher nüchternen Realitätsbezug anhängen: *Schnelles Denken, langsames Denken* von Daniel Kahneman.

> ### HOCHSENSIBLE BERICHTEN
>
> **Maria*:** Ich habe gelernt, ‚hellsichtige' Wahrnehmungen (ich habe kein anderes Wort dafür) im Wesentlichen für mich zu behalten und sehr genau zu prüfen, wem ich da Einblick gewähre. Es hat mich mein Leben lang begleitet, dass wenn ich das nicht tat, ich den Leuten zumindest verschroben oder überkandidelt vorkam, wenn nicht gar unheimlich war. Wenn man eine sensibilisierte Wahrnehmung hat, lebt man in einer ungemein bunten, farbenfrohen und vielfältigen Welt. Als Kind konnte ich nie verstehen, warum die Menschen um mich oft sagten: „Das bildest du dir ein!" oder: „Du hast ja eine blühende Fantasie!", wenn ich von einer Beobachtung oder Wahrnehmung sprach. Die Folge war nicht, dass ich mir sagte: „Das können die halt nicht wahrnehmen!", sondern: „Ich bilde mir vielleicht wirklich was ein." Ich begann, an meinen Wahrnehmungen zu zweifeln – an ihrer Realität konnte ich aber nichts ändern.
>
> Als Heranwachsende machte ich eine Phase durch, in der ich es spektakulär fand und mich für etwas Besonderes hielt. Als ich erwachsen wurde, wollte ich das ergründen und las mich durch die verfügbare einschlägige Literatur. Die vielen geschilderten Phänomene über die Jahrhunderte hinweg können nicht alle nur Hirngespinste gewesen sein, selbst wenn man Fälle von Scharlatanerie abrechnet. Alles deutet darauf hin, dass es mehr gibt zwischen Himmel und Erde, als unsere Schulweisheit sich träumen lässt, wenn auch – zumindest bislang – verifizierbare Beweise fehlen.
>
> Heute weiß ich, dass ich eine sensibilisierte Wahrnehmung habe, und akzeptiere das als Teil meiner Individualität. Seit ich es integriert habe und als Stärke behandle, hat sich der Bereich dessen, was ich wahrnehme, noch vergrößert. Akzeptanz scheint das zu fördern. Der entscheidende Punkt ist, dass ich damit nicht hausieren gehe. Ich nutze es, wenn es mir und anderen helfen kann, aber ich spiele nicht damit herum. Ich nutze die Vorteile im Blick auf mich selbst und den Umgang mit Mitmenschen und beachte die Nachteile nicht besonders. (Es stellt einen immer etwas außerhalb und macht es schwierig, dazuzugehören.)
>
> Die Art meiner Wahrnehmungen: Von Wahrnehmen der Stimmung im Raum bis hin zum ‚Wissen', dass die Beziehung zweier Menschen belastet ist, auch wenn sie Harmonie vorspielen. Manchmal spüre ich ‚Anwesenheiten', was immer das auch sein soll. Oft ist es mir vertraut in dem Sinn „Bist du da, Opa?". Es macht mir keine Angst, ich sende dann liebevolle Gedanken hin, und das war's.
>
> Diese Art der Wahrnehmung geht um einiges über die besonders sensitive Wahrnehmungsfähigkeit hinaus, von der Hochsensible im Allgemeinen berichten. Ich glaube aber, dass manch einer darüber verfügt, aber nicht wagt, es zu sagen. Ob sie darüber sprechen oder nicht: Für die Hochsensiblen, die solch eine außergewöhnliche Wahrnehmungsfä-

higkeit bei sich beobachten, ist dieser Bereich sehr präsent und wesentlich und stark prägend. Und wenn sich mal zwei ‚solche' begegnen und sich erkennen, dann ist es sehr beglückend, sich endlich mal nicht mehr bremsen zu müssen und sich austauschen zu können.

Fiona*: Ich bin weder hellsichtig noch hellhörig. Gegenüber Esoterik bin ich als wissenschaftlich Ausgebildete eher misstrauisch. Ich glaube nur, was ich sinnlich erfassen kann. Allerdings habe ich eine starke Neigung zum ‚Sinnlichen' und ich bin fasziniert von den Dingen, die eventuell zwischen dem existieren, was wir (bisher) messen können. Tatsächlich spüre ich sozusagen körperlich (kinästhetisch) die Qualität der Energie von Menschen und habe das Gefühl, Energie transferieren zu können. Jedoch weiß ich bis jetzt nicht genau, wie das geschieht. Aber Magie ist es bestimmt nicht! Und ich habe das, was ich da in meinen Coachings tue, auch schon an mir selbst durch meine spirituellen Lehrer erfahren. Seit vier Jahren bin ich Schülerin an einer spirituellen Schule, die irgendwo zwischen Buddhismus und moderner Tiefenpsychologie angesiedelt ist.

Ich würde sagen: Ich befinde mich auf der Suche und bin äußerst neugierig zu erfahren, was sich gegebenenfalls durch weiter zunehmende Achtsamkeit und schrittweise Reinigung meiner Wahrnehmung von den ‚Filtern' meiner individuellen Geschichte für meine Sinne erschließen wird.

Michaela*: Für mich ist Spiritualität die gefühlte Anbindung an eine führende Kraft. Für mich ist das Gott und ich habe einen Bezug dazu. Der ist zwar wechselhaft, aber das ist ja so in Beziehungen. Ich lebe meine Spiritualität über viele ‚Kleinigkeiten'. Das fängt an mit dem Bewusstsein, dass ich (wie alles andere Lebendige auch) letztlich ein Wunderwerk bin, und geht weiter mit der Wertschätzung und Achtung dessen. Das erklärt vieles von dem, wie ich die Welt verstehe. Ich bin dankbar für mein Leben. Ich bin letztlich für alles dankbar – Positives wie auch Negatives. Alles gibt mir die Chance, Bewusstsein zu entwickeln – Bewusstsein für mein wahres Sein. Das ist meines Erachtens Liebe. Jedem Menschen wohnt ein Funke inne, und ich glaube, dass uns dieser Funke immer daran erinnert, dass unsere Kraft aus einem großen Feuer kommt. Wir sind sozusagen die kleinen Ableger. Ich denke, dass jeder Mensch auf seine Art spirituell ist – ob er es so nennt oder nicht, ob er hochsensibel ist oder nicht. Ich finde, dass die Momente der wahren Liebe spirituelle Zustände sind. Jeder kennt sie, jeder fühlt sich glücklich damit, jeder will sie mehren, jeder versucht mehr oder weniger, auf diese oder jene Weise Zugang zu dem inneren Funken und zu dem großen Feuer zu bekommen. Für mich ist es zum Beispiel die Dankbarkeit, die ich empfinde bei all der Schönheit des Lebendigen, die ich erkennen kann (Beziehungen, Natur, Wetter, Lebensfluss, Entwicklungen ...). Dabei bin ich ‚im Gespräch' mit Gott.

2.8 Hochsensible müssen gut für sich sorgen

In den folgenden Kapiteln geht es um die Herausforderungen in den verschiedenen Lebensbereichen und um infrage kommende Bewältigungsstrategien. Ganz allgemein ist es für Hochsensible unbedingt erforderlich, dass sie bei allem, was sie tun und sich vornehmen, ihr Wesen berücksichtigen.

Ihr hochempfindsamer Körper ist immer wieder auf ihre Aufmerksamkeit und ihre Fürsorge angewiesen. Er kann Signale senden, sie müssen sie ernst nehmen, lernen zu verstehen und sich dementsprechend kümmern. „Abgesehen von Schlaf und Erholung brauchen HSP auch einfach immer wieder eine Auszeit, bloß um den Tag Revue passieren zu lassen und über die Geschehnisse nachzudenken. Manchmal können wir uns diese Zeit während der Ausübung unserer Routinearbeiten gönnen, beim Autofahren, Geschirrspülen, Aufräumen, etc." Sie müssen auf physiologischer und psychologischer Ebene etwas finden, was ihre Nerven beruhigt und ihnen als Kraftquelle dient.

Die meisten Hochsensiblen empfinden einen Aufenthalt in der Natur als sehr entspannend und Energie spendend. Je frischer die Luft und je unberührter die Natur, desto besser. Eine ausgleichende Wirkung können unter anderem haben: Meditation, Musikhören, kreatives Schaffen, Bewegung (Spiel, Sport, Tanzen, Wandern, Spazierengehen). Besonders wohltuend wirkt Wasser. Elaine Aron: „Wasser hilft auf verschiedene Art. Wenn Sie überreizt sind, hören Sie nicht auf zu trinken – einmal pro Stunde ein großes Glas Wasser. Gehen Sie am Wasser spazieren, schauen Sie hinein, hören Sie dem Wasser zu. Wenn es möglich ist, baden Sie oder gehen Sie schwimmen. Heiße Bäder und Quellen sind nicht ohne Grund so beliebt."

Bestimmte Wohlfühlorte geben ein Gefühl von Geborgenheit und Sicherheit und bieten Rückzugsmöglichkeiten: Die eigene Wohnung bzw. ein heimeliger Raum darin, eine öffentliche Einrichtung (wie zum Beispiel eine Kirche oder eine Bücherei), das eigene Auto, ein Platz im Garten oder in der Natur, ein Baum, eine Wiese, ein Waldstück, ein Tal, ein Berg. Auch Lieblingskleidungsstücke können eine solche Funktion erfüllen.

Die wichtigsten festen Bezugspunkte, die Rückhalt und Geborgenheit geben, sind vertraute Menschen: Lebenspartner, Eltern, Kinder, Geschwister, enge Freunde. Aber nicht nur liebe Mitmenschen, sondern auch Haustiere stiften Wärme und Nähe.

Zuflucht lässt sich ebenfalls finden in Erinnerungen, in tiefen Überzeugungen, in einer Lebensphilosophie. Elaine Aron: „Es gibt viele Menschen, die ihre geistige Gesundheit dadurch bewahrt haben, dass sie sich bei extremem Stress oder in gefahrvollen Situationen mental auf bestimmte Dinge zurückgezogen haben. (…) Wenn wir zunehmend mehr Weisheit erlangen wollen, so sollten wir unser Gefühl der Sicherheit auch mehr und mehr aus diesen geistigen Rückzugsmöglichkeiten beziehen."

Aber nicht nur Rückzug ist das Thema, sondern ebenso die Teilnahme am gemeinschaftlichen Leben. Wenn Sie verstehen, was es bedeutet, hochsensibel zu sein, können Sie eine gesunde Balance finden. Noch einmal Elaine Aron: „Sie lernen, wie Sie sich draußen in der Welt wohlfühlen und wann Sie sich eher zurückziehen sollten: Sie können, sollen und müssen sich am Leben in der Welt beteiligen. Sie werden wirklich gebraucht, aber Sie müssen die Fertigkeit erwerben, dabei jedes Zuviel oder Zuwenig zu vermeiden."

3. Hochsensibel als Kind in der Familie

15 bis 20 Prozent aller Kinder kommen mit der Veranlagung zur Hochsensibilität auf die Welt. Wie genau sich Hochsensibilität ausprägt und ob sie vom Kind später mehr als Geschenk oder mehr als Belastung erlebt wird, hängt maßgeblich davon ab, wie die Familie, in die das Kind hineingeboren wird, auf die hohe Empfindsamkeit und Erregbarkeit des Kindes reagiert und wie gut sie das heranwachsende Kind dabei unterstützt, selbstbewusst damit umzugehen.

Wenn Sie im Folgenden lesen, welche Erfahrungen hochsensible Kinder typischerweise machen und was sie brauchen, dann können Sie das unter zwei Blickwinkeln tun. Zum einen als Erwachsener, der sich als hochsensibel erkannt hat und jetzt auf seine eigene Kindheit zurückschaut, das heißt mit dem Blick auf Ihre Herkunftsfamilie; zum anderen als ein Elternteil – selbst hochsensibel oder nicht – eines hochsensiblen Kindes, der bestmöglich für dessen Wohlergehen und gesunde Entwicklung sorgen möchte, das heißt mit dem Blick auf Ihre Gegenwartsfamilie.

3.1 Früher Kind, jetzt Mutter oder Vater

Man darf eines nicht vergessen: Bis in die 2000er-Jahre war Hochsensibilität im deutschsprachigen Raum noch ein unbekanntes (besser gesagt: unbenanntes) Phänomen. Eltern waren im Zweifel, ob mit ihrem eigenartig sensiblen Kind alles in Ordnung sei (und Eltern sind es heute noch, wenn sie nichts von Hochsensibilität wissen). Ihr Umgang mit dem Kind war von Unwissenheit und Unsicherheit gekennzeichnet. Eine taugliche Unterstützung durch Rat gebende Experten und Bücher gab es für diesen Fall nicht. Die Erziehung orientierte sich an seinerzeit gültigen allgemeinen Maßstäben und Richtlinien. Eltern hatten die besten Absichten, sie taten ihr Bestes, was so viel heißt wie: das Beste, was ihnen möglich war.

Wenn Sie jetzt selbst in der Elternrolle sind, können Sie *Ihr* Bestes tun und sich dabei auf verfügbares Wissen stützen. Das Elternsein ist ein ständiger Lernprozess. Eltern können niemals perfekt sein und brauchen auch nicht perfekt zu sein. Kinder verzeihen eine Menge Fehler, wenn sie spüren, dass sie geliebt werden und dass die Eltern auch bereit sind, eigenes Verhalten zu hinterfragen und zu ändern. Vor allem wollen Kinder keine Eltern, die eine definierte Rolle ausfüllen (oder sich gar dahinter verstecken), sondern Eltern, die sich als echte Menschen mit ihnen auf eine ebenbürtige

Beziehung einlassen. Und Menschen haben nun mal Stärken und Schwächen und sind niemals perfekt.

Sind Sie als Elternteil selbst nicht hochsensibel, lohnt sich jedes Bemühen, sich in die Erlebniswelt des hochsensiblen Kindes hineinzudenken und einzufühlen. Vor allem gilt es, die Andersartigkeit – auch wenn die für Sie oftmals ein Mysterium bleibt – zutiefst zu achten. Aus diesem Verständnis und dieser respektvollen Haltung heraus relativieren sich Probleme und ergeben sich fast wie von selbst Verhaltensweisen und Reaktionen im Umgang mit dem Kind, die seinem Hochsensibelsein und seiner Individualität Rechnung tragen und es in seiner Entfaltung unterstützen.

Da Hochsensibilität erblich ist, ist die Wahrscheinlichkeit groß, dass wenigstens ein Elternteil ebenfalls hochsensibel ist. Als hochsensibler Elternteil tun Sie sich leichter, sich in Ihr hochsensibles Kind einzufühlen und feinfühlig mit ihm umzugehen. Sie erfahren durch Ihr Kind auch viel über sich selbst und kommen darüber dazu, sich mit der eigenen Kindheit auseinanderzusetzen. Versäumen Sie es jedoch nicht, Ihr Kind in seiner Einzigartigkeit zu sehen, und gehen Sie nicht automatisch davon aus, dass es exakt das braucht, was Sie damals als Kind gebraucht hätten. Ihr Kind hat eigene Wünsche, will seinen eigenen Weg einschlagen. Und denken Sie daran: Nicht nur Ihr Kind braucht von Ihnen liebevolle Annahme und Fürsorge, auch Sie selbst!

Ihr Kind profitiert davon, wenn Sie Ihre Vergangenheit begreifen, Schmerzliches verarbeiten, größtmöglichen inneren Frieden finden und negative eigene Kindheitserfahrungen ummünzen in Beziehungskompetenz und Lebensweisheit.

Der Zen-Meister und spirituelle Lehrer Thich Nhat Hanh (*1926) sagt, was uns vor dem unbewussten Weitergeben von Destruktivität an die eigenen Kinder bewahren kann: „In unserem Innern sind wir oft noch immer verletzte Kinder. Unsere Verletzungen sind womöglich durch Vater oder Mutter verursacht worden. Vielleicht ist auch unser Vater als Kind verletzt worden und unsere Mutter als kleines Mädchen ebenfalls. Da sie nicht wussten, wie sie die Wunden aus ihrer Kindheit heilen sollten, haben sie ihre Verletzungen auf uns übertragen. Wenn wir nicht wissen, wie wir unsere inneren Verletzungen umwandeln und heilen können, geben wir sie an unsere Kinder und Kindeskinder weiter. Darum müssen wir uns des verletzten Kindes in unserem Inneren annehmen und ihm zur Heilung verhelfen." (Aus Thich Nhat Hanh, *Ärger – Befreiung aus dem Teufelskreis destruktiver Emotionen*)

3.2 Geringes Selbstwertgefühl, mangelndes Zugehörigkeitsgefühl

Hochsensible Kinder und Heranwachsende haben häufig ein Gefühl von Minderwertigkeit und wenig Selbstvertrauen. Neben ganz individuellen Gründen gibt es für Hochsensible typische Ursachen. Da ist von frühester Kindheit an die Fehldeutung ihrer Eigenschaften und Verhaltensweisen durch nahe Bezugspersonen in der Familie und in Gruppen Gleichaltriger. Ihnen wird nachgesagt, sie seien langsam, ängstlich, feige, gehemmt und schüchtern oder überheblich – und vor allem *überempfindlich*! So entsteht bei ihnen der Eindruck, mit ihnen sei etwas nicht in Ordnung. Dieser Eindruck kann sich bis ins Erwachsenenleben hartnäckig halten und es bedarf einiger Anstrengungen, ihn zu revidieren.

Was weiterhin dem Aufbau eines gesunden Selbstwertgefühls im Wege steht, ist das gängige kulturelle Ideal – gerade bei Jungs. Kampfnaturen, Sieger und Helden sind hoch angesehen. Bewunderte Eigenschaften sind Schlagfertigkeit, Durchsetzungsstärke, Führungswille, Kampflust, Unerschrockenheit. Vergleicht sich der hochsensible heranwachsende Junge mit diesem Idealbild, schneidet er schlecht ab. Trotz aller Bestrebungen zur Geschlechterneutralität gibt es noch jede Menge geschlechtsspezifische Erwartungen, und das auch schon bei den Allerkleinsten. Gerade der Wesenszug Sensibilität wird nach wie vor sehr stark mit dem weiblichen Geschlecht in Verbindung gebracht und bei Mädchen und Frauen viel leichter akzeptiert als bei Jungs und Männern.

Zum geringen Selbstvertrauen sowohl bei Jungs als auch bei Mädchen trägt ein oberflächlicher Vergleich mit anderen in Bezug auf Belastbarkeit und Durchhaltevermögen bei. Den Kindern und Jugendlichen ist dabei selten bewusst, dass andere bei denselben äußeren Umständen viel weniger Belastungen und Stress erleben und daher viel weniger auszuhalten haben. Sie kommen nur häufig zu der Feststellung, dass sie den Anforderungen des Alltagslebens weniger gewachsen sind als andere. Sehr offensichtlich haben sie Schwierigkeiten mit etlichen Aufgaben und Geschehnissen, die der Mehrheit der anderen keine Probleme zu bereiten scheinen. Extremsituationen, in denen Hochsensible ihre bemerkenswerte Handlungsfähigkeit erleben könnten, kommen selten vor und fallen bei der Selbsteinschätzung kaum ins Gewicht. Ihrer vielfältigen besonderen Stärken und Fähigkeiten sind sie sich meist kaum bewusst, sie nehmen sie als selbstverständlich.

Ist ein Kind in der Familie ganz allein mit seiner Art, die Welt wahrzunehmen und auf sie zu reagieren, weil niemand sonst hochsensibel ist – bzw. sich dessen nicht bewusst ist oder es verleugnet –, wächst es mit der verunsichernden Beobachtung auf, auf eine unbegreifliche Weise anders als alle anderen zu sein. Teilt das Kind bei verschiedenen Gelegenheiten seine Empfindungen mit und bekommt keine Bestätigung in Form von Sätzen wie „Ja, so geht es mir auch!" oder „Das kann ich gut verstehen!", ist das schon verwirrend. Dann auch noch zu erleben, dass es mit seinen Empfindungen nicht ernst genommen oder gar abgewertet wird, wie es leider allzu oft geschieht, führt unweigerlich zu der Einschätzung, irgendwie verkehrt zu sein. Typische Sätze, die das hochsensible Kind zu hören bekommt, lauten: „Du stellst dich aber an!", „Da ist doch nichts!", „Du siehst/hörst was, was gar nicht da ist!", „Was du dir immer einbildest!", „Du übertreibst mal wieder!", „Du hast ja eine blühende Fantasie!", „So schlimm ist es doch gar nicht!".

Hochsensible Kinder sind besonders stark auf die soziale Interaktion mit ihren nahen Bezugspersonen ausgerichtet und achten sehr genau auf deren Rückmeldungen. Und sie sind leicht verletzt und verunsichert, wenn diese unaufmerksam, achtlos, harsch, kritisch und abweisend ausfallen.

Das mehr oder weniger bewusste Erkennen, so verschieden zu sein von der Mehrheit der Mitmenschen, macht es dem Kind schwer, in der Familie und außerhalb der Familie ein Gefühl von Zugehörigkeit zu empfinden. Daran ändern auch angestrengte Bemühungen, sich dem Verhalten anderer anzupassen, nichts, im Wesen bleibt die Unterschiedlichkeit ja bestehen. Das spürt das Kind und fühlt sich als Außenseiter oder kommt gar zu dem Schluss, gar nicht in diese Welt zu passen.

3.3 Erschüttertes Vertrauen

Die erste Bindungserfahrung macht das Kind mit seinen Eltern; die positive Erfahrung einer sicheren Bindung ist die beste Voraussetzung für die Beziehungsfähigkeit im weiteren Leben. Wenn Hochsensible als Erwachsene mehr Schwierigkeiten als andere haben, sichere Bindungen einzugehen und anderen Menschen ihr Vertrauen zu schenken, liegt das nicht an ihrer Sensibilität an sich, sondern häufig an intensiv empfundenen negativen Beziehungserfahrungen in der Kindheit. Schon in der frühen Kindheit, an die wir uns nicht bewusst erinnern können, werden grundlegende Erfahrungen gemacht, die bis ins Erwachsenenleben nachwirken. Manches ist aus dem Bewusstsein verdrängt, weil es so furchtbar war. Im Unterbewusstsein aber liegt eine zutiefst misstrauische Haltung begründet.

Entwicklungspsychologen gehen davon aus, dass in den ersten Lebensjahren die Weichen dafür gestellt werden, ob wir Mitmenschen tendenziell vertrauen und ob wir im Erwachsenenalter stabile Beziehungen aufbauen können. „Urvertrauen entwickelt sich (…) im sehr frühen Kindesalter durch die verlässliche, durchgehaltene, liebende und sorgende Zuwendung von Dauerpflegepersonen (zumeist den Eltern). (...) Urvertrauen ermöglicht angstarme Auseinandersetzung mit der sozialen Umwelt." (Wikipedia) Das Urvertrauen bildet die Grundlage für das Selbstvertrauen, für das Vertrauen in Freundschaft, Partnerschaft und Gemeinschaft und schließlich für das Vertrauen in die Welt.

Erfährt das hochsensible Kind bei seinen Eltern anhaltend weder Rücksicht noch Unterstützung und gibt es keine ausgleichenden Faktoren (andere enge Bezugspersonen, die bestärkend wirken), kann das zu ausgeprägter Ängstlichkeit, chronischer Schüchternheit, generellem Misstrauen und sozialer Vermeidung führen.

In dem Bestreben, das Kind auf die Härten des Lebens vorzubereiten, und im Glauben, etwas Gutes zu tun, haben vor allem Eltern früherer Generationen in vielen Fällen versucht, ihr Kind abzuhärten, ihm seine hohe Empfindlichkeit abzuerziehen. Die Überzeugung der Eltern (oder eines Elternteils), dass die Dünnhäutigkeit im Leben vor allem Nachteile mit sich bringt und möglichst überwunden werden sollte, beruhte womöglich auf eigenen leidvollen Erfahrungen. Die irrige Annahme war, man könne Hochsensibilität einfach ablegen und sich nach Belieben ein dickeres Fell zulegen.

Die Versuche der Eltern, ihr Kind in seinem Wesen zu verändern, beinhalten unweigerlich die Botschaft, dass es nicht „richtig" und nicht liebenswert ist, so wie es ist. Das raubt dem Kind seine selbstverständliche Natürlichkeit und führt überdies zu Spannungen in der Eltern-Kind-Beziehung. Entweder legt das Kind das gewünschte Verhalten an den Tag, zieht sich aber innerlich zurück, oder es rebelliert offen.

Unglücklicherweise bleiben Abhärtungsversuche nicht nur erfolglos, sondern haben einen gegenteiligen Effekt: Sie sind für das Kind äußerst beunruhigende bis hin zu traumatisierende Erlebnisse, die ihm mitunter sein Leben lang nachgehen, seine Irritierbarkeit noch steigern. Tragisch an den Kränkungen und seelischen Verletzungen im zarten Kindesalter ist, dass sie dem Kind von den engsten Bezugspersonen zugefügt werden, die ihm eigentlich Sicherheit und Geborgenheit vermitteln und für seine Unversehrtheit sorgen sollten.

Bei derartigen Erziehungsmaßnahmen fehlen gänzlich die Achtung vor den Grenzen des Kindes und die Wertschätzung für die Sensibilität. Dem Kind wird vermittelt, dass Hochsensibilität eine Schwäche sei, die unbedingt ausgemerzt werden müsse. Keine gute Voraussetzung dafür, dass es seine Hochsensibilität als eine natürliche Gabe ansehen und schätzen kann.

3.4 Die Last schwieriger Familienverhältnisse

Kinder sind im Allgemeinen sehr intuitiv und haben ein erstaunliches Gespür für die Gemütslagen ihrer Eltern, hochsensible Kinder mit ihren besonders feinen Antennen bekommen davon noch viel mehr mit. Sie erleben Freud und Leid tiefer und nachhaltiger. Sie fühlen sich ein und fühlen mit. Ihnen geht es gut, wenn es ihren Eltern gut geht, ihnen geht es schlecht, wenn es ihren Eltern schlecht geht.

Das bedeutet, dass hochsensible Kinder durch schwerwiegende Probleme im Elternhaus stärker als andere Kinder und stärker als weniger sensible Geschwister emotional belastet sind. Sie nehmen Missstimmungen, Spannungen, Defizite, unterschwellige Konflikte, Ungereimtheiten und Ungerechtigkeiten in seismografischer Weise wahr und leiden darunter. Sie spüren so unglaublich viel, können sich aber noch so wenig erklären, so wenig mit dem Verstand relativieren und sich noch so wenig selbst helfen.

Elaine Aron meint, es sei einfach zu verstehen, weshalb eine schwierige Kindheit Hochsensible stärker beeinflusst als Nicht-Hochsensible. „HSP neigen dazu, sämtliche Einzelheiten und Zusammenhänge eines bedrohlichen Erlebnisses wahrzunehmen." (Aus *Sind Sie hochsensibel?*, wie folgende Zitate in diesem Kapitel auch.)

In einem problembeladenen Elternhaus, in dem das hochsensible Kind zutiefst beunruhigt ist, kann sich die Wahrnehmung des Kindes so stark nach außen richten, dass es den Bezug zu sich selbst immer mehr verliert. Individuelle Bedürfnisse und Wünsche treten in den Hintergrund. Genau betrachtet, ist das der verzweifelte Versuch, stabile Familienverhältnisse herzustellen, die Sicherheit und Geborgenheit (ganz wichtige soziale Bedürfnisse!) geben würden.

Der Wunsch nach Harmonie, Frieden und Liebe kann vor allem das hochsensible Kind dazu bringen, sich über die Maßen anzupassen und gewünschtes Verhalten zu zeigen. Es spürt die elterlichen Erwartungen oft schon, bevor sie ausgesprochen werden, und ist geneigt, ihnen zu entsprechen. Es tut für die Eltern oder ein Elternteil, was es für geeignet hält, um eine Besserung der Situation zu erreichen; meist ohne nachhaltigen Erfolg, was zu verstärkten Bemühungen führt. Völlig unbewusst übernimmt das hochsensible Kind in vielen Fällen eine immense Verantwortung im Familiensystem, das seiner Kind-Rolle und seinem Alter gar nicht gemäß ist und seine Belastungsgrenzen übersteigt.

Elternteile, die unter psychischen Problemen oder einer belastenden Lebenssituation leiden, erfahren unter Umständen in besonderem Maße emotionale Entlastung durch ein hochsensibles Kind. Sie entwickeln oft eine sehr enge Beziehung zu ihm. Und sie erliegen leicht der Versuchung, sich vom bereitwilligen Kind über Gebühr unterstützen zu lassen, es emotional zu vereinnahmen. Das Kind, das dem Elternteil hilft, die Last der Probleme zu tragen, findet aber seinerseits keine Entlastung und ist heillos überfordert angesichts der unlösbaren Aufgaben, die ihm gar nicht zufallen dürften.

Eine solche Rollenverschiebung und Verstrickung in der Familie würde dadurch aufgelöst, dass die Erwachsenen sich ihrer Eigenverantwortung bewusst werden, die Bewältigung ihrer persönlichen Probleme und ihrer Lebensaufgaben selbst in die Hand nehmen und das Kind wieder Kind sein lassen.

Einschneidende Ereignisse, wie schwere Krankheit und Todesfälle in der Familie, Scheidung der Eltern, beeindrucken jedes Kind zutiefst – und das hochsensible Kind noch massiver. Es braucht dringend aufmerksame und liebevolle Begleitung, um so etwas zu verkraften. Für Eltern, die selbst in Not sind, ist das jedoch schwer zu leisten.

Zu den leidvollsten Erfahrungen, die tiefe Wunden schlagen und ein Leben lang nachwirken, gehören seelische und körperliche Gewalt, sexuelle und emotionale Übergriffe. Sie rufen Gefühle von extremer Furcht und Hilflosigkeit hervor, auch wenn das Kind selbst nicht Opfer ist, sondern Gewalt und Übergriffe miterlebt. In der Folge wird das Kind ängstlich, schreckhaft, überaus wachsam, misstrauisch, oftmals schwermütig oder seltsam emotionslos.

Entgegen landläufiger Meinung ist Gewalt in der Familie nicht auf bestimmte soziale Gruppen beschränkt und leider keine Ausnahmeerscheinung, erst recht nicht, wenn man mit Gewalt nicht nur körperliche Gewalt meint, sondern alle drastischen Bestrafungen, Ausgrenzungen und Herabwürdigungen, die die Integrität des Gegenübers verletzen.

Ebenso wenig trifft die Annahme zu, dass es nur grobe und unsensible Charaktere seien, die gewalttätig und übergriffig werden. Gerade hochsensible Elternteile sind besonders gefährdet, die Kontrolle über sich zu verlieren und lautstark und vielleicht sogar handgreiflich zu werden, wenn sie lange Zeit zu wenig auf sich achten und daher viel zu spät merken, dass ihre Grenzen überschritten sind. Solche Ausraster sind für Kinder beängstigend und verunsichernd.

Für überlastete, gestresste Eltern sind hochsensible Kinder mit ihren Eigenarten, speziell wenn sie sich nicht angepasst verhalten, oftmals eine anstrengende Herausforderung, der sie nicht gewachsen sind. Das bringt es mit sich, dass diese Kinder nicht nur eine aufmerksame, stabilisierende elterliche Begleitung vermissen müssen, sondern auch noch einem unausgeglichenen, schroffen und verletzenden Verhalten ausgesetzt sind.

In Familien, in denen bedrohliche Verhältnisse herrschen, werden Kinder alles daransetzen, sich zu schützen. Hochsensible Kinder nutzen ihre Wahrnehmungsbegabung und werden zu wahren Meistern darin, schon leiseste Anzeichen von aufziehender Gefahr zu erkennen, um ihr zu entkommen oder gewappnet zu sein. Die Kinder sind angestrengt bemüht, die Gemüter zu beruhigen und zu vermitteln, möglichst auch noch andere Familienmitglieder, denen Gefahr droht, zu beschützen.

Einen gewissen Ausgleich in einem schwierigen Familiensystem können für das Kind verlässliche Beziehungen zu Geschwistern, Großeltern oder anderen nahen Bezugsperson schaffen, die ihm Rückhalt geben und es in seiner Besonderheit annehmen und bestätigen. Eine solche Person kann zum „Anwalt" des Kindes werden, der für das Kind da ist, es in Schutz nimmt und seine Interessen vertritt.

Erleben Kinder Vater oder Mutter (oder beide) und/oder Geschwister als gefahrbringend und finden sie keinen verlässlichen Schutz bei anderen nahen Bezugspersonen, erscheint die ganze Welt als ein unsicherer Ort und alle Menschen als potenziell bedrohlich. Folglich leben sie in einer dauernden Verunsicherung, Anspannung und Habtachtstellung – und das weit über die Kindheit hinausgehend.

Obwohl es einen Zusammenhang gibt zwischen der hochsensiblen Veranlagung und psychischen Störungen, sind diese Störungen doch keine unmittelbare Begleiterscheinung der Hochsensibilität. Vielmehr sind sie eine bedauerliche Folge, wenn hochsensible Kinder in ihrem engsten familiären Umfeld nicht die Bedingungen vorfinden, um sich unbeschadet und gesund entsprechend ihrer Veranlagung entwickeln zu können. Da Hochsensible anfälliger sind als andere für seelische Verletzungen, sind sie auch anfälliger für psychische Störungen und Krankheiten (Neurosen, Sozialphobien, Depressionen, Angststörungen, Belastungsstörungen).

Elaine Aron leitet aus ihren Forschungen ab, dass nicht die Hochsensibilität für sich genommen, sondern Hochsensibilität in Kombination mit dem Verlauf der Kindheit über die Neigung zu Depressionen und Ängsten entscheidet. Sie fand heraus: Depressive und ängstliche hochsensible Personen hatten fast immer eine schwierige Kindheit. Hochsensible aber mit einer erfreulichen und unproblematischen Kindheit leiden nicht häufiger unter Depressionen und Ängsten als Nicht-Hochsensible. Hochsensible seien also nicht von Natur aus depressiv, ängstlich usw., sondern würden depressiv, ängstlich usw. infolge von Kindheitstraumata.

Elaine Aron macht Mut: „Die gute Nachricht besteht aber darin, dass wir an diesen negativen Auswirkungen arbeiten können. Ich habe HSP erlebt, die genau das getan haben und von vielen Ängsten und Depressionen befreit wurden. Aber das dauert eben seine Zeit."

Von mir – Eine überschattete Kindheit

Ich wuchs als Einzelkind auf. Vater, Mutter, Kind, das war ein ganz enges Dreiergespann, zusammen in einer Dreizimmerwohnung. Mein Vater war 100 Prozent kriegsversehrt, berufsunfähig und daher immer zu Hause. Er hatte eine schwere Kopfverletzung, dadurch einen gelähmten linken Arm und eine Gehbehinderung. Er litt unter epileptischen Anfällen, die erst in späteren Jahren durch entsprechende Medikamente unterdrückt werden konnten, und hatte häufig starke Kopfschmerzen. Meine Mutter war ebenfalls ganz zu Hause, um ihn versorgen zu können. Die besondere Situation für mich als Kind war also, dass meine Eltern ständig anwesend waren. Das mag für ein kleines Kind ideal erscheinen, war es für mich aber nur bedingt. Ich erinnere mich nicht, dass es mir ein Gefühl von Sicherheit vermittelt hätte. Ich war allzeit unter Aufsicht, wurde immerzu beäugt und war ständiger Kommentierung und Bewertung ausgesetzt. Mein Vater kritisierte mich viel, machte sich lustig über mich, wenn ich ungeschickt war. Ich war schüchtern, hatte eine Menge Ängste, unter anderem die, dass meine Eltern mich verlassen würden (keine Ahnung wieso), und litt unter Albträumen, über die ich aber nie sprach. Vor allem aber erinnere ich mich an meine ständige Sorge um den Vater.

Sicher reduziere ich aus objektiver Sicht unzulässig, wenn ich sage: Alles drehte sich um ihn. Die Aufmerksamkeit und Fürsorge meiner Mutter galt in erster Linie meinem Vater. Ich war ein fügsames, stilles und „pflegeleichtes" Kind. Schon sehr früh unterstützte ich meine Mutter in der Aufgabe, nach meinem Vater zu schauen und ihm zur Hand zu gehen, und ich teilte ihre Besorgtheit um ihn. Ich weiß noch, wie wachsam ich schon in jungen Jahren meinen Vater im Blick hatte, auf erste Anzeichen eines epileptischen Anfalls achtete, um meine Mutter zu Hilfe zu rufen. Die Anfälle machten mir große Angst, der verstörende Anblick des verzerrten Gesichts und Körpers prägte sich mir tief ein. Wie sehr wünschte ich mir insgeheim einen gesunden und vor allem lebensfrohen Vater!

Alle, die meinen Vater kannten, bewunderten ihn dafür, mit wie viel Fassung er sein Schicksal trug, sich nicht gehen ließ. Zum Beispiel trug er zu Hause jeden Tag Krawatte (solch eine vorgeknotete, die man mit einer Hand am Hemdkragen festklippen kann), hielt sich an einen geregelten Tagesablauf. Er hörte viel Musik, las viel, war ein gebildeter Mann, von dem ich viel lernte (wie z. B. Rechtschreibung und Fremdwörter). Für mich war aber immer spürbar: Ein zufriedener und glücklicher Mensch war er nicht. Was hätte ich darum gegeben – und wie viel habe ich gegeben! –, ihn glücklich zu sehen. An dieser Aufgabe, die mir niemand ausdrücklich gegeben hat und die ich mir doch zu eigen gemacht habe, musste ich scheitern. Ich konnte ganz sicher etwas Glück in sein Leben bringen (das hat er mir später öfter gesagt), aber ich vermochte nicht, sein Schicksal zu wenden. Damit hing wohl zusammen, dass ich kein fröhliches Kind war. Ich denke, ganz unbewusst erschien es mir unangebracht, in dieser Familie unbeschwert und guter Dinge zu sein.

Was bei meinem Vater die meiste Zeit hinter der Fassade der Beherrschtheit verborgen war und nur gelegentlich in Form von Ausrastern, die mich zutiefst erschreckten, zum Vorschein kam: ein tief verwundeter, zorniger, im Herzen verbitterter Mann. Ich liebte meinen Vater und ich hatte Angst vor ihm. Er hat mich nie geschlagen, aber schon mal mit der kräftigen rechten Hand festgehalten, sodass es kein Entrinnen gab und klar wurde, wer die Übermacht hatte. Er nahm keine Rücksicht auf meine Angst- und Ekelgefühle, spielte sogar in unbegreiflich sadistischer Manier damit. Auch meinte er, mich „abhärten" zu müssen, was mich noch dünnhäutiger werden ließ. Der Satz „Wenn du den Krieg erlebt hättest, würdest du dich wegen dieser Kleinigkeit nicht so anstellen" klingt mir noch in den Ohren. Empfindlichkeiten gestand er mir nicht zu, wie er sie sich selbst nicht zugestand. Und wie sie sicherlich niemandem zugestanden werden können, der einen Krieg durchzustehen hat.

Bis auf solche Bemerkungen war übrigens der Krieg ein Tabuthema und lag doch wie ein dunkler Schatten über der Familie. Als ich erwachsen war und einmal in einen heftigen Streit mit meinem Vater geriet, sagte ich aufgebracht den Satz, den ich als Kind nicht zu formulieren gewusst (und gewagt) hätte: „Ich kann nichts für diesen verdammten Krieg!"

Mir ist heute bewusst: Mein Vater war vom Krieg körperlich und seelisch gezeichnet. (Man würde heute wohl von einer posttraumatischen Belastungsstörung sprechen.) Ich weiß nicht, was für ein Mensch mein Vater vor dem Krieg war. Ich wünschte, ich hätte ihn damals kennenlernen können. Kaum erwachsen, erlebte er den unermesslichen Horror des Zweiten Weltkriegs, wurde schwer verwundet, schwebte in Lebensgefahr und behielt eine starke Behinderung, die sämtliche Lebenspläne durchkreuzte. – Als sich der Tag seiner schweren Verwundung zum 50. Mal jährte (1995), sagte er einmal zu mir: „Eigentlich bin ich vor 50 Jahren gestorben."

Ich habe Hochachtung vor dem Mann, der das unvorstellbare Leid des Kriegs ertragen hatte und dem Leben doch noch lebenswerte Seiten abzuringen vermochte.

Ich habe Hochachtung vor der Frau, die sich entschied, mit diesem Mann ihr Leben zu teilen (meine Eltern heirateten 1954), und ihm tatsächlich bis zu seinem Tod im Jahr 2005 aufopferungsbereit zur Seite stand.

Und ich habe Hochachtung vor dem Kind, das ich war und das mit dieser Bürde irgendwie klargekommen ist – und sich in seiner weiteren Entwicklung Lebendigkeit und Lebensfreude erobert hat.

3.5 Reflexion und Neubewertung der Vergangenheit

> *„Das Leben kann nur in der Schau nach rückwärts verstanden,*
> *aber nur in der Schau nach vorwärts gelebt werden."*
>
> Søren Kierkegaard (1813–1855)

Wenn Sie sich an Ihre Kindheit zurückerinnern: Worin zeigte sich Ihre hohe Sensibilität vor allem? Inwiefern prägte sie Ihr Erleben? Welche Einstellung hatten Ihre Eltern Ihrer Empfindlichkeit gegenüber? Wie gingen sie mit Ihnen um? Gab es Unterschiede von einem Elternteil zum anderen? Wie war es mit anderen Familienmitgliedern: Geschwister, Großeltern, Onkel, Tanten, Cousins und Cousinen …? Erfuhren Sie Akzeptanz, Ermutigung und Unterstützung? Oder wurden Sie angehalten, Ihre Sensibilität zu bekämpfen? Wurden die Verhaltensweisen, die für hochsensible Kinder typisch sind, überwiegend positiv oder negativ bewertet? Hieß es eher „Mit diesem Kind stimmt etwas nicht" oder „Das ist ein ganz besonderes Kind"? Wurden Ihre Stärken und Begabungen erkannt und anerkannt, vielleicht sogar gefördert? Gab es belastende Umstände und Geschehnisse in Ihrem Elternhaus? Gab es ein denkwürdiges Ereignis, an das Sie sich ganz besonders gut erinnern? Wie waren die räumlichen Verhältnisse in Ihrem Elternhaus? Hatten Sie Ihre Rückzugsmöglichkeiten? Wo oder worin fanden Sie, wenn es hoch herging, Zuflucht? Wer oder was gab Ihnen Halt?

Zu begreifen, wie Sie von klein auf Ihre Umwelt und sich selbst erlebt haben, Erklärungen für bisher Unerklärliches zu finden lässt Ihre Lebensgeschichte in einem ganz neuen Licht erscheinen. In der Folge wird sich Ihr Bild von sich selbst wandeln, manches Urteil werden Sie revidieren, das Verständnis für das Kind, das Sie einmal waren, wächst, ebenso die Selbstachtung und die Selbstannahme.

Eine solch neue Einordnung wird im therapeutischen Bereich auch als „Reframing" – auf Deutsch Umdeutung – bezeichnet. Der Begriff „Reframing" (engl. frame = Rahmen) bezeichnet eine Technik aus der Systemischen Familientherapie, die mittlerweile in mehreren Therapieformen eingesetzt wird, so zum Beispiel im Neurolinguistischen Programmieren (NLP). Indem man eine Situation oder ein Geschehen in einen anderen Kontext bzw. „Rahmen" setzt, wird der Situation/ dem Geschehen eine andere Bedeutung zugeschrieben. Die Metapher des Bilderrahmens wird verwendet, um deutlich zu machen, dass man jeweils nur einen Ausschnitt des Gesamtbilds betrachtet und Dinge mit einem bestimmten Konzept im Kopf deutet. Verschiebt sich durch ein neues Konzept der Bezugsrahmen, eröffnen sich neue Sichtweisen und Perspektiven. Das kann den Umgang mit der betreffenden Situation wesentlich erleichtern.

Die Umdeutung und Neubewertung kann Stück für Stück sehr bewusst vorgenommen werden, zum Teil geschieht sie ganz spontan, wenn Erinnerungen an schwer erträgliche, überwältigende, schmerzliche und verstörende Zustände und Ereignisse auftauchen und auf einmal mit einem ganz anderen Verständnis und mit Selbstempathie betrachtet werden.

Die heute erwachsenen Hochsensiblen erinnern sich vielfach an eine schwierige Beziehung zu ihren Eltern und Geschwistern und daran, wie unverstanden und verkannt sie sich von klein auf fühlten. Sie erinnern sich an überfordernde Situationen im Familienleben und in der Schule: Konflikte mit Geschwistern und Eltern, Streit der Eltern untereinander, Verwandtenbesuche, Familienfeste, Familienurlaube, Einschulung, Schulwechsel, Schulausflüge usw. Sie erinnern sich an ihre Nöte, Unsicherheiten, Schamgefühle und Ängste. Daran, wie sie bemüht waren, Fassung zu bewahren, ihre wahren Gefühle zu verbergen und sich krampfhaft anzupassen, um so zu sein wie die anderen und dazuzugehören.

Als Kinder hatten sie den zugeschriebenen Charaktereigenschaften (schüchtern, ängstlich, überempfindlich etc.) nichts entgegenzusetzen und haben diese – trotz eines diffusen Unbehagens – mit der Zeit für sich übernommen. Sie haben sich mit den Bezeichnungen „Angsthase", „Sensibelchen", „Träumer" usw. mehr oder weniger identifiziert. Zu einer Umdeutung gehört es, all diese Zuschreibungen einer kritischen Überprüfung zu unterziehen und das Selbstbild zurechtzurücken, ihm einen glanzvollen Rahmen zu geben.

Betrachtet man zum Beispiel Angst: Es ist überlebenswichtig, in bestimmten Situationen Angst zu haben. Sie sorgt dafür, dass unsere Sinne wachsam auf Gefahren ausgerichtet sind und gegebenenfalls die notwendigen Körperkräfte aktiviert werden. Dem Selbsterhaltungstrieb ist es zu verdanken, dass wir uns nicht in Lebensgefahr bringen bzw. in lebensbedrohlichen Situationen ganz instinktiv blitzschnell reagieren. Menschen ohne Angst wären im Laufe der Evolution ausgestorben.

Häufig treten bei der Vergangenheitsbewältigung schöne Erinnerungen in den Hintergrund. Es lohnt sich, diese ebenso bewusst hervorzuholen: Was waren Ihre Lieblingsbeschäftigungen? Wie lebten Sie Ihre Kreativität aus? Was machte Ihnen richtig Spaß? Was gelang Ihnen mit Leichtigkeit? Welche Erinnerungen an schöne sinnliche Eindrücke, an großartige Gefühle, an intensive Glücksmomente haben Sie?

Die Umdeutung liegt darin, auch die intensiven schönen Erlebnisse dem besonderen Empfindungsreichtum, der mit der Hochsensibilität einhergeht, zuzuschreiben.

HOCHSENSIBLE BERICHTEN

Annegret: Immer war ich irgendwie anders, besonders als Kind sehr schreckhaft bei lauten Geräuschen und Bewegungen. Mein reiches Gefühlsleben und meine große Vorstellungskraft waren meine Welt, ich liebte Bücher und Fantasiespiele; aber es gab kaum jemand, mit dem ich so etwas teilen konnte. Beim Spielen mit anderen Kindern war ich meist sehr vorsichtig und neigte zur Angst, mich zu verletzen, vor allem bei körperlichen Spielen wie Fangen oder Sport. Nur wenn ich sicher war, tobte ich mich aus. Viel wohler fühlte ich mich im Umgang mit meinen Haustieren oder in der Natur, ich liebte Bäume, Blumen und Tiere sehr.

Was hätte ich als Kind darum gegeben, „normal" zu sein! Die Welt der Erwachsenen war für mich beängstigend und undurchschaubar und folgte Regeln, die sich mir nicht erschlossen. Ich verstand nicht, warum ich dieses oder jenes tun sollte, das sich für mich unpassend oder falsch anfühlte, oder gar warum ich anders sein sollte. Ich verstand auch nicht, warum die Kommunikation der Erwachsenen untereinander für mich so unecht klang. Sie sagten: „Danke, es geht mir sehr gut", und ich spürte, dass dem nicht so war. Sie schwiegen und lächelten, und ich spürte, dass sie wütend oder mit den Gedanken nicht bei der Sache waren. Ich konnte damit überhaupt nicht umgehen, dass mich die Wahrheit förmlich ansprang. Es setzte mich unter großen Druck, da ich mit diesem Wissen und meinem Gespür allein dastand und es auch nicht benennen konnte, also zwang ich mich zu emotionaler Härte, denn es war nicht okay, mehr wahrzunehmen, zu fühlen, zu sehen als die anderen. Das führte dazu, dass ich mich in mich selbst zurückzog, und als ich elf Jahre alt war und meine Eltern sich scheiden ließen, verstärkte es sich noch.

Martina*: Ich erinnere mich gerne an meine Kindheit zurück. Es wurde häufig festgestellt, dass ich besonders sensibel bin. Allerdings habe ich von meinem Bruder und meiner Mutter sehr viel Unterstützung erfahren. Auch mein Vater war zur Stelle, wenn von außen irgendwer mich zu stark aufgeregt hat ... Ich wurde sehr gefördert in meinen Neigungen zur Musik und Bewegung, und man hat mir auch viele Rückzugsmöglichkeiten gelassen. Die habe ich gebraucht.

Mario: Die Hochsensibilität war für mich und meine Eltern eher schwierig. Ich war immer sehr wissbegierig, wollte alles verstehen und stellte wahnsinnig viele Fragen. Das überforderte meine Eltern offensichtlich. Sie wussten wohl oft nicht, wie sie damit umgehen sollten, und reagierten auf meinen Wunsch nach Austausch oft mit den Worten: „Das ist doch nicht so wichtig!", „Das ist eben so!", „Keine Zeit!" usw. Ich wollte vieles machen, mehr lernen, mehr erreichen, durfte es aber nicht oder es war meinen Eltern einfach zu viel. Dadurch fühlte ich mich in der Jugend total ausgebremst und unverstanden. Das führte aus meiner jetzigen Sicht zu starken Depressionen. Ich hatte kein Selbstbewusstsein und damit auch kein Selbstwertgefühl aufgebaut und fühlte mich irgendwie immer ohne Identität, ohne Halt. Ich zog mich komplett in meine Welt zurück und versuchte, alles alleine zu klären. Doch das machte mich noch schwermütiger, denn ich fand lange keine Lösung für meine Probleme. Mit 17 lernte ich zum Glück meine jetzige Frau kennen, die mir viel geholfen hat. Wir unterhielten uns stundenlang über alles. Sie schenkte mir die Beachtung, Aufmerksamkeit und Kommunikation, die ich brauchte.

Maria*: Hochsensibilität hat mein ganzes Leben durchwoben. Ich konnte viele Dinge einfach so, was meine Umwelt einerseits verblüffte und andererseits sehr irritierte. Es wurde als arrogant und überheblich eingestuft. Ich machte mir schon als kleines Kind Gedanken über so etwas wie Unendlichkeit und Ewigkeit und fand Antworten drauf. Oft wurde ich abgeschmettert, wenn ich etwas von mir geben wollte, von dem ich wusste, ich hatte recht oder es war klug, weil ich ein Kind war und Kinder neben Erwachsenen keine Meinung zu haben hatten. So lernte ich, vieles für mich zu behalten und mein Licht unter den Scheffel zu stellen. Ich hatte ein starkes Gefühl von Einsamkeit unter den Menschen, weil sie mich einfach nicht verstanden. Ein Gefühl, nicht richtig zu sein, gepaart mit einem Wissen darum, dass ich eigentlich toll bin. Sehr ambivalent und schwer auszuhalten. Aus einem gewissen Leidenspegel wurde zunehmend ein Bewusstsein von Potenzial. Ich musste lernen, aus mir selbst zu schöpfen, und das machte mich rückblickend stark. Heute beschert mir das eine gewisse innere Freiheit.

3.6 Was brauchen hochsensible Kinder?

Hochsensible Kinder brauchen im Grunde keine andere Erziehung als andere Kinder. Die Reaktionen der hochsensiblen Kinder, die besonders empfindsam, feinfühlig und verletzlich sind und deren Toleranzgrenzen enger gesteckt sind als bei anderen Kindern, machen nur besonders deutlich, was Kinder überhaupt brauchen: aufmerksame Eltern, die ihre Kinder für voll nehmen, ihre Persönlichkeit würdigen, ihre Grenzen respektieren, ihnen Sicherheit geben, empathisch und wertschätzend mit ihnen kommunizieren, sie liebevoll im Wachsen und Entwickeln begleiten. Dennoch gibt es einige Punkte, die bei hochsensiblen Kindern speziell zu beachten sind. Auf Aspekte, die mir besonders wichtig erscheinen, werde ich in anschließenden Abschnitten noch ausführlicher eingehen.

Durch ihr zartes Wesen bedürfen hochsensible Kinder eines rücksichtsvollen, achtsamen und sanften Umgangs, was aber nicht heißt, dass sie mit Samthandschuhen angefasst werden müssten oder eine komplette Sonderbehandlung bräuchten. Es sind gesunde, lebenstüchtige Kinder, die durchaus auch über Widerstandkraft verfügen.

Kinder zeigen, was sie brauchen, allerdings muss man ihr Verhalten zu interpretieren verstehen, was nicht immer leicht ist. Das erfordert Sensibilität und Einfühlungsvermögen seitens der Eltern, ferner die Bereitschaft, dazuzulernen. Ein leicht irritierbares, häufig schreiendes, unruhig schlafendes, nur schwer zu beruhigendes Baby braucht viel Geduld, Gelassenheit und zuverlässige Zuwendung. Das kann für Eltern, zumal wenn sie selbst hochsensibel sind, wahrlich eine herausfordernde Aufgabe sein. Das Wissen um das Phänomen Hochsensibilität kann zumindest einen Teil der Anspannung nehmen, weil die Beunruhigung, dass etwas mit dem Kind nicht stimmt, wegfällt.

Hochsensible Kleinkinder brauchen Anregung in verträglichem Maße, zwischendurch immer wieder erholsame Ruhe, etwas größere Kinder zudem ihre Rückzugsmöglichkeiten, einen Bereich für sich, Zeit für sich allein. Und sie brauchen ihre Privatsphäre. Praktisch bedeutet das unter anderem: Nähe und Körperkontakt nur in dem Maß, wie das Kind es gut findet, bei älteren Kindern anklopfen, bevor man das Zimmer betritt, das Kind im Bad allein lassen, wenn es das möchte; Schamgrenzen unbedingt beachten!

Für Eltern ist es wichtig, sich der Verletzlichkeit ihres hochsensiblen Kindes bewusst zu sein und darauf Rücksicht zu nehmen, um das Kind nicht zu verschrecken, zu verunsichern, einzuschüchtern und zu demotivieren. Die Eltern sollten vor allem sehr darauf bedacht sein, das Kind nicht mit seiner Empfindlichkeit aufzuziehen, es nicht zu belächeln oder auszulachen, schon gar nicht vor anderen bloßzustellen und damit zu beschämen. „Das ist doch klar", werden Sie vielleicht sagen, und doch passieren derartige Verletzungen ganz ohne böse Absicht allzu leicht.

In der Kommunikation mit dem Kind kommt es neben der Wortwahl (nicht derb oder krass) auf den Ton (nicht zu hart, scharf, laut) an, auf den Blick und die Mimik (nicht anhaltend grimmig), die Gestik (nicht verächtlich oder bedrohlich) und die (Körper-)Haltung (nicht abweisend). Alles zusammengenommen ergibt die Botschaft, die wirkt. Da hochsensible Kinder ein besonders feines Ohr für Zwischen- und Untertöne und ein scharfes Auge für kleinste Unstimmigkeiten haben, ist es mit höflichen Floskeln und aufgesetzter Freundlichkeit nicht getan. Immer wieder wird es für Eltern deshalb darum gehen, sich in ihrer Grundhaltung zu prüfen. Ist die annehmend und wertschätzend? Zuneigung drückt sich außer in positiven Worten in einem warmen Ton der Stimme aus, in einer kleinen aufmunternden Geste, einem Lächeln, einem freudigen Blinzeln, einer herzlichen Umarmung, einer liebevollen Berührung, einer zugewandten Körperhaltung. Wenn es Kummer oder Ärger gibt:

lieber aussprechen und offen zeigen als unterschwellig und unbestimmt zum Ausdruck bringen.

Hochsensible Kinder schätzen Gewohntes und Regelmäßigkeit. Im Wesentlichen gleichbleibende Tages- und Wochenabläufe und vertraute Rituale geben ihnen Sicherheit. Spontanen Unternehmungen können sie nur bedingt etwas abgewinnen. Günstig sind Vorankündigungen, damit sie sich auf die Dinge einstellen können. Schlaf ist für hochsensible Kinder immens wichtig zur Regeneration. Schaffen Sie also die Voraussetzungen für ausreichenden, ungestörten und erholsamen Schlaf. Eine behagliche Wohnungseinrichtung, eine übersichtliche Ordnung (auch im Kinderzimmer!) fördern das Wohlbefinden und die innere Ruhe.

Hochsensible Kinder mögen wohldosierte Geselligkeit. Drängen Sie das Kind nicht, mit anderen Kindern zu spielen. Die Aufforderung „Spiel schön mit den anderen!" kann die Bedenken und Probleme des Kindes völlig verkennen. Durch die Reaktionen der anderen und wenn sie sich mit anderen vergleichen, bemerken hochsensible Kinder schon früh ihre eigene Andersartigkeit. Schließlich gehören sie zu einer Minderheit. Das gilt es, ihnen bei gegebenen Anlässen altersgerecht zu erklären und dabei den Mittelweg zu finden zwischen zu viel Aufhebens machen von der Hochsensibilität und sie herunterspielen.

Mit unvorhergesehenen Ereignissen und größeren Veränderungen haben hochsensible Kinder Mühe; der Kindergarten- oder Schuleintritt, ein Schulwechsel, die Geburt eines Geschwisters, ein Umzug – das sind einige Beispiele dafür. Hochsensible Kinder sind gefühlmäßig ungewöhnlich stark mit der Umgebung, in der sie aufgewachsen sind bzw. länger gelebt haben, verbunden. Die Umzugsphase bereitet ihnen mehr Stress als anderen, sie brauchen längere Zeit, bis sie sich woanders heimisch fühlen.

Liefern Sie Futter für den Forscher- und Entdeckergeist des Kindes, im Sinne eines freiwilligen Lernangebots. So kann das Kind seine Interessen und Leidenschaften entdecken und entwickeln. Unterstützen Sie das Ausleben von Kreativität. Jedes künstlerische Gestalten (Malen, Basteln, Werkeln, Musizieren etc.), das sich frei entfalten kann, hilft dem Kind, zu mehr innerer Ausgeglichenheit und Zufriedenheit zu finden.

Das größte Geschenk, das Eltern ihrem Kind machen können, ist, sich in Ruhe Zeit für das Kind zu nehmen. Oft laufen die Kinder so nebenher, werden irgendwie beschäftigt, auch verschiedentlich gefördert, natürlich mit Essen, Trinken, Kleidung, einem Dach über dem Kopf versorgt. Es werden Dinge rund um das Kind organisiert und arrangiert, aber das, was die Seele nährt und das Herz wärmt, ist die Beachtung, die ausgedrückte Freude darüber, dass es das Kind gibt. Es kostet nur einen Moment, dem Kind zuzulächeln, ein paar Minuten ungeteilter Aufmerksamkeit, dem Kind zuzuhören, wenn es etwas zu erzählen hat; vielleicht ein oder zwei Stunden, die ausschließlich dem Kind gewidmet sind, um mit ihm zu sein bzw. etwas zusammen mit ihm zu tun: lesen, vorlesen, musizieren, Musik oder ein Hörbuch hören, fernsehen (ausgewählte kindgerechte Sendungen, über die man anschließend noch spricht), kuscheln, dösen, spielen, basteln, malen, spazieren gehen – oder einfach gemeinsam Stille zelebrieren.

In diesem Zusammenhang möchte ich den psychologischen Fachausdruck „Joint Attention" (geteilte Aufmerksamkeit) erwähnen – für mich gleichsam ein Zauberwort: gemeinsam etwas betrachten, entdecken oder gestalten, sich gemeinsam um etwas kümmern. Das befriedigt gleichzeitig zwei Grundbedürfnisse, das nach Bindung und das nach Autonomie. Es wirkt verbindend, beruhigend und fördert das kindliche Konzentrationsvermögen, wenn Mutter oder Vater (oder Großmutter oder Großvater …) in aller Ruhe die Aufmerksamkeit gemeinsam mit dem Kind auf etwas Drittes richten.

TIPPS VON HOCHSENSIBLEN FÜR ELTERN HOCHSENSIBLER KINDER

Maria*: Hör und schau sehr genau hin. Nimm die Äußerungen deines Kindes immer ernst und sprich ihm vor allem niemals seine Wahrnehmung ab, selbst wenn du sie nicht nachvollziehen kannst. Sag lieber: „Wie interessant. Ich sehe das zwar nicht so wie du, das muss ich aber auch nicht. Aber ich möchte es gern besser verstehen. Erzähl mir, was du wahrnimmst …" In dieser Art.

Schäme dich anderen gegenüber niemals für das Anderssein deines Kindes. (Nicht: „Wissen Sie, das muss man nicht so ernst nehmen. Sie ist halt altklug.")

Fördere es, so gut du kannst. Es ist künstlerisch begabt? Sorge dafür, dass immer das nötige Werkzeug dafür da ist. Es ist musikalisch? Lass es singen, ein Instrument spielen usw.

Wenn irgend möglich, sorge dafür, dass dein Kind Rückzugsräume hat, wenn etwas zu viel wird. Nimm ihm nicht übel, wenn es sich zurückzieht. Das Kind ist nicht ‚gegen dich', sondern es sorgt ‚für sich' – wenn man es lässt. Zwinge es nicht an Orte, an denen es nicht sein will (Rummelplatz, laute Konzerte etc.), denn es leidet dort sehr, wahrscheinlich mehr, als du dir vorstellen kannst.

Betrachte und behandle es als ein Kind, das zwar ‚anders' ist, aber nicht falsch/gestört/problematisch. Einfach anders und in Bezug auf viele Dinge besonders begabt.

Fiona*: Mein Tipp für ‚normale' Eltern mit einem HS-Kind: Seht genau hin, fragt genau nach. Es werden sich euch neue Welten eröffnen. Wenn ihr eurem Kind ein achtsames, haltendes Umfeld gebt, wird es sein Herz öffnen und euch mit seinem sensitiven Wesen bereichern.

3.7 Hilfreiche Konzepte für eine feinfühlige Erziehung

*„Ohne Liebe ist das Werden eines Menschen unvorstellbar,
genauso wie der Wachstumsprozess einer Blume ohne Licht undenkbar ist."*

Cosmin Neidoni (*1975)

Auf welchen Konzepten kann Erziehung beruhen, die hochsensiblen Kindern (und hochsensiblen Eltern!) besonders entspricht? Welche Grundhaltung der Eltern fördert ein glückliches, zufriedenes und friedliches Familienleben? Egal, in welcher Art Familie die Kinder aufwachsen, ob in der traditionellen Kernfamilie, mit einem alleinerziehenden Elternteil, in einer Patchworkfamilie: Die Qualität der Beziehung zu den engsten Bezugspersonen entscheidet über ihr soziales Wohlergehen und ihre gesunde Entwicklung.

Erziehungsratgeber und Informationen über Themen rund um Familie und Kinder gibt es heute in Hülle und Fülle, was die Verunsicherung der Eltern aber eher verstärkt als vermindert, denn oftmals widersprechen sich die Aussagen gewaltig. Wer willens ist, sich Rat zu holen, sieht sich also vor die schwierige Aufgabe gestellt, auszuwählen und zu prüfen, was einleuchtend, passend und stimmig erscheint und handlungsleitend sein kann. Aufgesetzte Erziehungsmaßnahmen, bloße Techniken und Methoden, die nicht in ein schlüssiges Gesamtkonzept eingebettet sind, werden sich kaum als hilfreich erweisen, ja mitunter sogar negative Effekte haben.

Im Folgenden möchte ich Ihnen Persönlichkeiten mit ihren Konzepten vorstellen, die meiner persönlichen Erfahrung und Erkenntnis nach das Verständnis von Erziehung grundlegend verändern bzw. Denkansätze, die schon in die Richtung gehen, bestärken und konkretisieren können. Diese Konzepte sind meines Erachtens ganz allgemein richtungweisend und in besonderer Weise geeignet für Hochsensible.

Thomas Gordon

Durch seine Arbeit mit Kindern und Jugendlichen erkannte der humanistische Psychologe Thomas Gordon (1918–2002) die große Bedeutung der Kommunikation und einer gewaltfreien Konfliktlösung. Seine Konfliktlösungsmodelle wollte er nicht als bloße Techniken verstanden wissen, sondern als Vorschläge, wie Menschen offen und verständnisvoll miteinander umgehen können. Seinem Erziehungsklassiker *Familienkonferenz: Die Lösung von Konflikten zwischen Eltern und Kind,* der in den USA 1970, in Deutschland 1972 herauskam (im Februar 2012 erschien die 30. Auflage dieses Weltbestsellers!), folgten *Die Familienkonferenz in der Praxis: Wie Konflikte mit Kindern gelöst werden* (1978) und *Die neue Familienkonferenz: Kinder erziehen, ohne zu strafen* (1993). Gordons Veröffentlichungen haben bis heute nichts von ihrer Bedeutsamkeit und Gültigkeit eingebüßt.

Zur Elternrolle schrieb Thomas Gordon schon in den 70er-Jahren: „Will man in dieser Rolle effektiv sein, braucht man gewisse Grundkenntnisse über zwischenmenschliche Beziehungen. Man muss sich im Großen und Ganzen ein Bild davon machen können, was zwischen zwei Menschen passiert, die zueinander in Beziehung stehen. Man kann seiner Aufgabe als Vater oder Mutter nur gerecht werden, wenn man sich nach irgendeiner prinzipiellen Theorie oder einem Plan richtet – Wissenschaftler nennen es ein ‚Modell‘. Missverständnisse des Modells führen unweigerlich dazu, dass man die Techniken unangemessen einsetzt." (Aus *Familienkonferenz in der Praxis*)

Gordon gab seiner Verwunderung Ausdruck: „Aus Gründen, die mir nicht ganz einleuchten, gehen die meisten Eltern davon aus, dass sich die Eltern-Kind-Beziehung grundlegend von anderen Beziehungstypen unterscheidet." Sein Credo: In der Eltern-Kind-Beziehung gelten dieselben Grundsätze für den Umgang miteinander, die für alle zwischenmenschlichen Beziehungen gelten.

So sollte es eine Selbstverständlichkeit sein, mit Kindern so freundlich und respektvoll umzugehen wie mit befreundeten Erwachsenen. Dass das üblicherweise nicht so ist, demonstriert folgendes Beispiel: Stößt ein Kind am Tisch ein Glas um, wird es gescholten: „Wie ungeschickt du bist. Kannst du denn nicht aufpassen?" Einen Freund, der zu Gast ist und dem dasselbe passiert, würde man zu beruhigen versuchen: „Mach dir keine Gedanken, das kann jedem passieren. Ich wische es schnell weg." Wie gut würde einem Kind (zumal einem hochsensiblen) eine solche Reaktion tun!

Marshall B. Rosenberg

Dem humanistischen Menschenbild folgend, war Marshall B. Rosenberg (1934–2015) überzeugt, dass es Menschen von ihrer ursprünglichen Natur her Freude bereitet, zum Wohlergehen anderer beizutragen – unter der Voraussetzung, dass sie es freiwillig und aus innerer Motivation heraus tun können.

Empathie ist nach Rosenberg eine Grundvoraussetzung für gelingende Kommunikation. Rosenberg: „Was ich in meinem Leben will, ist Einfühlsamkeit, einen Fluss zwischen mir und anderen, der auf gegenseitigem Geben von Herzen beruht." Die Gewaltfreie Kommunikation (GFK) geht davon aus, dass der befriedigendste Grund zu handeln darin liegt, das eigene Leben und das Leben anderer zu bereichern. Wie es bereichert werden kann, findet man durch Einfühlung heraus.

Grundsätzlich problematisch sind nach dem Verständnis der GFK die Handlungsmotive Schuld, Scham, Angst vor Strafe, Hoffen auf Belohnung. Dabei sind in der traditionellen Erziehung das Appellieren an Schuldgefühle ebenso wie das Androhen von Strafe und das Inaussichtstellen von Belohnung gang und gäbe. Rosenberg: „Wir bezahlen teuer dafür, wenn Leute aus Angst, Schuldgefühl oder Scham auf unsere Werte und Bedürfnisse eingehen und nicht aus dem Wunsch heraus, von Herzen zu geben. Früher oder später werden wir die Konsequenzen nachlassenden Wohlwollens von denen zu spüren bekommen, die aus einem Gefühl äußerer oder innerer Nötigung heraus unsere Wünsche erfüllt haben. Sie selbst bezahlen ebenfalls emotional, denn wenn sie etwas mitmachen aus Angst, Schuldgefühl oder Scham, werden sie höchstwahrscheinlich Widerwillen empfinden und einen Teil ihres Selbstbewusstseins einbüßen."

Hinter aller Gewalt, ob verbal oder physisch, steht eine Art von Denken, die die Ursache eines Konflikts im Fehlverhalten des Gegenübers sieht statt im eigenen Fühlen, Befürchten, Ersehnen, Vermissen. Moralische Urteile unterstellen anderen, dass sie unrecht haben oder schlecht sind, wenn sie sich nicht unseren Wünschen gemäß verhalten. Zentral ist in der GFK die Aufforderung, andere nicht für die eigenen unangenehmen Gefühle verantwortlich zu machen, sie nicht als Ursache, sondern lediglich als Auslöser unseres Unbehagens zu sehen. Sind wir traurig, frustriert oder ärgerlich, bedeutet das, dass eines oder mehrere unserer Bedürfnisse nicht erfüllt sind. Für Rosenberg ist jede Form von Gewalt der tragische Ausdruck eines ungestillten Bedürfnisses.

Durch die GFK wird verständlich, dass alles, was ein Mensch tut, ein (mehr oder weniger tauglicher) Versuch ist, seine Bedürfnisse zu erfüllen. Das Bemühen in der GFK geht folglich dahin, offen und aufrichtig auszudrücken, was einem fehlt – ohne Vorwürfe, Kritik, Zurechtweisungen, Zuschreibungen und moralische Urteile über andere Menschen und ihr Verhalten („Du bist faul", „Du bist ein Stoffel", „Was du tust, ist unverschämt" etc.). Und das Bemühen geht ferner dahin, anderen respektvoll und empathisch zu begegnen, ihnen aufmerksam zuzuhören und Interesse für die Gefühle und Bedürfnisse aufzubringen, die sich hinter ihren Handlungen, ihrer Aggression, ihren Vorwürfen und Urteilen verbergen.

„Unsere Wünsche in Form von Forderungen zu formulieren ist ein weiteres typisches Merkmal einer Sprache, die Einfühlsamkeit blockiert. Eine direkte oder indirekte Forderung droht dem, der diese Forderung nicht erfüllt, mit Schuldzuweisung oder Strafe." Forderungen erzeugen unweigerlich Abwehr und Widerstand anstelle des erwünschten Entgegenkommens (das können Eltern tagtäglich erfahren!). Die Alternative zur Forderung ist in der GFK die Bitte, die dem anderen Wahlmöglichkeiten lässt (von zwingenden Notwendigkeiten einmal abgesehen).

Zur Lektüre empfehle ich Ihnen in erster Linie das Hauptwerk von Marshall B. Rosenberg *Gewaltfreie Kommunikation: Eine Sprache des Lebens,* aus dem auch sämtliche Zitate in diesem Abschnitt stammen. Alles, was Sie aus diesem Buch, das sich nicht speziell auf Kinder bezieht, lernen können, hat unbedingte Gültigkeit für den Umgang mit Kindern und ist eine wahre Wohltat für jedes hochsensible Kind.

Jesper Juul

Zum Ringen um Orientierung schreibt der dänische Familientherapeut Jesper Juul (*1948) in seinem Buch *Was Familien trägt: Werte in Erziehung und Partnerschaft, Ein Orientierungsbuch:* „Die Unsicherheit in Fragen der Partnerschaft und Kindererziehung ist weder neu noch typisch für die heutige Elterngeneration. Eltern sind stets unsicher gewesen. Der Unterschied zu früher besteht vielleicht darin, dass die Eltern von heute diese Unsicherheit mit bewundernswerter Offenheit artikulieren. Die Zeiten, in denen alle wussten, was ‚man' zu tun hat, was richtig und falsch ist, sind vorbei."

Jesper Juul ist Autor zahlreicher Bücher über Familienbeziehungen und Erziehung, die viel Beachtung und Anklang finden. 2004 gründete er das Elternberatungsprojekt FamilyLab International (↗ http://www.family-lab.com), das mittlerweile selbstständige Abteilungen in zahlreichen Ländern hat (in Deutschland: ↗ https://familylab.de). Drei bezeichnende Buchtitel (aus einer langen Reihe von Büchern) umreißen seine Botschaft: *Dein kompetentes Kind: Auf dem Weg zu einer neuen Wertgrundlage für die ganze Familie* (1997), *Aus Erziehung wird Beziehung: Authentische Eltern – kompetente Kinder* (2005) und *Elterncoaching: Gelassen erziehen* (2011). Juul plädiert dafür, sich von der Idee der Erziehung ganz zu verabschieden und stattdessen mit seinen Kindern endlich wirklich in Beziehung zu treten. Für Juul ist ein Kind von Geburt an ein sozial und emotional kompetentes Wesen. Diese Kompetenz muss ihm nicht erst durch Erziehung beigebracht werden. Und: Eltern tragen die Verantwortung für gelingende Familienverhältnisse. Deshalb setzt seine Arbeit bei den Eltern an.

Statt für jeden einzelnen Problemfall im Familienleben einzelne Lösungen zu suchen, gibt Juul Rat suchenden Eltern übergeordnete Prinzipien und Werte an die Hand, die helfen, individuelle Lösungen für individuelle Probleme zu finden. „Mit einem Wertefundament stehen wir individuellen Problemen nicht mehr länger hilflos gegenüber." Werte, von ihm definiert als „Gedanken und Ideen, denen wir große Bedeutung beimessen, die unsere täglichen Handlungen und Reflexionen bestimmen", dienen als Richtschnur für das Handeln. Als grundlegende Werte führt Juul

Gleichwürdigkeit (ein von ihm geprägter Begriff), Integrität, Authentizität und Verantwortung auf und betont deren allgemeingültigen humanen Charakter. Die Werte machen keinen Unterschied zwischen Mann und Frau, Erwachsenen und Kindern. „Kinder brauchen die Führung der Erwachsenen, aber diese sollte auf denselben Werten basieren, die auch für die Beziehung unter Erwachsenen gelten." (Zitate aus *Was Familien trägt: Werte in Erziehung und Partnerschaft*)

Gerald Hüther

Dem deutschen Hirnforscher Gerald Hüther (*1951, Buchtitel u. a. *Wie aus Kindern glückliche Erwachsene werden; Was wir sind und was wir sein könnten: Ein neurobiologischer Mutmacher*) geht es um die Verbreitung und Umsetzung von Erkenntnissen aus der modernen Hirnforschung. Er versteht sich als Brückenbauer zwischen wissenschaftlichen Erkenntnissen und gesellschaftlicher bzw. individueller Lebenspraxis. Ziel seiner Aktivitäten ist die Schaffung günstigerer Voraussetzungen für die Entfaltung menschlicher Potenziale, speziell im Bereich Erziehung und Bildung.

In einem Vortrag auf dem Aachener Bildungstag „Zündstoff" vom 1. Oktober 2010 mit dem Titel „Beziehung wirkt Wunder" führte Gerald Hüther aus, was Kinder zur Potenzialentfaltung brauchen: Aufgaben, an denen sie wachsen können, Vorbilder, an denen sie sich orientieren können, Gemeinschaften, in denen sie aufgehoben sind. Jedes Kind begeistert sich dafür zu entdecken, was in ihm steckt. Es begeistert sich dafür, selbst zu lernen. Damit Kinder ihre Lust am Lernen weiterentwickeln können, sind sie auf selbstsichere Erwachsene angewiesen, die nicht immer alles besser wissen. Beim Lernen folgen Eltern am besten der Initiative des Kindes. Was Eltern leisten können, ist eine Entwicklungsunterstützung. Kinder brauchen Geborgenheit und Wertschätzung, um Selbstvertrauen zu gewinnen und Herausforderungen annehmen zu können. Sie brauchen das Gefühl, dazuzugehören und als kompetent angesehen zu werden. Dann kann ein Kind jeden Tag über sich hinauswachsen. So können Eltern zu einem gelingenden Leben des Kindes beitragen. Sie können es nicht machen, sondern nur günstige Bedingungen schaffen. Die Erfahrung „Ich bin verbunden" zusammen mit der Erfahrung „Ich werde unterstützt" versetzt Kinder in die Lage, die in ihnen steckenden Potenziale zu entfalten.

3.8 Das Selbstwertgefühl stärken

Das Selbstwertgefühl des Kindes bestmöglich zu stärken ist eine wesentliche Aufgabe von Eltern. Ganz besonders wichtig ist dies bei hochsensiblen Kindern, die sich leicht für minderwertig halten.

Jesper Juul unterscheidet in seinem Buch *Dein kompetentes Kind* zwischen Selbst(wert)gefühl (er benutzt Selbstgefühl und Selbstwertgefühl synonym) und Selbstvertrauen. Das Selbstwertgefühl sei ein Grundpfeiler unserer psychischen Existenz. Ein gesundes Selbstwertgefühl bedeute, dass jemand weiß, wer er im Kern ist, in sich ruht und sich durch und durch wohlfühlt. Ein geringes Selbstwertgefühl werde als ständiges Gefühl von Unsicherheit, Selbstkritik und Schuld erlebt. Je besser das Selbstwertgefühl entwickelt sei, desto weniger angreifbar sind wir und desto größer ist unsere Lebensqualität und Lebensfreude. Selbstvertrauen sei eher eine erworbene Qualität, die sich auf konkrete Fähigkeiten und das Vermögen, bestimmte Dinge leisten zu können, bezieht.

Jesper Juul schreibt, dass Eltern, Pädagogen und Therapeuten oft sehr zielgerichtet versuchen würden, das Selbstvertrauen von Kindern zu stärken, deren eigentliches Problem aber ihr mangelndes Selbstwertgefühl ist. „Zwei Dinge sind es, die unser Selbstgefühl nähren. Zum einen, wenn wir von mindestens einer wichtigen Person in unserem Umfeld bewusst ‚gesehen' und akzeptiert werden; zum anderen, wenn wir erleben, für andere Menschen wertvoll zu sein, ohne uns verstellen oder etwas leisten zu müssen."

Laut Jesper Juul ist es ein verbreiteter Irrtum zu glauben, dass Lob die Entwicklung eines gesunden Selbstwertgefühls fördert. Die richtige Nahrung für das Selbstwertgefühl sei vielmehr die Anerkennung, die sich in einer spontanen persönlichen Reaktion auf das Kind äußert und ihm vermittelt, dass es im Leben der Eltern eine wichtige Rolle spielt. Der entscheidende Faktor bei der Entwicklung des Selbstgefühls sei der spürbare Ausdruck von Liebe.

Eltern stärken wirkungsvoll das Selbstwertgefühl ihres Kindes, indem sie ihm liebevolle Beachtung schenken, unabhängig davon, was es leistet und vollbringt, indem sie ihm vermitteln, dass es genau so in Ordnung und liebenswert ist, wie es ist; indem sie ihm ganz viel Liebe geben aus dem einzigen Grund, dass es da ist.

Exkurs über das Loben

Allenthalben hört man die Empfehlung, mehr Komplimente zu machen, mehr zu loben, den Mitarbeiter, den Mann, die Frau, das Kind. Tatsächlich rangiert das Bedürfnis, gesehen und anerkannt zu werden, ganz weit oben unter den sozialen Bedürfnissen. Aber ist ein Lob (Wortbedeutung laut *Wahrig*-Wörterbuch neben „Anerkennung": „ausdrückliches günstiges Urteil") wirklich so dienlich, um dieses Bedürfnis zu erfüllen? Oder gibt es geeignetere Wege?

Lob kritisch zu betrachten lernte ich im Gordon-Familientraining – und konnte mir auf einmal erklären, warum ich so oft abwehrende Reaktionen auf Lob hin geerntet hatte. Einmal sensibilisiert, fand ich die Kritik plausibel dargelegt im Buch *Die neue Familienkonferenz* von Thomas Gordon und geradezu leidenschaftlich vorgetragen im Buch *Die Entscheidung liegt bei dir! Wege aus der alltäglichen Unzufriedenheit* vom Managementberater Reinhard K. Sprenger. Marshall B. Rosenberg sieht Lob und Komplimente als Teil des lebensentfremdenden Sprachstils an und widmet das 13. Kapitel seines Buchs *Gewaltfreie Kommunikation: Eine Sprache des Lebens* der lebensdienlichen Art und Weise, Wertschätzung und Anerkennung auszudrücken. (Sprenger und Rosenberg behandeln das Thema generell, nicht speziell in Bezug auf Kinder.)

Selbstverständlich kommt es beim Loben wie ganz allgemein in der Kommunikation auf die zugrunde liegende Haltung an. Insofern sei schon mal ein spontanes, aufrichtiges Kompliment / Lob („Das hast du super gemacht!", „Du bist einfach wundervoll!"), aus einer respektvollen und wertschätzenden Haltung heraus ausgesprochen, nicht von oben herab und ohne manipulative Absicht, von der Kritik ausgenommen. Konventionelle Komplimente und das übliche Loben aber erweisen sich bei genauerem Hinsehen als tückisch.

Die heiklen Punkte beim Lob

Lob und Tadel liegen dicht beieinander. Wenn Erwachsene ein Kind loben, spielt leicht eine Haltung von Überlegenheit mit, was dem Kind ein Gefühl von Unterlegenheit gibt. Loben basiert auf hierarchischen Verhältnissen. Der Lobende ist in der Position, Lob und Tadel zu erteilen. Er legt fest, was gut und richtig und was schlecht und falsch ist. Dem Loben wie dem Tadeln geht immer eine Beurteilung voraus, bezogen auf ein Verhalten, eine Leistung, eine Eigenschaft. Dabei sind die Bewertungskriterien die des Beurteilenden. Auch ein positives Urteil (= Lob) ist ein Urteil über einen anderen. Wer lobt („Das hast du gut gemacht."), nimmt sich bei anderer Gelegenheit das Recht heraus, zu kritisieren bzw. zu tadeln („Das hast du falsch gemacht."). Der Fakt, dass von oben nach unten gelobt wird, wird dadurch anschaulich, dass man es als unpassend bzw. belustigend empfindet, wenn ein Mitarbeiter seinen Chef lobt oder ein Kind seine Eltern.

Lob schwächt die Eigenständigkeit. Das Kind tut womöglich Dinge, um gelobt zu werden, wird abhängig vom Lob und verliert den eigenen Antrieb. Lob kann die Eigenverantwortlichkeit und die Entscheidungsfähigkeit untergraben. Es bringt Kinder womöglich dazu, sich über Gebühr anzupassen und die Möglichkeiten zu wählen, die elterlichen Beifall finden.

Lob formuliert unterschwellig Ansprüche. Eltern, Lehrer und andere Erwachsene nutzen gerne Lob, um Kinder dazu zu bewegen, fleißig und strebsam zu sein, sich gut zu benehmen, sich hilfsbereit zu zeigen – das heißt, etwas zu tun, was für wünschenswert gehalten wird. Und sie wollen ein aus Erwachsenensicht gutes und richtiges Verhalten bestärken, was manches Mal durch ein angehängtes „Weiter so" deutlich wird. Kinder durchschauen häufig die Absicht, sie zu ändern, und reagieren entsprechend abweisend.

Lob behindert die offene Kommunikation. Oft lehnen Kinder ein Lob von Erwachsenen ab, weil es nicht mit ihrer Selbsteinschätzung übereinstimmt. Eine andere Wirkung kann sein, dass das Lob als eine Missachtung ihrer Gefühle und als ein Mangel an Verständnis empfunden wird. Vor allem dann, wenn ein Kind selbst eine negative Einschätzung seiner Leistung abgegeben oder ein Problem mitgeteilt hat. Wer mit sich unzufrieden ist, reagiert auf die positive Einschätzung eines anderen wie auf eine Leugnung seiner Gefühle in diesem Moment.

Alternativen zum Lob

Obwohl es nicht in erster Linie um Formulierungen geht, sind doch die Worte, die wir wählen, der Schlüssel. Reflektieren wir unsere Worte, kann uns die dahinter liegende Haltung bewusst werden. In der Folge können wir diese hinterfragen und gegebenenfalls verändern. Haben wir schon eine wertschätzende Haltung, werden wir uns gerne darum bemühen, die geeigneten Worte zu finden, um diese Haltung auch zu transportieren. Anerkennung zu geben ist ein so wichtiger Teil verbindender Kommunikation, dass es jammerschade wäre, wenn sie aufgrund der Befürchtung, etwas falsch zu machen, ganz unterbliebe. Welche Formen der Anerkennung sind nun dazu angetan, das Selbstwertgefühl des Kindes und die Eltern-Kind-Beziehung zu stärken?

Als Alternative zum Lob empfiehlt Thomas Gordon die „positive Ich-Botschaft". Während die Du-Botschaft eine Aussage über die andere Person trifft, im Fall eines Lobs gekoppelt mit einem positiven Urteil über diese Person („Du hast das Bild schön gemalt."), nimmt die Ich-Botschaft zwar Bezug auf eine Handlung, ein Verhalten, eine Eigenschaft, trifft dann aber eine Aussage, was das bei einem selbst auslöst („Ich schaue mir so gerne das Bild an, das du gemalt hast. Die bunten Kringel regen meine Fantasie an."). Gordon gibt als Hilfe eine einfache Formel für eine positive Ich-Botschaft: „Drücken Sie aus, welches Gefühl das Verhalten Ihres Kindes in Ihnen auslöste und warum, das heißt, welchen erkennbaren und konkreten Effekt das Verhalten oder die Leistung Ihres Kindes auf Ihr Leben hat."

Eine weitere Alternative zum Lob ist in vielen Fällen schlicht das aufmerksame Interesse und einfühlsame Zuhören, das nichts weiter vermittelt als die Bereitschaft, zu verstehen und zu akzeptieren, wie das Kind etwas erlebt. Nicht zu vergessen: Beachtung und Anerkennung werden schon mit einem freundlichen Blick und einem Lächeln kundgetan.

Wenn wir mit der Gewaltfreien Kommunikation (GFK) nach Marshall B. Rosenberg Anerkennung und Wertschätzung ausdrücken, dann nicht, um etwas zu bekommen. „Unsere einzige Absicht ist es, die Art, wie unser Leben durch andere schöner wurde, zu feiern." Das Ausdrücken einer Wertschätzung hat in der GFK drei Bestandteile. „Wir benennen 1) die Handlung, die zu unserem Wohlgefühl beigetragen hat, 2) unser spezielles Bedürfnis, das zufriedengestellt wurde, und 3) unser freudiges Gefühl als Ergebnis davon." (Aus *Gewaltfreie Kommunikation: Eine Sprache des Lebens*) Wenn Anerkennung so gegeben wird, kann sie ohne Selbstüberschätzung oder falsche Bescheidenheit angenommen werden.

Aus Sicht von Jesper Juul kann an die Stelle von Lob und Tadel eine „persönliche Sprache" treten: „Eine Sprache, die unsere Gefühle, Reaktionen und Bedürfnisse zum Ausdruck bringt und unsere Grenzen deutlich macht." Konkret: „Jede persönliche Sprache basiert auf folgenden Aussagen: ‚Ich will/ich will nicht!' ‚Ich mag/ich mag nicht!' – ‚Ich will haben/ich will nicht haben!'", das heißt, sie bringt klar und direkt den eigenen Standpunkt und die eigene Absicht zum Ausdruck. (Aus *Dein kompetentes Kind*)

3.9 Empfindungen achten und aufrichtig sein

Zum Kern der hochsensiblen Wesensart gehören die aufmerksame Wahrnehmung und die intensiven Empfindungen. Der Knackpunkt in der Kommunikation mit dem Kind liegt darin, die Wahrnehmung und die Empfindungen des Kindes, so wenig nachvollziehbar sie bisweilen auch erscheinen mögen, ernst zu nehmen und zu respektieren.

Das ist in der Theorie leichter als in der Praxis. Wie schnell sind Sätze gesagt wie: „Das bildest du dir nur ein!", „Wie kommst du denn bloß wieder darauf?", „Du musst nicht traurig sein!", „Wie kannst du nur so gekränkt sein?", „Deine Wut ist völlig unangebracht!". Und schon ist das Kind mit dem, was es wahrnimmt und empfindet, getadelt und ins Unrecht gesetzt.

Zurück zur Theorie: Die eigene Wahrnehmung und die eigene Empfindung dürfen neben die des Kindes gestellt, ihm aber nicht übergestülpt werden. Eltern steht keine Deutungshoheit zu! Das Kind kann lediglich eingeladen werden, eine Situation auch aus einem anderen Blickwinkel zu betrachten und damit vielleicht etwas anders zu empfinden. Erzwingen lässt sich das nicht.

Zurechtweisungen sind hier fehl am Platze. Es gibt keine richtige oder falsche Wahrnehmung, keine richtige oder falsche Sichtweise, auch keine richtige oder falsche Empfindung. (Im Unterschied zu Verhalten: Das kann „falsch" im Sinne von unangebracht sein.) Es gibt einfach unterschiedliche Wahrnehmungen, Sichtweisen und Empfindungen. Und jede ist individuell und subjektiv. Jeder Mensch hat ein anderes Bild von der Welt – seine Erlebniswirklichkeit – in seinem Kopf. Gefühle ergeben sich daraus, wie eine Gegebenheit vom Einzelnen aufgefasst wird.

Um anschaulich zu machen, wie sehr es auf den persönlichen Blickwinkel ankommt, stelle ich im Coaching gerne eine Henkeltasse zwischen den anderen und mich auf den Tisch. Ich schaue auf die Tasse und sage: Der Henkel ist rechts. Mein Gegenüber schaut auf dieselbe Tasse und stellt fest, dass der Henkel links ist. Nun könnten wir trefflich streiten, was richtig ist – rechts oder links? Lädt mein Gegenüber mich nun ein, zu ihm herumzukommen, um von da aus auf die Tasse zu schauen, und folge ich dieser Einladung, dann kann ich sehen, dass aus seiner Warte der Henkel links erscheint. Gehe ich nun zurück an meinen Platz, habe ich eine Vorstellung davon, wie sich dieselbe Sache aus der anderen Sicht darstellt, und wir können uns problemlos darauf einigen: Aus meiner Sicht ist der Henkel rechts, aus der Sicht des anderen links.

Gefühle intensiv zu empfinden bedeutet nicht, dass sie stets auch ausagiert werden. Elaine Aron geht von einem 70-zu-30-Verhältnis von introvertierten und extravertierten Hochsensiblen aus. Entsprechend wären es nur etwa 30 Prozent der hochsensiblen Kinder, die dazu neigen, ihre Gefühle zu äußern. Das sind diejenigen, die überwiegend lebhaft und mitteilsam sind; und wenn ihnen etwas nicht passt, auch offen kritisch bis hin zu rebellisch. Die anderen circa 70 Prozent neigen in der Regel dazu, verhalten zu reagieren und ihre Gefühle eher still in ihrem Innern zu verarbeiten. Unbändige Wut wird man bei ihnen ebenso selten erleben wie überschäumende Freude.

Inwieweit Kinder Gefühle zeigen, hängt außer mit ihrem Temperament auch damit zusammen, wie ihre Bezugspersonen auf ihre Gefühlsäußerungen reagieren und wie sie es vorleben. Vermitteln Eltern ihren Kindern, dass alle Gefühle prinzipiell okay sind und da sein dürfen, kann auch das Kind seine Gefühle selbstverständlicher annehmen und dazu stehen. Stoßen jedoch geäußerte Gefühle auf Ablehnung und Kritik, dann ziehen sich die Introvertierten noch mehr zurück und die Extravertierten gehen in eine noch stärkere Protesthaltung. So oder so fordern die Kinder die Eltern heraus, sich mit ihnen ernsthaft zu befassen, ihre Traurigkeit, ihren Ärger und ihre Wut als Signale für unerfüllte Bedürfnisse zu begreifen und sich dafür zu interessieren, was ihnen fehlt.

Die Alternativen zu den Sätzen von vorhin könnten sein: „Was siehst du da?", „Wie kommst du darauf?", „Magst du mir sagen, was dich gerade beschäftigt?" (vielleicht ist das Kind gar nicht traurig), „Du wirkst aufgebracht. Was ist schiefgelaufen?" Was passt, hängt vom einzelnen Kind und von der jeweiligen Situation ab. Oft genügt es schon, sich dem Kind achtsam und ruhig zuzuwenden und so die Bereitschaft zum Zuhören und Einfühlen zu bekunden.

Zu tauglichen Vorbildern werden Eltern, wenn sie sich ebenso aufmerksam ihrer eigenen Gefühle und Bedürfnisse annehmen. So lernen Kinder, dass es darum geht, sowohl die eigenen Gefühle als auch die der anderen Familienmitglieder zu achten, die Bedürfnisse von allen zu berücksichtigen und ausgeglichene Lösungen zu finden.

Hochsensible Kinder sind Meister der intuitiven, subtilen Kommunikation. Sie bemerken unwillkürlich noch etwas mehr als andere Kinder von dem, was unterschwellig mitgeteilt wird. Sie spüren, wenn ihre Eltern Gefühle vor ihnen verbergen möchten und sich verstellen, zum Beispiel Interesse vorgeben, eigentlich aber unaufmerksam sind; sich ruhig geben, innerlich aber nervös sind; sich zuversichtlich geben, in Wahrheit aber schlimmste Befürchtungen hegen. Sagen Eltern den Kindern, alles sei in Ordnung, wenn es offensichtlich nicht so ist, zweifeln diese an ihrer Wahrnehmung. Die Irritation wächst noch, wenn Eltern auch auf Nachfragen ihrer Kinder weiter beteuern, dass nichts sei und es ihnen gut gehe. (Viele Hochsensible lernen erst viel später, ihrer Wahrnehmung zu trauen, unabhängig davon, ob andere sie bestätigen.)

So sicher das Gespür der Kinder ist, dass etwas im Busch ist, so leicht können sie mit ihren Schlussfolgerungen danebenliegen. So neigen insbesondere die hochsensiblen Kinder zum Beispiel dazu, sich selbst als Auslöser für eine Übellaunigkeit oder Besorgtheit ihrer Eltern zu sehen, sich sogar die Schuld für Streit zwischen den Eltern zu geben. Sie haben eine reiche Fantasie; bei fehlender oder lückenhafter Information reimen sie sich Dinge zusammen, die nichts miteinander zu tun haben oder ganz anders zusammenhängen. (Ihre Lernaufgabe liegt also darin, ihre Deutungen in Zweifel zu ziehen.)

Hochsensible Kinder brauchen sehr viel Transparenz, Echtheit, Authentizität und Ehrlichkeit. Man kann und sollte ihnen nichts vormachen. Wichtig ist, dass Ausgesprochenes und nonverbal Kommuniziertes übereinstimmen, sonst stiftet das Verwirrung und Unsicherheit. „Mach dir keine Gedanken" mit Sorgenfalten auf der Stirn bringt das Gedankenkarussell erst richtig in Fahrt. Es bei unheilschwangeren Andeutungen zu belassen heizt die kindlichen Katastrophenfantasien an.

Deshalb ist es so wichtig, dass Eltern den Kindern zeitnah und in angemessenem Umfang erklären, was los ist, was der Grund für ihre Gemütslage ist. Vielleicht haben sie Kopfschmerzen, vielleicht hatten sie Ärger im Büro, vielleicht machen sie sich Sorgen um einen kranken Freund usw. „Das verstehst du noch nicht!" verbietet sich (auch bei kleinen Kindern!), weil man damit das Kind nicht für voll nimmt. Lieber gibt man eine altersgerechte Erklärung. Auf jeden Fall ist es viel besser, offen und ehrlich über die Dinge zu reden, als zu schweigen und etwas vorzutäuschen. Am besten halten Eltern die Kinder auch ungefragt über die weitere Entwicklung auf dem Laufenden. Das nimmt am ehesten die Angst bzw. beugt Ängsten vor.

Ehrlichkeit meint allerdings nicht, umfänglich alles vor dem Kind auszubreiten. Natürlich behalten Eltern intime Dinge für sich, ersparen dem Kind Details. Und selbstverständlich ist das Kind nicht der geeignete Gesprächspartner für ihre Sorgen und Nöte. Um das Kind nicht unnötig zu belasten, sollten Eltern betonen, dass sie sich selbst um die Problembewältigung kümmern, gegebenenfalls noch hinzufügen, dass sie sich geeignete Unterstützung holen (nicht beim Kind, außer vielleicht in kleinen praktischen Dingen).

Eine liebevolle Eltern-Kind-Beziehung, die auf Achtung und Aufrichtigkeit beruht, schafft gute Voraussetzungen für das heranwachsende Kind, mit der Unterschiedlichkeit der Menschen und den Wechselfällen des Lebens zurechtzukommen.

3.10 Überreizung so gut es geht reduzieren

Eine Überreizung droht hochsensiblen Kindern an allen Ecken und Enden. Kinder besitzen heute unüberschaubare Mengen von Spielsachen und verfügen über unzählige Spielmöglichkeiten. Sie haben vollgepackte Terminkalender – wie ihre Eltern. Vom Babyschwimmen und der Krabbelgruppe für die Kleinsten bis hin zum Klavierunterricht und dem Selbstverteidigungskurs für die Größeren. Kindergarten und Schule sind an sich schon mächtige Herausforderungen, was die Menge an einströmenden Reizen angeht. Und in den Ferien fahren Kinder heute häufiger und weiter weg in Urlaub, nehmen an Kinderfreizeiten und Ferienprogrammen teil. An sich alles wundervolle Angebote, aber in der Häufung belastend, weil es schnell zu viel wird und weil dafür die wertvolle unverplante, freie Zeit auf der Strecke bleibt.

Die moderne, multimediale Welt hält einerseits spannende und förderliche Anregungen parat, überschwemmt andererseits aber mit unglaublich vielen Eindrücken. Die gesamte Lebensumgebung ist hektischer, geräuschvoller und aufdringlicher geworden. Es wird immer schwerer, sich gegen die Flut der Reize abzuschirmen, sich ohne Ablenkung auf eine Sache zu konzentrieren, Ruhe zu finden und zur Besinnung zu kommen.

Auch Familienstrukturen haben sich verändert. Immer mehr Kinder leben bei einem alleinerziehenden berufstätigen Elternteil. Auch in intakten Familien sind häufig beide Eltern berufstätig. Das bedeutet, dass sie neben Kindergarten und Schule noch eine Betreuungseinrichtung besuchen oder bei einer Tagesmutter untergebracht sind. Allein die verschiedenen Umgebungen, die wechselnden Bezugspersonen, die vielen Stunden mit anderen Kindern und mit hohem Geräuschpegel um sie herum sind eine wahre Belastungsprobe. Scheidungskinder pendeln zwischen Mutter und Vater, leben vielleicht in Patchwork-Familien. Großeltern, die ein stabilisierendes Element für die Kinder sein können, wohnen oft weit weg. All das will erst einmal verkraftet sein, in erster Linie gefühlsmäßig, aber auch von der größeren Unruhe und Unbeständigkeit her, die das Leben dieser Kinder bestimmt.

Hektische Betriebsamkeit und Ruhelosigkeit der Eltern übertragen sich in hohem Maße auf das hochsensible Kind. Eltern können nicht erwarten, dass ihre Kinder ruhig und ausgeglichen sind, wenn sie selbst auf hohen Touren laufen und hochgradig angespannt sind. Kinder sind wie ein Spiegel der elterlichen Befindlichkeit. Oft fallen die Stressanzeichen zunächst beim Kind auf, bevor die Eltern sie bei sich selbst bemerken. Es ist an den Eltern, etwas gegen die Stressursachen zu tun.

Was hilft?

Ob nach Kindergarten und Schule oder in den Ferien, Kinder genießen wirklich freie Zeit, in der nicht schon der nächste Termin und die nächste Verpflichtung eingrenzen. Zeit für Müßiggang. Zeit, in die hinein sich ein Spiel entwickeln kann, in der Begegnung mit anderen Kindern zwanglos möglich ist, in der sie ihr Umfeld erkunden können. Sie genießen Bewegungsspielraum, in dem sie ihren natürlichen Tatendrang ausleben können; Bewegung baut Anspannung ab. Packen Sie die Tage der Kinder nicht voll mit Aktivitäten (und seien sie noch so attraktiv), machen Sie nicht zu viel Programm, sondern sorgen Sie für echte Freizeit und möglichst viel Freiraum, schaffen Sie Ruheinseln.

Achten Sie auf Signale und Mitteilungen des Kindes, wenn es nach Verlangsamung und Reizreduzierung verlangt. Nach reizintensiven Aktivitäten (Schule!) braucht das hochsensible Kind dringend Zeit zum Abschalten und Verarbeiten. Viele hochsensible Kinder lesen gerne, ziehen sich mit einem Buch in eine ruhige Ecke zurück. (Heutzutage mag es ein Tablet-Computer oder ein Smartphone sein, was nicht per se schlecht sein muss.) Viele haben auch ein Plätzchen in der Natur, wenn es das in ihrer Wohnumgebung gibt. Jedenfalls verbringen hochsensible Kinder zwischendurch gerne Zeit allein. Das ist nicht besorgniserregend und heißt nicht, dass sie nicht auch gerne mit ihren Eltern, Geschwistern oder Freunden zusammen sind.

Schon bei Kindern kann man feststellen: Es werden viel mehr Reize toleriert – und sogar gut gefunden –, wenn die Aktivität aus eigener Initiative kommt und von eigener Begeisterung getragen ist und (ganz wichtig!) wenn man selbst den Zustrom von Eindrücken steuern kann. Überlassen Sie dem Kind möglichst viel Kontrolle über die Reizzufuhr. Dazu gehört auch, über die Dauer und Intensität des zwischenmenschlichen Kontakts entscheiden zu dürfen. Schon ein kleines Kind versucht ganz intuitiv, sein optimales Erregungsniveau zu erhalten. Im Spiel mit anderen Kindern zieht es sich zurück, wenn es ihm zu viel wird. Im Kontakt mit den Eltern wendet es vielleicht den Blick und den Kopf ab und vergrößert die Distanz.

Mit Babys und Kleinkindern machen Erwachsene oft neckende Spielchen wie zum Beispiel Hochwerfen, Kitzeln und Knuffen und werten ein Quietschen und Kreischen des Kindes als ein Zeichen von Spaß. Achtung: Bei Spielen, über die das hochsensible Kind keine Kontrolle hat (und die den Erwachsenen vielleicht mehr Spaß machen als dem Kind), ist relativ schnell die Wohlfühlgrenze überschritten. Dasselbe gilt auch für herzende Liebkosungen. Eltern tun gut daran, das Kind ganz genau zu beobachten, darauf zu achten, wann das Lachen erstirbt, Anzeichen von Missfallen ernst zu nehmen und sogleich mit der Stimulierung aufzuhören. Das ist Respekt vor dem Kind!

Eltern bieten dem Kind Schutz und Rückhalt, wenn sie außerdem aufpassen, dass Verwandte und Freunde (oder auch Fremde, die das Kind so niedlich finden) die Grenzen des Kindes respektieren und dem Kind so ein Gefühl des Ausgeliefertseins ersparen. Sie sollten freundlich, aber bestimmt die Grenzüberschreitung abwehren und gegebenenfalls in Kauf nehmen, dass sich jemand brüskiert fühlt. Das Interesse des Kindes darf nicht hinter die Interessen der anderen gestellt werden!

Die Erfahrung zu machen, dass die Bezugspersonen mit einer Sache aufhören, wenn man sie mit Worten oder Gesten darum bittet, und dass man auf ihren Beistand zählen kann, gehört zu den positiven frühkindlichen Erfahrungen, durch die sich Vertrauen in Beziehungen aufbaut. Außerdem ist das eine gute Voraussetzung dafür, dass das Kind sich später in sozialen Situationen selbstverständlich das Recht nimmt, sich abzugrenzen und anderen nötigenfalls energisch Einhalt zu gebieten.

Noch etwas: Die Bedürfnisse des hochsensiblen Kindes sind unter Umständen auch gegen nervende Geschwister zu verteidigen. Wenn Geschwister ein Zimmer teilen, kann es für das hochsensible Kind schwierig sein, seinen geschützten persönlichen Bereich zu wahren. Bei einer quirligen und lauten Geschwisterschar und unzureichenden Rückzugsmöglichkeiten kann sich die Dünnhäutigkeit noch steigern. Außerdem sind es oft gerade die hochsensiblen Kinder, die als Zielscheibe für Belästigungen und Provokationen herhalten müssen und denen man so „schön" Angst einjagen kann, weil sie so stark reagieren. Hier sind Wachsamkeit und diplomatisches Geschick der Eltern vonnöten. (Nehmen sie das hochsensible Kind dauernd in Schutz, kann der Eindruck entstehen, dass es Mamas oder Papas Liebling sei, was kontraproduktiv wäre.) Praktische Lösungen sind hier ebenso gefragt wie eine Familienkultur gegenseitigen Verständnisses und Respekts.

3.11 Liebevoll Hürden überwinden helfen

Zu den ausgesprochen positiven Erfahrungen, die ein Kind – ob hochsensibel oder nicht – machen kann, gehört es, Unterstützung durch die Eltern zu erfahren, wenn es sich auf Neues einlässt. Jedes Kind hat von sich aus den natürlichen Drang, die Welt zu erkunden, seinen Aktionsradius zu erweitern, selbstständiger zu werden, mehr Verantwortung zu übernehmen, zu lernen und zu wachsen. Dem gegenüber stehen Unsicherheiten und Ängste, die es zurückhalten.

Aufmerksame Eltern können die Initiative des Kindes begrüßen, ihm einfühlsam Hilfestellung beim Überwinden von Ängsten geben. Erfährt ein Kind im Elternhaus Akzeptanz und Geborgenheit, ist es aufnahmefähig für Neues und eher bereit, sich nach draußen zu wagen. Hochsensible Kinder brauchen tendenziell etwas mehr Unterstützung als andere. Für sie ist es sehr wichtig, bei nervlicher Übererregung von ihren Eltern eine Beruhigung zu erfahren. Eine ungewohnte Umgebung, fremde Menschen, Menschenansammlungen, Festivitäten, Jahrmärkte, Einkaufszentren usw. – es gibt zahlreiche Quellen für eine Reizüberflutung und Überforderung.

Negative Erfahrungen mit Wagnissen, die schiefgelaufen sind, mit Menschen, die das Kind im Stich gelassen haben oder von denen gar Gefahr ausgegangen ist, machen logischerweise vorsichtig, misstrauisch und ängstlich. Man kann niemandem Ängste ausreden, man kann ihn nur mit Geduld und mit viel Feingefühl ermuntern und ermutigen, sich auf neue Erfahrungen einzulassen. Es sind die selbst gemachten anderen – positiven! – Erfahrungen, die wirklich Ängste abbauen und zuversichtlich stimmen. Die Bereitschaft, Neues auszuprobieren, steigt, je mehr positive Erfahrungen das Kind schon hat machen können. Also ist das Ziel, erste positive Erfahrungen zu ermöglichen.

Die nicht immer leichte Aufgabe für die Eltern eines hochsensiblen Kindes liegt darin, dass sie in jeder Situation aufs Neue entscheiden müssen, ob sie ihr Kind beschützen – das heißt von einer Situation, vor der es zurückschreckt, fernhalten – oder ob sie es nach Kräften bestärken, sich der Herausforderung trotz Befürchtungen zu stellen.

Was ist das Beste für das Kind, Vermeidung oder Konfrontation? Es kommt darauf an. Wird das Kind zu sehr beschützt, enthält man ihm die Chance vor, sich als fähig und stark zu erfahren, Zutrauen in die eigenen Fähigkeiten zu gewinnen und Gefallen an der Unternehmung zu finden. Im Extremfall würde das eine Entwicklung zu einem zurückgezogenen, sozial gehemmten Menschen fördern, der ein Leben auf Sparflamme lebt.

Drängt man andererseits das Kind zu sehr, sich nach vorne zu wagen und in überfordernde Situationen zu begeben, kann das verstören und Ängste verstärken und es kann unnötige Misserfolgserlebnisse heraufbeschwören. Überdies schafft es Beziehungsprobleme zwischen Eltern und Kind. Was Sie als Eltern deshalb unbedingt vermeiden sollten: das Kind unter Druck setzen, es einfach ins kalte Wasser werfen, es zu Entwicklungs- und Ablösungsschritten zwingen, für die die Zeit noch nicht gekommen ist, es ständig zu Aktivitäten antreiben, die ihm nicht entsprechen. Damit würden Sie Ihrem Kind den nötigen Rückhalt verwehren, seine Grenzen missachten und sein Recht auf Selbstbestimmung verletzen.

Es geht also darum, den Spagat zu schaffen, einerseits Verständnis für Zurückhaltung und Ängstlichkeit des Kindes zu zeigen und es andererseits darin zu bestärken, Mut zu fassen und Hürden zu überwinden.

Was hilft?

„Wenn Kinder klein sind, gib ihnen Wurzeln, wenn sie groß sind, verleih ihnen Flügel."
Johann Wolfgang von Goethe (1749–1832)

Bringen Sie dem Kind Respekt entgegen, nehmen Sie seine Scheu ernst, ohne sie zu dramatisieren und – ganz wichtig! – ohne sich über das Kind lustig zu machen und es vor anderen zu beschämen. Hören Sie ihm gut zu, was genau ihm Angst macht bzw. zu viel ist und was es selbst für Ideen hat, was ihm helfen könnte. Machen Sie selbst Vorschläge (den Teddy oder die Puppe mitnehmen?), aber drängen Sie keine Lösung auf. Fragen Sie in Fällen, in denen es keine Option gibt (Arztbesuch, Krankenhausaufenthalt etc.) nicht, ob es okay ist, sondern stellen Sie die Notwendigkeit dar und stehen Sie Ihrem Kind bei.

Eltern, die behutsam mit ihrem Kind umgehen, sprechen schon vorab mit dem Kind über die beunruhigende Situation, beantworten Fragen, geben kindgerechte Erklärungen, ohne Unter- oder Übertreibung und ohne eine heile Welt darzustellen und die Dinge zu schönen. (Hochsensible durchschauen das leicht und Lügen haben ohnehin kurze Beine.) Also bitte nicht: „Im Kindergarten sind lauter nette Kinder. Alle freuen sich auf dich." Oder: „Du wirst viel Spaß in der Kinderfreizeit haben." Oder: „Es wird dir auf dem Fest ganz sicher gefallen." Oder: „Die Spritze wird gar nicht wehtun." Sondern in etwa so: „Im Kindergarten gibt es wie anderswo auch ganz verschiedenartige Kinder. Du wirst herausfinden, mit welchen Kindern du gerne spielen magst."; „Probier es aus, ob solch eine Kinderfreizeit etwas für dich ist. Es wird dort viel geboten für die Kinder. Wenn du dich absolut unwohl dort fühlst, holen wir dich nach zwei Tagen wieder ab."; „Du wirst es auf dem Fest vielleicht etwas trubelig finden, es ist nur so, dass wir dich so gerne mit dabeihaben möchten."; „Die Spritze wird pieken. Dafür wirst du dann schneller gesund."

Hilfreiche Eltern lassen ihr Kind in einer schwierigen neuen Situation zunächst nicht allein. Wenn sie weggehen, versprechen sie vielleicht, nach einer bestimmten Zeit wiederzukommen, und halten diese Zusage zuverlässig ein. Wenn es machbar ist, sagen sie dem Kind, dass es eine Unternehmung abbrechen kann, wenn es sich überfordert fühlt. Sie ermöglichen dem Kind den Ausstieg. Für diesen Fall bleiben sie in Reichweite oder sind erreichbar, um bei Bedarf zum Kind zu kommen bzw. es abzuholen. Schließlich freuen sie sich mit dem Kind über Erfolgserlebnisse, machen aber nicht ihre Anerkennung (und schon gar nicht ihre Zuneigung!) vom Erfolg des Kindes abhängig. Sie bauen keinen Erwartungsdruck für weitere Fortschritte auf. (Ich weiß, ich entwerfe hier ein Idealbild. Ich sehe es so: Ideale werden nicht erreicht, aber man kann sie vor Augen haben und sich an ihnen wie an einem Leitstern orientieren.)

Mit verständnisvoller und einfühlsamer Begleitung verliert Unbekanntes seinen Schrecken, das Kind kann aus eigener Anschauung lernen, Risiken einzuschätzen und Zurückhaltung und Tatendrang in ein Gleichgewicht zu bringen. Behält das Kind einigermaßen die Kontrolle über den Reizpegel und das Maß an Herausforderung, wird es seinen individuellen Spielraum maximal nutzen. Die Strategie der Eltern, ihr Kind Schritt für Schritt Selbstvertrauen aufbauen zu lassen, kann das heranwachsende Kind für sich selbst übernehmen; das bewahrt vor unnötig viel Rückzug und macht Mut, auf die ihm gemäße Weise in die Welt zu gehen.

Liebevolle, unterstützende Eltern geben ihrem Kind den Rückhalt einer sicheren Bindung, befriedigen das Grundbedürfnis nach Geborgenheit und ermöglichen ihm gleichzeitig Wachstum und altersgemäß größtmögliche Autonomie.

3.12 Herausforderung Schule

In der Welt außerhalb der Familie – und das ist für heranwachsende Kinder in der Hauptsache die Schule – wird die hohe Sensibilität in mancher Hinsicht zu einer Erschwernis. In der Schule kommen hochsensible Kinder durch den Radau und den Trubel in den großen Klassen schnell an den Anschlag, was die nervliche Anspannung angeht. Die mitunter rüden Umgangsformen machen ihnen zu schaffen. Rangeln und Raufen im Schulhof sind ebenso wenig ihr Ding wie sich vehement durchzusetzen oder à la „Hoppla, jetzt komm ich!" auf sich aufmerksam zu machen. Gerade die introvertierten hochsensiblen Kinder haben häufig einen schweren Stand in der Klasse. Mit Belehrungen, Zurechtweisungen, Vorhaltungen oder gar Strafen vonseiten der Lehrer haben sie ihre Probleme.

Während es in der häuslichen Umgebung als normal oder gar wünschenswert betrachtet wird, wenn das Kind sich gerne allein beschäftigt, wird das in der Schule ganz anders gesehen. Zieht sich das Kind dort zurück, führt das nicht selten zu Ablehnung durch die Mitschüler und Besorgnis bei den Lehrern. Die sichtlich hohe Empfindlichkeit und die Zurückhaltung bedeuten leicht, zum Außenseiter zu werden, was wiederum emotional belastet.

Die meisten hochsensiblen Kinder lernen gern und erbringen gute Schulleistungen. Es hilft ihnen beim Lernen, dass es ihnen leichtfällt, Querverbindungen herzustellen, komplexe Sachverhalte zu erfassen, Logik und Regelhaftigkeit zu erkennen. Wiederholungen und Auswendiglernen finden weniger ihr Gefallen. Erklärungen verstehen sie rasch, begreifen oft sogar schon ohne große Erklärung, worum es bei einer Aufgabe geht. Die Fähigkeit zum aufmerksamen Beobachten sowie zum schnellen Erfassen und Verarbeiten von Informationen macht sich bemerkbar.

Häufig verblüffen hochsensible Kinder zu Hause und in der Schule mit für ihr Alter ungewöhnlich geistreichen Feststellungen und intelligenten Überlegungen. Ihre Wahrnehmungs- und Kombinationsbegabung sind es, die Eltern und Lehrer in vielen Fällen eine Hochbegabung vermuten lassen. In gewisser Weise handelt es sich um eine hohe Begabung, die auch in der Schule von Vorteil ist, meist jedoch nicht um eine Hochbegabung im klassischen Sinne, die bei einem gängigen IQ-Test zu einem außerordentlich hohen Ergebnis (IQ-Wert 130 und mehr) führen würde. Der Anteil der Hochbegabten an der Bevölkerung ist auf 2,27 Prozent festgelegt. Das kann schon rein rechnerisch nicht deckungsgleich sein mit den 15 bis 20 Prozent Hochsensiblen.

Auf der anderen Seite werden die Fähigkeiten und Potenziale hochsensibler Kinder häufig übersehen und unterschätzt. Das liegt zum einen daran, dass sie sich mit ihren Fähigkeiten selten brüsten, zum anderen daran, dass die mit der Hochsensibilität einhergehenden Stärken im Zustand der Überreizung, der in der Schulumgebung häufig eintritt, weit weniger zum Tragen kommen. Will sagen: Die Abhängigkeit von geeigneten Umgebungsbedingungen macht es diesen Kindern oft schwer, ihre Talente und Fähigkeiten so richtig zur Entfaltung zu bringen.

Leistungsdruck belastet alle Kinder, hochsensible noch mehr. Sie haben einen besonders hohen Anspruch an sich selbst und wollen alles möglichst fehlerfrei und perfekt machen. Damit setzen sie sich schon selbst unter Druck. Kommt dann noch Erwartungsdruck von außen hinzu und lautet die Forderung außerdem, etwas schnell oder viele Dinge auf einmal zu erledigen, geraten sie in Not. Sie werden nervös, machen vermehrt Fehler oder bringen nichts zustande. Aus der Lernforschung weiß man, dass Lernen am besten in einem entspannten Zustand funktioniert. Da haben Hochsensible in vielen der üblichen Lernsituationen schlechte Karten.

Wie viel Selbstvertrauen hochsensible Kinder haben, ist abhängig von den Erfahrungen, die sie gemacht haben. In den seltensten Fällen neigen sie dazu, sich zu überschätzen oder sich auf dem Erreichten auszuruhen. Eher unterschätzen sie ihre Leistung und fordern zu viel von sich. Das Bemühen der Eltern sollte daher darauf gerichtet sein, das Kind für mehr Nachsicht mit sich selbst und mehr Fehlertoleranz zu gewinnen, statt es noch zusätzlich zu hoher Leistung anzuspornen. Die Aufgabe der Eltern sehe ich darin, einen entlastenden Gegenpol zum Leistungsdruck in der Schule zu bilden. Es empfiehlt sich, den Kindern immer wieder ihre Stärken und Fähigkeiten vor Augen zu führen, sich mit ihnen natürlich über gute Noten zu freuen, vor allem aber schlechte Noten zu entdramatisieren. Das alles mit dem Ziel, das Selbstvertrauen der Kinder zu stärken.

HOCHSENSIBLE BERICHTEN

Annegret (28): Die Schule brachte ich von den Noten her mit Erfolg hinter mich, obwohl ich Auswendiglernen nicht mochte und Lernen in der Schule generell eher langweilig fand; viel lieber dachte ich über tiefsinnige Fragen des Lebens nach. Trotzdem fiel mir glücklicherweise das Lernen in den meisten Fächern leicht – ich wurde schon ungeduldig, wenn der Lehrer eine Anweisung mehrmals wiederholte, weil sie dann die Tendenz bekam, sich in meinem Geist festzusetzen und mich wie ein ständiges Echo zu nerven. Nur Mathematik lehnte ich ab, aus Angst vor den Lehrern und dem Fach, das nichts mit mir zu tun hatte. Auch zwischenmenschlich gab es in dieser Zeit viele Probleme; jeder, der irgendwie auch nur ein bisschen anders war, nicht rauchte, keinen Alkohol trank, nichts von gewalttätiger Sprache oder ebensolchem Verhalten hielt, gehörte von vornherein nicht zum Klassenverbund dazu.

Lisa (19): Meine Schulzeit erlebte ich als eine Zeit großer Belastungen, durchsetzt von einigen schönen Perlen. In der Grundschule kam ich mit der Sensibilität zurecht, brauchte aber viel Erholung. Ich war eine langsame Schülerin, weil ich die Aufgaben von allen Seiten betrachten und gewissenhaft bearbeiten wollte. Es gab ein Zeitlimit für die Hausaufgabenbearbeitung, nach dessen Überschreitung die Aufgaben niedergelegt werden durften, was mir sehr entgegenkam. Noten und Wettbewerbe waren mir von Anbeginn an zuwider. Eine Lehrerin empfahl mir, trotz meiner guten Noten, nach der Grundschule auf die Realschule zu wechseln, weil es dort mehr Zeit gebe, aber ich kam auf ein Gymnasium. Die Schule umfasste mehr als 2000 Schüler und durch Lärm, Gedränge, Mobbing, Zeit- und Notendruck war ich in einem Dauerzustand der Überreiztheit. Es gelang mir nicht, mich anzupassen, mich für Modetrends und andere Jugendthemen zu interessieren, und den täglichen Demütigungen wusste ich nichts entgegenzusetzen. Auch schaffte ich es nicht, ein gutes Arbeits-/Freizeitgleichgewicht herzustellen, Aufgaben auch einmal unbearbeitet zu lassen, sodass mein Körper bald protestierte. Bauchkrämpfe, Übelkeit und Verspannungen wurden zu meinen täglichen Begleitern. Nach vier Jahren des Durchhaltens wechselte ich auf ein anderes Gymnasium mit dem Schwur, keine Energie mehr durch Anpassungsversuche zu verlieren. Dort fand ich als Hausaufgabenabschreibquelle und Nachhilfelehrerin mit einem Sonderstatus in die Klassengemeinschaft hinein. Mit den fortschreitenden Schuljahren häuften sich Aufgaben, die Sprachgefühl und das Denken in komplexen Zusammenhängen erforderten, was mir eine große Freude bereitete, weil ich mich dabei entfalten konnte.

Obwohl ich mich nun wohler fühlte, ließ meine Gesundheit weiter nach, bis ich bald nicht mehr in die Schule gehen konnte. Ein zermürbender Behördenstreit begann, weil ich meiner Schulpflicht nicht mehr nachkam. Die Befreiung kam mit der Volljährigkeit und der Erkenntnis der Hochsensibilität, die meiner Andersartigkeit einen Namen gab. Seitdem baue ich meine Gesundheit auf und lerne für mich selbst, um weitere Schulabschlüsse in Form einer externen Prüfung erlangen zu können. Ich genieße es sehr, mir meine Umgebung selbst gestalten zu können, und möchte auf keine Schule mehr zurück.

Von mir – Lernen war eine Freude für mich

Als ich mit sechs in die Schule kam, war die für mich das Tor zur Welt, da ich nicht im Kindergarten war. Ich hab immer ziemlich leicht gelernt, wenig Zeit für Hausaufgaben aufgewendet, ging die meiste Zeit gerne zur Schule, auch wenn mich längst nicht alle Fächer gleich interessierten. Mathe und Chemie lagen mir gar nicht, die Noten waren entsprechend schlecht. Dafür war ich in Deutsch und in Englisch gut. Insgesamt fand ich die Anregungen für den Geist toll, die damals noch nicht so allseits verfügbar waren. Nun war, denke ich, Schule in den 60er- und 70er-Jahren längst nicht so anstrengend und fordernd wie heute.

Meine Eltern hatten immer ein offenes Ohr, wenn ich etwas von der Schule erzählen wollte, ansonsten war das ein Bereich, aus dem sie sich sehr rausgehalten haben. Das fand ich gut. Heute weiß ich: So konnte ich Eigenständigkeit, Eigenverantwortung und Selbstvertrauen entwickeln.

In die Klassengemeinschaft war ich nicht so richtig eingeschlossen, fühlte mich unerklärlich ‚anders', kam aber mit allen so weit zurecht; ich passte mich wohl an und unterstützte andere. Ich erinnere mich, dass ich Lucky (ich weiß nur noch seinen Spitznamen) immer von mir abschreiben ließ. Ich weiß noch, dass mich Geräusche wie Kugelschreiberschnipsen während des Unterrichts wahnsinnig machten und dass es mir leicht vom geöffneten Fenster im Klassenraum zog. In der Bierzeitung zum Abi reimten daher meine Klassenkameraden „Ulrike war es immer kühl, drum hat sie unser Mitgefühl." (In Wahrheit war es mit dem Mitgefühl nicht weit her!)

3.13 Hochsensibilität hat dem Kind viel zu bieten

Das hochsensible Kind, das in seinem Wesen gesehen und angenommen und vorbehaltlos geliebt wird, vermag aus seinem reichen Fundus an Talenten und Fähigkeiten zu schöpfen. Es kann die Gabe, mit Leichtigkeit viel von dem zu erfassen, was ihm in seinem Leben begegnet, dazu nutzen, die Welt, die Natur, die Menschen und tausenderlei Dinge zu entdecken und näher zu erkunden. Dank seiner feinen Wahrnehmung kann es sich an Belebtem und Unbelebtem zutiefst erfreuen. Es kann seine kreative Begabung im gestalterischen Schaffen ausleben. Seine Fantasie, seine Intuition sowie die Fähigkeit, gründlich nachzudenken und Wissen zu verknüpfen, können es auf erstaunliche Ideen bringen. Seine Neigung, sich intensiv mit einer Sache zu befassen und Aufgaben mit großer Sorgfalt auszuführen, ermöglicht beachtliche Ergebnisse und Erfolge. Seine Begeisterungsfähigkeit und Wissbegierde können ein großer Antrieb sein, immer weiter zu lernen und zu wachsen.

4. Hochsensibel im Freundeskreis

> *„Sein ist, wahrgenommen werden."*
> George Berkeley (1685–1753)

Der Mensch ist ein soziales Wesen. In der Erfüllung seiner sozialen Bedürfnisse ist er auf andere Menschen angewiesen. Er verkümmert ohne jeglichen Kontakt mit anderen Lebewesen. Um sich gut zu fühlen und psychisch wie physisch gesund zu sein, braucht er Anerkennung, Aufmerksamkeit, Austausch, Begegnung, Geborgenheit, Gemeinschaft, Kontakt, Liebe, Mitgefühl, Nähe, Verbundenheit, Verständigung, Verständnis, Wärme, Wertschätzung, Zugehörigkeit, Zuneigung.

Richard David Precht zeichnet in seinem Buch *Die Kunst, kein Egoist zu sein* ein Menschenbild, nach dem der Wunsch, als Person gesehen und anerkannt zu werden, in der Hierarchie der Handlungsmotive ganz oben steht. Jegliches Handeln ziele letztlich auf zwischenmenschliche Beziehungen ab und das menschliche Gehirn sei durch und durch sozial programmiert, dafür liefere die neuere Hirnforschung zahlreiche Beweise. Das Belohnungszentrum im Gehirn giere nach sozialer Anerkennung und Zuwendung. Man weiß also sicher: Soziale Lebewesen wie der Mensch leiden stark darunter, wenn sie isoliert werden. Daraus folgt: Auch die größte Empfindlichkeit darf nicht dazu führen, dass man sich in die Isolation zurückzieht. Über ein tiefes Verständnis der eigenen Hochsensibilität erschließen sich Wege, wie man auf freudvolle Weise am sozialen Leben teilhaben und das Leben anderer mit seinen besonderen Gaben bereichern kann.

Neben der Familie und (gegebenenfalls) dem Lebenspartner sind es gerade Freunde, die die sozialen Bedürfnisse stillen. Schon der Definition nach ist Freundschaft eine positive Beziehung, die auf Sympathie und Vertrauen beruht; Freunde mögen, schätzen und verstehen sich. Und noch ein großes Plus: Freunde kann man sich aussuchen.

4.1 Hochsensible finden Erfüllung in engen Beziehungen

Stabile, innige und verbindliche Freundschaften entsprechen viel eher den Bedürfnissen Hochsensibler als lose und eher oberflächliche Kontakte. Die meisten Hochsensiblen haben wenige gute Freunde, mit denen sie eine tiefe, intensive Beziehung pflegen. Ihnen ist es wichtig, sich bei ihren Freunden gut aufgehoben zu fühlen, ihnen voll vertrauen und sich ihnen anvertrauen zu können, mit ihnen über alles reden, Kümmernisse loswerden, Vorstellungen und Ideen (und seien sie noch so verstiegen oder verrückt) mitteilen und Herzensangelegenheiten besprechen zu können.

Enge Freundschaften bieten Hochsensiblen den optimalen Rahmen, sich unverstellt zu geben, ganz sie selbst zu sein. Gute Freunde stehen sich wohlwollend gegenüber, fordern sich aber auch gegenseitig in hohem Maße heraus, sich mit sich selbst auseinanderzusetzen, sich zu klären, sich zu erklären; das fördert persönliche Entwicklung und inneres Wachstum, woran Hochsensiblen viel liegt.

In einer Clique fühlen sich Hochsensible nur bedingt wohl. Zum einen sind ihnen die Unruhe und das Durcheinander leicht zu viel, zum anderen ist ihnen der Austausch in der Gruppe oft zu oberflächlich. Im Kontakt mit einem einzelnen Freund kommen sie mehr zum Zuge, fühlen sich wohler und geschützter, können ihrer hohen Sensibilität besser Rechnung tragen. Sie schätzen das ruhige und konzentrierte Eins-zu-eins-Gespräch, in dem sie sich ganz auf ihr Gegenüber einstellen können und die ungeteilte Aufmerksamkeit des Freundes genießen, ganz persönliche Dinge erzählen und erfragen können.

Gute Freunde sind es, die emotionalen Rückhalt geben, die für einen da sind, an einen glauben, Anteil nehmen, sich mit einem über Glück und Erfolgserlebnisse freuen. Sie sind es, die Mut zusprechen, wenn es gerade nicht so gut läuft, die helfen, Probleme zu meistern. Besonders bedeutsam ist all das für Singles, die keinen Partner haben, der einen Gutteil davon leistet.

HOCHSENSIBLE BERICHTEN

Daniela: Wie heißt es doch so schön: Freunde sind Familie, die man sich selbst ausgesucht hat. Und so empfinde ich das auch. Da ist ein festes Band, das auch nicht reißt, wenn man mal einige Tage / Wochen / Jahre keinen Kontakt hat. Meine Freundschaften sind im Kern stabil. Aber im Laufe der Jahre habe ich es auch immer wieder erleben dürfen, dass ganz neue Freunde dazugekommen sind, was ich als großes Geschenk empfinde.

Mario: Aus meiner Sicht gibt es sehr wenige echte Freunde. Ich sehne mich nach engen, festen und langjährigen Freundschaften, die wachsen. Ich finde es toll, viel voneinander zu wissen und sich auszutauschen, doch das ist – wie ich es empfinde – vielen einfach zu viel und zu kompliziert. Viele Menschen sind aus meiner Sicht einfach nur oberflächlich und das brauche ich nicht.

Stefanie*: Ich habe wenige gute Freunde, aber auch einen großen Bekanntenkreis. Ich unterscheide da, bei wem ich mich wie stark öffne. Manchmal tut mir auch die oberflächliche Bekanntschaft gut, weil ich da Small Talk halten kann, nicht in die Tiefe gehen muss, was ich als HSP ja sowieso sehr stark mache. Grundsätzlich schließe ich leicht Freundschaft, da ich sehr begeisterungsfähig und offen bin. Tiefe Freundschaften ergeben sich aber eher seltener, die reifen über lange Zeit.

Christian: Freunde haben für mich einen sehr hohen Stellenwert. Sie sind Reibungsfläche, die wir für unser Wachstum brauchen, und Kraftquelle zugleich. Ich hatte in meinem Leben immer einen sehr kleinen Freundeskreis. Die Freundschaften gehen sehr tief und sind sehr inspirierend. Es fällt mir leicht, Freundschaften zu schließen, aber tatsächlich treffe ich wenig Menschen, die so ähnlich ticken wie ich.

Maria*: Ich gehe mit dem Wort Freund sehr behutsam um. Ich habe eher wenige gute Freunde. Kontakt herzustellen fällt mir leicht, aber gute Freundschaften entwickeln sich über längere Zeit. Mit meinen echten Freunden sitze ich am ehesten zusammen und rede, tausche mich aus, höre zu und sie hören zu. Wir teilen die Erfahrungen unserer inneren und äußeren Prozesse und regen einander an.

4.2 Hochsensible sind begehrte Freunde

„Das wundervollste Geschenk, das du machen kannst, ist deine Präsenz."

Thich Nhat Hanh (*1926)

Zu den größten Bestsellern (und Longsellern) überhaupt im Sachbuchbereich gehört das Buch von Dale Carnegie aus dem Jahr 1937 (!) *Wie man Freunde gewinnt*. Schon Carnegie hob darauf ab, dass es das tiefste Bedürfnis der Menschen ist, wahrgenommen und wichtig genommen zu werden, Anerkennung und Wertschätzung zu finden, auf Interesse zu stoßen. Carnegie macht deutlich, dass man Menschen nur für sich gewinnen kann und Einfluss auf sie haben kann, wenn man sie aufrichtig mag und schätzt. Geheucheltes Interesse, aufgesetzte Freundlichkeit und gekünstelte Anerkennung führen nicht zum erhofften Erfolg.

Der Umkehrschluss: Durch aufrichtiges Interesse, echte Freundlichkeit und ehrliche Anerkennung gewinnt man Freunde! Und genau das liegt den Hochsensiblen. Sie haben ein natürliches Talent für die Kunst des Beziehungsaufbaus und der Beziehungspflege. Sie interessieren sich für Menschen, sie sind achtsam, aufmerksam, sie sind vielseitig interessiert und begeisterungsfähig, sie erinnern sich an Dinge, die schon erzählt wurden (gutes episodisches Gedächtnis), sie fragen beim nächsten Zusammentreffen nach, wie etwas verlaufen ist (ein Arztbesuch, ein Urlaub, ein Date, eine Bewerbung usw.).

Bei Hochsensiblen stehen Gewissenhaftigkeit und Zuverlässigkeit hoch im Kurs. Sie überlegen es sich gut, bevor sie etwas zusagen, geben keine leichtfertigen Versprechen ab. Wenn es um Verabredungen und gemeinsame Vorhaben geht, ist auf sie in aller Regel Verlass, sie kommen pünktlich und haben an alles (besser: an das meiste) gedacht. Außerdem sind sie sehr wahrheitsliebend, integer und loyal.

Was sie aber vor allem zu begehrten Freunden macht, ist ihre Fähigkeit und ihre Neigung, sich intensiv auf andere einzustellen und auf sie einzugehen, sich in die Gedankenwelt anderer hineinzudenken und in deren Gefühlswelt einzufühlen. Hochsensible werden als feinfühlige, verständnisvolle und vertrauenswürdige Gesprächspartner geschätzt.

Daher sind Hochsensible eine gern in Anspruch genommene Anlaufstelle für Menschen, die sich in einer problematischen Lebenslage befinden oder einen Schicksalsschlag erlitten haben und denen mit oberflächlichem Mutzuspruch und lapidarem Aufmuntern nicht gedient wäre. Hochsensible gelten nicht nur als gute Zuhörer, sondern auch als gute Ratgeber. Sie helfen den Freunden, ihre Situation zu durchdenken, Entscheidungen gegeneinander abzuwägen und neuen Mut zu schöpfen.

Hochsensible lieben tiefschürfende und hochfliegende Gespräche und Diskussionen, in denen man sich gegenseitig gedanklich inspiriert und weiterbringt. Sie bringen sich engagiert ein, wenn es um Erkenntnis, Besinnung, Sinnfindung und Sinnstiftung geht.

In seinem Buch *Worauf es ankommt, Werte als Wegweiser* bezeichnet Uwe Böschemeyer ein Gespräch, das nicht nur bloße Unterhaltung ist, sondern eines, „in dem die Partner Wichtiges miteinander zu besprechen haben, in dem sie gemeinsam vor- oder nachdenken, nach Klärungen und Lösungen suchen", als ein „wertorientiertes Gespräch" und führt aus, dass ein gutes Gespräch mehr sei, als abwechselnd zum Ausdruck zu bringen, was man denkt, empfindet und fühlt. „Ein weiterführendes Gespräch lebt im Besonderen von dem, was die Gesprächspartner bisher noch nicht gedacht, empfunden und gefühlt haben: von neuen Gedanken, Empfindungen und Gefühlen, von der Erweiterung des inneren Horizontes. Es lebt von der Ausrichtung auf neue Wert- und Sinnerfahrung." Als Voraussetzungen für ein wertorientiertes Gespräch führt Böschemeyer auf: Bereitschaft, Offenheit, Achtung, Wahrhaftigkeit, Vertrauen, Aufmerksamkeit, Bewusstheit über verschiedene persönliche Blickwinkel und Unterschiedlichkeiten im Typus, Zeit.

Bevor nun der Eindruck entsteht, Hochsensible seien Übermenschen, hier gleich eine wesentliche Einschränkung. All die wunderbaren Qualitäten, die mit der hohen Sensibilität zusammenhängen, kommen nur so richtig zum Tragen, wenn es den Hochsensiblen gut geht, wenn sie einigermaßen entspannt sind, sich wohlfühlen und mit sich (im Großen und Ganzen) im Reinen sind. Dann sind sie typischerweise achtsam, feinfühlig, einfühlsam, rücksichtsvoll, verständnisvoll, entgegenkommend, hilfsbereit … Wenn sie aber selbst in einer Krise stecken, problembeladen oder chronisch überfordert sind, ist es mit alldem nicht so weit her; und wenn sie situativ stark überreizt sind, trifft vieles aus der Aufzählung überhaupt nicht mehr auf sie zu.

Unter für sie ungünstigen Umständen geraten Hochsensible leicht aus der Fassung, sind aus dem Häuschen, außer sich – sprachliche Wendungen, die treffend ausdrücken, in welcher Verfassung sie sich dann befinden. In solch kritischen Situationen, die die Hochsensiblen selbst und ihr Umfeld erschrecken, ist es an den nicht-hochsensiblen Freunden, die ein stärkeres Nervenkostüm haben, so viel Verständnis wie möglich aufzubringen und die Lage so gut es geht zu entschärfen. Vor allem hilft es, wenn sie Ruhe bewahren, Reize reduzieren und Druck herausnehmen, damit der hochsensible Mensch wieder zur Ruhe und zu sich kommen kann.

4.3 Schwierigkeiten Hochsensibler mit Freundschaften

„Jenseits von Richtig und Falsch liegt ein Ort. Dort treffen wir uns."

Rumi (1207–1273)

Manchen Hochsensiblen fällt es schwer, Freundschaften nach ihren Vorstellungen zu finden und auf Dauer in für sie befriedigender Weise aufrechtzuerhalten, obwohl sie sich danach sehnen.

Verschiedene Punkte spielen dabei eine Rolle:
- Ein Hemmschuh: Introvertierte und unsichere Hochsensible haben Scheu davor, einen anfänglichen Kontakt herzustellen. Sie sind sehr zurückhaltend, Freundschaft zu schließen, brauchen lange, bis sie jemandem ihr Vertrauen schenken und sich öffnen, bis sie jemanden als Freund bezeichnen.
- Haben Hochsensible des Öfteren die schmerzliche Erfahrung gemacht, dass sie mit ihrer sensiblen Art nicht ernst genommen, belächelt, bespöttelt, verkannt, abgewertet und abgelehnt worden sind, hat sie das womöglich grundsätzlich misstrauisch werden lassen.
- Mitunter haben Hochsensible so idealisierte Vorstellungen, dass jede reale Freundschaft dahinter zurückbleibt. Sie machen sich das Leben schwer mit ihren überhöhten Ansprüchen und überaus strengen Maßstäben. Sie verlangen von sich selbst viel Engagement in Beziehungen; das macht Freundschaften für sie zuweilen ziemlich anstrengend.
- Von anderen erwarten sie, worum sie selbst so bemüht sind: Zuverlässigkeit, Ehrlichkeit, Integrität usw., und sind tief enttäuscht, wenn sie feststellen, dass andere Zusagen nicht einhalten, unpünktlich sind, es mit der Wahrheit nicht so genau nehmen. Es befremdet sie, wenn Abend- und Morgenrede nicht übereinstimmen, wenn Standpunkte mir nichts, dir nichts geändert, Ideale aufgegeben werden. Völlig gegen den Strich gehen ihnen Engstirnigkeit, Ignoranz, Gedankenlosigkeit, Unbelehrbarkeit, Rücksichtslosigkeit, Machtgehabe, Dominanz und Egoismus bzw. alle Verhaltensweisen, die ihnen den Eindruck davon vermitteln. (Achtung: subjektive Sichtweise und Interpretation!)
- Eine große Falle ist das absolute Denken in den Kategorien „Richtig" und „Falsch". Fehlt auf beiden Seiten die Fähigkeit, den eigenen Standpunkt und die eigene Sichtweise zu relativieren, wird aus einem harmlosen Gespräch mit einem Mal eine hitzige Debatte, andere Auffassungen werden bekämpft, Fronten entstehen und verhärten sich.
- Die Empfindlichkeit der Hochsensiblen bezieht sich auch auf Kritik, die an ihnen geübt wird. Vielfach hören sie persönliche Kritik heraus, wo keine beabsichtigt war. Kritik ist ein Thema für sich. Der Anspruch, allzeit souverän mit Kritik um-

zugehen, geistert durch die Köpfe – und ist schwer erfüllbar. Ich meine: Niemand steckt Kritik einfach so weg, denn sie kratzt nun einmal am Selbstwertgefühl. Für jeden Normalsterblichen ist Kritik, wie diplomatisch verpackt auch immer, mehr oder weniger verletzend – für Hochsensible mehr, aufgrund ihres allgemein intensiveren Empfindens. Umgekehrt habe ich allerdings nicht selten von Hochsensiblen scharfe Kritik an ihren Mitmenschen gehört und gelesen.
- Alltägliche Probleme entstehen aus den Wesensunterschieden, wenn Hochsensible mit Nicht-Hochsensiblen befreundet sind – vor allem wenn Unkenntnis über die Hochsensibilität herrscht. Wo die einen schon stark überreizt sind, kommen die anderen noch gut klar. Was für die einen eine Zumutung darstellt, mag für die anderen ein Vergnügen sein (z. B. Vergnügungspark!).
- Sind Hochsensible mit Hochsensiblen befreundet, ist wahrscheinlich mehr gegenseitiges Verständnis gegeben, aber unterschiedliche Vorlieben, Abneigungen und Hauptstressoren können dazu führen, dass es auch da nur einen kleinen gemeinsamen Nenner gibt. Und auch die Toleranz gegenüber den Empfindlichkeiten anderer ist nicht automatisch gegeben. Hochsensible finden andere Hochsensible oftmals auch ganz schön schwierig!

HOCHSENSIBLE BERICHTEN

Nadine*: Ich tue mich schwer mit Freundschaften. Ich glaube, ich bin eine extrovertierte HSP: Ich bin gern mit anderen zusammen und lerne gern neue Menschen kennen (wenn es nicht zu viele auf einem Haufen sind), aber ich habe große Probleme mit Oberflächlichkeit. Ich habe nur eine ganz, ganz enge Freundin, der ich absolut vertraue. Natürlich noch einige ‚normale' Freundschaften, aber die gehen nicht in die Tiefe. Ich treffe mich selten mit Freunden. Ich brauche meine Nachmittage und Abende für meine Familie und für mich, weil ich dann zur Ruhe kommen kann.

Gabi*: Freundschaften sind kein leichtes Pflaster für mich. Ich versuche, den Menschen zu sehen, der mir da gegenübersteht, mich nicht in Vorurteilen oder Erwartungshaltungen zu verheddern. Was mir zwar oft, aber nicht immer gelingt. Das wird natürlich gerne genommen, aber nicht immer in dem Maße erwidert, wie ich es mir wünsche oder brauche. Das ist dann der Nährboden für Konflikte. Dann fühle ich mich nicht gesehen, nicht gehört und missverstanden, was zwangsläufig zum Rückzug meinerseits führt. Selbst Aussprachen führen oft nicht zum gewünschten Erfolg, also zu keiner erneuten Annäherung. Häufig habe ich das Gefühl, dass mir mein Gegenüber mit Erwartungen und Wünschen regelrecht auf den Zehen steht, was ich als überaus unangenehm empfinde.

Es fällt mir nicht leicht, Freundschaften zu schließen. Ich habe zwar einen großen Bekanntenkreis, lasse aber wenige Menschen wirklich an mich ran. Das wird mit zunehmendem Alter auch nicht besser. Ich merke immer wieder, dass ich erst sehr spät, also erst nach gebührendem Abtasten des anderen, von Freundschaft spreche. Ich bin dann immer etwas irritiert, wenn mich andere bereits als Freundin bezeichnen und ich mich noch im Status der Bekanntschaft befinde.

Ich habe den Eindruck, dass ich viel erwarte. Und zwar insofern, als ich davon ausgehe, dass der andere auch so ist wie ich, emotional ähnlich tief geht, hinterfragt, sich austauscht. Mitunter ein fataler Irrtum. So ist manche sehr enge und tiefe Freundschaft nach Jahren überaus schmerzhaft in die Brüche gegangen. Aktuell habe ich keine echte ‚beste' Freundin, was mich mitunter sehr traurig macht. Aber die letzte Trennung war so schmerzhaft, dass ich mich seitdem nicht mehr auf eine neue Frau derart eingelassen habe, dass ich sie als meine beste Freundin bezeichnen würde.

Uwe*: Freundschaften sind wichtig, aber auch problematisch, da ich leicht unter Erwartungsdruck komme. Hochsensibilität fühlt sich wie eine Schwäche an. Ich bin / war leicht verletzlich, zu empfindlich. Wenn Freunde über andere Menschen lästern, und sei es ‚nur' über Personen des öffentlichen Lebens, ist mir das unangenehm, macht mich das traurig. Ich habe immer sehr wenige Freunde. Zum Teil gibt es lange Phasen ohne. In Kontakt zu kommen ist die erste Hürde. Dann Befürchtungen wie zum Beispiel davor, vereinnahmt zu werden. Ungern Nein sagen, um den anderen nicht zu verletzen, um Konflikte zu vermeiden. Anders sein, ‚Außenseiter' sein, ich habe nie geraucht, selten Alkohol getrunken. Ich bin mir immer mehr selbst ein Freund.

Andrea*: Bei mir war es so, dass ich mit vielen nicht zurechtkam. In Gruppen kam ich nie hinein. Es gab meist nur einen richtigen Freund, daneben zwei bis drei andere. Ich suchte mir Menschen, die stärker erschienen als ich. Ich machte mich abhängig von ihnen und musste oft sehen, dass sie gar nicht stärker waren und mir auch nicht helfen konnten. Oft wurden Vertrauen und Gutmütigkeit ausgenutzt. Neue Freundschaften knüpfe ich nur, wenn mein Gefühl Ja sagt. Das passiert nicht oft. Viel öfter macht mir mein Misstrauen gegenüber Menschen zu schaffen.

Anja*: Solange ich denken kann, bin ich eher ein Einzelgänger gewesen. Hatte immer mal wieder ein paar ‚Freundschaften', die wohl eher Bekanntschaften waren. Meistens komme ich ganz gut damit klar, doch ab und an sehne ich mich sehr nach einer wahren Freundschaft. Dies scheitert aber meist daran, dass man mich falsch versteht, mich zu etwas drängt, was ich nicht möchte, oder mich ausnützt und die Beziehung somit zu einseitig wird. Hinzu kommt, dass ich ein enormes Nähe-Distanz-Problem habe. Alles nicht so einfach.

4.4 Es geht um Konfliktfähigkeit, nicht um Konfliktlosigkeit

Der Umgang mit Freunden ist dann befriedigend, wenn er respektvoll, herzlich, vertrauensvoll und auf Gegenseitigkeit ausgerichtet ist. Hochsensiblen ist es äußerst wichtig, gut mit anderen auszukommen. Sie haben ein ausgeprägtes Harmoniebedürfnis und leiden sehr darunter, wenn es zu Unstimmigkeiten und Streitigkeiten kommt. Bereits das Auftauchen eines Konflikts beunruhigt sie sehr. Das hängt ganz eng damit zusammen, dass sie erheblich von den Stimmungen ihrer Mitmenschen beeinflusst werden. Gerade Negativstimmungen übertragen sich blitzschnell.

Daher erscheint es nur folgerichtig, dass sie viel zu tun bereit sind, um es anderen recht zu machen, sie bei guter Laune zu halten und Streit zu vermeiden. Sehr viele Hochsensible stellen lieber eigene Interessen hintan, vermeiden offensives Auftreten. Hinter dem vordergründigen Motiv, den anderen „schonen" zu wollen, steht das Motiv, die traurige oder ärgerliche Reaktion des anderen nicht aushalten zu müssen, nicht in Konfrontation zu geraten.

> **HOCHSENSIBLE BERICHTEN**
>
> **Eva*:** Streiten ist das Schlimmste für mich. Gerade mit Freunden, die mir sehr viel bedeuten.
>
> **Kathrin*:** Ich bin so harmoniebedürftig, dass ich keine Konflikte aushalte, ihnen ausweiche und, auch wenn ich wütend bin, lieber wegschaue und weglaufe. Ich kann nicht sagen, was ich wirklich will, weil ich denke, es könnte mit anderer Menschen Meinung und Interessen in Konflikt stehen, und das scheue ich.

Dabei drohen schmerzliche Auseinandersetzungen insbesondere dann, wenn die eigenen Wünsche zu lange nicht zur Sprache gebracht und Meinungen nicht diskutiert werden, kein Ausgleich und keine Übereinkunft in der Aussprache angestrebt werden. Vor lauter Harmoniestreben und Konfliktscheu bewirken Hochsensible paradoxerweise mit ihrem Verhalten häufig gerade das, was sie gar nicht haben wollen: Spannungen und Missklang. Der die Freundschaft gefährdende Teufelskreis ist komplett, wenn sie mit bangem Blick auf den anderen immer weiter die Lösung Sanftmut und Nachgiebigkeit suchen, sozusagen „gute Miene zum bösen Spiel" machen. Die Hürde zu einer klärenden Aussprache wird immer höher. Mitunter weiß die hochsensible Person sich am Ende nur noch dadurch zu helfen, dass sie sich aus der Freundschaft zurückzieht. Übrig bleiben Enttäuschung, Kränkung und Verletzung und ein Misstrauen gegenüber künftigen Freundschaften.

Den groben Denkfehler sehe ich darin, dass Konfliktlosigkeit zum Ideal erhoben wird. Dabei ist Konfliktlosigkeit eine Illusion. Versteht man Konflikte als das Aufeinanderprallen von widerstreitenden Meinungen, Interessen, Wünschen und Bestrebungen (Konflikt, lateinisch „conflictus": Zusammenstoß, Kampf), dann gehören Konflikte natürlicherweise zum sozialen Leben und zu jeder Beziehung. Ganz einfach ausgedrückt, kann man sagen: Einen Konflikt gibt es immer dann, wenn zwei Menschen (oder zwei Gruppen, zwei Länder etc.) etwas Unterschiedliches wollen. Konflikte bestehen also, ob man sie nun anspricht und austrägt oder nicht. Durch das Verdrängen von Konflikten kann allenfalls eine Scheinharmonie erreicht werden – und das wahrscheinlich auch nur vorübergehend. Echte Harmonie entsteht durch das konstruktive Klären von Konflikten und das Aushandeln von fairen Lösungen.

Was allerdings tatsächlich Unheil bringt – und das haben die Konfliktvermeider vermutlich im Sinn –, ist ein destruktiver Streit, in dem es Vorwürfe und Schuldzuweisungen hagelt, Herabwürdigungen geschehen und jeder nur darauf aus ist, recht zu behalten und sich durchzusetzen. Wann immer es ums Gewinnen geht, gibt es letztlich nur Verlierer. Denn den, der sich durchsetzt, belastet die Frustration des anderen. Der, der nachgibt, vernachlässigt sich selbst um des lieben Friedens willen oder um die Zuneigung des anderen zu bewahren oder zu erringen – mit zweifelhaften Erfolgsaussichten. Der Familientherapeut Kelly Bryson bringt es in seinem Buch *Sei nicht nett, sei echt!* auf den Punkt: „Sich nicht für die Erfüllung der eigenen Bedürfnisse einzusetzen ist eine Entscheidung, die darauf hinausläuft, dass man sich selbst im Stich lässt. (…) Doch das bringt uns nie, was wir uns davon versprochen haben." (Schon der Buchtitel sagt im Grunde alles!)

Auch mit Kompromissen sollte man vorsichtig sein; allzu oft stellen sie sich als faule Kompromisse heraus. Dazu noch einmal Kelly Bryson: „Ein Kompromiss ist eine Strategie, die mit der Absicht verfolgt wird, einen Zustand der Harmonie zu erhalten. Das Resultat eines Kompromisses ist jedoch im Allgemeinen, dass der Ärger im Verhältnis fünfzig zu fünfzig auf beide Seiten verteilt wird." Allseits befriedigende Lösungen können nur in einem Konsens liegen, bei dem jeder seine wichtigsten Bedürfnisse erfüllt bekommt, oft als „Win-win-Lösung" bezeichnet.

Diejenigen unter den Hochsensiblen, die die befreiende Wirkung einer konstruktiven Konfliktlösung erkannt und erlebt haben, gehen Konflikte womöglich sogar offensiv an. Georg Parlow in *Zart besaitet:* „Manche (…) entwickeln sich vorübergehend zu echten Streithähnen, deren Harmoniebedürfnis sich paradoxerweise darin zeigt, dass sie jede Unstimmigkeit zum Konfliktfall machen. Auch wenn es für Außenstehende so aussehen mag, als hätten sie Spaß am Konflikt, so ist dies doch selten so, sondern oft ist es die Sehnsucht nach der Harmonie, die sie sich von der Bewältigung des Konflikts versprechen."

Die Konfliktbereitschaft schützt die Hochsensiblen aber nicht davor, in der von ihnen herbeigeführten Auseinandersetzung von der Heftigkeit ihrer Gefühle und der ihres Gegenübers überwältigt zu werden. Sie geraten in größten Stress, werden vielleicht lauter, als sie das eigentlich vorhatten, fühlen sich schnell verletzt und werden verletzend, verlieren den Überblick, werden nur schwer wieder Herr der Lage.

Da Konflikte in allen Beziehungen – so auch in noch so guten Freundschaften – unvermeidbar sind, lohnt es sich, die Konfliktfähigkeit zu verbessern und Wege für den empathischen Umgang mit Konflikten zu erlernen.

Allgemeine Hinweise für den Umgang mit Konflikten

Verständnis für die Bedürfnisse und Wünsche Ihres Gegenübers zu haben ist nicht gleichbedeutend damit, für deren Erfüllung zuständig zu sein. – Achtung: Hochsensible neigen dazu, unangemessen viel Verantwortung für andere zu übernehmen.

Wenn es etwas gibt, was Sie unbedingt für sich brauchen, machen Sie sich nicht davon abhängig, ob Ihr Gegenüber Ihre Entscheidung gutheißt und freudestrahlend zustimmt. Sonst verzichten Sie auf Ihre Selbstbestimmung. Ihre Aufgabe liegt darin, die Reaktion des anderen zu respektieren – und die vorübergehend aufkommende Distanz aushalten. Beachten Sie dabei allerdings: Ihre Freiheit endet dort, wo die Freiheit anderer tangiert wird. An dieser Grenzlinie müssen Sie miteinander kommunizieren und einen Ausgleich der Interessen finden, damit Beziehungen gelingen.

Auf die Gedanken und Gefühle der anderen haben Sie einen begrenzten Einfluss. Den Einfluss, den Sie haben, können Sie ausschöpfen, indem Sie Ihren Standpunkt bzw. Ihr Anliegen ruhig, freundlich und ohne Vorwürfe vortragen. Sagen Sie, worum es Ihnen geht, ohne unnötig lange Erklärungen abzugeben oder in eine Rechtfertigung zu rutschen.

Behalten Sie im Bewusstsein: Sie sind in Ordnung, so wie Sie sind, keines Ihrer Anliegen ist verkehrt, nur funktioniert unter Umständen Ihre Vorstellung nicht, wie sie sich realisieren lassen. Und vergessen Sie ebenso wenig: Auch der andere ist in Ordnung, so wie er ist, und auch der andere hat legitime Anliegen, für die er sich engagiert einsetzt. Wichtig ist, dass keiner das Ansinnen des anderen achtlos vom Tisch wischt. Manchmal ergeben sich Lösungen, wenn man den Dingen etwas Zeit gibt, nachdem beide Vorstellungen vollständig gleichberechtigt nebeneinander auf den Tisch kommen konnten.

Konflikte lösen mit Gewaltfreier Kommunikation

Eine bewährte Konfliktklärungsmethode ist die schon angesprochene Gewaltfreie Kommunikation (GFK) nach Marshall B. Rosenberg. Mir persönlich hat die GFK, die ich 2006 in einem Seminar mit Marshall Rosenberg in München kennenlernen durfte, eine neue Dimension in der Kommunikation und damit eine neue Beziehungsqualität erschlossen. Daher ist es mir ein Herzensanliegen, Sie einzuladen, sich näher mit der GFK zu beschäftigen. Mir scheint das Gedankengut der GFK gerade für Hochsensible wie geschaffen, um die Beziehungen zu ihren Mitmenschen friedlicher, harmonischer und erfüllender zu gestalten.

Hier ist mir nicht mehr möglich, als Ihnen Grundzüge der GFK zu präsentieren. Mir ist klar, dass dies nicht ausreicht, um GFK umfänglich verstehen zu können. Greifbarer wird das Konzept natürlich durch eine ausführlichere Darstellung mit Anwendungsbeispielen, wie Sie sie in entsprechenden Büchern und Hörbüchern und in Videos finden. (Am allerbesten ist es, ein Seminar zu besuchen und die Anwendung unter Anleitung in einer Übungsgruppe zu trainieren.)

Ein dünnes Buch, das sich meines Erachtens gut als Einstieg in die GFK eignet, weil darin die persönliche Motivation von Marshall Rosenberg spürbar wird, ist das in Interviewform geschriebene *Konflikte lösen durch Gewaltfreie Kommunikation: Ein Gespräch mit Gabriele Seils*. Als hauptsächliches, umfassendes Lehrbuch empfehle ich Marshall B. Rosenbergs *Gewaltfreie Kommunikation: Eine Sprache des Lebens*, aus dem auch alle Zitate in diesem Abschnitt stammen.

Ziel in der GFK ist, Beziehungen auf Verbindendes auszurichten und auf der Basis von Offenheit und Einfühlsamkeit aufzubauen. Dazu gehört, ehrlich und klar auszudrücken, wie es uns gerade geht, was wir brauchen und was wir uns vom anderen wünschen. Umgekehrt interessieren wir uns dafür, was der andere fühlt und braucht und was er sich von uns wünscht. Wir geben uns selbst Einfühlung und wir geben dem anderen Einfühlung.

Einer spielerischen Veranschaulichung dessen, was die GFK von der weithin (vor allem im Konfliktfall) praktizierten Kommunikation abhebt, dient die Unterscheidung von „Giraffensprache", die für die herzliche, empathische, lebensdienliche, verbindende, gewaltfreie Kommunikation steht, und „Wolfssprache", mit der die schroffe, lebensentfremdende, trennende, gewaltvolle Kommunikation bezeichnet wird.

Das GFK-Modell beschreibt vier Schritte bzw. vier Komponenten. Sie gelten für beide Blickrichtungen. Ich behandle die Komponenten im Folgenden ausführlich mit Blick auf uns selbst und ich gehe vom Fall unerfüllter Bedürfnisse aus (nur dann gibt es die vierte Komponente). Bevor wir uns in den von der GFK vorgeschlagenen vier Schritten mitteilen können, müssen wir in uns hineinspüren und herausfinden, was wir eigentlich fühlen, was genau wir brauchen und was wir wirklich wollen; das ist den meisten Menschen keineswegs von vornherein klar.

Die vier Komponenten der GFK

Die erste Komponente: Beobachtungen. Was ist tatsächlich geschehen? Was hören wir, was sehen wir? Was hat die andere Person konkret gesagt / getan, das uns in unserer Lebensqualität einschränkt? Was stört unser Wohlbefinden? „Für die meisten von uns ist es schwierig, Menschen und deren Verhalten in einer Weise zu beobachten, die frei ist von Verurteilung, Kritik oder anderen Formen der Analyse." Dabei verlangt die GFK nicht, dass wir völlig objektiv bleiben und uns jeglicher Bewertung enthalten. Selbstverständlich werten wir in der Weise, dass wir unterscheiden zwischen „gefällt mir" / „gefällt mir nicht" und „will ich" / „will ich nicht". Entscheidend ist nur, dass wir lernen, unsere Beobachtungen und unsere Bewertungen strikt auseinanderzuhalten. Vermischen wir Beobachtung und Bewertung, wie es üblicherweise geschieht, wehrt unser Gegenüber ab, was wir sagen wollen. „Wenn andere Kritik hören, dann neigen sie dazu, ihre Energie in Selbstverteidigung oder einen Gegenangriff zu stecken." Um es dem anderen leicht zu machen, einfühlsam zu reagieren, teilen wir im ersten Schritt nur unsere Beobachtung mit, ohne Vorwurf, ohne Abwertung, ohne Schuldzuweisung – das heißt: ohne verletzende Worte und somit gewaltfrei.

Die zweite Komponente: Gefühle. Wir nehmen unsere Gefühle wahr und drücken sie aus. Wie fühlen wir uns angesichts der beobachtbaren Situation bzw. Handlung des anderen? Ein wichtiger Grundsatz in der GFK ist, dass wir andere nicht dafür verantwortlich machen, wie es uns geht. „Was andere sagen oder tun, kann ein Auslöser für unsere Gefühle sein, ist aber nie ihre Ursache." Als Ursache sieht die GFK immer ein erfülltes bzw. unerfülltes Bedürfnis.

Beim Benennen unserer Gefühle geht es darum, zu unterscheiden zwischen dem, was wir fühlen, und dem, was wir denken. Beispiele für Gefühle, die wir haben, wenn unsere Bedürfnisse sich nicht erfüllen: Ich fühle mich traurig, unbehaglich, unruhig, erschöpft, hilflos; auch: Ich bin irritiert, frustriert, verletzt, ärgerlich, wütend. Davon abzugrenzen sind „Pseudogefühle": das, was wir denken, wie wir ein Geschehen deuten, wie wir andere interpretieren. Es liegt auch am üblichen Sprachgebrauch, dass es zu einer Verwechslung von echten Gefühlen und Pseudogefühlen kommt. Beispiele für Formulierungen, die Interpretationen darstellen: Ich „fühle mich" ausgenutzt, herabgesetzt, provoziert, übergangen, vernachlässigt ... In den Büchern zur GFK finden sich lange Listen für die eine und die andere Sorte von Wörtern, um Bewusstsein für den Unterschied zu schaffen und um unseren Wortschatz zu erweitern und den Sprachgebrauch zu verfeinern. Warum der Unterschied so wichtig ist? Nur wenn wir unsere wirklichen Gefühle ausdrücken und auch unsere Verletzlichkeit zeigen, erleichtert das den einfühlsamen Kontakt und hilft bei der friedlichen Konfliktlösung.

Die dritte Komponente: Bedürfnisse. Gefühle sind wie Signale. Angenehme, freudvolle Gefühle weisen auf erfüllte Bedürfnisse, unangenehme, schmerzhafte Gefühle auf unerfüllte Bedürfnisse hin. Gefühle weisen uns auf unsere Bedürfnislage hin und regen uns an, uns um die Erfüllung unserer Bedürfnisse zu kümmern. Jedes Bedürfnis dient dem Leben und ist der Beachtung wert, kein Bedürfnis ist „schlecht"! Statt einem anderen oder uns selbst die Schuld für unser Gefühl zu geben, erkennen und akzeptieren wir unsere unerfüllten Bedürfnisse und teilen diese dem anderen mit.

„Je bewusster wir uns unserer Bedürfnisse sind, desto selbstbestimmter können wir leben (...)". „Zur emotionalen Befreiung gehört, dass wir klar aussprechen, was wir brauchen, auf eine Weise, die deutlich macht, dass uns die Bedürfniserfüllung anderer Menschen ebenso am Herzen liegt." Mit dem Aussprechen unserer Bedürfnisse steigt die Chance, dass sie erfüllt werden. „Dabei ist uns bewusst, dass wir unsere eigenen Bedürfnisse niemals auf Kosten anderer erfüllen können."

Die GFK grenzt Bedürfnisse von Strategien ab. Eine Strategie ist im GFK-Sprachgebrauch eine konkrete Vorstellung, wie sich ein Bedürfnis erfüllen lässt, bzw. die favorisierte Art, ein Bedürfnis zu erfüllen. (Ein Beispiel: das Bedürfnis Abwechslung. Eine mögliche Strategie wäre, ins Kino zu gehen.) Nach dem Verständnis der GFK haben alle Menschen im Grunde die gleichen Bedürfnisse (nur vielleicht mit unterschiedlicher Priorisierung), verfolgen aber unterschiedliche Strategien, um sie erfüllt zu bekommen. Eine friedliche Konfliktlösung gelingt am besten, wenn die Konfliktpartner nicht auf bestimmte Strategien fixiert sind.

Die vierte Komponente: Bitten. Damit deutlich wird, was wir uns tatsächlich vom anderen wünschen, folgt im vierten GFK-Schritt eine spezifische Bitte. Was kann unser Gegenüber unmittelbar tun, um zu unserem Wohlergehen beizutragen? „Je klarer wir wissen, was wir vom anderen bekommen möchten, desto wahrscheinlicher ist es, dass sich unsere Bedürfnisse erfüllen werden." Wir formulieren Bitten in positiver, konkreter Handlungssprache; wir sagen, was wir wollen, nicht, was wir nicht wollen. Unsere Bitten beziehen sich nicht darauf, was der andere denken oder fühlen soll oder wie er sein soll. Vielmehr bitten wir um ganz greifbare Handlungen, die unser Leben bereichern würden.

Die GFK unterscheidet zwischen Bitten und Forderungen. Eine Bitte gibt dem anderen die Wahlmöglichkeit, sie zu erfüllen oder nicht – oder auch nach anderen Lösungswegen zu suchen. Wenn wir um etwas bitten, dann wollen wir, dass der andere unsere Bitte nur dann erfüllt, wenn er wirklich dazu bereit ist. So wird die Freude am Geben erhalten. Eine Bitte wird zu einer Forderung, wenn der andere mit Konsequenzen (Beschuldigung, Bestrafung) rechnen muss, sollte er die Bitte nicht erfüllen.

Behalten wir im Auge: Was die meisten Menschen kennen, sind Forderungen (unter anderem in Form von „Bitten"). Sie sind es nicht gewohnt, frei entscheiden zu können, ob sie einer Bitte entsprechen oder nicht. Deshalb hören sie in unserer Bitte schnell eine Forderung und es dauert eine Weile, bis sie unserer nicht-fordernden Haltung vertrauen. Wir können nur immer wieder deutlich machen, dass wir uns die Zustimmung zu unserer Bitte nur wünschen, wenn sie aus freiem Willen gegeben wird.

Die Wechselseitigkeit im GFK-Prozess

Die gleichen vier Komponenten nehmen wir von unseren Mitmenschen auf. Wir stimmen uns darauf ein, was sie beobachten, fühlen und brauchen und worum sie uns bitten, um ihr Leben zu verschönern, und kommen so mit ihnen in einen empathischen Kontakt. Als Ergebnis der Wechselseitigkeit können sich über kurz oder lang die Bedürfnisse jedes Einzelnen erfüllen.

Den GFK-Prozess in der Praxis anzuwenden erfordert Übung und in vieler Hinsicht ein Umdenken. Wichtig: Die GFK beruht nicht auf einer feststehenden Formel, die mechanisch anzuwenden ist, sondern passt sich unterschiedlichen Gegebenheiten an. Sie ist nicht in erster Linie eine Methode, sondern eine auf Aufmerksamkeit, Empathie, Respekt und Wertschätzung basierende Haltung. „Das Wesentliche der GFK findet sich in unserem Bewusstsein über die vier Komponenten wieder und nicht in den tatsächlichen Worten, die gewechselt werden."

Handhaben wir den GFK-Prozess, indem wir uns ehrlich mitteilen und empathisch aufnehmen, was im anderen lebendig ist, schafft das eine Verbindung auf Herzensebene und ermöglicht ein freudvolles Geben und Nehmen.

4.5 Sich Raum nehmen und Grenzen setzen

Die Stärke von Hochsensiblen, Stimmungslagen zu erspüren und in Resonanz mit dem Gegenüber zu gehen, entpuppt sich als ein zweischneidiges Schwert. Das Einfühlen geht leicht so weit, dass die Gefühle des Gegenübers unwillkürlich übernommen werden – ein Mitfühlen im wahrsten Sinne des Wortes. Die eigene ursprüngliche Stimmung kann nicht aufrechterhalten und nur langsam wieder zurückgewonnen werden. Steckt der Freund, mit dem sie zusammen sind, in einem Tief, wird das Mitfühlen unversehens zu einem Mitleiden.

Hochsensible können nicht nur gut Einfühlung geben, Beistand und Hilfestellung leisten, sondern tun dies bis zu einem gewissen Grad auch gerne. Allerdings haben sie eine so starke Neigung, für andere da zu sein, dass sie leicht den Punkt verpassen, an dem sie „Nein" sagen müssten, um sich vor einem Zuviel zu schützen und nicht vereinnahmt zu werden.

Für viele Hochsensible ist es generell ein Problem, sich angemessen abzugrenzen. Sie arrangieren sich mit Gegebenheiten, die ihnen nicht guttun, lassen sich auf Situationen ein, die sie überstrapazieren, lassen sich in Probleme hineinziehen, die sie nichts anzugehen brauchten, lassen Leute zu nahe an sich heran, die sie im Wohlbefinden beeinträchtigen, und versäumen es, rechtzeitig Einhalt zu gebieten.

Im scheinbaren Widerspruch dazu kann das Verhalten eines hochsensiblen Menschen, dessen Grenzen weit überschritten sind und der in den roten Bereich der Überforderung gerät, ganz plötzlich umschlagen. Statt geduldig und duldsam ist er unbeherrscht und wütend – zum Erstaunen und Entsetzen derer, gegen die sich die Aggression wendet. Es sind sehr heftige Gefühle im Spiel. Der Ausbruch kann sich auch in einem Heulanfall oder einem verzweifelten Weglaufen äußern. Für Nicht-Hochsensible sind solche Ausbrüche, die aus scheinbar heiterem Himmel kommen, meist überhaupt nicht nachvollziehbar. So erklären sich Kommentare wie „Du bist ja total hysterisch!". Und der Hochsensible ist über sich selbst entsetzt und übernimmt für sich womöglich die Beurteilung.

Was ist da passiert? Der Hochsensible hat die ersten Anzeichen des eigenen Unbehagens in einer bestimmten Situation übersehen bzw. übergangen, hat selbst gar nicht richtig bemerkt, welche innere Spannung sich da aufgebaut hat. Er hat mehr mitgemacht, geschehen lassen, ausgehalten, als ihm gutgetan hat, er hat nicht ausreichend auf seine Grenzen geachtet, sich nicht rechtzeitig geschützt. Dann plötzlich macht sich eine große Aufregung breit, steigt die Wut unaufhaltsam auf, entlädt sich die aufgestaute Spannung in einer Explosion. Der Körper wird mit Stresshormonen geradezu überflutet. Der klare Verstand ist in einer solch emotionalen Extremsituation weitgehend ausgeschaltet. In diesem Zustand verengt und verzerrt sich die Wahrnehmung. Das Gegenüber wird als bedrohlicher Feind gesehen und heftig bekämpft, als ginge es ums nackte Überleben. Der völlig überreizte Mensch fühlt sich hilflos, findet keinen Ausweg mehr, steht mit dem Rücken zur Wand, schlägt bildlich gesprochen wild um sich. In diesen verzweifelten Momenten besteht die Gefahr, dass Porzellan zerschlagen wird und Türen zugeschlagen werden – beides im wörtlichen und im übertragenen Sinne.

Es gibt auch den anderen Fall – deutlich unspektakulärer, aber nicht minder kritisch –, dass ein in höchstem Maße überforderter Hochsensibler nicht explodiert, sondern „implodiert". Auch hierbei verändert sich der Zustand plötzlich, ein extremer Stress kommt auf, nur gibt es keine Aggression nach außen, sondern einen stillen Rückzug, ein emotionales Abschotten, ein Sich-Einmauern. Hier geschieht der Kontaktabbruch leise und von anderen oft unbemerkt. Der Hochsensible kommt sich unverstanden, alleingelassen vor, er fühlt sich leer und stumpf. Womöglich fällt er in Apathie oder schaltet um in den Modus des „Funktionierens" – das heißt, er handelt emotional unbeteiligt.

Was hilft?

Wenn ein Ausrasten passiert, hilft alles, was generell bei akuter Überreizung hilft: eine Auszeit nehmen, sich für eine Weile zurückziehen (am besten dem anderen sagen, dass man nach einer Beruhigungszeit wiederkommt), etwas trinken, an die frische Luft gehen, sich bewegen, tief durchatmen, dem Körper Zeit geben, die ausgeschütteten Stresshormone wieder abzubauen. Dann kommt man auch langsam wieder zu Verstand.

Zur Nachsorge und zur Vorbeugung (nach dem Eklat ist vor dem Eklat!): Mit sich selbst in Kontakt kommen bzw. bleiben, aufmerksam in sich hineinspüren. Auf die ersten Anzeichen von Unruhe und Unbehagen, auf ein körperliches Gefühl von Enge und Druck achten. Unwillen, Ärger und Wut möglichst früh wahrnehmen und als Warnzeichen verstehen. Sie weisen auf unerfüllte Bedürfnisse hin – nicht auf ein Fehlverhalten anderer! – und bedeuten, dass Handlungsbedarf besteht. Innehalten, um zu überlegen, was gesagt und getan werden kann.

So früh wie irgend möglich „Nein" sagen, wenn Sie ein „Nein" fühlen. Vertrauen Sie auf Ihre Intuition und beachten Sie Ihre Intuition. Erlauben Sie sich, wenn nötig nach außen ein Stoppsignal zu setzen. Nutzen Sie Ihre Entscheidungsfreiheit. Sie können beschließen, nur „Ja" zu sagen zu den Dingen, die Ihr Leben bereichern (dazu gehört selbstverständlich auch, für andere da zu sein). Nehmen Sie allen Mut zusammen, probieren Sie neues Verhalten aus, sammeln Sie neue Erfahrungen.

Nehmen Sie Ihre Selbstverantwortung und Selbstbestimmung ernst. Fragen Sie sich: Wie weitgehend will ich mich in Anspruch nehmen lassen? Wo fängt eine Schieflage an? Wo kommen meine Bedürfnisse zu kurz? Wie kann ich gut für mich sorgen? Wo ist es unbedingt notwendig, gegenzusteuern und mich abzugrenzen?

Bedenken Sie: Grenzen können Sie schützen, aber auch von anderen abtrennen. Grenzen erweisen Ihnen nur dann einen guten Dienst, wenn Sie sie flexibel handhaben. Dann können Sie an sich heranlassen, wen oder was und wie viel Sie wollen, und von sich abhalten, was Sie nicht oder nicht mehr wollen, statt aus lauter ängstlicher Vorsicht unterschiedslos alles abzublocken.

Alternativ zu dem Begriff „Grenzen ziehen" mag ich die Formulierung „sich Raum nehmen". Darum scheint es mir eigentlich zu gehen: Jeder braucht ausreichend Raum (im übertragenen wie im wörtlichen Sinne) für sich, in dem er sich frei bewegen und entfalten kann. Je selbstverständlicher Sie im Einnehmen und Ausfüllen Ihres persönlichen Raumes werden, desto mehr können Sie auf hohe Grenzwalle und starre Mauern verzichten. Je klarer Sie Konturen erkennen lassen, desto eindeutiger sichtbar werden Ihre persönlichen Grenzen für Ihre Mitmenschen und desto seltener werden sie überschritten. Raum für sich zu nehmen, ohne gleich ein schlechtes Gewissen zu bekommen, erfordert Übung und nochmals Übung und eine Auseinandersetzung mit alten Denk- und Verhaltensmustern. Haben Sie Geduld mit sich!

4.6 Die Balance finden zwischen Alleinsein und In-Gesellschaft-Sein

Aus Angst vor Zurechtweisung, Zurückweisung und Ausgrenzung versuchen viele Hochsensible angestrengt, sich an andere anzupassen, genau so zu sein wie andere, dieselben Dinge zu tun wie andere. Das geht oft nicht lange gut, dann sind sie überdreht und erschöpft. Bedenkt man, dass Hochsensible in ein und derselben äußeren Situation eine viel größere Fülle von Eindrücken bewusst aufnehmen und zu verarbeiten haben als Nicht-Hochsensible, ergibt sich folgerichtig, dass sie zu einem früheren Zeitpunkt genug haben und sich einem weiteren Zustrom von immer noch mehr Eindrücken entziehen möchten.

Tatsächlich fühlen sich die meisten Hochsensiblen nicht so schnell einsam, sondern genießen regelrecht die Zeit, die sie für sich alleine haben. Sie beschäftigen sich mit ihren Interessen, sinnieren, werden kreativ. So verarbeiten sie Eindrücke, regenerieren sich, kommen zu sich und entfalten sich. Auch während geistig anspruchsloser Tätigkeiten wie Hausarbeit, Gartenarbeit oder Autofahren kann das Abschalten und Entspannen gelingen, ebenso beim Spazierengehen, Walken, Joggen oder beim Meditieren.

Für Elaine Aron ist es eine grundlegende Tatsache: „Die meisten nervenerregenden Reize in unserer Umwelt werden von andere Menschen verursacht – ob zu Hause, am Arbeitsplatz oder in der Öffentlichkeit." (Aus *Sind Sie hochsensibel?*) Auch Hochsensible, die gerne unter Menschen sind, empfinden lange andauerndes Zusammensein als überstimulierend.

Als erwachsener hochsensibler Mensch trägt man selbst die Verantwortung dafür, eine Reizüberflutung und Überforderung so gut es geht zu vermeiden, auch und gerade im privaten Bereich. Wer einen hochgradig stimulierenden und beanspruchenden Arbeitstag hinter sich hat, wird am Abend den Ausgleich suchen und einer erholsamen Freizeitgestaltung den Vorzug geben, was immer das für den Einzelnen sein mag. Die Aufgabe besteht darin, sich mit wachsender Selbstverständlichkeit die Freiheit zu nehmen, eine gemeinsame Aktivität auch einmal auszulassen oder nötigenfalls rechtzeitig abzubrechen.

Entscheidend für das Wohlbefinden ist es, sich ausreichend Zeit und Raum für sich allein mit möglichst selbstbestimmten Umgebungsbedingungen (Stille oder selbst gewählte Musik, draußen oder drinnen …) zu nehmen. Im Wechsel dazu wird nach einer ausreichend langen Weile (und mit beginnender Langeweile) dann wieder die Lust auf das Zusammensein mit anderen aufkommen.

Viele Hochsensible leben mit einem Defizit an Zeit für sich allein und ziehen mitunter daraus den falschen Schluss, dass sie gar nicht für das gesellige Beisammensein geschaffen sind. Richtiger wäre es, für sich das verträgliche Maß an Geselligkeit und die passenden Unternehmungen herauszufinden, um auch das Bedürfnis nach Kontakt zu befriedigen.

Dabei lohnt es sich, zu experimentieren – und zwar mit Sinn und Verstand. Es mag ja vorkommen, dass man gelegentlich entgegen der eigenen Erwartung Spaß an einem Tun findet; es mag ebenfalls zutreffen, dass zu einer anderen Zeit und an einem anderen Ort das Empfinden wieder ein anderes sein kann. Aber ich halte es dennoch nicht für sinnvoll, eine mehrfach gemachte Erfahrung in den Wind zu schlagen und immer wieder aufs Neue zu erleben, dass der Jahrmarktbesuch, die Kneipentour, die Big Party … nichts für einen sind. Die größte Experimentierfreude verdienen die Dinge, die man selbst reizvoll findet, die man vielleicht schon lange einmal ausprobieren wollte.

Hochsensible sollten jedenfalls nicht ihre Nicht-HSP-Freunde darüber befinden lassen, was für sie Vergnügen ist, sondern es selbst definieren. Elaine Aron führt das trefflich aus: „Für viele HSP besteht Vergnügen darin, ein gutes Buch zu lesen, nach eigenem Gusto ein bisschen im Garten zu arbeiten oder zu Hause eine nette Mahlzeit selbst zuzubereiten und diese langsam und genüsslich zu verspeisen. Insbesondere wird es wohl nicht ihrer Vorstellung von Vergnügen entsprechen, ein Dutzend Aktivitäten noch vor dem Mittagessen einzubauen." Fragliche Vergnügungen sind Unternehmungen, an der eine größere Zahl von Leuten teilnimmt, die zu später Stunde erst anfangen, die eine Überstimulation durch Lärm, schlechte Luft, Zigarettenrauch (seit dem Rauchverbot glücklicherweise ein geringeres Problem), Gedränge mit sich bringen.

Jeder Hochsensible kennt zur Genüge Sätze wie „Nun sei doch kein Spielverderber", „Sei nicht so ungesellig", „Zieh dich doch nicht immer so zurück", „Jetzt überwinde dich einfach mal" (einfach?), allesamt Sätze, die nicht wirklich motivieren, weil sie Vorwürfe enthalten. „Wäre schön, wenn du mitkommst!" klingt dagegen freundlich und einladend. Dennoch bleibt die Frage, wie viel es bringt, sich das Teilnehmen an einer Aktivität aufzuerlegen, nur um dazuzugehören und es anderen recht zu machen. Genau betrachtet, tut man weder sich noch den anderen einen Gefallen, wenn man lustlos, missmutig und gereizt dabei ist. Auch wenn Nicht-Hochsensible sich nicht so sehr von der Negativstimmung anderer beeinträchtigen lassen, bleibt es ihnen doch nicht verborgen, wenn der Hochsensible nicht richtig mitzieht und sich nicht wirklich amüsiert. Dann sieht er sich womöglich auch noch Sei-spontan-Wünschen à la „Hey, hab doch Spaß!" ausgesetzt und kommt sich selbst wie eine „Spaßbremse" vor.

Das Dilemma, sich entweder aus der Gemeinschaft herauszunehmen oder sich über Gebühr zu strapazieren, kennt jeder Hochsensible. Wenn zum Beispiel in der Gruppe nach einem ausgefüllten Tag noch ein Vorschlag für eine gemeinsame Abendaktivität auftaucht, entsteht Stress schon durch die Anforderung, sich zwischen den widerstreitenden Wünschen entscheiden zu müssen. Man ist im Zwiespalt, fühlt sich hin- und hergerissen: Gehe ich noch mit? Bleibe ich allein zu Hause? Was würde ich verpassen? Was denken die anderen? Ob es mir wirklich zu viel wird? Da wünscht man sich wirklich, man könnte mehr ab.

Aber es hilft nichts, der innere Konflikt muss immer wieder aufs Neue ausgetragen werden. In jeder neuen Situation gilt es abzuwägen und zu entscheiden, welches Bedürfnis aktuell obenauf liegt, das nach Gemeinschaft und Verbindung oder das nach Ruhe und Erholung. Und es lässt sich nicht herumdeuteln: Jede Entscheidung hat ihren Preis. Während eines überstimulierenden Beisammenseins zahlt der Hochsensible den Preis, nervlich angespannt zu sein. Während des erholsamen Alleinseins zahlt er den Preis, das Eingebundensein in die Gruppe vermissen zu müssen.

> **HOCHSENSIBLE BERICHTEN**
>
> **Verena*:** Ich ziehe mich sehr zurück – mit dem Ergebnis, dass ich sehr einsam bin.
>
> ---
>
> **Gabi*:** Ich brauche auch einen recht großen Spielraum. Der Wechsel zwischen Nähe und Distanz ist immer wieder Thema. Ich würde gerne mehr mit meinen Freunden gemeinsam unternehmen, was aber meine Zeit nicht zulässt. Ich komme dann tatsächlich in die Situation, dass ich Beruf, Beziehung, soziale Kontakte und vor allem mein Bedürfnis nach Raum für mich selbst nicht mehr unter einen Hut bekomme.

Haben Hochsensible ihre Belastungsgrenzen ausgelotet und verhalten sie sich konsequent, werden sie Jubel, Trubel, Heiterkeit wohl nur in Maßen genießen, nicht aber gänzlich darauf verzichten. Sie werden gerne die geselligen Gelegenheiten nutzen, um in Kontakt mit Freunden zu sein und Kontakt zu neuen interessanten und sympathischen Menschen zu knüpfen.

Das Kunststück besteht darin, insgesamt eine gesunde und stimmige Balance zu erreichen und einen Weg zu finden, um im großen Ganzen die grundlegenden Bedürfnisse nach Autonomie einerseits und Bindung andererseits befriedigt zu bekommen.

Was tun?

Wenn Sie herausgefunden haben, was Ihnen am meisten Freude bereitet, sagen Sie es Ihren Freunden. Seien Sie initiativ, machen Sie selbst Vorschläge nach Ihrem Geschmack, gestalten Sie Zusammentreffen selbst, schmieden Sie Pläne für gemeinsame Unternehmungen, laden Sie andere dazu ein.

Eine Absage auf eine Einladung lässt sich am besten damit verbinden, dass Sie sagen, was Sie stattdessen gerne mit dem oder den anderen unternehmen möchte. Sinngemäß: „Vielen Dank für deine Einladung. Nein, ich werde nicht auf deine Party kommen, aber sehr gerne würde ich dich demnächst alleine besuchen oder zu mir einladen, dann haben wir mehr Zeit für ein Gespräch. Das ist das, was ich mit dir so genieße." Es geht darum zu betonen, wie wichtig Ihnen die Beziehung ist (wenn sie es ist!), und Alternativen anzubieten.

Halten Sie bei gemeinsamen Unternehmungen wenn irgend möglich einen Plan für den Ausstieg parat und kündigen Sie den Freunden vorab an, dass Sie sich ausklinken werden – vorübergehend oder für den Rest des Tages –, wenn es Ihnen zu viel wird. Die Freunde sollten wissen, dass Sie vielleicht nicht mehr mitkommen ins Bierzelt, in die Disco … (Dabei fällt mir auf: Biergarten, Weinstube, Sektbar … Geselligkeit ist in vielen Fällen eng mit dem Konsum von Alkohol verknüpft, was für viele Hochsensible nicht reizvoll ist.)

Wenn Sie längere Zeit mit einer Gruppe verbringen, ist es ratsam, vorher zu sagen, dass Sie zwischendurch Zeit für sich allein brauchen, vielleicht einen Spaziergang allein machen werden und / oder abends früher auf Ihr Zimmer gehen. Vielleicht melden sich dann – durch Ihr Verhalten ermutigt – noch andere zu Wort, denen es ebenso geht.

Bevor Sie mit einem einzelnen Freund auf Tour gehen, sprechen Sie mit ihm darüber, wie Sie einerseits gemeinsam unterwegs sein können und andererseits beider Bedürfnisse ausreichend berücksichtigen können. (Erinnern Sie sich noch an die unterschiedlichen Wohlfühlbereiche?) Da ist eine gute Portion Kreativität gefragt. Und manches Mal kostet es auch Extrageld, wenn sich Ihre Wege an einem bestimmten Punkt trennen oder wenn zwei Einzelzimmer statt einem Doppelzimmer gebucht werden.

Wenn es die Regel ist, dass Sie gut für sich sorgen, können Sie leichter die wenigen Male aushalten, wenn Sie sich nicht ausschließen wollen. Ein bestimmtes Maß an Strapaze wird auch der selbstbewusste Hochsensible hin und wieder auf sich nehmen, um der Gemeinschaft und von ihm akzeptierter gesellschaftlicher Verpflichtungen willen. Aber nicht aus einer Ohnmacht, sondern aus einer freien Entscheidung heraus („Ich will" statt „Ich muss").

4.7 Mit Freunden über die Hochsensibilität sprechen

Wenn schon der innere Konflikt nicht umgangen werden kann, so können doch Missverständnisse in der Kommunikation mit Freunden zum Großteil vermieden werden, indem Sie sich erklären. Haben Freunde keine Ahnung, warum Sie gereizt reagieren, nicht mitgehen oder sich zurückziehen, werden sie vielleicht verletzt oder beleidigt sein, weil sie annehmen, dass Ihnen an der Gesellschaft nichts liegt oder Sie sie ablehnen. In der Folge könnte es dann sein, dass sie sich von Ihnen distanzieren, Sie links liegen lassen oder gar feindselig behandeln.

Es scheint mir so zweckmäßig wie unerlässlich, Freunde einzuweihen und ihnen den Wesenszug Hochsensibilität – ob nun mit oder ohne Verwendung des Terminus Hochsensibilität – zu erklären, damit sie die einzelnen Reaktionen und Verhaltensweisen besser einordnen können und der gute Draht zueinander erhalten bleibt.

Dazu noch ein Gedanke: Wie will man sich mit jemandem verbunden fühlen, dem man Wesentliches nicht erzählt? Das Nichtmitteilen von etwas, das einen sehr beschäftigt, schafft unweigerlich ein Gefühl von Distanz. Und umgekehrt: Das Mitteilen schafft Verbindung. Durch den offenen Umgang mit der Hochsensibilität fühlt sich der Hochsensible weniger ausgeschlossen, wenn er die Runde verlässt, und wird besser wieder aufgenommen, wenn er zurückkehrt.

Entscheidend für die Wirkung der Charakterisierung von Hochsensibilität ist, welche Worte man wählt. So, wie man selbst Hochsensibilität begreift, so wird man sie beschreiben und auch eine entsprechende Reaktion hervorrufen. Mit einem Bild vom schwachen, leidgeplagten Opfer, das wehrlos der Grobheit und Rücksichtslosigkeit der nicht-hochsensiblen Mehrheit ausgesetzt ist, erregt man allenfalls Mitleid, vielleicht auch Unmut und Abwehr, weil darin ein Vorwurf enthalten ist. Mit einem Bild von einer gefestigten Persönlichkeit mit einem besonderen Wahrnehmungsvermögen, das mit einer erhöhten Reizempfindlichkeit und emotionalen Verletzlichkeit einhergeht, erntet man wahrscheinlicher Respekt. Wenn Sie darauf achten, werden Sie feststellen, wie sich im Laufe der Zeit Ihre Erklärung von Hochsensibilität entsprechend Ihrem Selbstverständnis wandelt. Je unaufgeregter Sie sich über Ihre Hochsensibilität (bzw. einzelne Aspekte davon) mitteilen, umso entspannter werden die Reaktionen der anderen ausfallen.

Wissen Freunde Bescheid, wird ihnen unter anderem klar: Es ist keine generelle Ungeselligkeit, keine Überheblichkeit, keine Ängstlichkeit, wenn der Hochsensible sich aus einem gemeinschaftlichen Tun ausklinkt und manches gar nicht erst mitmacht; es ist lediglich die rettende Flucht aus einer überreizenden Situation bzw. die Vermeidung einer vorhersehbaren nervlichen Überlastung – also ein kluges und selbstverantwortliches Verhalten. Besonders der Aspekt der unterschiedlichen Wohlfühlbereiche kann eine wichtige Einsicht vermitteln. Jeder wird damit einverstanden sein, dass man sich im Zusammensein mit Freunden wohlfühlen möchte.

Kennen Freunde das Phänomen, können sie bei manchen Gelegenheiten dem hochsensiblen Freund zuliebe manche Umgebungsbedingung verändern (Tür oder Fenster schließen, Licht dimmen, Lautstärke herunterfahren, ein Kissen anbieten usw.). Aber: Darum zu wissen, was der Hochsensible braucht, kann für die Nicht-Hochsensiblen nicht bedeuten, es fortan nur noch ihm recht zu machen und die eigenen Wünsche komplett zurückzustellen. Klar ist auch, dass sich eine Gruppe nicht immer nach einem Einzelnen richten kann. Das Sichmitteilen ist lediglich eine wichtige Voraussetzung dafür, dass auf der Basis von Gleichberechtigung alle mit ihren Wünschen und Bedürfnissen gesehen und ernst genommen werden.

> **HOCHSENSIBLE BERICHTEN**
>
> **Gabi*:** Ich thematisiere meine Hochsensibilität zumindest in meinen Frauenfreundschaften, was aber die Sache nicht immer leichter macht. Mitunter wird die Dimension meines Hochsensibelseins nicht erfasst, vielleicht auch nicht ernst genommen. Ich spreche es auch nicht grundsätzlich an, nur wenn ich den Eindruck habe, dass es tatsächlich stimmig ist.
>
> Einen wunderschönen Effekt hatte es unlängst: Eine gute Bekannte kam auf mich zu und fragte mich, ob mir das Thema vertraut sei. Bei ihr hatte ich schon lange den Gedanken, dass auch sie eine HSP ist. Wir tauschten uns dann aus und so vertiefte sich dieser Kontakt zunehmend, sodass ich heute von ihr immer mehr als einer Freundin sprechen kann.
>
> ---
>
> **Simone*:** Bei zwei Freudinnen war es so, dass sie selber merkten, dass sie wohl auch HSP sind, nachdem ich ihnen Näheres darüber erzählt hatte.
>
> ---
>
> **Mario:** Es gibt wenige Freunde, die das mit der Hochsensibilität wissen, weil ich immer das Empfinden habe, dass es überfordert oder zu Unverständnis führt.
>
> ---
>
> **Stefanie*:** Den engsten Freundinnen habe ich von der Hochsensibilität erzählt. Im Bekanntenkreis erzähle ich nur davon, wenn ich damit nicht nachvollziehbare Verhaltensweisen (z. B. schnelles Ermüden auf einer Party) verständlich machen kann. Dabei achte ich sehr darauf, ob es Personen sind, die grundsätzlich offen sind für solche Themen.

Hinweise für Hochsensible

Erwarten Sie nicht zu viel Verständnis! Ihre nicht-hochsensiblen Freunde werden beim besten Willen häufig nicht nachvollziehen und schon gar nicht voraussehen können, wie Sie empfinden, was Sie brauchen, was Sie befürchten, was Sie umtreibt, was Sie stört und stresst. Machen Sie sich bewusst: Die Freunde sehen nicht, was Sie sehen, obwohl sie dieselbe Szene betrachten; sie hören nicht, was Sie hören, obwohl für sie dieselben Geräusche hörbar sind; sie riechen nicht, was Sie riechen, obwohl dieselben Gerüche in der Luft liegen; sie fühlen nicht, was Sie fühlen, obwohl die Situation ein und dieselbe ist. Das Erleben dieser Freunde ist ein ganz anderes als Ihres.

Was Ihre Art zu denken angeht: Ihre Freunde können oft Ihren Gedankengängen, Gedankensprüngen und Gedankenspielen einfach nicht folgen. Was Ihre Art zu fühlen und zu reagieren angeht: Ihre Freunde tun sich vermutlich schwer, mit Ihren intensiven Gefühlen und Ihrer Impulsivität zurechtzukommen.

HOCHSENSIBLE BERICHTEN

Maximilian*: Die Schwierigkeiten liegen im Verständnis und in der unterschiedlichen Wahrnehmung von Begebenheiten. Ich kenne das bei Freunden. Ich gebe ihnen eine Botschaft, die für mich sehr klar ist, aber irgendwie nehmen sie es ganz anders auf.

Sandra*: Dass Menschen aus meinem Umfeld so ziemlich alles falsch verstehen, kenne ich auch. Ich fange jedes Mal an, an mir zu zweifeln. Erklärungsversuche machen es oft noch schlimmer. Ist nicht so toll, aber ich lerne Stück für Stück, damit umzugehen.

Erwarten Sie nicht zu viel Fürsorge. Sie selbst haben die Aufgabe und die Verantwortung, gut für sich zu sorgen und auf sich aufzupassen. Und als gesunder Erwachsener sind Sie dazu auch in der Lage – von Ausnahmesituationen einmal abgesehen. Diese Verantwortung kann und sollte niemand anderes für Sie übernehmen. Seien Sie sich Ihrer eigenen Stärke bewusst und treten Sie für das ein, was Sie brauchen, und wenden Sie ab, was Ihnen schadet. Die Freunde werden ihrerseits weiterhin ihre Interessen verfolgen und Sie für ihre Lebensart und gemeinsame Unternehmungen nach ihrem Geschmack gewinnen wollen. Das erscheint mir völlig legitim, solange es respektvoll geschieht und Sie nicht einfach überrollt werden. Ihre Aufgabe ist es, sich zu erklären und auch zu behaupten.

Vermeiden Sie, so gut Sie können, Unterstellungen und Schuldzuweisungen. Nehmen Sie sich in Acht davor, in eine Opferrolle zu gehen, und machen Sie andere nicht zu „Tätern". Wenn Sie etwas als quälend empfinden, heißt das nicht, dass der andere sie quält. Damit interpretieren Sie die Verhältnisse und die Geschehnisse in einer Weise, die weder Ihnen noch Ihren Freunden weiterhilft. Wenn Sie von Freunden hören, etwas sei „nicht böse gemeint" gewesen, dann ist das sicher eine aufrichtige Aussage. Sagen Sie ihnen, was tatsächlich gut für Sie wäre.

Trotz aller Bemühungen, sich zu erklären, erfüllt sich Ihr dringender Wunsch, verstanden zu werden, nicht unbedingt und nicht jederzeit. Damit müssen Sie sich abfinden. Bewerten Sie das mit dem Verstehen nicht über! Eine Herzensverbindung entsteht nicht über verstandesmäßiges Verstehen, sondern über Einfühlung, Akzeptanz, Respekt und Wohlwollen.

Je selbstverständlicher Sie sich in Ihrem Sosein erkennen und akzeptieren, desto wahrscheinlicher tun dies auch Ihre Freunde – auch wenn Sie ihnen mitunter wie ein Buch mit sieben Siegeln vorkommen.

Hinweise für Nicht-Hochsensible

Es gibt eine Reihe von Empfindlichkeiten bei den hochsensiblen Menschen, aber sie brauchen nicht von vornherein eine Sonderbehandlung. Sie sind nicht gestört, nicht krank, nicht schwach, sondern nur wesentlich sensibler als die meisten anderen. In welchen Dingen sie von Ihnen Rücksicht und Unterstützung brauchen, das können erwachsene Hochsensible Ihnen sagen. Zumindest liegt es in deren Verantwortung, sich Ihnen darüber mitzuteilen.

Sie werden die eine oder andere Bitte an Sie richten, die Sie nicht unbedingt erfüllen, aber unbedingt ernst nehmen müssen. Setzen Sie getrost Ihre Interessen dagegen und suchen Sie auf gleichberechtigter Basis miteinander eine gangbare Lösung – mit größtmöglicher Flexibilität (auf beiden Seiten) und ganz viel Ideenreichtum.

Die unzähligen einzelnen Dinge, die Ihnen im Zusammensein mit dem Hochsensiblen schon aufgefallen sind und die Sie verwundert haben, können sich mit dem Wissen um die Hochsensibilität zu einem einzigen Phänomen vereinen und damit nachvollziehbarer und besser handhabbar werden. All die kleinen Bitten an Sie, etwas zu verändern oder abzustellen, kommen von einem überreizten und gestressten Hochsensiblen: zum Beispiel die Musik leiser drehen oder abstellen, für ein Gespräch einen ruhigeren und weniger belebten Ort aufsuchen, draußen einen schattigen, windgeschützten Platz auswählen, das Fenster schließen, das Spielen mit dem Schlüsselbund, die Tasten- und Hinweistöne am Smartphone ausschalten usw. usw. usw.

Manches mag Ihnen widersprüchlich erscheinen und nicht ins Bild passen. Persönliche Vorlieben und Abneigungen sowie die momentane Verfassung entscheiden darüber, was als angenehme oder gar begeisternde Stimulation empfunden wird und was als nervige Belastung eingestuft wird. So genießen es Hochsensible durchaus, ihre Lieblingsmusik laut zu hören, während es sie empfindlich stört, wenn von ihnen ungeliebte Musik auch nur leise im Hintergrund läuft.

Ganz wichtig ist, dass Sie nicht versuchen, ihnen ihr Empfinden auszureden. Sagen Sie bitte keinem Hochsensiblen sinngemäß, etwas sei „doch nicht so schlimm". Im Grunde ist es einfach: Begegnen Sie Ihren hochsensiblen Freunden mit Aufmerksamkeit, Achtung und Wertschätzung, so, wie es in jedem menschlichen Miteinander wünschenswert ist.

Eine Inspiration für beide Seiten

Kennen Sie das Buch oder zumindest den Buchtitel *Männer sind anders. Frauen auch* von John Gray aus dem Jahr 1992? Vielleicht ist der Untertitel noch bekannter: „Männer sind vom Mars. Frauen von der Venus." Parallel dazu möchte ich formulieren: Hochsensible sind anders. Nicht-Hochsensible auch.

Das Erkennen der eigenen Besonderheiten wird begleitet vom Erkennen der Besonderheiten der anderen. Keiner kann auf ein anderes Sein umschalten, für jeden ist es schwer, das andere Sein zu verstehen und anzunehmen. Die wundervolle Chance, die in der tiefen Erkenntnis der Unterschiedlichkeit liegt, sehe ich darin, dass die Akzeptanz in beide Richtungen zunimmt und das Bewusstsein Raum greift „Ich bin o.k. Du bist o.k.", gemäß dem Titel des Transaktionsanalyse-Klassikers von Thomas A. Harris aus dem Jahr 1969.

4.8 Freundschaften wandeln sich im Laufe der Zeit

Einhergehend mit dem Erkennen der eigenen Hochsensibilität und dem Zurechtrücken der eigenen Identität werden auch die freundschaftlichen Kontakte unter einem neuen Blickwinkel betrachtet. Zu den Veränderungen, die die Selbstfindung begleiten, gehört es, sich (endlich) mehr Respekt für die hochsensible Wesensart zu verschaffen, sein gesamtes Leben zu überdenken und immer mehr so zu gestalten, dass es einem entspricht. Und das hat auch Auswirkungen auf Freundschaften.

Zur Reflexion über jede einzelne Freundschaft gehören Fragen wie diese: Bereichert mich die Freundschaft wirklich? Sind Geben und Nehmen im Gleichgewicht? Nehme ich mehr Rücksicht auf den anderen als auf mich? Gibt es etwas, was ich schon zu lange zähneknirschend mitgemacht habe? Kann ich in der Freundschaft ganz ich selbst sein? Habe ich mich über Gebühr angepasst, nur um die Freundschaft zu erhalten? Welche Veränderungen stehen an?

Gewohnte Bahnen zu verlassen, zu etwas Neuem aufzubrechen kostet immer eine Überwindung. Zunächst eine innere Überwindung (von Hemmungen und Ängsten), dann eine äußere Überwindung (von Hindernissen und Widerständen). Die Angst vor Veränderung kann dann überwunden werden, wenn man sich vor dem Neuen, was danach kommt, eine Verbesserung der eigenen Situation verspricht. Die Aussicht auf mehr Selbstbestimmung, Kreativität und Lebendigkeit kann so attraktiv und mobilisierend wirken, dass der notwendige Mut gefasst wird.

Verständlicherweise werden die Freunde nicht auf Anhieb lieb gewonnene gemeinsame Gewohnheiten aufgeben wollen. Bei aller Zuneigung werden Freunde Neuerungen nur insoweit mitmachen, wie es mit ihren Bedürfnissen in Einklang zu bringen ist. Freundschaften basieren schließlich nicht nur auf dem Interesse aneinander, sondern auch auf gemeinsamen Interessen und Aktivitäten. Der Gedanke, Freunde zu verlieren, mag beunruhigen. Aber nur der echte gemeinsame Nenner und die echte Übereinstimmung können langfristig eine Freundschaft tragen.

Hochsensiblen liegt viel an stabilen Freundschaften. Doch nicht immer passt es, Freundschaften in gleicher Intensität dauerhaft aufrechtzuerhalten. Jede größere Veränderung im Leben (Ortswechsel, Jobwechsel, Partnerschaft und Trennung, Heirat und Scheidung, Geburt, Todesfall, Interessenverlagerung, persönliche Entwicklung …) bringt zeitverzögert auch eine Umbildung im Gefüge der Freundschaften mit sich. Manche Freundschaften leben sich auseinander, andere vertiefen sich. Alte Freunde verschwinden in der Versenkung, neue Freunde kommen hinzu.

Ich mag das irische Sprichwort „Fremde sind Freunde, die man nur noch nicht kennt", macht es doch bewusst, dass alle engen Freunde irgendwann einmal Unbekannte waren, bevor sich im Laufe der Zeit Nähe und Vertrauen entwickelt haben. Alles spricht meines Erachtens dafür, die Augen offen zu halten für Menschen, die einem sympathisch sind und mit denen eine wertvolle, freundschaftliche Beziehung entstehen könnte.

Von mir – Nicht wegzudenken: Freunde

Insgesamt habe ich so überwiegend positive Erfahrungen mit Freunden gemacht, dass Freundschaften für mich ein angstfreier Raum sind. Freundschaften (zu Frauen wie zu Männern) sind für mich immer ein wichtiges stabilisierendes Element gewesen, ein Ausgleich zu relativ unsteten und schwierigen Liebesbeziehungen. Bei Freunden kann ich zuverlässig auf Wohlwollen, Akzeptanz und (weitgehendes) Verständnis setzen, egal, was ich „anstelle" – sonst wären es nicht meine Freunde. Der Freundeskreis ist für mich wie ein Sicherheitsnetz, das mich auffangen kann, wenn ich aus welchem Grund auch immer „abstürze". Kein einzelner Freund könnte das leisten.

In meinen Augen das große Plus von Freundschaften: der Freiraum. Was ich nicht mag: mit Beschlag belegt und in die Pflicht genommen werden. Ich will mich unabhängig fühlen, meinen Beitrag zur Freundschaft freiwillig leisten.

Ich habe es immer genossen, mit Freunden über wirklich alles, was mich beschäftigt, offen und ungeschönt sprechen zu können, keinen Abwertungen oder moralischen Urteilen ausgesetzt zu sein; im Gespräch mit ihnen gedanklich weiterzukommen, mir über Meinungen und Entscheidungen klarer zu werden und umgekehrt andere in Reflexions- und Entscheidungsprozessen anzuregen und zu begleiten.

Mir ist überaus wichtig, dass mein Sosein nicht nur toleriert, sondern gerne gesehen wird. Es ist für mich besonders motivierend und erfüllend, wenn jemand ausdrücklich etwas mit meinen besonderen Qualitäten anzufangen weiß. Wie ich es erlebt habe, fallen die problematischen Aspekte der Hochsensibilität in einer Freundschaft weniger ins Gewicht als in einer Partnerschaft, weil man mit Freunden nicht so viel so nah zusammen ist.

Seit ich selbstständig bin (1999), ergeben sich erfreuliche persönliche Gespräche und inspirierender Gedankenaustausch mit den Menschen aus meinem beruflichen Umfeld, seien es Netzwerkkontakte, Kooperationspartner oder Kunden. Umso mehr Gelegenheiten Menschen zu treffen, die gut zu mir passen, ergeben sich, seit der Tätigkeitsschwerpunkt Hochsensibilität mit Coachings, Gruppentreffen und dem Austausch auf Expertenebene hinzugekommen ist. Daraus sind auch meine neueren Freundschaften hervorgegangen.

Neu gewonnene Freunde sind für mich nicht minder wertvoll als langjährige. Wichtig sind für mich übereinstimmende Interessen, Anliegen und Einstellungen sowie Akzeptanz, Wohlwollen und Herzlichkeit im Umgang miteinander. Die Grenze zwischen guten Bekannten und Freunden sowie die zwischen beruflich und privat ist für mich fließend. Wenn es ein gutes Einvernehmen gibt, einen ungezwungenen, achtungsvollen Umgang, fühlt sich das für mich schon freundschaftlich an.

Seit ich mir über meine Hochsensibilität bewusst bin, nehme ich deutlich mehr Einfluss auf die Art der gemeinsamen Unternehmungen und suche noch gezielter nach übereinstimmenden Vorlieben, um mich im Zusammensein wirklich wohlzufühlen.

Dass es in diese Richtung gehen muss, hatte ich eigentlich schon länger erfasst. In den 90er-Jahren habe ich das Buch *Sag nicht Ja, wenn du Nein sagen willst* (von Herbert Fensterheim und Jean Bear) verschlungen und dabei x-mal gedacht: Dieses Buch hätte ich eher in die Finger bekommen sollen! (Heute finde ich es vom Scheibstil her nicht mehr so gut; es ist ein typisch amerikanisches Ratgeberbuch.) 2006 habe ich *Sei nicht nett, sei echt!* von Kelly Bryson gelesen und war fasziniert davon. Die Aussagen des Buchs rüttelten kräftig an ziemlich fest sitzenden Glaubenssätzen. Sollte ich wirklich aufhören, so viel daranzusetzen, unbedingt angenommen zu werden? Durfte ich mir erlauben, meine eigenen Bedürfnisse so wichtig zu nehmen? Ist es möglich, gemocht zu werden, ohne sich dafür zu verbiegen? Ja, ja und ja! „Neue Erfahrungen sind möglich", sagte einmal eine ältere, lebenskluge Frau sehr eindringlich zu mir. Und ich habe in der Tat neue, ermutigende Erfahrungen machen können mit Neinsagen und Echtsein.

5. Hochsensibel in der Partnerschaft

„Ich frage mich manchmal, ob Männer und Frauen wirklich zueinander passen. Vielleicht sollten sie einfach nebeneinander wohnen und sich nur ab und zu besuchen."

Katherine Hepburn (1907–2003)

Aller Scheidungs- und Trennungsraten zum Trotz wird einer auf Dauer angelegten, erfüllenden Liebesbeziehung von den meisten Menschen nach wie vor große Bedeutung beigemessen. „Es ist die Sehnsucht nach dem bedingungslosen Geliebtsein, dem Aufgehobensein in der Liebe", schreibt der Psychiater Jürg Willi (*1934), der sich seit den 60er-Jahren in seiner Forschungstätigkeit auf Partnerbeziehungen spezialisiert hat, in seinem Buch *Psychologie der Liebe: Persönliche Entwicklung durch Partnerbeziehungen* (2002), aus dem ich in diesem Kapitel mehrfach zitieren werde. „Das Alleinleben", so Willi, „kann eine gewählte Lebensform sein mit dem Vorteil der Freiheit und der Unabhängigkeit. (...) Für die meisten ist das Alleinleben aber nicht die eigentlich gewünschte Lebensform, sondern die zweite Wahl."

Elaine Aron meint, gerade Hochsensible sollten sich aber der Möglichkeit, ohne einen festen Partner zufrieden zu sein, nicht verschließen. „Wir sollten nicht glauben, dass eine Liebesbeziehung oder das gemeinsame Leben mit einem Partner der einzige Weg ist, um glücklich zu sein." Dies entnehme ich – wie alle Zitate von Elaine Aron in diesem Kapitel – aus ihrem Buch *Hochsensibilität in der Liebe: Wie Ihre Empfindsamkeit die Partnerschaft bereichern kann*.

5.1 Partnerschaft zwischen Wunsch und Wirklichkeit

So vielversprechend die Liebe ist, so schwierig und schmerzlich ist sie zuweilen. Eine reale Beziehung existiert zwischen zwei Polen. Einerseits ist Beziehung ein Ort des Wohlbefindens, der Bestätigung, der Erweiterung, der Selbstentfaltung, andererseits bisweilen ein Ort des Unbehagens, der Einengung und Einschränkung, der Konflikte und Auseinandersetzungen.

Jürg Willi sieht das ganz realistisch: „Zumindest zeitweilig richten in allen Beziehungen die Partner massive, emotional geladene Vorwürfe aneinander." Seiner Ansicht nach müssen die Partner „sich miteinander auseinandersetzen und gemeinsame Lösungen erstreiten, mit denen sich beide identifizieren können." Und: „Den Partner in seinen Gefühlen zu akzeptieren mag möglich sein, sein Verhalten aber und sein

Handeln wird man nicht bedingungslos akzeptieren können, weil man selbst davon betroffen ist. Die meisten Menschen werden sich überfordern, wenn sie auf Erwartungen, Kritik und Vorwürfe verzichten wollen."

Für Hochsensible ist Partnerschaft verbunden mit sehr intensivem Fühlen und ständig drohender Überstimulation. Dass Beziehung anregend, spannend und herausfordernd ist, entspricht auf der anderen Seite aber auch ihrem Bedürfnis nach Inspiration, Dazulernen und Entwicklung.

Bei Hochsensiblen besteht insgesamt die Tendenz – so hat Elaine Aron in ihren Forschungen herausgefunden –, unglücklicher in ihrer Partnerschaft zu sein als Nicht-Hochsensible. Aron vermutet, dass das daher rührt, dass Hochsensible gründlicher über die Beziehung und darüber, wie sie sich in ihr fühlen, nachdenken. Dabei sind ihre Empfindungen facettenreich und häufig ambivalent.

Hochsensible mit ihrem Idealismus, ihren hohen Ansprüchen und ihrem Perfektionsstreben hängen besonders stark dem romantischen Beziehungsideal an. Sie hegen die Vision von der großen Liebe, die Vorstellung von der vollkommenen Partnerschaft und die Überzeugung, es müsse den Traummann bzw. die Traumfrau geben. Angesichts ihrer hohen Erwartungen sind Enttäuschung und Frustration quasi vorprogrammiert. Schauen wir uns daher einmal näher an, was es mit dem Beziehungsideal auf sich hat.

Auf der Suche nach der wahren Liebe

„Viele Menschen versäumen das kleine Glück, während sie auf das große vergebens warten."

Pearl S. Buck (1892–1973)

Der Paarberater Michael Mary (*1953) verrät in seinem Buch *Lebt die Liebe, die ihr habt: Wie Beziehungen halten* (2008) das Geheimnis glücklicher Paare: „Glückliche Paare wollen nicht alles miteinander, was vorstellbar ist oder wünschenswert wäre, sondern leben die Liebe, die sie haben – und haben meist auch ein Leben unabhängig von der Beziehung."

Probleme in Beziehungen hält Mary für unvermeidlich. Beziehungen würden halten, wenn es den Partnern gelingt, auftauchende Schwierigkeiten und Konflikte zu bewältigen. Probleme seien wichtige Warnsignale. Sie machen bewusst, was sich bei den einzelnen Partnern verändert hat, und sie rufen zur entsprechenden Veränderung der Beziehung auf. Zugleich zeigen sie an, was zukünftig mehr berücksichtigt werden sollte, das heißt, sie liefern Hinweise auf die Lösungsrichtung.

Mary setzt sich in seinen Veröffentlichungen und in seinen Vorträgen kritisch mit den Machbarkeitsansätzen in der Paartherapie und in Beziehungsratgebern auseinander und fordert seine Leser/Zuhörer dazu auf, jeder Form von Rezepten für eine funktionierende Beziehung zu misstrauen. Mary betrachtet Beziehung als einen nicht vorhersehbaren Vorgang, als einen lebendigen Prozess. Charakteristisch fürs Lebendige sei, dass es weder zu lenken noch zu beherrschen ist. Auch wenn er keinesfalls meint, es sei sinnlos, sich mit einer Beziehung zu beschäftigen, bezweifelt er doch, dass sich an der Liebe arbeiten ließe und eine Beziehung nach Belieben gestaltet werden könne.

Marys Anliegen ist, Beziehungen von überzogenen Erwartungen und irrealen Wunschträumen zu entlasten: „Irgendwann ist es Zeit, das Ideal vom richtigen Partner oder von der vollkommenen Beziehung aufzugeben." Mary hat den Ausdruck AMEFI-Vorstellung geprägt. Damit bezeichnet er ein Ideal, nach dem sämtliche grundlegenden Bedürfnisse nach menschlicher Verbundenheit auf Dauer mit dem einen Beziehungspartner erfüllt werden sollen: Alles-Mit-Einem-Für-Immer.

Mary führt auf, was Partner aufgrund dieser Idealvorstellung alles mit großer Selbstverständlichkeit auf Dauer voneinander bzw. von der Beziehung erwarten:
- Im Bereich leidenschaftlicher Liebe: emotionale Anziehung, Sehnsucht, anhaltende Verliebtheit, Erotik, lustvolle Sexualität, Zärtlichkeit. Dies entspricht dem romantischen Liebesideal.
- Im Bereich der partnerschaftlichen Liebe: Zugehörigkeit, Beständigkeit, Zuverlässigkeit, Leistungsbereitschaft, materielle Absicherung, Unterstützung im Lebensalltag, Arbeits- und Rollenteilung, gemeinsame Lebensprojekte wie Familiengründung, gemeinsamer Weg durchs Leben.
- Im Bereich der freundschaftlichen Liebe: mit seinen Eigenarten akzeptiert werden, für alles, was man tut, Verständnis bekommen, Sympathie, Zuwendung, Anteilnahme, Wohlwollen, Loyalität, Ansichten, Einstellungen, (Freizeit-)Interessen und Vorlieben teilen, sich gegenseitig Gutes tun.

Mary: „Die heutige ‚eine Liebe' ist tatsächlich eine dreifache Liebe, deren Vereinigung nicht nur eine wahre Mammutaufgabe darstellt, sondern die Partner überfordert." Schon allein, Partnerschaft und Leidenschaft miteinander verbinden zu wollen, hält Mary für eine Quadratur des Kreises, bei der „Partner über die paradoxen Anforderungen stolpern, die sie sich selbst stellen. Sie wollen vertraut miteinander sein und zugleich fremd füreinander bleiben. Sie wollen sich einander anpassen und zugleich interessant füreinander sein. Sie wollen den Alltag nah beieinander verbringen und sich zugleich nacheinander sehnen."

Ungeachtet der Realität sei das AMEFI-Ideal aber heute derart verbreitet, dass es kaum infrage gestellt werde. Dabei sei, von seiner Beziehung alles zu erwarten, „eine sichere Methode, sie in die Knie zu zwingen oder gar ihr Ende herbeizuführen".

Alternativ plädiert Mary für ein Ausloten von Beziehungen und meint damit das Erforschen der Möglichkeiten einer Beziehung. Partner können nicht bestimmen, was zwischen ihnen entsteht, sie müssen es herausfinden. Er ist der Meinung, eine Beziehung müsse nicht alles geben, vielmehr genüge es, „wenn sie schön ist, wenn sie wertvoll ist, wenn sie zufrieden macht, wenn das Leben mit ihr besser scheint als das Leben ohne sie." Es gelte, das zu schätzen, was die Beziehung bietet. „Glückliche Paare haben aufgehört, ihre Beziehung an die eigenen Vorstellungen anpassen zu wollen, stattdessen passen sie sich an ihre Beziehung an."

Zum Nutzen einer Desillusionierung schreibt Mary: „(Wer) sich an seinen Idealen abgearbeitet hat, wer die zweite, dritte oder vierte Beziehung nicht an seine Erwartungen anzupassen vermochte, der mag bereit sein, sich auf die Möglichkeiten seiner Beziehung einzustellen. Dann gerät eine Desillusionierung zur Befreiung von der Last des AMEFI-Ideals."

Jede Menge Befürchtungen

„Mut ist Widerstand gegen die Angst, Sieg über die Angst, aber nicht Abwesenheit von Angst."

Mark Twain (1835–1910)

Eine Liebesbeziehung einzugehen ist für viele mit einer ganzen Reihe von Befürchtungen und Ängsten verbunden. Selbstverständlich haben nicht nur hochsensible Menschen diese Ängste, aber bei ihnen sind sie aufgrund der niedrigen Erregungsschwelle und der Intensität ihres Empfindens tendenziell bedrückender. Eine Unsicherheit im Bindungsverhalten ist nicht ursächlich auf Hochsensibilität zurückzuführen, sondern auf schlechte Erfahrungen mit den ersten wichtigen Bezugspersonen und mit früheren Liebespartnern. Schlechte Erfahrung haben bei Hochsensiblen eine stärkere Wirkung und mehr Nachwirkungen, sodass sie daraufhin später mit höherer Wahrscheinlichkeit einen ängstlichen oder vermeidenden Liebesstil entwickeln statt eines sicheren.

Einige Ängste sind bewusst und können leicht angeschaut werden, andere halten einen unbewusst davor zurück, sich auf eine Beziehung einzulassen, oder begleiten einen während einer Beziehung. Zu den Ängsten gehören unter anderem:

- *Die Angst davor, verlassen oder betrogen zu werden.* Das Risiko, dass der Partner einen betrügt, verlässt oder stirbt, ist real. In einer Beziehung schwebt man in der Gefahr, Leid durch Betrug oder Trennung zu erfahren. Allein die Vorstellung, wie sehr das schmerzen würde, kann quälend sein. Wer Verlassenwerden oder Betrug in der Kindheit und/oder mit früheren Beziehungspartnern erlebt hat, kann eine tief sitzende Unsicherheit und Zweifel am eigenen Urteilsvermögen zurückbehalten haben. Er tut sich schwer, wieder zu vertrauen und seine Eifersucht zu bezähmen.
  Mögliche Erkenntnis: Kein gesunder Erwachsener ist so abhängig vom Partner, dass er nicht auch ohne ihn leben könnte. Elaine Arons pragmatischer Rat zum Umgang mit den Verlustängsten: „Für HSP sind diese Ängste besonders stark und wir müssen uns ihnen stellen. Sie können Nähe vermeiden, um keinen Verlust erleiden zu müssen, aber es ist strategisch besser, jeden Tag Nähe zu riskieren, denn Sie wissen nicht, wann Sie eine solche Chance wieder bekommen." Letztlich muss man mit der Tatsache leben, dass man nie sicher vorhersehen kann, ob die Liebe bestehen bleibt, ob der Partner sich jemand anderem zuwendet oder – und auch das kann schließlich geschehen – ob man sich selbst „entliebt" und/oder in einen anderen Menschen verliebt. Das Leben und die Liebe sind ständig in Veränderung begriffen und daher unberechenbar.
- *Die Angst davor, sich zu öffnen und zu zeigen.* Die Nähe in einer Partnerschaft bedeutet, sich so zu zeigen, wie man ist, körperlich und mit seinen Gedanken und Gefühlen – und mit seinem Wesen. Das ist unter Umständen mit Schamgefühlen verbunden. Wer Hochsensibilität als Makel betrachtet und befürchtet, in seinem Sosein nicht angenommen zu werden, wird sich zum eigenen Schutz eher verschließen.
  Mögliche Erkenntnis: Um sich zu trauen, authentisch zu sein, braucht es ein solides Selbstwertgefühl und Selbstvertrauen. Erst wenn ich zu der Überzeugung gelange, dass ich in Ordnung bin, wie ich bin, sehe ich keinen Grund mehr, mich zu verstecken.
- *Die Angst davor, verletzt zu werden.* Hochsensible wissen, wie leicht sie durch Schroffheit, Ärger und Wut eines Partners über das verträgliche Maß hinaus erregt werden, Kritik und Vorwürfe treffen sie tief und nachhaltig.
  Mögliche Erkenntnis: Situationen, in denen mein Partner unfreundlich und unwirsch wird, sind im Zusammensein nie ganz zu vermeiden. Im Umgang damit kann es mir helfen, wenn ich verstehe, dass der andere in dem Moment ein Problem hat und sich nicht anders zu helfen weiß. (Marshall Rosenberg: „Aggressivität ist der tragische Ausdruck eines ungestillten Bedürfnisses.")
- *Die Angst davor, selbst aggressiv zu werden.* Es kann erschrecken, Wut und Ablehnung gegenüber dem Partner zu empfinden und destruktive Impulse bei sich festzustellen. Die Befürchtung, den anderen zu verletzen und die Liebe zu zerstören, liegt nahe.

Mögliche Erkenntnis: Gefühle von Ärger oder Wut sind integraler und sinnvoller Teil des gesamten Gefühlsspektrums. Die eigene Wut dient dazu, (vorübergehend) Distanz zum Partner zu schaffen, um selbst zu erkennen, was im Argen liegt und was man braucht. Sie dient auch dazu, den Partner deutlich wissen zu lassen, dass Grenzen überschritten sind. Wenn ich aufmerksam auf mich achte, kann ich mit der Zeit immer besser aufkeimende Wut als Warnsignal verstehen, meine Bedürfnisse erkennen und auf sie aufmerksam machen, bevor die Wut übermächtig wird.

- *Die Angst davor, selbst intolerant zu sein.* Hochsensible stören sich an vielem und sind oft schon von Kleinigkeiten am Partner irritiert, manchmal auch abgestoßen. Das lässt sie zu Recht fürchten, dass ihre eigenen Liebesgefühle darunter leiden könnten. Elaine Aron beschreibt das Dilemma: „Wir HSP deuten oft diese trivialen Reaktionen fälschlicherweise als Unfähigkeit, wirklich zu lieben. (…) Des Weiteren fühlen wir uns furchtbar, weil wir so intolerant sind (…). Daher entschließen wir uns vielleicht, liebenswert und tolerant zu sein – und sind genervt. Aber auch das fühlt sich in einer engen Beziehung nicht richtig an (…)."
Mögliche Erkenntnis: Es gehört zum Hochsensibelsein, sich von Kleinigkeiten gestört zu fühlen und den drängenden Wunsch zu haben, ohne Störfaktoren leben zu können. Die sicherlich notwendige Bereitschaft, Störendes zu tolerieren, darf nicht überstrapaziert werden, damit die Gefühle nicht umschlagen. Ich werde also nicht umhinkommen, meinen Partner hie und da um Rücksicht zu bitten.

- *Die Angst davor, sich zu verlieren.* In einer so engen und intimen Beziehung kann die Grenze zwischen dem Partner und einem selbst so sehr verschwimmen, dass man durcheinandergerät und gar nicht mehr recht weiß, was man eigentlich selbst will und wer man ist. Verliebtheit geht einher mit dem Gefühl des Verschmelzens. Das kann in der Sexualität genussvoll erlebt werden, an anderer Stelle aber als beängstigender Kontrollverlust. Hochsensible sind besonders leicht beeinflussbar, vor allem von Menschen, die ihnen nahestehen. Die Einflussnahme geschieht oft sehr subtil, allein schon über die Ausstrahlung des anderen. So erklärt sich die Befürchtung, die eigene Perspektive zu verlieren, sich unwillkürlich zu sehr auf die Bedürfnisse des Partners einzustellen oder vereinnahmt zu werden.
Mögliche Erkenntnis: Sich vom Partner ein Stück weit beeinflussen zu lassen, etwas von ihm anzunehmen, auf ihn einzugehen gehört zum Wesen einer Beziehung. Die eigenständige Identität geht nicht wirklich „verloren", sie ist nur vorübergehend von anderen Eindrücken überlagert. Das, was einem wie ein Vereinnahmen vorkommt, liegt wahrscheinlich gar nicht in der Absicht des Partners und ist ihm nicht bewusst. Da braucht es unter Umständen eine entsprechende Mitteilung über das eigene Empfinden und etwas mehr inneren und äußeren Abstand, um sein eigenes Selbst wieder besser zu spüren, sich auf Selbstbestimmung zu besinnen und sie auch auszuüben.

So, wie Hochsensible ein Stück weit prädestiniert sind, mehr Ängste als andere zu haben, sind sie gut mit den notwendigen Fähigkeiten ausgestattet, um sich erfolgreich mit ihnen auseinanderzusetzen. Sie tun sich leicht mit der Selbstreflexion, haben einen relativ guten Zugang zu ihren Gefühlen, sie (an-)erkennen, wie viel Einfluss das Unbewusste hat, und sie sind tendenziell eher als andere bereit, aktiv etwas für ihre Weiterentwicklung zu tun. Elaine Aron ist überzeugt, dass die Auseinandersetzung mit sich selbst nützlich ist, „um eine enge Beziehung zu beginnen, zu erhalten oder neu zu beleben – oder dafür, auch ohne zufrieden zu sein."

An dieser Stelle noch einmal eine Würdigung der Angst. Angst sorgt dafür, dass wir sinnvolle Vorsicht walten lassen und uns vor Gefahren schützen. Also ist das Ziel nicht, alle Ängste komplett loszuwerden, sondern es geht lediglich darum, sie nicht die Oberhand gewinnen zu lassen; nicht zuzulassen, dass sie uns von etwas abhalten, was wir uns eigentlich sehnlich wünschen; uns nicht so sehr von ihnen einnehmen und zurückhalten zu lassen, dass unsere Lebenslust versiegt und uns das Freudvolle einer Beziehung entgeht. Ich möchte Ihnen sagen: Rügen Sie sich nicht selbst wegen Ihrer Ängste. Sparen Sie sich die Kraftanstrengung, Ängste mit allen Mitteln zu bekämpfen. (Die Ängste werden sich wehren!) Hören Sie lieber darauf, was sie Ihnen zu sagen haben, und nehmen Sie es als wohlmeinende Hinweise. Warten Sie nicht darauf, dass Ängste ganz verschwinden (das tun sie in aller Regel nicht, schon gar nicht von heute auf morgen), sondern schöpfen Sie trotz vorhandener Bedenken und Ängste die Möglichkeiten des Lebens, soweit es nur irgend geht, aus. Neue (schöne!) Erfahrungen sind möglich. Nur Mut!

In Beziehung sein und doch Raum für sich haben

> „Ehe: gegenseitige Freiheitsberaubung im beiderseitigen Einvernehmen."
> Oscar Wilde (1854–1900)

Eine Ausgewogenheit zu finden zwischen Nähe und Distanz, zwischen Bindung und Eigenständigkeit ist für jeden ein Thema, der in einer Partnerschaft lebt. Für Hochsensible aber hat die Nähe in einer Beziehung eine ganz besondere Brisanz, denn mit ihr ist unweigerlich eine Flut von Reizen verbunden. Das sind einmal die Reize, die vom Partner ausgehen: Hochsensible nehmen über alle Sinneskanäle unablässig eine Unmenge von Eindrücken vom anderen auf, sobald der ihnen nahe ist. Darüber hinaus sind es die zahlreichen Regungen aus dem eigenen Inneren, die durch den Partner angestoßen werden. Inniges Zusammensein ist hochgradig erregend (nicht nur im erotischen Sinne). Je enger eine Beziehung gelebt wird, umso unmittelbarer drohen Überstimulation und Überforderung. Das Zusammenwohnen stellt in dieser Hinsicht die größte Herausforderung dar.

Das Bedürfnis nach Ruhe und ungestörtem Für-sich-Sein kann bei Hochsensiblen so ausgeprägt sein, dass sie eine Partnerschaft ganz scheuen bzw. nur mit großer Zurückhaltung eingehen. Auf der anderen Seite haben sie wie andere auch das Bedürfnis nach Nähe, Verbundenheit und Geborgenheit. Sie wünschen sich, in Beziehung zu sein, sie sehnen sich nach Zweisamkeit und Liebe, nach Intimität, Zärtlichkeit und Sexualität.

So schön es sein kann, unabhängig zu sein, man möchte nicht auf Dauer allein sein. Und dann wieder: So schön Nähe sein kann, man möchte sie nicht jederzeit haben. In diesem Dilemma befinden sich nicht nur Hochsensible. Jürg Willi weist darauf hin, dass „beide Partner – bzw. wohl fast alle Menschen – eine tiefe Ambivalenz bezüglich Bindung und Freiheit in sich tragen." Wenn Verbundenheit und Autonomie beides Grundbedürfnisse sind, kann es nicht funktionieren, eines davon unbefriedigt zu lassen. Also liegt die Lösung nicht im Entweder-oder, sondern im Sowohl-als-auch. Beide inneren Bestrebungen wollen zu ihrem Recht kommen. Die Aufgabe ist, sie gut auszubalancieren und keine Seite dauerhaft das Übergewicht bekommen zu lassen.

Für den Paartherapeuten Hans Jellouschek bedeutet eine Balance hinsichtlich Autonomie und Bindung: „Mann und Frau fühlen sich in einer festen Bindung miteinander, jeder von beiden hat aber auch seinen individuellen Freiraum. Jeder hat seine eigene Welt mit eigenen Interessen, Aktivitäten und Beziehungen, sie haben aber auch eine abwechslungsreiche, lebendige und ausgedehnte gemeinsame Welt." (Aus *Liebe auf Dauer: Die Kunst, ein Paar zu bleiben*)

Im Laufe eines Tages, einer Woche wie auch im Laufe der Beziehung gibt es abwechselnd Phasen größerer Nähe und Phasen größerer Distanz. Scheinbare Gegensätze lassen sich bei ganzheitlicher Auffassung zusammenführen: Ich kann mich meinem Partner gefühlsmäßig nahe fühlen, während ich räumlich von ihm entfernt bin. Die Verbundenheit mit meinem Partner kann mir emotional den Rücken stärken für eigenständige Projekte.

Im Alltag ist für Hochsensible von entscheidender Bedeutung, ob sich der für sie typische wiederkehrende Wunsch nach Alleinsein im Rahmen der Beziehung problemlos erfüllen lässt. Ist es nicht möglich, auch einmal Abstand zum Partner zu gewinnen und zum Luftholen zu kommen, kann der Drang nach Freiraum so übermächtig werden, dass Trennung als einziger Ausweg erscheint. Kelly Bryson in *Sei nicht nett, sei echt!*: „Ein wichtiger Grund dafür, dass Menschen (…) ihre Partner verlassen, ist die Angst, dass in der Beziehung keine Chance besteht, dass ihre Bedürfnisse erfüllt werden oder sie in den Genuss der gewünschten Freiheit kommen."

Ein heikles Thema für Hochsensible ist das Zusammenwohnen, weil dadurch die persönliche Freiheit und die Selbstbestimmung am ehesten in Gefahr geraten, zumal dann, wenn die Raumaufteilung ohne großes Nachdenken in klassischer Weise (gemeinsames Wohnzimmer, gemeinsames Schlafzimmer) gehandhabt wird. In den gemeinsam genutzten Räumen ist immer ein Stück Rücksichtnahme und Anpassung erforderlich, was einer gewissen persönlichen Einschränkung gleichkommt – und einer Zumutung für den anderen, wenn nicht entsprechend Rücksicht genommen wird. Es wird schwierig, im selben Raum Unterschiedliches zu tun, weil jeder alles vom anderen mitbekommt, egal, ob er das schön findet oder nicht. Geräuschempfindliche Hochsensible stehen da auf verlorenem Posten. Die Folgen haben letztlich beide zu tragen: überstrapazierte Nerven, erhöhte Reizbarkeit, Unausgeglichenheit, chronische Unzufriedenheit und schließlich Missklang und Reibereien in der Beziehung.

Wenn Partner – hochsensibel oder nicht – ehrlich sind, sagen sie oft, dass sie sich eigentlich ein Zimmer für sich allein wünschen. Viele würden dafür liebend gerne auf ein großes Wohnzimmer verzichten. Die moderne Architektur geht jedoch in eine ganz andere Richtung und wird damit den Alltagsbedürfnissen eines Paars bzw. einer Familie wenig gerecht – und denen von Hochsensiblen schon gar nicht. Da findet sich ein groß dimensionierter, repräsentativer Wohn- und Essbereich, oftmals mit offener Küche. Der bietet viel Raum für Gemeinschaft und wenig Raum für Individualität. Die übrigen Zimmer in der Wohnung oder im Haus sind oft erschreckend klein (man denke an unsäglich kleine Kinderzimmer!). Mann und Frau haben in der Regel gar keine Räume jeweils für sich allein, in die sie sich nach Belieben zurückziehen können, höchstens vielleicht ein Arbeitszimmer, falls das beruflich vonnöten ist. Nicht umsonst ist der Hobbykeller bei Männern so beliebt! Und wo bleiben die Frauen?

Bei langjährigen Paaren gibt es gar nicht so selten die noch radikalere (meist unausgesprochene) Idealvorstellung von zwei getrennten Wohnungen, die nebeneinander- oder übereinanderliegen. Hieraus wird ersichtlich: Beide Partner fühlen sich langfristig meist wohler in der Partnerschaft, wenn sie ihren persönlichen Freiraum nicht ganz aufgeben müssen.

Mögliche praktische Lösungen

Mein eindringlicher Appell: Damit der Traum vom Zusammenleben nicht zum Albtraum wird, sollten Sie und Ihr Partner flexibel sein und rechtzeitig die äußeren Umstände den beiderseitigen Bedürfnissen anpassen, anstatt sich selbst und/oder dem anderen laufend Anpassung und Toleranz abzuverlangen. Warum sich nicht von Konventionen lösen und ein anderes Raumkonzept verwirklichen? Das kann den Alltag deutlich konfliktfreier und die Beziehung harmonischer und glücklicher machen.

Haben Sie für sich schon einen gangbaren und stimmigen Weg gefunden? Wenn nicht, mögen Sie Ihren Partner einladen, mit Ihnen Lösungen zu ersinnen? Sind Sie offen für Veränderungen? (Eine andere Raumaufteilung verändert auch die Beziehungsstruktur!) Haben Sie Lust, zu experimentieren und für sich das Passende herauszufinden?

Getrenntes Wohnen. Manche Hochsensible schwärmen von einer Wochenendbeziehung. Sie scheint in vieler Hinsicht günstig. Am Wochenende kann man sich intensiv auf den Partner einlassen, Zusammensein und gemeinsame Unternehmungen genießen. Unter der Woche hat man bei sich zu Hause Ruhe um sich herum, kann nach eigenem Gutdünken eigenen Interessen nachgehen, braucht sich nur um sich selbst zu kümmern (na ja – vielleicht noch um Kinder oder Haustiere!). Ähnliche Vorzüge hat getrenntes Wohnen, auch wenn man sich aufgrund räumlicher Nähe öfter als nur am Wochenende sieht („living apart together"). Dennoch suchen viele Paare langfristig die Perspektive eines gemeinschaftlichen Lebens, nicht zuletzt aus finanziellen Erwägungen. Vor- und Nachteile können ganz schwer im Voraus gegeneinander abgewogen werden. Natürlich ist es schön, sich abends gegenseitig vom Tag erzählen zu können, den anderen in der Nähe zu wissen, auch wenn man sich mit verschiedenen Dingen beschäftigt, gemeinsam ein Zuhause einzurichten. Spätestens ein Kinderwunsch bringt die Partner meist unter ein Dach.

Ein eigenes Zimmer in einer gemeinsamen Wohnung dient nicht nur als Rückzugsort, um immer wieder zur Ruhe und zu sich zu kommen, sondern bietet auch den Raum für individuelle Entfaltung. Es hilft, die eigene Identität zu wahren. Ich kann mein Zimmer ganz nach meinem Geschmack einrichten und ausgestalten, mich darin mit Dingen umgeben, in denen ich mich wiederfinde und die mir guttun. Ich kann, wann immer ich mag, ein schöpferisches Chaos entstehen lassen und zu einem anderen Zeitpunkt akribisch aufräumen. Ich kann das Maß an Stimulation weitgehend selbst bestimmen und mein Wohlfühlen sicherstellen. Ich kann ungestört meinen Interessen nachgehen, meinen Hobbys frönen, mich kreativ betätigen oder einfach nur meinen Gedanken nachhängen.

Getrennte Schlafzimmer oder zumindest die räumliche Möglichkeit, bei Bedarf auch bequem getrennt schlafen zu können, geben beiden Partnern die Freiheit, ihrem unterschiedlichen Schlafrhythmus entsprechend früh oder spät ins Bett zu gehen (viele Hochsensible gehen relativ früh schlafen), so lange im Bett zu lesen, wie sie möchten, noch Musik zu hören oder vom Bett aus fernzusehen, bei offenem oder geschlossenem Fenster, hell oder dunkel zu schlafen – alles, ohne den anderen zu beeinträchtigen. In einem gemeinsamen Schlafzimmer ist das aus Rücksicht auf den anderen nur sehr eingeschränkt möglich bzw. um den Preis, dass einer etwas hinnehmen muss oder beide faule Kompromisse eingehen. Schnarchen, Atemgeräusche und nächtliches Umdrehen können zermürben und sich wie alles zuvor Aufgeführte über kurz oder lang zur Streitsache auswachsen. Für viele Hochsensible ist nur der Schlaf allein wirklich erholsam. Wäre es da nicht am besten, die Schlafsituation gar nicht erst zu einem manifesten Problem werden zu lassen?

HOCHSENSIBLE BERICHTEN

Barbara*: Für mich stellt sich die Frage: Wie halte ich eine Partnerschaft aus? Wie gehe ich mit den Spannungen und Eindrücken um, ohne dabei auszubrennen? Die Gedanken an Trennung begleiten meine 28-jährige Ehe seit dem Beginn.

Uwe*: Ich weiß nicht: Sind meine Erfahrungen in Beziehungen auf Hochsensibilität zurückzuführen oder auf eine davon unabhängige Beziehungsproblematik?

Hochsensibel zu sein ist unmännlich und macht es schwieriger, eine Partnerin zu finden. Frauen wollen doch einen einfühlsamen und dennoch ‚starker' Mann.

In einer HSP/Nicht-HSP-Beziehung fühle mich als HSP-Mann eher unterlegen. Vor vielen Jahren im Urlaub mit meiner damaligen Freundin, die Krankenschwester war: Ich war beim Rennen hingefallen, hatte mir den rechten Arm aufgeschürft und geprellt (dachte ich) und konnte ihn kaum bewegen vor Schmerzen. Meine Freundin musste mir bei vielem helfen und meinte irgendwann: „Stell dich nicht so an." Jahre später erfuhr ich, dass der Arm gebrochen war.

Früher habe ich mich in Beziehungen verloren. War ich verliebt, war ich ohne Ecken und Kanten. Gab es ‚mich' dann überhaupt? Zu oft hörte ich von Frauen, in die ich verliebt war: „Ich mag dich, aber ich liebe dich nicht." Wenn doch eine Beziehung zustande kam, hatte ich Angst vor Trennung und deshalb auch vor Konflikten. Trennungen waren extrem schmerzhaft und gingen meistens von den Frauen aus. Irgendwann hatte ich die Nase voll und entschied aus einem tiefen Bauchgefühl heraus, mich nicht mehr auf diese schmerzhafte Art zu verlieben und ‚hinterherzudackeln'. Und es hat funktioniert. Liebe ja, aber Verliebtheit nein. Manchmal habe ich Verliebtheit sogar als Warnsignal erlebt vor einer Beziehung, die mir nicht guttun würde. Und Verliebtheit ist kein Grund mehr wie früher, unbedingt eine Beziehung eingehen zu wollen.

Ich wurde unabhängiger und selbstständiger, ich konnte ohne Partnerin stehen. Daraufhin hat sich mein Beziehungsmuster um 180 Grad gedreht. Eine Frau hat sich sehr in mich verliebt, während ich derjenige war, der Freiheit brauchte. Ich habe mit dieser Partnerin zusammengelebt und es gab viele Konflikte, die mir sehr zusetzten.

Heute kann ich mir nicht mehr vorstellen, mit einer Partnerin gemeinsam in einer Wohnung zu leben. Da ich mich innerlich nicht abgrenzen kann, brauche ich Wände, um mich abzugrenzen. Als HSP-Mann ist es für mich sehr wichtig, selbstständig und unabhängig zu sein, gut allein sein zu können, eine Beziehung zu mir selbst aufzubauen, mich anzunehmen, statt mich abzulehnen. Und in der Beziehung kritische Themen ansprechen zu können trotz der ‚Gefahr', verlassen zu werden. Verblüffenderweise festigt dieses Ansprechen die Beziehung.

Meine jetzige langjährige Partnerin sehe ich meistens nur am Wochenende, oft nur sonntags. Wir telefonieren aber fast täglich. Sie würde gerne mit mir zusammenleben und hat Beziehungswünsche, die ich nicht erfüllen kann. Ich kann entweder Beziehung leben oder arbeiten, beides ist mir zu viel. Wenn ich nach der Arbeit heimkomme, bin ich froh, wenn niemand da ist und mich anspricht. Ich konnte meiner Partnerin auch sagen, dass ich ihre Partnerschaftswünsche völlig in Ordnung finde, aber wenn sie sie leben möchte, dann sollte sie sich einen Partner suchen, mit dem das möglich ist, auch wenn das traurig für mich wäre. Ich wundere mich, dass sie nach 15 Jahren immer noch da ist.

Iris*: Im Thema Partnerschaft steckt so wahnsinnig viel drin. Vermutlich könnte man dazu einen dicken Roman schreiben. Für mich ist es mehr und mehr wichtig geworden, bei mir zu bleiben, mich selbst nicht zu verlieren! Was aber auch eine hohe Sensibilität gegenüber den eigenen Bedürfnissen erfordert. Und sich besser kennen und akzeptieren lernen. Zudem sollte für beide Partner Raum zur Entfaltung sein. Raum, um die eigene Persönlichkeit zu leben, wie auch Raum für die Nähe. Was allerdings ein täglicher Seiltanz werden kann.

Fiona*: Ich brauche Rückzug und Freiräume. Für mich ist es ganz eindeutig: Wenn eine bestimmte Menge an Reizen auf mich eingeströmt ist und ich diese Flut im eigenen System zu verdauen habe, geht das ab einem bestimmten Ausmaß an Überflutung immer nur alleine. Dann brauche ich einfach so etwas wie einen ‚geschützten Raum', wo ich sicher bin, dass mir da keiner plötzlich reinplatzt, damit ich mich ungestört regenerieren kann.

Abgesehen davon möchte ich meine eigenen Freiheiten haben, sonst fühle ich mich leicht in meiner Vitalität gehemmt. Die Freiheiten sind für mich so wichtig wie die Luft zum Atmen. Ich habe eigene Hobbys. Ich fahre einmal im Jahr ohne meinen Partner in Urlaub.

Und wenn wir zusammen in Urlaub sind, gehe ich mindestens einmal am Tag alleine raus, oft und gern spazieren an frischer Luft in der Natur. Das fährt das überreizte Nervensystem wieder runter. Und natürlich bleibe ich dabei, zu meinen Abgrenzungswünschen zu stehen. Es ist für mich ganz wichtig, „Nein" sagen zu können, wenn es gerade die Wahrheit ist. So kann ich auch klar und deutlich „Ja" sagen.

> Im nahen Kontakt mit meinem Partner erlebe ich ganz verschiedene innere Regungen: Es gibt Wünsche nach Zärtlichkeit, Gehaltensein, Sinnlichkeit, sexueller Erfüllung. All dies möchte ich mit meinem Mann erleben, er möchte das auch und deshalb teilen wir das Bett, wo all dies am innigsten geht. Aber an einem bestimmten Punkt benötige ich dann wieder Abgrenzung. Während mein Mann sich einfach umdreht und einschläft, geht das für mich nur schwer. Er bewegt sich viel im Schlaf und schnarcht. Da meine Sinne besonders ‚beeindruckbar' sind, kann ich dabei nicht abschalten, oder ich werde davon geweckt, wenn ich bereits geschlafen habe. Daher gehe ich nach der Nähephase mit meinem Mann meist in ein Bett in einem anderen Zimmer – auch wenn es für ihn manchmal schwer zu verstehen ist.

Wie entscheidend ist die Partnerwahl?

> *„Liebe ist gemeinsame Freude an der wechselseitigen Unvollkommenheit."*
>
> Ludwig Börne (1786–1837)

Die Partnerwahl entscheidet darüber, welche Erfahrungen und Entwicklungen in der Beziehung möglich sind. Laut Jürg Willi bildet sie auch die Grundlage späterer Paarkonflikte. Keinesfalls kann es als egal angesehen werden, mit wem man sich verbindet. Gleichwohl ist es ein Irrtum, zu glauben, mit einer gezielten Partnerwahl ließen sich die Chancen auf eine „erfolgreiche" Beziehung erhöhen. Zu vieles liegt in unserem Unbewussten, als dass das funktionieren könnte. Neuere Forschungen belegen, dass sich die Wahl des Liebespartners gänzlich unserem Verstand entzieht. Der Verstand kann nur versuchen, die unbewusst getroffene Wahl mit guten Argumenten zu untermauern.

Ohnehin gilt: Nicht der „perfekte" Partner macht das Glück, sondern das stimmige Zusammenspiel. Beziehung formt sich zwischen den Partnern. Zu dem, was miteinander geschieht, tragen beide bei. Dinge, die gelingen sind ebenso ein Gemeinschaftswerk wie Dinge, die schieflaufen. Sie sind nie allein die „Leistung" bzw. der „Fehler" des einen oder des anderen.

Die Aussichten auf Glück hängen nicht von einer bestimmten Partnerkonstellation ab; ob nun hochsensibel mit hochsensibel oder hochsensibel mit nicht-hochsensibel, jede Verbindung hat ihre Sonnen- und Schattenseiten. Im „Vorteil" liegt zugleich der „Nachteil" begründet und umgekehrt. Es gibt nicht *den* Richtigen / *die* Richtige und es gibt nicht *die* ideale Kombination.

Eine sehr günstige Verbindung gibt es allerdings doch: die Beziehung zwischen zwei Glücklichen. Denn: Je freudloser, unzufriedener, problembeladener und negativer eingestellt der Einzelne für sich genommen ist, umso unglücklicher ist er auch in der Beziehung – vielleicht einmal abgesehen von der Verliebtheitsphase. Und das trübt zwangsläufig die Beziehungsatmosphäre. So wohltuend und heilsam Beziehung wirken kann, sie löst nicht automatisch persönliche Probleme, sie macht nicht einfach so glücklich. Es führt kein Weg daran vorbei, Eigenverantwortung zu übernehmen und für sich selbst eine Problemlösekompetenz auszubilden. Für manche Hochsensiblen kann das bedeuten, sich nicht länger zu verstecken und kleinzumachen, sondern sich zu zeigen und immer mehr zu ihrer persönlichen Größe heranzuwachsen, sodass eine ebenbürtige Partnerschaft möglich ist.

Partnerschaft ist nicht statisch, sie ist ein lebendiger Prozess. Für das gelingende Miteinander ist entscheidend, wie viel Bereitschaft zur Selbstreflexion, zur (Selbst-)Erkenntnis, zur Bewusstwerdung und zur Weiterentwicklung auf beiden Seiten gegeben ist, wie viel Flexibilität im Denken und Handeln einerseits und wie viel gefestigte Persönlichkeit, die sich selbst im Kern treu bleibt, andererseits.

Ebenso wenig wie eine Einzelperson auf das Charakteristikum Hochsensibilität reduziert werden kann, kann eine Beziehung auf die Art der Verbindung – zwischen zwei hochsensiblen Partnern oder einem hochsensiblen und einem nicht-hochsensiblen Partner – reduziert werden. Partnerschaft wird von unzähligen Faktoren bestimmt, sie ist so unglaublich vielschichtig und komplex und niemals völlig zu erfassen. Man kann Forschungen anstellen, und doch bleibt die Liebe in gewisser Weise immer ein Mysterium – was ja auch die Faszination ausmacht. Und: Jede einzelne Beziehung ist besonders und hat ein ganz einzigartiges Potenzial.

Der Punkt Hochsensibilität (bei einem oder beiden) ist nur ein Puzzleteil, wenn auch ein wichtiges, in dem ganzen Beziehungsbild. Durchaus zeigen sich aber „typische" Chancen und Problemstellungen in den beiden möglichen Verbindungen, die ein hochsensibler Mensch eingehen kann. Im Folgenden werde ich die beiden Konstellationen getrennt behandeln und dabei jeweils die Aspekte beleuchten, die meiner Kenntnis nach darin eine prominente Rolle spielen, wohl wissend, dass etliche Aspekte mit einiger Berechtigung auch unter der anderen Überschrift vorkommen könnten. Darüber hinaus hat vieles Relevanz für Paare im Allgemeinen. Meine Bitte an Sie: Lesen Sie beide Abschnitte, unabhängig davon, wo Sie Ihre Beziehung einordnen.

Bedenken Sie dabei: Da es in der Ausprägung der Hochsensibilität Abstufungen gibt, sind auch zwei Hochsensible nie genau gleich sensibel und sie sind es nicht in exakt denselben Bereichen. Ist bei zwei hochsensiblen Partnern einer merklich sensibler als der andere, kommen vielleicht beide zu dem unzutreffenden Schluss, dass nur ein

Partner hochsensibel sei und der andere nicht. Gerade hochsensible Männer haben häufig gelernt, ihre Empfindlichkeiten möglichst zu verbergen und sich nach außen hin robuster und weniger gefühlsbetont zu geben, als dies ihrem eigentlichen Wesen entspricht, und erkennen sich oft gar nicht als hochsensibel.

Auch in den folgenden Abschnitten bleibe ich bei dem vereinfachenden Sprachgebrauch: ‚Der Partner' ist übergreifend zu verstehen, meint zugleich den männlichen wie den weiblichen Partner. Nicht in jeder Hinsicht ist es jedoch egal, ob der Mann oder die Frau bei einem ‚gemischten' Paar hochsensibel ist und ob die Sicht bei einem Gleich-und-gleich-Paar die männliche oder die weibliche ist. Was die Zufriedenheit in einer Beziehung mit einem hochsensiblen Partner angeht, gibt es Unterschiede zwischen Mann und Frau. Es ist einfach so: Ein hochsensibler Mann entspricht weit weniger dem gängigen Idealbild eines Mannes als eine hochsensible Frau dem einer Frau. Hochsensible Frauen empfinden ihre Beziehung mit einem hochsensiblen Mann häufiger als schwierig und anstrengend, als Männer dies umgekehrt tun. Zwar schätzen sie es, einen sanften Mann zu haben, der sie versteht und auf sie eingeht. Viele vermissen jedoch einen Mann, der als Eroberer, Beschützer und Problemlöser auftritt. Dann lauten die mehr oder weniger ausgesprochenen Erwartungen an den hochsensiblen Mann, er solle forscher, mutiger, konfrontationsfreudiger, entschlossener, zupackender sein, speziell wenn es um Situationen im Außen geht.

Hochsensible Männer bevorzugen in der Regel eine hochsensible Partnerin, fühlen sich von ihr nicht so leicht überfordert. Eine nicht-hochsensible Frau konfrontiert sie weit mehr mit ihren Begrenzungen. Zudem widerspricht es der üblichen Rollenverteilung, wenn die Frau robuster ist als der Mann. Nur selten funktioniert ein Tausch der geschlechtertypischen Rollen in einer Partnerschaft problemlos. Vermutlich kann man sagen: Die hochsensiblen Männer, die eine glückliche Beziehung mit einer nicht-hochsensiblen Frau führen, sind sich ihrer besonderen Stärken sehr bewusst und entsprechend selbstbewusst.

Nun zu den beiden für Hochsensible möglichen Konstellationen. Bitte denken Sie sich bei allen pauschalisierenden Aussagen eine Relativierung hinzu. Ziehen Sie darüber hinaus jegliche statische Sprache in Zweifel: „Jemand *ist* so und so." Präziser wäre: „Jemand verhält sich in dem Moment so und so."

5.2 Eine Partnerschaft zwischen zwei Hochsensiblen

Gleich und gleich gesellt sich gern

Finden zwei Hochsensible in einer Partnerschaft zueinander, haben sie ein tiefes Gefühl der Verbundenheit, wenn nicht der „Seelenverwandtschaft". Sie fühlen sich entspannt und wohl miteinander. Das hochsensible Paar erlebt den Gleichklang in der Partnerschaft – gerade zu Beginn – als ausgesprochen beglückend.

Das Zusammensein mit einem wesensähnlichen Partner macht es leichter, sich unverstellt zu geben. Es ist weitaus weniger Anpassung nötig. Die Beziehung ist auf Harmonie gegründet, es herrscht zumeist ein sanfter Umgangston, die Kommunikation ist insgesamt sensibel. Die ähnliche Art, die Dinge um sich herum wahrzunehmen und zu verarbeiten, macht es verhältnismäßig leicht, wechselseitig den Gedankengängen zu folgen, Reaktionen nachzuvollziehen und füreinander Verständnis aufzubringen. Die Partner liegen auf der gleichen Wellenlänge, sie sind emotional nahe beieinander. Das alles wird als untrüglicher Ausdruck von Liebe empfunden.

Es wirkt verbindend, Vorlieben, Ansichten und Anliegen zu teilen. Die Partner haben wahrscheinlich ähnliche Wertvorstellungen, gleichen sich darin, sich viele Gedanken über den Sinn des Lebens zu machen. Häufig ist eine weitgehende Übereinstimmung im bevorzugten Lebensstil und in der wünschenswerten Lebensgestaltung gegeben. Beide schätzen einen intensiven Austausch, lieben tiefsinnige und tiefgründige Gespräche, mögen Gedankenspiele und feinsinnigen Humor. Sie brauchen beim Partner nicht erst das Bewusstsein zu wecken, wie wichtig es ist, sich mit dem eigenen Innenleben zu beschäftigen und zu überlegen, was man in der Beziehung noch besser machen kann. Wahrscheinlich sind beide von sich aus sehr bemüht, Partnerschaft gelingen zu lassen. Oftmals entwickelt sich eine solche Beziehung langsam; manche ziehen auch nach Jahren noch nicht zusammen, um sich gegenseitig Raum zu lassen und sich nicht zu stören.

Aussicht auf Rücksichtnahme und Hilfe

Hochsensible, die aufgrund negativer Beziehungserfahrungen Scheu vor einer neuen Partnerschaft haben, tun sich vielfach leichter, sich auf eine Beziehung zu einem ebenfalls hochsensiblen Partner einzulassen. Sie fühlen sich durch dessen behutsame Art weniger verschreckt, von ihm weniger bedrängt. Durch Eigenschaften wie Zuverlässigkeit und Aufrichtigkeit wirkt der hochsensible Partner vertrauenswürdig. Ihm gegenüber brauchen sie Hochsensibilität nicht grundsätzlich zu erklären und zu rechtfertigen, sich nicht mühsam zu behaupten. Es tut gut, im Kampf gegen

Vorurteile gegenüber Hochsensibilität einen Verbündeten zu haben und diesen Kampf nicht innerhalb der Beziehung führen zu müssen. Es tut gut, dass Rücksicht auf Empfindlichkeiten und alte Wunden genommen wird.

Elaine Aron meint zum HSP-HSP-Paar: „Zum Glück sind Sie beide dafür geschaffen, sich gegenseitig zu helfen. Mit Ihren Eigenschaften fällt es Ihnen leicht, ein Experte für die Psyche Ihres Partners und die Psychologie Ihrer Beziehung zu werden." – Ich möchte noch hinzufügen: Es fällt auch leicht, ein Experte für die eigene Psyche zu werden.

Eine liebevolle Beziehung kann eine heilsame Wirkung haben: Durch die gegenseitige Achtung kann die Selbstachtung wachsen, durch die gegenseitige Wertschätzung das Selbstwertgefühl, durch die gegenseitige Liebe die Selbstliebe beider Partner. Das freudvolle Erleben in der Gegenwart kann dabei helfen, Frieden mit der Vergangenheit und mit dem eigenen Sosein zu schließen – Bewusstheit über Eigenverantwortung und Entwicklungsbereitschaft vorausgesetzt.

Vielleicht hilfreich: Nicht in Symbiose aufgehen, sich nicht nur als Teil eines harmonischen Paars begreifen, sondern auch als eigenständiges Individuum. Keine Wunder von der Partnerschaft erwarten, den Partner nicht hochstilisieren, denn je mehr man das tut („Mit ihm/ihr ist alles anders"), umso herber würde später die Enttäuschung ausfallen.

Sich darüber im Klaren sein, dass es trotz aller Sanftheit und Vorsicht unweigerlich immer wieder zu Verletzungen kommt. Das lässt sich einfach nicht völlig vermeiden, erst recht nicht bei schlecht verheilten Wunden aus der Vergangenheit. Der Partner ist nur Auslöser, nicht Verursacher des Schmerzes. Die Verantwortung für das eigene Heilwerden trägt man selbst.

Der Ausgleich kann fehlen

In einer Partnerschaft zwischen zwei Hochsensiblen gibt es viele Ähnlichkeiten, jedoch wenig Ergänzendes. Da sich das Paar quasi in einem eigenen Kosmos bewegt, wird sich die mögliche Problematik des Hochsensibelseins unter Umständen verstärken. So haben vielleicht beide ihre Schwierigkeiten damit, realitätsnah, bodenständig und zupackend zu sein und sich den praktischen Herausforderungen des Alltags zu stellen.

Beide scheuen Unruhe und Hektik, kommen bei nervlicher Belastung schnell in einen überreizten und erschöpften Zustand. Dabei wäre es in Stresssituationen hilfreich, durch den Partner entlastet zu werden; der aber – selbst überlastet – kann dies eher nicht leisten. Da fehlt derjenige, der einspringt, Stress abfängt und stabilisierend wirkt. Beide werden also gelegentlich vermissen, dass der Partner ergänzende Wesensmerkmale und Stärken in die Beziehung einbringt. Ganz praktisch: Es wäre schön, wenn der Partner sich fürs „Grobe" zuständig fühlen würde, wenn er sich mit Verkäufern, Handwerkern, Nachbarn ... auseinandersetzen würde (Konfrontation!), das Wohnzimmer streichen würde (Farbgeruch!), abends noch Kraft für die Hausarbeit übrig hätte, sich mit stabilen Nerven um die Kinder kümmern würde.

Andererseits bietet diese Paarkonstellation für jeden Partner eher die Chance, in die Rolle des „Starken" zu schlüpfen, wenn er Dinge öfter selbst in die Hand nehmen muss; das kann das Selbstvertrauen stärken und vor zu viel Rückzug schützen.

Vielleicht hilfreich: Einfallsreich sein, Menschen zu finden, die überfordernde Dinge erledigen: externe Dienstleister oder Freunde, Verwandte ... Untereinander die Aufgaben so gut es geht nach den jeweiligen (Ab-)Neigungen aufteilen oder abwechselnd übernehmen.

Wenn Kinder da sind, unbedingt Unterstützung von außen holen, damit der Partner, der hauptsächlich bei den Kindern ist, Entlastung findet und zu seinen Erholungsphasen kommt und natürlich auch, damit dem Paar auch noch miteinander kinderfreie Zeit bleibt.

Auch hochsensible Partner können zur Nervenprobe werden

Beide mögen einen ähnlich engen Wohlfühlbereich haben, was das Maß an Reizzufuhr angeht, allerdings kann es Unterschiede geben, welche Reize als angenehm und welche als unangenehm empfunden werden, abhängig von persönlichen Vorlieben und Leidenschaften. Nicht jeder mag dieselbe Musik, dieselbe Duftessenz, denselben Platz im Garten, dieselbe Temperatur im Wohnzimmer, dieselbe Raumdekoration, dasselbe Fernsehprogramm oder dieselben Gäste. Nicht jeder hat dieselbe Vorstellung von Ordnung und Sauberkeit. Nicht jeder hat denselben Tagesrhythmus. Jeder braucht Zeit für sich allein, aber vielleicht nicht zum selben Zeitpunkt und nicht im selben Umfang. Versäumen es die Partner, den Unterschiedlichkeiten Rechnung zu tragen, wird das Zusammensein zur Nervensache.

Einfühlungsvermögen und Verständnis hin oder her, auch ein Hochsensibler kann die speziellen Empfindlichkeiten des hochsensiblen Partners durchaus übertrieben finden und sich schwertun, Toleranz und Akzeptanz aufzubringen.

Die Empfindlichkeit von Hochsensiblen bezieht sich im Allgemeinen sehr stark auf die Reize, die von Menschen in ihrer Umgebung ausgehen. Umso mehr fällt das ins

Gewicht, wenn man andauernd mit jemandem so nah zusammen ist, wie das bei einem Beziehungspartner üblicherweise der Fall ist. Da wird es immer Dinge geben, die zu viel werden und stören können. In erster Linie sind das Geräusche: Husten, Räuspern, Schnarchen, Schmatzen, Schniefen, geräuschvolles Atmen, Hantieren im Haushalt, Umherlaufen, Telefonieren usw.

Vielleicht hilfreich: Niemand kann die persönlichen Eigenarten des Partners allesamt und immerzu gleich liebenswert finden. Es nicht sofort als mangelnde Liebe und den beginnenden Niedergang der Beziehung interpretieren, wenn man nicht unentwegt den Wunsch verspürt, mit dem Partner zusammen zu sein. Es ist ganz natürlich, dass man sich zwischendurch zurückziehen und allein sein möchte, um Ruhe zu haben oder einer eigenen Beschäftigung nachzugehen. Die Partnerschaft ist umso erfreulicher, je weniger der Einzelne im Alltag gezwungen ist (bzw. sich zwingt), seinen ganz individuellen Wohlfühlbereich zu verlassen und sich einer Überreizung auszusetzen.

Die Angst vor Fehlern kann blockieren

> „Der größte Fehler im Leben ist, dass man ständig fürchtet, Fehler zu machen."
>
> Elbert G. Hubbard (1859–1915)

Hochsensible sind nicht die geborenen Optimisten, sie sehen Probleme, wo andere keine sehen, sie machen sich Gedanken über Folgen von Handlungen, wo andere bedenkenlos zu Werke gehen. In der Verbindung zweier Hochsensibler sind dann vermutlich beide sehr darauf bedacht, keine Fehler zu machen und Fehlentscheidungen zu vermeiden. Sie berücksichtigen Details, denken gründlich nach, wägen Alternativen ab, streben nach Vollkommenheit. Keiner will über den anderen hinweg entscheiden. So kann sich eine regelrechte Scheu vor Entscheidungen ausbilden. Herausforderungen, die einzeln oder gemeinsam anzupacken wären, werden umgangen oder aufgeschoben.

Nichts Neues zu wagen, jedes Risiko vermeiden zu wollen schränkt die Handlungsfähigkeit beträchtlich ein. Der Übergang ist fließend: Eine gute Portion Vorsicht schützt vor unnötigen Fehlern, Vorsicht im Übermaß lähmt und wird für das Paar zum Hemmschuh für Veränderung und Entwicklung.

Vielleicht hilfreich: Wenn die Zusammenhänge bewusst sind, können sich die Partner gegenseitig ermutigen, Fehler zu riskieren und mehr Fehlertoleranz walten zu lassen. Schließlich kann man sich nie sicher sein, was „richtig" ist. „Fehler" passieren; und sich nicht zu entscheiden kann ebenso ein Fehler sein. Vieles lässt sich einfach nicht vorhersagen, man muss es ausprobieren; erst in der Praxis zeigt sich, ob eine theoretische Überlegung zutrifft.

Es kann Langeweile aufkommen

Haben beide Partner Rückzugstendenzen, neigt das Paar dazu, sich von der als überstimulierend empfundenen Außenwelt und anderen Menschen abzukapseln, insbesondere wenn beide introvertiert sind. Als Ausgleich zum anstrengenden Berufsalltag liegt es nahe, sich in der Freizeit mit dem Partner oder auch allein zu erholen. Häufig ist die Einteilung so: Aufregendes wird außerhalb erlebt, zu Hause stehen Ruhe und Entspannung im Vordergrund. Gemeinsame Außer-Haus-Unternehmungen werden vernachlässigt, Möglichkeiten bleiben unentdeckt und ungenutzt. Es fehlt derjenige, der unternehmungslustig zum Aktivsein auffordert.

Zunächst mag sich die starke Fokussierung auf Zweisamkeit und Häuslichkeit wunderbar anfühlen, aber mit der Zeit fehlen in der Beziehung Experimentierfreude und belebende Impulse. Auf Dauer braucht es die Ergänzung durch interessante gemeinsame Unternehmungen im Außen.

In vieler Hinsicht mögen sich die Partner einig sein, überstimulierende Situationen auf ein Minimum zu reduzieren. Da sich aber die hohe Empfindlichkeit womöglich auf unterschiedliche Dinge bezieht, kann das – wenn jeder auf jeden Rücksicht nehmen möchte – den ohnehin kleinen Spielraum des problemlos Machbaren noch weiter einengen.

Bei dem hochsensiblen Paar wird es weniger Familienprogramm (Feiern, Verwandtenbesuche …) geben, weniger gesellschaftliche Aktivitäten (Treffen mit Freunden, Partys und Feste) und weniger Ausflüge und Reisen, weil all diese Vorhaben anstrengend sind. Stellen die Partner dann einen Vergleich zu anderen Paaren und Familien an, kann hie und da Frustration aufkommen angesichts der Einschränkungen.

Elaine Aron berichtet von Experimenten, die sie zusammen mit ihrem Mann Arthur Aron durchgeführt hat und die darauf hinweisen, dass gemeinsam verbrachte Zeit nicht automatisch der Beziehung zugutekommt, sondern dass sie, um positiv zu wirken, mit spannenden Aktivitäten verbunden sein sollte. Im Experiment zeigten Paare, die sich gemeinsam einer aufregenden Aufgabe gestellt hatten, eine deutliche Zunahme an Zufriedenheit in der Beziehung. Elaine Aron kommt zu dem Schluss: „(Es) scheint sehr wahrscheinlich, dass viele der Probleme in Partnerschaften auf Langeweile zurückzuführen sind. Allein um die Beziehung interessant zu erhalten, verursachen Menschen alle möglichen persönlichen und zwischenmenschlichen Probleme."

Vielleicht hilfreich: So wichtig Schonung und Erholung auch sein mögen, sich nicht zu Hause einigeln. Ausschau halten nach Möglichkeiten für gemeinsame Vergnügungen und begeisternde Erlebnisse, die Lebendigkeit in die Partnerschaft bringen. (Es muss ja nicht die Fahrt mit der Achterbahn sein!) Miteinander Neues und Inspirierendes entdecken und erleben. Anknüpfungspunkte können die vielseitigen Interessen und der Wunsch nach Weiterentwicklung und Wissenserweiterung sein.

Allerdings sollte das Bemühen um gemeinsames Tun nicht zu einer Pflichtübung ausarten oder zu faulen Kompromissen führen. Es gilt, etwas zu finden, was beiden wirklich Spaß macht, und auf eine gute Dosierung zu achten. Sonst würde sich sogleich wieder bestätigen, dass die Aktivität zu nervenaufreibend ist und man doch besser zu Hause bleibt. Unentbehrlich ist, sich gegenseitig den Raum zu geben fürs Alleinsein und für individuelle Hobbys, Unternehmungen und Freundschaften. Trotz aller Ähnlichkeit in den Vorlieben, was Freizeitgestaltung angeht, gibt es doch immer auch unterschiedliche Interessen. Bewusste Hochsensible sind sehr darauf bedacht, ihre verfügbare Energie und Reiztoleranz auf das zu verwenden, was ihnen persönlich wirklich wichtig ist.

Kommunikation funktioniert nicht wortlos

Häufig verstehen sich zwei hochsensible Partner im Alltag quasi blind und wortlos. Das verführt leicht dazu, über manches zu wenig zu sprechen, weil man irrtümlich annimmt, alles sei klar. Missverständnisse entstehen unbemerkt und bleiben möglicherweise über lange Zeit unaufgeklärt.

Jeder geht bei seiner Rücksichtnahme und seinem Entgegenkommen dem anderen gegenüber von sich selbst aus, dabei sind es häufig abweichende Dinge, die dem Partner wichtig sind bzw. die ihn stören oder verletzen. Auch das größte Einfühlungsvermögen stößt an seine Grenzen. Man schaut nicht in einen anderen hinein, selbst dann nicht, wenn man ihn gut kennt. Es geht dem anderen nie genauso wie einem selbst, allenfalls ähnlich – und oft erstaunlich anders.

Obwohl vermutlich weit weniger Bedarf besteht, sich wortreich zu erklären, bleibt die Notwendigkeit bestehen, sich ausdrücklich über Gefühle, Bedürfnisse und Wünsche mitzuteilen und auch Bitten zu formulieren.

Vielleicht hilfreich: Sich nicht anmaßen, genau zu wissen, wie es dem anderen geht und was er braucht. Sich bewusst machen, dass man darüber lediglich eine Vermutung hat, die sich erst bestätigen müsste. Aus dem Gespür für die Befindlichkeit des Partners nicht die Pflicht ableiten, Wünsche zu erahnen und vorauseilend zu erfüllen; das wäre anstrengend und ermüdend – und streng genommen ein Stück weit entmündigend. Umgekehrt den anderen nicht für zuständig erklären, einem die eigenen Wünsche von den Augen abzulesen. Die Zuständigkeit für das Herausfinden von Bedürfnissen und Wünschen kann nicht delegiert werden, auch nicht an einen noch so feinfühligen Partner. Jeder sollte bereit sein, gut auf sich selbst zu achten und für sein Wohl selbst die Verantwortung zu tragen.

Stimmungen übertragen sich im Nu

Es beruht auf Gegenseitigkeit, dass Stimmungen und Missstimmungen schnell erspürt werden; immer begleitet von der Unsicherheit, ob man selbst der Grund dafür ist. Es gelingt kaum, die eigene Gemütsverfassung vor dem Partner zu verbergen. Das bietet einerseits die Chance, aufkeimende Konflikte sehr früh zu thematisieren und zu klären, sodass sich nichts aufstaut. Andererseits kann es lästig sein, für den Partner ein offenes Buch zu sein und schon auf kleinste wahrnehmbare Stimmungsänderungen hin angesprochen und forschend beäugt zu werden. Nicht jederzeit mag man sich erklären und darüber reden.

Beide Partner neigen dazu, die Stimmung des anderen nicht nur mitzubekommen, sondern sich davon auch anstecken zu lassen. Sie haben den Partner ein Stück weit ständig mit in ihrem Bewusstsein. Geht es dem einen gut, geht es dem anderen gut; ist ein Partner bedrückt oder gereizt, ist es der andere fast automatisch auch. In der Konstellation sind zwei zusammen, die Mühe haben, bei sich zu bleiben und sich vom anderen auch einmal abzugrenzen. So bleibt es nicht aus, dass sich die Partner bisweilen in Pingpong-Manier gegenseitig herunterziehen und sich am Ende unverhältnismäßig problembeladen fühlen. Sich wieder aufzuheitern klappt weniger zuverlässig, und wenn mit Zeitverzögerung, weil das Negative lange nachwirkt.

Das Wissen darum, wie sehr man von der Gefühlslage des anderen abhängt, kann im Extremfall dazu führen, geradezu krampfhaft um die gute Laune des anderen bemüht zu sein. Dann ist man gar nicht mehr richtig bei sich, vernachlässigt eigene Belange und verliert an Authentizität. Die eigenen Gefühle wie Nervosität, Traurigkeit, Ärger oder Wut werden womöglich unterdrückt, weil man sich schon vor den Reaktionen des Partners fürchtet. Verärgert man seinen Partner, hat man selbst darunter zu leiden; und dieses Leid versucht man zu vermeiden.

Vielleicht hilfreich: Die Stimmung des Partners möglichst nicht immer gleich auf sich beziehen. Falls das automatisch geschehen ist, gegensteuern, sobald es bewusst wird. Sich klarmachen: Es gibt viele mögliche Gründe für schlechte Laune, die außerhalb der Beziehung liegen. Nachfragen, aber ohne eindringlich zu werden. Dem anderen seine Laune lassen, ihm den Raum geben, sich selbst damit auseinanderzusetzen und aus eigener Kraft aus seinem Tief wieder herauszukommen. Last, but not least: Den anderen nicht für die eigene Stimmung, die man von ihm übernommen hat, verantwortlich machen.

Es ist legitim und in manchen Situationen ratsam, sich durch räumlichen Abstand vor dem Überschwappen einer düsteren Stimmung zu schützen. Das Nichtbeachten der Gemütslage des anderen muss als bewusster Akt vollzogen werden; und der bedeutet eine regelrechte Anstrengung. Die ist es aber wert, um eine gesunde Balance zwischen Aufeinander-bezogen-Sein und Bei-sich-Sein zu finden.

Das Harmoniebedürfnis kann die Konfliktbewältigung behindern

Durchaus können Hochsensible energisch auftreten, häufig aber halten sie sich zurück, den Partner mit ihrem Unwillen und ihrem drängenden Anliegen zu konfrontieren, weil sie keine aufwühlenden Situationen heraufbeschwören wollen. Beide sind verletzlich und leicht von Emotionen überwältigt, heftig ausgetragene Meinungsverschiedenheiten empfinden sie schnell als dramatisch. Die in einem Streit entstehende Distanz schmerzt. Allzu verständlich ist daher die Tendenz, Streit erst gar nicht aufkommen lassen zu wollen.

Haben beide ein überaus stark ausgeprägtes Harmoniebedürfnis und Angst vor Streit, kann das allerdings bedeuten, dass notwendige klärende Auseinandersetzungen vermieden bzw. so lange hinausgezögert werden, bis es richtig kracht. Dann drohen die Dinge zu eskalieren.

Vielleicht hilfreich: Nicht versuchen, sich einzureden, alles sei in bester Ordnung, wenn es nicht so ist. Ärger herunterzuschlucken und Konflikte unter den Teppich zu kehren ist langfristig wenig Erfolg versprechend. Weitaus besser geeignet ist die Strategie, Probleme anzusprechen, solange sie noch klein und handhabbar sind. In Konflikten werden widerstreitende Interessen und Bestrebungen sichtbar, das ist an sich keine Katastrophe. Werden Konflikte zeitnah offen diskutiert, mindert das ihr destruktives Potenzial.

Verletzungen, die passiert sind, als solche anerkennen, nicht versuchen, sie dem anderen abzusprechen oder auszureden. Wichtiger, als die eigene Weste reinwaschen zu wollen, ist es, aufrichtiges Bedauern auszudrücken (wenn es denn empfunden wird).

Sich in einer ruhigen Stunde auf Streitregeln verständigen, Stoppsignale vereinbaren, falls einer eine vorübergehende Auszeit braucht. Sich gegenseitig mitteilen, welche Äußerungen und Gesten im Streit am meisten erschrecken und verletzen, und wenn irgend möglich auch dann, wenn es hoch hergeht, darauf verzichten.

> **EIN HOCHSENSIBLER BERICHTET – HOCHSENSIBEL UND HOCHSENSIBEL**
>
> **Uwe*:** Meine jetzige Partnerin ist auch eine HSP. Dadurch können wir gut miteinander reden und Konflikte bewältigen. Auch wenn es manchmal seine Zeit braucht, gehen wir wieder aufeinander zu. Es ist mehr Verständnis für den anderen vorhanden. In Gesprächen mit ihr bekomme ich Nuancen mit und auch die Stimmung, wenn sie nichts sagt und nur ‚laut' denkt. Als sie in einer schweren Krise war, konnte ich gut für sie da sein, weil ich Ähnliches früher durchgemacht hatte.
>
> Ich bin leicht verletzlich und muss sehen, dass diese Empfindlichkeit in einer Beziehung für den anderen nervig und anstrengend sein kann. Deshalb arbeite ich daran, Dinge nicht mehr so ernst zu nehmen, sondern mit Humor.
>
> Mir kommt es vor, als ob ich durch die HS mit weiblichen Verhaltensweisen durchs Leben gehe. Ich hätte keinen HSP-Weg für mich gewählt. Ich hätte lieber ein dickeres Fell und mehr Testosteron. Wäre ich glücklich damit?? Am besten wäre natürlich beides – feinfühlig sein und männliche Kraft und Stärke haben.

Von mir – Ich war nicht auszuhalten

Wenn ich auf Beziehungserfahrungen mit Partnern zurückschaue, die ich aus heutiger Sicht als hochsensibel erkenne, wird mir deutlich, was die Problematik war: Ich wünschte mir einen verständnisvollen, rücksichtsvollen Mann – was auch ein hochsensibler Mann nicht unbedingt im ersehnten Maße ist, zumal dann nicht, wenn er selbst in Problemen steckt – und gleichzeitig ganz klischeehaft einen „männlichen", allzeit starken und selbstsicheren, unerschrockenen Mann – was ein hochsensibler Mann nun mal nicht verkörpert.

Bei einem hochsensiblen Partner fühlte ich mich wohl unbewusst sicherer vor Verletzungen, um dann allerdings erleben zu müssen, dass mich diese Wahl doch nicht davor schützen konnte. Heute denke ich: Der Schlüssel liegt nicht in der Entscheidung für einen vermeintlich „ungefährlichen" Partner, sondern darin, die eigene innere Stärke zu entdecken und in ihr Rückhalt zu finden.

Den HSP-Partnern gefiel – so vermute ich – meine zumeist einfühlsame, feinfühlige Art, aber sie kamen aufgrund ihrer Empfindlichkeit nicht mit meinen gelegentlichen heftigen emotionalen Ausbrüchen zurecht. Da saßen wir dann, einer verzweifelter als der andere. Auch ich mag keinen Streit, aber mir geht Harmonie nicht über alles, wichtiger ist mir Konfliktklärung – mit der Idealvorstellung, alles bereinigen zu können. Umso frustrierender, wenn der Partner dafür schlicht nicht zu haben war, entweder fluchtartig die Szene verließ oder innerlich dichtmachte und sich so einer Auseinandersetzung entzog. Im Nachhinein kann ich das durchaus verstehen, weil ich mich streckenweise recht aggressiv und anklagend verhielt. Ich kam mir dann selbst wie ein Monster vor, verursachte ich doch so offensichtlich Angst und Schrecken. – Das war, bevor ich die Gewaltfreie Kommunikation kennenlernte; seinerzeit stand mir keine „Sprache des Lebens" zur Verfügung, die klärend und befriedend hätte wirken können.

5.3 Eine Partnerschaft zwischen einem hochsensiblen und einem nicht-hochsensiblen Partner

Gegensätze ziehen sich an

In einer Partnerschaft zwischen einem hochsensiblen und einem nicht-hochsensiblen Partnern profitieren die Partner voneinander durch ihre Unterschiedlichkeit – vorausgesetzt, sie begegnen sich vorurteilsfrei, respektvoll und wertschätzend. Dann hat die Beziehung das Zeug, für beide interessant, inspirierend und bereichernd zu sein. Die beiden Wahrnehmungsweisen ergänzen einander, die Partner ermöglichen sich gegenseitig Perspektivwechsel und Horizonterweiterung. Sie sind füreinander Anlass zum Lernen und Wachsen und zur Weiterentwicklung. Jeder ist Lebenskünstler auf seine Art. Gemeinsam verfügen beide Partner über eine große Bandbreite an Fähigkeiten und Stärken. Was dem einen gar nicht liegt, kann wahrscheinlich der andere. Sie können gegenseitig Defizite kompensieren, sich aber auch einiges voneinander abschauen.

Durch die Andersartigkeit des Partners kann bewusster werden, welche Seiten bei einem selbst wenig ausgeprägt sind. Bei entsprechender Aufgeschlossenheit und intensivem Austausch bekommen beide bis zu einem gewissen Grad Zugang zu dem weniger vertrauten Erfahrungsbereich des anderen. Man weiß, dass Partner sich in langjährigen glücklichen Beziehungen mit der Zeit ähnlicher werden; sie gewinnen neue Charakterzüge hinzu, die vom anderen abfärben. Das Spektrum der Denk- und Handlungsweisen erweitert sich – zum Beispiel dahingehend, dass der Nicht-Hochsensible ein Stück achtsamer und feinfühliger wird und der Hochsensible etwas mutiger und forscher oder dass der Nicht-Hochsensible auch einmal genauer hinsieht und der Hochsensible auch einmal über etwas hinwegsieht.

Qualitäten, die Hochsensible an ihren nicht-hochsensiblen Partnern besonders schätzen, sind Gelassenheit, Unbeschwertheit, Unerschütterlichkeit, Widerstandsfähigkeit, Stabilität, Entschlossenheit, Tatkraft, Pragmatismus, Bodenständigkeit. (Was nicht heißt, dass diese Qualitäten bei jedem Nicht-Hochsensiblen gleichermaßen vorhanden oder jederzeit auf Wunsch abrufbar wären. Und was auch nicht heißt, dass Hochsensible gar nicht über diese Qualitäten verfügen würden.) Diese Eigenschaften geben ihnen Sicherheit und Halt, dadurch fühlen sie sich geerdet. Der nicht-hochsensible Partner ist in vieler Hinsicht ausgleichender Gegenpol. Erregbarkeit wird ausbalanciert durch Ruhe, Besorgtheit durch Unbekümmertheit, Skepsis durch Zuversicht, Idealismus durch Realitätssinn.

Der nicht-hochsensible Partner kann den Hochsensiblen liebevoll auf den Boden der Tatsachen zurückholen, wenn der sich in geistige Höhenflüge versteigt. Er kann das Wesentliche im Auge behalten, wenn der Hochsensible dabei ist, sich in Details zu verlieren. Er kann beherzt ins Handeln kommen, wenn der Hochsensible sich noch mit Bedenken aufhält. Er kann einspringen, wenn der Hochsensible erschöpft ist, kann dem Partner im Alltag einige belastende Dinge abnehmen. Er kann Nerven bewahren und beruhigen, wenn der Hochsensible übererregt und gestresst ist, kann vielleicht den Ausstieg aus einer reizüberflutenden Situation in die Hand nehmen. Er kann der Neigung des Hochsensiblen, sich zu sehr zurückzuziehen, entgegenwirken, für ausreichend Geselligkeit und gemeinsame spannende Außer-Haus-Unternehmungen sorgen. (Muss ich hinzufügen, dass diese Polaritäten zugleich reichlich Konfliktpotenzial bergen?)

Zu den Qualitäten, die Hochsensible in die Beziehung einbringen, gehören Gefühlsintensität und Einfühlungsvermögen, Intuition und Kreativität, Tiefgang und Ernsthaftigkeit. Infolge ihrer reichen Gedanken- und Gefühlswelt regen sie den Partner an zu ungewöhnlichen Gedankengängen und differenzierten Betrachtungen, initiieren tiefgründige Gespräche, stellen eine innige Verbundenheit her. Sie stecken an mit ihrer Wissbegier, ihrer Begeisterungsfähigkeit, ihrem Streben nach Erkenntnis, ihrer Suche nach Sinn. Neue Ideen und kreative Impulse gehen von ihnen aus. Weil sie selbst so abhängig sind von einer wohltuenden Umgebung, sorgen sie mit ihrem Sinn für Ästhetik für eine schöne, behagliche Wohnatmosphäre.

Der hochsensible Partner weckt beim anderen immer wieder den Blick fürs Detail, die Freude an Kleinigkeiten. Er weist auf Feinheiten hin, die der Aufmerksamkeit des anderen entgangen wären. Auch erkennt er frühzeitig Missstände und Schwierigkeiten, spricht Warnungen aus und kann damit größeren Problemen vorbeugen.

Für diese Partnerschaft, in der es eine Menge Unterschiedlichkeiten zu überbrücken gilt, ist es ausgesprochen hilfreich, gut über das Phänomen Hochsensibilität Bescheid zu wissen. Das erklärt einiges! Damit werden im Grunde wechselseitige Vorwürfe gegenstandslos, die sich auf die Wesensart beziehen: „Sei doch nicht so empfindlich" versus „Sei doch nicht so unsensibel!" oder „Du bist furchtbar dünnhäutig" versus „Du bist schrecklich dickfellig". Mit dem Wissen kann es leichter gelingen, die Wesensart des einen wie die des anderen gleichermaßen zu würdigen. Damit hat der sehnliche Wunsch von Hochsensiblen, gerade der Liebespartner möge ihre Eigenarten verstehen, richtig einordnen, achten und annehmen, die Chance, sich zu erfüllen.

Mir ist noch wichtig zu betonen, dass es nicht genügt, die Wesensart des Partners „hinzunehmen" und zu „tolerieren". Ein starkes Band zwischen den Partnern entsteht dann, wenn beide mit den Qualitäten, die der jeweils andere zur Beziehung beiträgt, wirklich etwas anfangen können und sie aufrichtig zu schätzen wissen.

Ganz oben rangiert die Geräuschempfindlichkeit

Eine ganze Reihe von Empfindlichkeiten der Hochsensiblen macht das Zusammenleben bisweilen in konkreten Dingen schwierig. Bei Berührungen zeigt sich die viel zitierte Dünnhäutigkeit. So schön Berührt-, Gestreichelt- und Massiertwerden sein können, die Stimulation kann auch leicht zu viel werden, der Druck zu groß, die Streichelbewegung zu schnell oder zu anhaltend, die Berührung mancher Hautstellen einfach unangenehm.

Immer wieder Anlass für Verdruss und Reibereien gibt vor allem die hohe Empfindlichkeit gegenüber akustischen Reizen. Viele Hochsensible fühlen sich im häuslichen Alltag durch die Geräusche, die vom Partner ausgehen, belästigt und genervt. Die nicht-hochsensiblen Personen, die selbst unempfindlich gegen Geräusche sind, verrichten alles eher geräuschvoller: das Schließen von Türen, Fenstern, Schubladen, das Abstellen von Gegenständen, das Klappern mit Töpfen, Geschirr und Besteck, das Hin- und Herlaufen, Telefonieren, Musikhören, Fernsehen, das gedankenverlorene Spielen mit Gegenständen (Schlüsselbund!). Hinzu kommt Menschliches wie Atemgeräusche, Kaugeräusche, Husten, Niesen, lautes Gähnen, lautes Sprechen … So vieles kann die Hochsensiblen in ihrem Wohlbefinden stören, einige Geräusche finden sie geradezu unerträglich, was das im Einzelnen ist, ist ganz individuell.

Schnarchen kann sich zu einem großen Problem auswachsen, wenn das Paar unbeirrt am gemeinsamen Schlafzimmer festhält. Selbst ohne Schnarchen kann der hochsensible Partner durch Geräusche und Bewegungen während der Nacht so gestört sein, dass er keinen erholsamen Schlaf findet.

Für Nicht-Hochsensible ist es befremdlich, wenn ihnen immer wieder gesagt wird, sie seien so laut, denn ihr Empfinden ist ein ganz anderes. Häufig gerügt und aufgefordert zu werden, dies und das einzuschränken oder zu lassen, wird leicht als Maßregelung aufgefasst. Richten sie sich nach den Aufforderungen, schränkt das zwangsläufig ihren persönlichen Handlungsraum empfindlich ein, was auf Dauer frustriert. Sie fühlen sich vielleicht auch selbst belästigt und gekränkt. Entsprechend gereizt reagieren sie womöglich („Darf ich nicht einmal mehr Luft holen?"). Das

Unverständnis verstärkt sich noch durch die Beobachtung, dass Hochsensible selbst vergleichbare Geräusche beim Hantieren machen, die aber weit weniger schlimm finden. (Erklärung: Über selbst verursachte Geräusche hat man die Kontrolle, das macht den Unterschied aus.)

Vielleicht hilfreich: Bei den Berührungen ist das Einzige, was hilft, sich ehrlich mitzuteilen, was im Moment oder überhaupt guttut und was nicht.

Bei den Geräuschen wird sich der hochsensible Partner in manchen Fällen entscheiden, sich mit etwas zu arrangieren, in anderen, Situationen aus dem Weg zu gehen, und in noch mal anderen, den Partner um Rücksicht zu bitten. Es ist an ihm aufzupassen, dass er sich nichts zumutet, was ihm den letzten Nerv raubt. Darunter würden am Ende beide leiden.

Diskussionen, ob etwas „wirklich" zu laut ist oder nicht, führen zu nichts außer zu Ärger. Es gibt einfach die verschiedenen Einschätzungen. Die Aussage „Es ist zu laut" ruft sofort den Widerspruch „Es ist doch überhaupt nicht laut" auf den Plan. „Für mich ist es so zu laut" oder „Mir ist die Musik im Moment zu viel" bieten sich als präzisere und tauglichere Formulierungen an, am besten noch ergänzt durch eine konkrete Bitte oder Mitteilung. „Würdest du die Musik etwas leiser drehen?" oder „Ich gehe mal für eine Weile ins andere Zimmer."

So sehr Hochsensible das Recht haben, für ihr Wohlbefinden einzutreten, so wenig steht es ihnen zu, ihre Umwelt – und ihre Partner – nach Belieben in ihrem Sinne umzuformen und zu dirigieren. Bei aller Liebe können sie Rücksicht nicht einfordern, nur darum bitten. Und sie sollten sie nur wollen, wenn der Partner sich nicht selbst überfordert oder in einen unsäglichen Groll hineinmanövriert.

Weder kann der Hochsensible dazu verdonnert sein, alles auszuhalten, noch der Nicht-Hochsensible dazu, sich ganz und gar auf die Bedürfnisse des Partners einzustellen. Im Alltag braucht es jede Menge praktischer Lösungen mit möglichst viel Spielraum für beide. Das erfordert Flexibilität, Kreativität und Experimentierfreude und immer wieder Geduld, Verständnis und Nachsicht.

Selbstzweifel belasten die Beziehung

Hochsensible tendieren dazu, ihr Licht unter den Scheffel zu stellen, sehen ihre Stärken als wenig bedeutsam an oder erkennen sie gar nicht als solche, weil sie ihnen ganz selbstverständlich vorkommen. Im Vordergrund stehen für sie allzu oft ihre Schwächen: ihre extreme Empfindlichkeit, ihre emotionale Verletzlichkeit, ihre Stressanfälligkeit, ihre Reizbarkeit.

In vielen Fällen werden Hochsensible das Gefühl nicht los, dass der Partner ihre Hochsensibilität als etwas Anormales oder Neurotisches betrachtet; eine Annahme, die genährt wird von ungeduldigen Sätzen wie „Was stört dich nun schon wieder?" oder „Das kann doch kein Problem sein!" oder „Jetzt steigerst du dich aber in etwas hinein!".

Hochsensible finden es selbst lästig, vieles anders zu brauchen als die Mehrzahl der Menschen, haben im Laufe ihres Lebens das Urteil anderer, sie seien „schwierig", verinnerlicht und gehen davon aus, auch für ihren Partner eine Zumutung zu sein. Der empfindet das vielleicht gar nicht so, und selbst wenn er manches mühsam findet, belastet es ihn nicht so sehr. Außerdem kann man davon ausgehen, dass er in anderen Momenten die Feinfühligkeit, Gefühlsbetontheit und Impulsivität richtig liebenswert findet – auch wenn ihm nicht unbedingt bewusst ist, dass das alles unmittelbar mit der Hochsensibilität zusammenhängt.

Elaine Aron sieht in einem niedrigen Selbstwertgefühl ein Hindernis für die Liebe: „Es ist für Sie beide schlecht, wenn Sie Ihren Nicht-HSP-Partner als ideal akzeptieren und sich selbst als minderwertig ansehen. Ihr Partner könnte selbst beginnen, an seiner Wahl, mit Ihnen zusammen zu sein, zu zweifeln."

Vielleicht hilfreich: Elaine Aron fordert auf, am Selbstbild zu arbeiten und das Selbstwertgefühl zu stärken: „Was immer Sie tun, um Ihre Sensibilität besser schätzen zu lernen, es wird auch Ihrer Liebe zu Ihrem Nicht-HSP-Partner guttun."

Der kritische Blick trifft den Partner

> „Toleranz sollte eigentlich immer nur eine vorübergehende Gesinnung sein:
> Sie muss zur Anerkennung führen. Dulden ist eine Beleidigung."
>
> Johann Wolfgang von Goethe (1749–1832)

Die intensive und detailreiche Wahrnehmung der Hochsensiblen bezieht sich auch auf die „negativen" Seiten, die „Fehler" und die „Schwachstellen" des Partners. In der Folge können sich Ernüchterung, Enttäuschung und Resignation breit machen, umso mehr, je überhöhter und unrealistischer die Erwartungen an den Partner gewesen sind. Gerade das, was man am Anfang der Beziehung am anderen so bewundernswert und reizvoll fand, ist oft das, was einen später am meisten aufregt.

Elaine Aron: „Es fällt schwer, zwischen kleinen, zu vernachlässigenden und großen, weitreichenden Problemen in Bezug auf die Persönlichkeit des Partners zu unterscheiden (da jedes Problem sehr genau wahrgenommen wird). Hinzu kommt, dass die HSP viel mehr Fehler an ihrem Partner entdecken als er an ihnen."

Eine unablässig scharfe Beobachtung und kritische Beurteilung drängt den nichthochsensiblen Partner in die Enge. Es kommt ihm vor, als werde jedes seiner Worte auf die Goldwaage gelegt, als würden seine Eigenschaften, Ansichten, Angewohnheiten permanent auf den Prüfstand gestellt. Es frustriert ihn, dass er anscheinend nichts mehr recht machen kann, dass er immerzu aneckt.

Ein Aufzählen, Kommentieren, Analysieren und Vorhalten der (vermeintlichen) Verfehlungen, Versäumnisse, Widersprüche, Nachlässigkeiten, Unachtsamkeiten, Ungeschicklichkeiten vergiftet die Atmosphäre und kann vom Partner nur als Angriff verstanden werden – und der wird in der Regel mit Rückzug oder einem Gegenangriff quittiert. Bei genauem Hinsehen ist manches, was die Hochsensiblen kränkt, eine Reaktion auf ihr unsensibles (!) und aggressives Verhalten.

Ebenso wenig liegt das Heil allerdings im anderen Extrem. Sich aus Angst vor Missstimmung jegliche kritische Äußerung zu verkneifen führt dazu, dass Unmut und Ärger sich aufstauen und im Untergrund ihr Unwesen treiben. Unterdrückte Wut wirkt zerstörerisch, indem sie am Gefühl der Zuneigung nagt und eine innere Distanz herstellt. Fragt sich, was hilft.

Vielleicht hilfreich: Elaine Aron zitiert den Psychiater Peter Kramer, der sagt, eine hochsensible Person, die eine Beziehung eingeht, müsse „die bewusste Anstrengung unternehmen, etwas zu ignorieren, das mit großer Genauigkeit wahrgenommen wird."

Das bewusste Hinwegsehen über Dinge ist das eine, was hilft. Das andere: mir immer wieder bewusst machen, wie subjektiv meine Sicht auf den Partner und meine Meinung über ihn ist. Ich betrachte und beurteile ihn aus meinem Blickwinkel, vor dem Hintergrund meiner persönlichen Vorerfahrungen und meiner gegenwärtigen Verfassung, unter den aktuellen Umständen. Überdies interpretiere ich sein Verhalten, ich stelle Vermutungen an, die erst noch zu bestätigen wären. Und bei allem nehme ich mich selbst als Bezugspunkt und Maßstab.

Nur so komme ich dazu, meinen Partner oberflächlich, egoistisch, ignorant, laut, grob, rücksichtslos, vordergründig usw. zu finden. Darin steckt, dass ich im Vergleich zu ihm üblicherweise mehr in die Tiefe und ins Detail gehe, dass ich mich mit weniger Selbstverständlichkeit um meine Belange kümmere, dass mir unweigerlich vieles auffällt, dass ich es lieber leise mag, dass ich mir viele Gedanken über die Befindlichkeit anderer mache, dass ich eher zurückhaltend bin usw. Mit anderen Worten: Jede Feststellung über mein Gegenüber sagt mindestens so viel über mich selbst aus.

Über die Dinge, die ich dem anderen zuschreibe, kommen oftmals unterschwellig meine ungestillten Bedürfnisse zum Ausdruck. „Du bist oberflächlich" könnte bedeuten „Ich wünsche mir ein tiefgehendes Gespräch mit dir"; „Du bist egoistisch und ignorant" wäre unter Umständen „Ich will, dass auch meine Interessen von dir gesehen werden"; „Du bist laut" wäre eigentlich „Ich bin geräuschempfindlich, Ruhe ist mir wichtig, damit ich nicht überreizt werde"; „Du bist grob und rücksichtslos" könnte sich wandeln lassen in „Ich bin verletzlich und brauche mehr Rücksicht"; „Du bist vordergründig" ist vielleicht „Ich möchte mehr zu Wort kommen".

So kann ich differenzieren und relativieren (beides etwas, das Hochsensiblen ja durchaus liegt). Damit höre ich auf, in „richtiges" und „falsches" Verhalten einzuteilen, den anderen abzustempeln und abzuwerten, und ich beginne, Eigenverantwortung zu übernehmen. Das ist die Basis für einen konstruktiven Dialog über die Gefühle, Bedürfnisse und Wünsche beider Partner und das Finden alltagstauglicher und konsensfähiger Lösungen.

Schließlich darf die Empfehlung nicht fehlen, den Blick bewusst auf die „positiven" Seiten des Partners zu richten. Bas Kast widmet dem „Negativdetektor im Kopf" einen Abschnitt in seinem empfehlenswerten Buch *Die Liebe und wie sich Leidenschaft erklärt*. Er legt dar, dass wir bei der Wahrnehmung unseres Partners die Wahl hätten, worauf wir unsere Aufmerksamkeit richten, auch wenn es Mühe und Überwindung koste, sie auf das Positive zu lenken. Dass Fehler ganz von allein auffallen, habe einen einfachen Grund: „Negatives verlangt nach Lösungen, Positives nicht. Negatives bedeutet: Achtung, es gibt ein Problem! Positives heißt: Es ist alles in Ordnung, kümmere dich nicht weiter." Wir alle seien mit einem „Negativdetektor im Kopf" ausgestattet, dem seien wir aber keineswegs hilflos ausgeliefert. Wenn er sich meldet, könnten wir die Aufmerksamkeit umlenken und ganz bewusst an das Positive denken.

Schließlich nennt Bas Kast noch zwei „psychologische Tricks". Der erste: „Sobald Sie merken, dass Sie das Verhalten Ihres Partners negativ deuten, versuchen Sie, in Alternativen zu denken." Es gibt mehr als eine Erklärung und Deutung für ein Verhalten. Der zweite: „Wenn Sie (…) kurz davor sind loszuschimpfen, überlegen Sie sich, wie eine solche Reaktionsweise auf Sie wirken würde."

Sehr unterschiedliche Wohlfühlbereiche

Alle Menschen streben danach, sich auf einem für sie optimalen Erregungsniveau zu bewegen. Der Unterschied zwischen dem, was für Hochsensible, und dem, was für Nicht-Hochsensible optimal ist, ist jedoch groß. Da ist der eine von der Fülle der Eindrücke bzw. der Reizstärke schon überwältigt, während der andere sich wohlfühlt oder gar noch mehr und stärkere Reize wünscht, um angenehm stimuliert und nicht gelangweilt zu sein. Unternehmen beide etwas gemeinsam, erleben sie de facto dasselbe, gefühlt aber etwas ganz Verschiedenes.

In einer so engen Beziehung wie der Partnerschaft fällt der Unterschied besonders ins Gewicht. Die Diskrepanz ist am größten, wenn der Hochsensible introvertiert und der Nicht-Hochsensible extravertiert ist, sie ist am geringsten, wenn der Hochsensible extravertiert und der Nicht-Hochsensible introvertiert ist. In jedem Fall aber müssen die Partner damit zurechtkommen, dass sie nur eine begrenzte Schnittmenge haben, was ihre Wohlfühlbereiche angeht, und damit auch recht unterschiedliche Vorstellungen von Genuss und Vergnügen.

Beispiele aus dem Beziehungsalltag gibt es zuhauf: im häuslichen Umfeld, bei Feiern und Treffen in der Familie und mit Freunden, beim Ausüben von Hobbys, auf Reisen … Häufig wünschen sich Nicht-Hochsensible mehr Nähe und unmittelbares Zusammensein als Hochsensible, die sich häufiger zurückziehen möchten und nach einem anstrengenden Arbeitstag gerne erst einmal für eine Weile allein sind, um abschalten und sich erholen zu können. Die Meinungen gehen auseinander bei der Radiomusik zum Frühstück (an oder aus, laut oder leise), der Musikrichtung (Rock oder Smooth Jazz), dem besten Platz zum Entspannen (draußen oder drinnen, in der Sonne oder im Schatten), der Auswahl des Fernsehprogramms bzw. des Kinofilms (Thriller oder romantische Komödie), der Verweildauer auf einer Party (bis spät in die Nacht bleiben oder vor zwölf nach Hause gehen), der Häufigkeit des Ausgehens (mehrmals die Woche oder einmal in der Woche), der Wahl des Urlaubsziels (Asien oder Europa) und der Urlaubsgestaltung (volles oder gemäßigtes Programm). – (Habe ich jetzt allzu sehr Klischees bemüht?)

Es ist durchaus nicht so, dass der Hochsensible sich immer schonen möchte. Ist seine Begeisterung geweckt, staunt der Partner zuweilen über so viel Unternehmungslust und Durchhaltevermögen. Die eigene Motivation macht den Unterschied. Und es gibt bei Hochsensiblen einiges an Motivation, wenn es Neues zu entdecken und aus ihrer Sicht Interessantes zu erleben gibt. Allerdings weiß der Hochsensible meist schon vorher, dass er nach einer Feier bis spät in die Nacht zwei Tage zur Regeneration braucht und nach einer Urlaubsrundreise eigentlich einen extra Erholungsurlaub zu Hause. (Manche Hochsensible verreisen deshalb nicht gerne.)

Noch deutlich anstrengender wird es für den Hochsensiblen, wenn er etwas nicht aus eigenem Antrieb macht, sondern nur um mitzuhalten und um dem Partner den Spaß nicht zu verderben. So mögen an einem Urlaubstag eine längere Wanderung und die Erkundung von Naturdenkmälern völlig okay sein, nicht aber auch noch der Folklore-Abend und der anschließende Besuch der Hotelbar – Dinge, die den Urlaub für den Nicht-Hochsensiblen vielleicht erst richtig schön machen.

Begrüßenswert ist die Bereitschaft des Hochsensiblen, seinem Partner hie und da entgegenzukommen und seinen Wohlfühlbereich bis an die Grenzen auszuschöpfen. Das darf nur nicht so weit gehen, dass er sich darüber hinaus etwas abverlangt, was er genau genommen nicht leisten kann, ohne an Überreizung zu leiden. Das optimale Erregungsniveau ist nun mal nicht dem Willen unterworfen. Niemand kann beschließen, seinen Wohlfühlbereich zu verlagern – höchstens sich darüber hinwegzusetzen.

Auch die Bereitschaft des Partners, sich nach den besonderen Wünschen des hochsensiblen Partners zu richten – zum Beispiel wenn es darum geht, beim Gaststättenbesuch den Sitzplatz, im Urlaub das Hotel und bei der Wohnungssuche die Wohngegend auszusuchen –, ist eine prima Sache, wenn es ihm wirklich egal ist bzw. wenn es nur ein kleines Zugeständnis ist und er keinen gravierenden Nachteil dadurch hat. Dass er in vielem nicht so eigen und anspruchsvoll ist, ist vorteilhaft für die Möglichkeiten des Miteinanders.

Die Empfindsamkeit des Hochsensiblen rechtfertigt allerdings nicht, dass dessen Bedürfnissen grundsätzlich Vorrang eingeräumt wird. Das würde nämlich darauf hinauslaufen, dass der nicht-hochsensible Partner auf vieles verzichtet und sich einschränkt. Der Wunsch nach mehr Anregung und Aktivität ist ebenso ernst zu nehmen wie der nach Reizreduzierung und Rückzug.

Eine wahrlich schlechte Lösung sind Kompromisse, bei denen der eine tendenziell übererregt ist und der andere gelangweilt. Das ist nicht Win-Win, das ist Lose-Lose. Denn das ist für keinen befriedigend und letztlich nicht einmal der Beziehung zuträglich. Es entbehrt nicht einer gewissen Tragik, wenn beide mit viel gutem Willen ihren Wohlfühlbereich verlassen, sich angestrengt um Entgegenkommen bemühen und doch keine traute Zweisamkeit zustande kommt. Der Deal, sich gegenseitig Opfer zu bringen, geht nicht auf. Wer dem Partner zuliebe andauernd etwas auszuhält bzw. auf etwas verzichtet, wird es dem Partner – früher oder später, bewusst oder unbewusst – anlasten. Ebenso indiskutabel ist, dem anderen Opfer abzuverlangen, ihn emotional unter Druck zu setzen. Da muss eine andere Lösung her.

Vielleicht hilfreich: Jeder Partner sollte der Beziehung zuliebe darauf achten, dass er sich im Großen und Ganzen in seinem individuellen Wohlfühlbereich aufhält und seinen Vorlieben – und damit sich selbst – treu bleibt. In glücklichen Beziehungen haben sich beide so arrangiert, dass auch bei unterschiedlichen Bedürfnissen und Interessen keiner auf lange Sicht zu kurz kommt. Um das zu erreichen, müssen die Partner sich lösen von der Vorstellung, das Glück läge in möglichst viel Zusammensein, und sich gegenseitig Freiraum geben. Wichtig sind die Übereinstimmung in grundlegenden Wertvorstellungen und die Vereinbarkeit der Lebensentwürfe.

Nicht jeder Wunsch und jeder Traum müssen gemeinsam realisiert werden. Was es braucht, ist ein von beiden akzeptiertes Partnerschaftskonzept, in dem es vorgesehen ist, dass jeder seinen individuellen Interessen nachgehen, seine persönlichen Wünsche erfüllen und seine wichtigsten ureigenen Träume verwirklichen kann.

Auf der praktischen Ebene des Alltags braucht jeder einen Bereich, wohin er sich zurückziehen kann, der eine, um vielleicht in Ruhe zu entspannen, zu lesen oder einem kreativen Hobby nachzugehen, der andere, um vielleicht seine Lieblingsmusik zu hören, nach Belieben fernzusehen und sich zu später Stunde aufzuhalten. Jeder kann das tun, was er mag, ohne den anderen zu stören bzw. einzuschränken.

Bei den Außer-Haus-Aktivitäten ist es für den nicht-hochsensiblen Partner vielleicht ein Vergnügen, häufiger Freunde zu treffen, auf einem Fest auch einmal durchzumachen, eine riskantere Sportart auszuüben, einen aufregenden Abenteuerurlaub zu machen. Und der hochsensible Partner genießt es womöglich, mit einem einzelnen Freund zum intensiven Gedankenaustausch zusammenzukommen, einen beschaulichen Spaziergang in der Natur zu machen, einen Ferienmalkurs zu besuchen oder allein zu Hause zu bleiben, während der Partner unterwegs ist. Empfehlung für Hochsensible: Ermuntern Sie Ihren nicht-hochsensiblen Partner, etwas allein zu unternehmen.

Elaine Aron sieht in diesem Zusammenhang aber auch eine Gefahr: „Es kann problematisch sein, wenn sich ein HSP / Nicht-HSP-Paar auf ein gemeinsames Leben mit vielen getrennten Unternehmungen einigt. Zwar werden Sie damit Ihren unterschiedlichen Bedürfnissen an äußerer Stimulation gerecht, doch wenn Sie es zu sehr übertreiben, kommt es leicht zu einer Entfremdung."

Tatsächlich ein wichtiger Gesichtspunkt: Jedes Paar braucht für den Zusammenhalt auch echte Gemeinsamkeiten. Diese lassen sich nicht konstruieren, wohl aber entdecken und kultivieren. Es ist es wert, beständig nach Möglichkeiten Ausschau zu halten und sie zu nutzen. Die gemeinschaftliche Freude an dem, was für beide erquicklich, vergnüglich und begeisternd ist, tut der Liebe gut. Eine verbindende Wirkung hat es auch, wenn bestimmte Rituale der Zweisamkeit bewusst gepflegt werden, zum Beispiel das gemeinsame Abendessen.

Entwicklungswege

Für Jürg Willi steht fest: „Persönliche Reifung und Entwicklung werden im Erwachsenenalter durch keine andere Beziehung so herausgefordert wie durch eine Liebesbeziehung."

Im Folgenden betrachte ich einige spezielle Herausforderungen für den hochsensiblen und anschließend einige für den nicht-hochsensiblen Partner eines gemischten Paars und skizziere mögliche Entwicklungswege.

Herausforderungen und Entwicklungswege für die Hochsensiblen

- Hochsensible sind leicht frustriert darüber, trotz aller Bemühungen vom Partner nicht richtig verstanden zu werden. Mitunter kommt es so weit, dass sie die Beziehung infrage stellen, weil es sie so sehr schmerzt, sich unverstanden zu fühlen. Ich habe mich gefragt: Weshalb ist der Wunsch, verstanden zu werden, bei Hochsensiblen so überaus stark ausgeprägt? Vielleicht deshalb, weil sie von klein auf die Erfahrung gemacht haben, dass in engen Beziehungen vom Verstandenwerden ihr Wohl und Wehe – und das der Beziehung – abhing. „Ich verstehe nicht, was du hast" war allzu oft gleichbedeutend mit „Ich gehe über deine Bedürfnisse hinweg". Unverständnis ging häufig einher mit Respektlosigkeit. „Ich verstehe dich nicht" meinte auch „Du bist mir fremd. Ich kann mit dir nichts anfangen. Ich wende mich von dir ab" – und war damit ein Hindernis für Verbundenheit und Liebe.
Entwicklungsweg: Sich mit dem illusorischen Wunsch, ganz und gar verstanden zu werden, auseinandersetzen. Unrealistische Erwartungen erkennen und verändern. Muss ich unbedingt immer völlig verstanden werden? Ist das für mich heute als Erwachsener noch so lebensnotwendig? Ist es nicht die Hauptsache, dass mein Partner mich ernst nimmt und achtet? Dass er bereit ist, Rücksicht zu nehmen, wenn es darauf ankommt, auch wenn er nicht ganz nachvollziehen kann, was mit mir ist? Kann ich nicht Verständnis dafür haben, dass mein Partner nicht immer Verständnis aufbringen kann, solange er den Respekt mir gegenüber wahrt und mir gefühlsmäßig zugewandt bleibt?
- Hochsensible erklären sich bereitwillig und eifrig. Sie neigen zu weitschweifigen Ausführungen, die dann oft nicht das gewünschte Gehör finden. Eine Erklärung gerät leicht zur Rechtfertigung, was ihre Position eher schwächt als stärkt.
Entwicklungsweg: Erklärungen kurz halten, Rechtfertigungen vermeiden (für Gefühle und Bedürfnisse bedarf es keiner Rechtfertigung!). Das eigene Sosein selbstverständlicher nehmen, das verändert auch die Wirkung der Mitteilungen.
- Hochsensible bringen eigene Wünsche oft nicht wirklich deutlich zum Ausdruck. Sie sagen vieles durch die Blume, meinen, Andeutungen müssten reichen. Dabei werden leise Worte und indirekte Aufforderungen oft überhört.
Entwicklungsweg: Von Anfang an klare und starke Worte wählen, bewusst etwas lauter und etwas direkter sprechen. Zum Beispiel auch sagen, dass man für eine Weile Stille und Alleinsein braucht. Dazusagen, dass das keine Zurückweisung des Partners bedeutet. („Für mich, nicht gegen dich.")

- Die Kämpferischen unter den Hochsensiblen treten vehement für ihre Interessen ein. Dabei schießen sie schon mal über das Ziel hinaus und beanspruchen, dass sich alles nach ihnen richtet. Mitunter sind Hochsensible „vorsorglich" aggressiv aus Furcht, nicht zu ihrem Recht zu kommen.
Entwicklungsweg: Nicht aus vorauseilender Abwehrhaltung (die vielleicht gar nicht nötig ist) andere attackieren. Für sich eintreten, aber keine alternativlosen Forderungen stellen. Für sich möglichst Lösungen finden, die dem anderen seinen Freiraum lassen. Standpunkte gleichberechtigt nebeneinanderstellen, faire Lösungen ergeben sich dann oft „ganz von allein".
- Ihre Neigung, ihr Gegenüber allzeit ins Denken mit einzubeziehen, kann Hochsensible dabei behindern, die eigene Position unabhängig darzulegen.
Entwicklungsweg: Den eigenen Standpunkt auch dann formulieren, wenn man schon weiß (oder zu wissen glaubt!), dass er dem des anderen zuwiderläuft. Nicht aus vorauseilender Rücksichtnahme (die vielleicht gar nicht erwünscht ist) zurückstecken. Eine gütliche Einigung lässt sich später im Dialog finden.
- Für Hochsensible ist es unvorstellbar, dass ihr Partner so wenig von ihrer Befindlichkeit mitbekommt und auf vieles mit der Nase gestoßen werden muss; auch, dass er an manches immer wieder erinnert werden muss.
Entwicklungsweg: Daraus nicht automatisch mangelnde Zuneigung und mangelndes Beziehungsengagement ableiten. Bereit sein, sich ausdrücklich mitzuteilen und Dinge notfalls auch zu wiederholen.
- Das große Interesse der Hochsensiblen für ihr eigenes Innenleben bedingt folgerichtig auch das Interesse für das Gefühlsleben des Partners. Bis zu einem gewissen Grad wird das vom Partner als Interesse an der Person erlebt und geschätzt, allerdings nur als angenehm empfunden, solange es nicht zu eindringlich ist.
Entwicklungsweg: Aufpassen, dass interessierte Fragen nicht investigativ werden. Zur Innenschau einladen, sie aber nicht aufnötigen. Nicht meinen, man könne den Partner „durchschauen". Den Partner nicht hemmungslos analysieren. Offen sein für das, was der Partner über sich sagt.
- Hochsensible können nicht gut beiseiteschieben, was sie beschäftigt und bedrückt. Sie können zum Beispiel unmöglich noch seelenruhig etwas anderes tun, wenn der Partner angekündigt hat „Ich muss mal mit dir reden" (Können das eigentlich andere?). Alles, was in der Beziehung bedenklich stimmt und irritiert, meldet sich so lange zu Wort, bis es bedacht, bearbeitet und bereinigt ist.
Entwicklungsweg: Auch einmal etwas unkommentiert und (für den Moment) undiskutiert lassen. Dennoch gilt nach wie vor: Das, worüber ich unaufhörlich nachgrüble und was mich auch nach einer Weile nicht zur Ruhe kommen lässt, ansprechen!

- Hochsensible brauchen für Gespräche eine ruhige, ungestörte Atmosphäre, um gesammelt zu sein und die Konzentration aufbringen zu können.
  Entwicklungsweg: Fürs eigene Wohlergehen sorgen (zum Beispiel ein Glas Wasser neben sich stellen; Trinken beruhigt). Störquellen so gut es geht ausschließen (Radio und TV aus). Gespräche möglichst vertagen, wenn man merkt, dass man schon von vornherein überreizt ist.

Herausforderungen und Entwicklungswege für die Nicht-Hochsensiblen

- Nicht-Hochsensible sind gefordert, in der Kommunikation ein gerüttelt Maß an Sensibilität, Einfühlung und Verständnis an den Tag zu legen, auch wenn ihnen das nicht immer leichtfällt. Für den hochsensiblen Partner ist das ein unverzichtbares Zeichen von Liebe.
  Entwicklungsweg: Auch das, was man nicht nachvollziehen kann, ist existent, hat seine Daseinsberechtigung und verdient Respekt und Würdigung! Bitte unterscheiden: Verstehen heißt nicht zwangsläufig zustimmen. Die eigene Auffassung getrost danebenstellen. Sich nicht selbst überfordern, niemand kann jederzeit für den anderen ein offenes Ohr haben und auf ihn eingehen. Dem Partner auch mal zumuten, dass man nicht zur Verfügung steht.
- Nicht-Hochsensible mögen nicht jederzeit über ernste Dinge reden und Reflexionen anstellen. Bei ihnen verursacht ein tiefschürfendes persönliches Gespräch schneller Anspannung und Unbehagen, während der Partner erstaunlich entspannt ist und aufblüht.
  Entwicklungsweg: Statt unerklärlich mürrisch oder einsilbig zu werden, klare Ansagen machen, was wann in welchem Maß geht. Hochsensible können viel mit Transparenz und ehrlichem, authentischem Verhalten anfangen.
- Nicht-Hochsensible können oft überhaupt nicht verstehen, was manche ihrer Handlungen und Äußerungen für den anderen so verletzend machen. Manchmal genügt eine unachtsame Geste, ein schräger Blick, ein unbedachtes Wort – und schon ist die Irritation da. Das irritiert wiederum die Nicht-Hochsensiblen und lässt sie denken „Ich kann sagen, was ich will, es ist immer verkehrt." Die Falle dabei ist, jede Irritation der hochsensiblen Person als Vorwurf aufzufassen, sich selbst die Schuld zu geben bzw. alles daranzusetzen, sie weit von sich zu weisen.
  Entwicklungsweg: Sich nicht in der Schuldfrage verheddern. Nachfragen und ein offenes Ohr dafür haben, was mit dem Partner los ist. Sich dafür interessieren, wie etwas von der hochsensiblen Person aufgefasst wurde. Statt sich auf „So habe ich das nicht gemeint!" zu versteifen, lieber sagen „Es tut mir leid, dass das auf dich verletzend gewirkt hat." Sich als am Problem beteiligt betrachten, Verantwortung für den eigenen Anteil übernehmen.

- Nicht-Hochsensiblen kommen die oftmals überraschend heftigen Reaktionen unangemessen und befremdlich vor. Dann sagen sie Sätze wie „Jetzt überreagierst du aber!" Schlecht auszuhalten ist oft auch, wenn der aufgeregte (übererregte) Partner Reißaus nimmt und sie einfach stehen lässt.
  Entwicklungsweg: Erkennen, dass ein „vernünftiges" Miteinander-Reden in solchen emotionalen Ausnahmesituationen kaum möglich ist. Zum Wesen eines Gefühlsausbruchs gehört, dass Probleme überzeichnet (um nicht zu sagen dramatisiert) werden. Den Versuch, die Angelegenheit objektiv und sachlich betrachten und besprechen zu wollen, in dem Moment aufgeben. „Bleib doch mal sachlich!" wäre Öl ins Feuer. Gefühlsreaktionen sind immer subjektiv und eben emotional. Dem übererregten Partner Zeit und Raum geben, sich wieder zu beruhigen (Auszeit!). Den eigenen Ärger, die eigene Ratlosigkeit (oder was auch immer) zeigen. In ruhigen Zeiten eine Vereinbarung treffen, dass Auszeiten möglich sind. Zur Vereinbarung gehört, dass der Rückzug kurz angekündigt und ein Wiederkommen zugesagt wird. Die Unterbrechung und das Abstand-Gewinnen haben ihr Gutes: Im Disput neigen beide dazu, ihre extremsten Standpunkte einzunehmen. Später stellt sich oft heraus, dass die Meinungen gar nicht so weit auseinanderliegen.
- Nicht-Hochsensible erleben es häufig, dass ihnen Gedanken von der Stirn abgelesen werden, ihre Stimmungen und ihre Wünsche erspürt werden. Dies mag sie dazu verleiten, sich darauf zu verlassen, dass der Partner bemerkt, was mit ihnen los ist und was sie brauchen, statt es selbst herauszufinden und zu artikulieren.
  Entwicklungsweg: Die Verantwortung für das eigene Wohlergehen weder delegieren noch sich aus der Hand nehmen lassen. Gefühle, Bedürfnisse, Wünsche / Bitten bei sich identifizieren und aussprechen.

> ### HOCHSENSIBLE BERICHTEN – HOCHSENSIBEL UND NICHT-HOCHSENSIBEL
>
> **Mario:** Für mich ist die Kommunikation das A und O für eine funktionierende Beziehung. Ich habe es in all den Jahren in meiner Partnerschaft nur geschafft, weil ich sehr früh erkannt habe, wie wichtig die regelmäßige Kommunikation und der ständige Austausch über all das, was passiert und mich bewegt, sind. Immer wenn ich das nicht getan habe, gab es Missverständnisse. Wenn wir jedoch regelmäßig Zeit miteinander verbringen, spazieren gehen und miteinander über alles reden, dann funktioniert es super.
>
> Meine Frau ist keine HSP. Die größte Herausforderung sehe ich darin, dass ich sehr viele Informationen aufnehme, sich dadurch meine Sichtweisen ständig verändern bzw. erweitern, ich viel lerne. Für jemanden, der nicht so viel aufnimmt, ist das offensichtlich ein Problem, denn es geht zu schnell. Meine Frau hört sich zwar alles an, doch manchmal sind es ihr einfach zu viele Infos. Deswegen versuchen wir einerseits, uns ganz viel auszu-

tauschen, und auf der anderen Seite mache ich vieles mit mir selber ab, weil ich weiß, sie kann es nicht nachvollziehen. Es ist nicht einfach, da den Mittelweg zu finden.

Fiona*: Ich habe meinen heutigen Partner als Teenager kennengelernt. Seitdem sind wir zusammen. Mein Mann fiel mir sofort als etwas Besonderes auf: ein ausgesprochen zugewandter, mir gegenüber unglaublich wertschätzender Mensch. Meine (versteckte) Seele fühlte sich sofort gesehen. So gesehen, erfüllt mein Mann wahrscheinlich als Nicht-HS-Mann vieles von dem, was sich HS wünschen. HS ist er sicher nicht: Er ist eher hart im Nehmen, was Anstrengungen betrifft, Reizvielfalt ist ihm egal, Reizüberflutung kennt er nicht. Seine Sinne sind aus meiner Sicht ausgesprochen unirritierbar. Bei Musik mag er es gern laut, hart und schnell. Er mag Partys mit Diskussionen, wo sich die Menschen nur gegeneinander positionieren, ohne wirklich in Kontakt zu gehen. Wenn ich ihm dann mal sage, dass mir der Ton unter den Diskutierenden zu aggressiv ist oder mir das Aufeinandereingehen fehlt, meint er, dass doch schließlich jeder seine Meinung haben dürfe. Damit kann ich leben, da die persönliche Wertschätzung den in meinem Erleben etwas unsensiblen Kommunikationsstil im Außen aufwiegt. Eigentlich bleiben mir mit meinem Nicht-HS-Partner nur in einem Bereich Wünsche offen, nämlich im Bereich der Sexualität, wo es nicht mehr allein auf das gegenseitige positive Zugewandtsein ankommt, sondern auf In-Resonanz-miteinander-Schwingen. Da fehlt mir etwas Gemeinsames, das mit der Gabe, sich auf Spüren einlassen zu können, zu tun hat. Es geht um das Entstehen eines gemeinsamen Feldes, in das sich beide hineingeben und in dem sie mit allen Sinnen genießen. Ich frage mich, ob das zwischen zwei HS-Partnern anders ist.

Von mir – Wo die Liebe hinfällt

Bei mir landete die Liebe zweimal für langjährige Beziehungen bei einem nicht-hochsensiblen Mann. Mich faszinierte die Andersartigkeit, mich zog das Savoir-vivre an. Beeindruckend fand ich, dass meine mitunter überbordenden emotionalen Reaktionen den Partner nicht in die Flucht schlugen, dass er es mit mir aufnahm und sich mit mir auseinandersetzte. Eine sehr schöne Erfahrung war mitzubekommen, wie sich dem Partner etwas von meiner Gefühlstiefe und meinem Feingefühl erschloss. Das dicke Minus: die nicht übereinstimmenden Wohlfühlbereiche, was die Art und Menge der als angenehm empfundenen Außenreize angeht, und die vielen Unterschiedlichkeiten in der Lebensart, im Umgang mit sich selbst und mit dem Rest der Welt, in den Bedürfnissen und Erwartungen. Lange schien es jeweils möglich, gute Lösungen für ein zufriedenes Miteinander zu finden, dann wollte es beide Male doch nicht glücken.

5.4 Das A und O in der Partnerschaft: Kommunikation

Das Miteinanderreden eröffnet die Chance, einander Einblicke in die verschiedenen Vorstellungswelten zu geben, sich anzunähern, Missverständnissen vorzubeugen bzw. sie aufzulösen. Schließlich bietet es auch die Freude an einem inspirierenden und bereichernden Austausch. Das Faktum Hochsensibilität als zentral bedeutsam zu erkennen und im Sinn zu behalten ist für eine gute Verständigung von unschätzbarem Wert.

Das Paar im Zwiegespräch

Was der eine rüberbringen möchte und was beim anderen ankommt, ist grundsätzlich zweierlei, miteinander sprechen nicht gleichbedeutend mit einander verstehen. Jeder hat seine ganz eigene Auffassung, hält etwas anderes für „wahr". Der Psychoanalytiker Michael Lukas Moeller (1937–2002), der das Zwiegespräch als eine Selbsthilfemethode für Paare entwickelte, macht die Herausforderung deutlich: „Spricht man wesentlich miteinander, wird frappierend sichtbar, dass dieselben Ereignisse von jedem der beiden Partner gänzlich unterschiedlich erlebt werden können. Jeder hat eine andere Lebensgeschichte, und allein dadurch gewinnt jedes wahrgenommene Ding im großen Raum der inneren Assoziationen eine andere Bedeutung. Ein Paar lebt also nicht in einer einzigen Realität aus einem Guss, sondern in zwei Realitäten, zwei unterschiedlichen Erlebniswirklichkeiten. Erst das Anerkennen dieser doppelten Wirklichkeit schafft die Atmosphäre einer guten Beziehung." (Michael Lukas Moeller, *Gelegenheit macht Liebe: Glücksbedingungen in der Partnerschaft*)

Speziell in der Beziehung zwischen einem hochsensiblen und einem nicht-hochsensiblen Partner liegen einfach Welten zwischen der Erlebniswirklichkeit des einen und der des anderen. Das gegenseitige Verständnis ist über das hinausgehend, was jedes beliebige Paar betrifft, durch die sehr unterschiedliche Art, Dinge wahrzunehmen, zu empfinden und zu verarbeiten, erschwert. Schon dadurch bleiben sich die Partner immer etwas fremd. Umso höher ist der Gesprächsbedarf. Es ist notwendig, mehr von sich zu erzählen und sich auch über Kleinigkeiten auszutauschen, um die durch die Wesensart bedingten Unterschiede zu überbrücken.

Die Kunst, als Paar zu leben

In seinem Buch *Liebe auf Dauer: Die Kunst, ein Paar zu bleiben* schreibt Hans Jellouschek in einem Kapitel mit der Überschrift „Lernen Sie einander gut kennen. Die Kunst, die Fremdheit zu überwinden": „Sich in die Schuhe des anderen stellen, die Dinge aus seiner Perspektive betrachten lernen, gerade dort, wo ich auf sein Anderssein stoße, das ist ein wesentliches Element einer dauerhaften Partnerliebe. Allerdings nur unter der Voraussetzung, dass es wechselseitig geschieht."

Jellouschek gibt dazu noch den Hinweis: „Seien Sie neugierig und interessiert am anderen. Sprechen Sie alles an, was Ihnen an ihm ‚frag-würdig' erscheint. Und: Tun Sie es, bevor Sie über das Fremde, das Ihnen in ihm begegnet, ärgerlich werden und das Bedürfnis haben, es zu kritisieren." Diese Passage im Buch hatte ich schon beim ersten Lesen vor vielen Jahren mit einem dicken Ausrufezeichen am Rand versehen!

Ein ständiger Prozess des Sich-einander-Erklärens

Ein Kernsatz von Jürg Willi lautet: „Eine Partnerbeziehung ist ein ununterbrochener Prozess des Einander-Suchens und Sich-einander-Erklärens." Dafür braucht es Geduld und Ausdauer auf beiden Seiten. Jeder ist immer wieder aufs Neue gefordert, sich einerseits selbst zu klären und dem Partner zu erklären und andererseits den Erklärungen des Partners aufmerksam und offen zuzuhören. Willi: „Liebesbeziehungen fordern also den einen Partner heraus, sich klarer zu definieren, und den andern, seine inneren Bilder über den Partner zu modifizieren." (Aus *Psychologie der Liebe*)

Das bedeutet: Hat mein Partner sich ein Bild von mir gemacht, das nicht mit meinem Selbstbild übereinstimmt, bin ich mitverantwortlich dafür, das verzerrte Bild zu korrigieren. Ich habe die Aufgabe, mich so lange mit ihm auseinanderzusetzen, bis meine Erklärungen sein Bild von mir erweitern, ergänzen, zurechtrücken. Vonseiten des Partners braucht es die entsprechende Bereitschaft, sein Bild von mir zu überprüfen, meine Erklärungen aufzunehmen, flexibel zu sein und das Bild anzupassen. – Dasselbe gilt natürlich auch andersherum.

Willi macht dabei klar, wie schwierig es für die Partner ist, die Sicht des anderen einzunehmen. Streng genommen ist es gar nicht möglich, sich vollständig in einen anderen „hineinzuversetzen". Letztlich kann keiner denken und fühlen wie ein anderer. (Auch kein noch so einfühlsamer hochsensibler Mensch!) Beim Versuch, Gedankengänge nachzuvollziehen und Gefühle nachzuempfinden, geht man nun einmal davon aus, wie man selbst in derselben Situation denken und fühlen würde; Hintergrund ist immer die eigene Persönlichkeitsstruktur. Jürg Willi: „Jeder versteht jeden immer nur auf Grundlage seiner Konstruktion der Wirklichkeit, und diese ist von jener des Partners zwangsläufig verschieden."

Mehr Gelassenheit und Problemtoleranz

So sehr es der Beziehung zugutekommen kann, wenn das, was irritiert, stört und belastet, zeitnah besprochen und geklärt wird, so wichtig ist es, auch einmal Trennendes beiseitezulassen. Vor lauter ernsten Gesprächen, Konfliktklärung und Problembewältigung dürfen Unbeschwertheit, Humor und Spaß im Miteinander nicht verloren gehen.

Dazu Michael Mary in *Lebt die Liebe, die ihr habt:* „Je ausführlicher die verbale Kommunikation, desto größer wird die Gefahr, dass Unterschiede und nicht Gemeinsamkeiten betont werden. Damit würde der Eindruck der Übereinstimmung gestört und das Gefühl des Einsseins zerstört. (…) Die Liebe lässt sich nämlich auch mit bestem Willen nicht herbeireden, man kann sie aber durchaus wegreden. Sie lässt sich durch den Versuch vertreiben, Unterschiede auszuräumen, um die Illusion der Einheit zu erzeugen."

Nicht jedes Diskussionsthema kann erschöpfend behandelt werden, nicht jedes Problem ist sofort lösbar, manches auch gar nicht – auch nicht mit noch so viel Darüberreden. Die „Lösung" liegt dann am ehesten in einer größeren Gelassenheit und Problemtoleranz.

6. | Hochsensibel im Beruf

Einen passenden Beruf in einem als angenehm empfundenen Umfeld auszuüben ist für jeden von grundlegender Bedeutung für das Wohlbefinden, die Zufriedenheit und das Lebensglück. Schließlich verbringt man sehr viel Lebenszeit am Arbeitsplatz und steckt eine Menge Energie in die Arbeit. Wer seine Arbeit als freudvoll und sinnvoll empfindet, sich in seiner Arbeitsumgebung wohlfühlt und Anerkennung bekommt, ist aus sich heraus motiviert und arbeitet engagiert. Die berufliche Tätigkeit dient nicht nur der Existenzsicherung, sondern bietet auch die Gelegenheit, seine Talente und Fähigkeiten auszuleben, sie ist ein wichtiger Teil von Selbstausdruck und Selbstbestätigung. Sie bringt einen außerdem in regelmäßigen Kontakt mit anderen Menschen und gibt einem einen Platz in einer Gemeinschaft.

Selbstverständlich wünschen sich nicht nur hochsensible Menschen eine befriedigende Berufstätigkeit, deren Anforderungen zu den persönlichen Begabungen, Befähigungen und Affinitäten passen. Der Unterschied: Hochsensible, die allgemein intensiver empfinden, empfinden auch eine Unzufriedenheit sowie eine etwaige Unter- oder Überforderung ungleich stärker. Für Hochsensible ist es daher noch schwerer auszuhalten, wenn ihr Beruf bzw. ihr Arbeitsplatz ihnen als der falsche erscheint, es an Wertschätzung mangelt, es mit Kollegen und/oder Vorgesetzten zwischenmenschliche Probleme gibt, Leistungen von ihnen erwartet werden, die sie nicht oder nur unter großen Mühen erbringen können und/oder wesentliche Potenziale brachliegen.

Ist eine passende Berufstätigkeit am geeigneten Arbeitsplatz noch nicht gefunden, wird man die Arbeit immer wieder infrage stellen, mit sich und der Welt hadern und mehr oder weniger unglücklich sein, unter Umständen mit Widerwillen zur Arbeit gehen und richtig leiden. Aus der Unzufriedenheit kann leicht eine negative Grundstimmung resultieren, die auch zu körperlichen Beschwerden und schließlich Krankheiten führen kann. Gerade Hochsensible gehören zu den Ersten, die psychosomatische Beschwerden ausbilden. Das bedeutet: Sie können es sich eigentlich gar nicht leisten, eine anhaltende berufliche Unzufriedenheit komplett zu ignorieren, wenn sie ihre psychische und physische Gesundheit nicht gefährden wollen.

6.1 In Bedrängnis durch die moderne Berufswelt

Im Allgemeinen wird die Welt immer technisierter, multimedialer, schnelllebiger, hektischer, unruhiger, lauter, reizüberfluteter und damit nervenaufreibender, erst recht für hochsensible Menschen. Die heute allseits anzutreffenden Anforderungen des Arbeitsmarkts und Bedingungen in der Arbeitswelt entsprechen wenig ihren besonderen Stärken und noch weniger ihrer generellen Empfindsamkeit und Stressanfälligkeit.

Wir leben in einer Leistungsgesellschaft, in der es gilt, auch unter großem Druck und angesichts immer ehrgeizigerer Vorgaben und Ziele gute Arbeitsleistungen zu erbringen. Aufgaben sollen immer kurzfristiger und schneller ausgeführt werden, die Arbeitslast für den Einzelnen steigt, es werden oft Überstunden verlangt, ständige Erreichbarkeit – und Verfügbarkeit! – wird vorausgesetzt. Gefordert werden Konfliktfähigkeit, Flexibilität, Anpassungsfähigkeit und Belastbarkeit.

Im heutigen Wirtschaftsleben kommen sehr oft Konkurrenzdenken vor Kooperationsbereitschaft, Durchsetzungsvermögen vor Rücksichtnahme, kurzfristiger Erfolg vor Nachhaltigkeit, Segmentierung vor Ganzheitlichkeit, Konsumdenken vor Ressourcenschonung. Diese Priorisierung stimmt nicht mit dem typischen Wertegebäude der Hochsensiblen überein. Rücksicht, Weitsicht, Umsicht und Vorsicht hingegen – allesamt Aspekte, die von Hochsensiblen wunderbar abgedeckt werden könnten – sind kaum gefragt. Das bringt Elaine Aron zu der Aussage: „Lange Arbeitstage, Stress und zu viele Reize im Arbeitsumfeld hindern uns daran, wirklich erfolgreich zu sein. Dennoch glaube ich, dass viele unserer Schwierigkeiten in Bezug auf unsere Arbeit in der mangelnden Wertschätzung unserer Rolle, unserer Wesensart und dessen, was wir potenziell beisteuern können, begründet liegen." (Dieses Zitat stammt wie alle von Elaine Aron in diesem Kapitel aus *Sind Sie hochsensibel?*)

Angesichts dieser Entwicklungen wird es für Hochsensible zunehmend schwierig, Arbeitsplätze zu finden, die gut mit ihrem Sosein zu vereinbaren sind.

Vom chronischen Stress zum „Burn-out"

Der totale Überforderungs- und Erschöpfungszustand, der heute üblicherweise als Burn-out bezeichnet wird, hat sich zu einem weitverbreiteten Problem entwickelt und ist längst nicht mehr nur eine Managerkrankheit. Im *Spiegel*-Leitartikel „Die gestresste Seele" (*Spiegel* Nr. 6/2012) ist von einer neuen Offenheit im Umgang mit seelischen Störungen die Rede. Die Statistiken würden zeigen, wie sprunghaft die Arbeitsunfähigkeitstage durch psychische Erkrankungen gestiegen seien. (Und diese erschreckende Entwicklung hält in den Jahren seitdem weiter an.) Bemerkenswert ist, dass Burn-out gesellschaftlich akzeptierter ist als Depression. Zumindest aber trauen sich die Menschen weitaus eher, über einen Burn-out als über eine Depression zu sprechen und sich ärztliche/therapeutische Hilfe zu holen. Eine medizinische Diagnose ist Burn-out zwar nicht, aber Menschen, die sich chronisch überlastet und anhaltend körperlich und emotional erschöpft fühlen, können sich gut mit diesem prägnanter Begriff identifizieren.

Ausbrennen kann jeder, der nicht auf ein verträgliches Maß an Arbeitseinsatz achtet, sich über längere Zeit verausgabt, sich immer mehr aufbürdet bzw. aufbürden lässt, die Balance zwischen Arbeit und Erholung nicht mehr herzustellen vermag und daher ständig in Anspannung ist. Burn-out droht durch permanenten Konkurrenzdruck und Termindruck, andauernde Arbeitsüberlastung, die Forderung, Multitasking zu beherrschen und nahezu rund um die Uhr erreichbar und ansprechbar zu sein. Zu den wesentlichen Stressfaktoren zählen einengende und/oder unklare Vorschriften, ein schlechtes Betriebsklima, übermäßige Kontrolle, mangelnder Respekt, gehäufte Kritik, Sorge um den Arbeitsplatz. Wenn jemand, der seine ganze Kraft in den Job steckt, im Job ausgebremst wird, statt Wertschätzung Kränkung erfährt oder gar Mobbingattacken ausgesetzt ist, droht der Absturz.

Es sind also nicht allein die Arbeitsmenge und die Arbeitsdichte, sondern es ist die Frustration darüber, dass trotz größter Anstrengung und unermüdlichen Einsatzes das gesteckte (oder vorgegebene) Ziel nicht erreicht werden kann und die Anerkennung ausbleibt, die den Menschen so sehr zusetzt.

Hochsensible, die dazu neigen, perfektionistisch an ihre beruflichen Aufgaben heranzugehen, an sich selbst überhöhte Ansprüche zu stellen, die Erwartungen anderer (so unrealistisch sie sein mögen) und Verpflichtungen unbedingt erfüllen zu wollen und die sich schwertun mit dem Neinsagen und Sichabgrenzen, können als besonders Burn-out-gefährdet gelten. Das liegt auch daran, dass Hochsensible Eindrücke intensiver aufnehmen, empfinden und verarbeiten und es bei ihnen länger dauert, bis deren Nachhall wieder verklingt.

Burn-out zu erkennen ist nicht immer leicht, denn er kann sich auf sehr unterschiedliche Art äußern. Häufige psychosomatische Beschwerden sind zum Beispiel alle Arten von Herz-Kreislauf-Erkrankungen, anhaltende Schlafstörungen, häufige Kopfschmerzen, Hörsturz und Ohrgeräusche, Magen-Darm-Störungen, sinkende Abwehrkräfte gegenüber Infekten. Zu den Symptomen gehören außerdem eine deutlich verminderte Denk-, Konzentrations- und Erinnerungsfähigkeit, was die Arbeitsleistung merklich mindert, und auch eine erhöhte Reizbarkeit und Aggressivität, was zwischenmenschliche Probleme mit Arbeitskollegen und Kunden und natürlich mit Freunden, dem Partner und Familienmitgliedern bedingt. Der Antrieb und die

Lebensfreude verringern sich auffällig, das Lachen vergeht. Ausgebrannte Menschen sind chronisch erschöpft, energielos, manchmal lethargisch und teilnahmslos.

So potenziell gefährdet Hochsensible sein mögen, so sehr verfügen sie über das Potenzial, Fehlentwicklungen und Gefahrenzeichen frühzeitig zu erkennen, Lösungswege zu ersinnen und aktiv Abhilfe zu schaffen. Dazu sind allerdings die wache Aufmerksamkeit sich selbst gegenüber und die Bereitschaft, sich selbst ernst und wichtig zu nehmen, nötig. Das aufzubringen gelingt nicht einfach so, sondern ist ein Entwicklungsprozess. Der beginnt mit der Erkenntnis und führt – wenn es gut läuft – schließlich zu konkreten Veränderungen im Handeln. In manchen Fällen allerdings braucht es leider erst die handfeste Krise, um sich der ernsten Problematik bewusst zu werden.

Wenngleich ich Hochsensible unbedingt dazu auffordere, gut auf sich Acht zu geben und auf ihr empfindsames Wesen Rücksicht zu nehmen, so heißt das doch keineswegs, dass ich meine, sie müssten sich in Watte packen und jegliche Beanspruchung meiden. Schon gar nicht darf es bedeuten, dass sie ihr Licht unter den Scheffel stellen. Sie sind zu vielem in der Lage, vorausgesetzt, sie tun es in einer ihnen gemäßen Weise. In ihnen steckt viel Power, sie sind auch befähigt, viel zu leisten, wenn nur die Rahmenbedingungen für sie passen.

Was Hochsensiblen schwerfällt – und was sie brauchen

Was die Motivation und die Leistungsfähigkeit angeht, gibt es bei Hochsensiblen Einschränkungen und Notwendigkeiten. Tendenziell lassen sich folgende Aussagen formulieren:

- Stark reizüberflutende Situationen können Hochsensible nur für kurze Zeit problemlos aushalten. Sie sind anfällig für Stress. Die Anspannung und Anstrengung, die mit Reizüberflutung verbunden sind, gehen auf jeden Fall zulasten der Konzentration und der Leistungsfähigkeit.
  Das heißt: Hochsensible brauchen eine Arbeitsumgebung, die es ihnen ermöglicht, konzentriert an einer Sache zu bleiben, ohne ständig abgelenkt zu werden. (Ein Großraumbüro ist denkbar ungeeignet für sie.) Ferner ist es günstig, wenn die Arbeit so geartet ist, dass sich reizerfüllte mit relativ reizarmen Arbeitsphasen abwechseln.
- Unter Leistungs- und Zeitdruck und nach eng gefassten Vorgaben arbeiten zu müssen belastet Hochsensible so sehr, dass sie weit weniger leisten können und schlechtere Arbeitsqualität liefern, als es ihnen unter anderen Umständen möglich wäre.

Das heißt: Hochsensible sind von sich aus bestrebt, gute Ergebnisse abzuliefern, und wünschen sich entsprechendes Vertrauen der Vorgesetzten. Darüber hinaus brauchen sie einen gewissen Freiraum in der Ausführung ihrer Aufgaben, das heißt Raum für Eigenverantwortung, Eigeninitiative und Kreativität. Hochsensible sind da richtig eingesetzt, wo es um Qualität statt um Quantität geht.

- Unwägbarkeiten und Veränderungen, auf die sie keinen Einfluss nehmen können, werden von Hochsensiblen als sehr belastend erlebt. Die übliche Forderung nach hoher Flexibilität bereitet ihnen Stress. Die Bereitschaft zu Überstunden mag von der Arbeitsauffassung her im Prinzip gegeben sein, nicht aber das Vermögen, sie auf lange Sicht schadlos zu überstehen.

Das heißt: Gut sind einigermaßen kalkulierbare Abläufe; unbedingt notwendig regelmäßige und ausreichende Zeiten zur Regeneration sowie eine ausgewogene Balance zwischen den verschiedenen Lebensbereichen.

- Hochsensiblen geht es meist weniger um materielle Ziele. Mit einer Tätigkeit Geld verdienen zu können reicht ihnen nicht – jedenfalls nicht auf Dauer. Keinen Sinn in ihrer Arbeit zu finden belastet sie sehr.

Das heißt: Wichtiger als gute Bezahlung sind ihnen persönliche Anerkennung, das Gefühl, Bedeutsames und Hilfreiches zu tun. Sie brauchen eine Antwort auf die Frage nach der Sinnhaftigkeit. Es sollte ihnen überdies möglich sein, ihren Werten und sich selbst weitgehend treu zu bleiben.

- Hochsensible streben weniger danach, hochrangige Positionen zu erreichen und Personalverantwortung zu übernehmen, weil das konfliktträchtig ist und sie in manches Dilemma bringen würde.

Das heißt: Sie werden eine Stelle mehr nach Entfaltungs- als nach Aufstiegsmöglichkeiten auswählen, in der Regel eher Fach- als Führungskraft sein oder einer freiberuflichen / selbstständigen Tätigkeit nachgehen. Eine abwechslungsreiche Tätigkeit kommt ihren vielseitigen Interessen entgegen.

- Es liegt Hochsensiblen weniger, auf sich und ihre Leistungen aufmerksam zu machen, vor großem Publikum zu sprechen, ihre Arbeitsergebnisse effektvoll zu präsentieren und sich in den Vordergrund zu stellen. Sprichwörtlich gehört Klappern zum Handwerk, nur ist Klappern nun mal nicht das Ding der Hochsensiblen (das macht schließlich Lärm!). Hochsensible sind meistens eher bescheiden und zurückhaltend, sie agieren subtil, gerne aus der zweiten Reihe bzw. im Hintergrund. Oft wird für das Umfeld gar nicht deutlich, welchen Beitrag sie an einem Gemeinschaftswerk geleistet haben.

Das heißt: Es gilt zu schauen, wie sie ihre Fähigkeiten und Leistungen wirkungsvoller sichtbar machen können, um mehr Beachtung und Würdigung zu erfahren.

- Hochsensible mögen keine Wettbewerbssituationen und keinen Konkurrenzkampf. Ellenbogenmentalität ist ihnen zuwider, ein hohes Konfliktpotenzial stresst sie. Unter zwischenmenschlichen Spannungen leiden sie sehr.

Das heißt: Lieber sind ihnen Kooperation und friedliche Koexistenz. Sie legen Wert auf Fairness und Gerechtigkeit, lieben harmonisches Zusammenwirken, gegenseitige Unterstützung. (Dabei müssen sie aufpassen, dass sie ihre Anpassungsfähigkeit und Hilfsbereitschaft nicht überstrapazieren.)

- Hochsensible gehen nicht gerne offensiv auf andere zu, wollen anderen nichts aufdrängen. Aggressives Verkaufen geht gar nicht, denn auf keinen Fall wollen sie Kunden überreden oder gar übervorteilen. Die Frustrationstoleranz, die zum Beispiel als Telefonverkäufer oder Vertreter oder in der Kaltakquise notwendig ist, können sie schwerlich aufbringen. Jede Zurückweisung geht ihnen nahe und nach, weil sie sie leicht persönlich nehmen.

Das heißt: Kundenkontakt ist für Hochsensible nur dann angenehm, wenn ein Anknüpfen an einen bestehenden Kontakt möglich ist bzw. der Kontakt vom Kunden gewünscht ist. Unbedingt müssen sie von der Qualität und den Vorzügen dessen, was sie anbieten, überzeugt sein. Sie wollen Kunden ehrlich beraten und bestmöglich bedienen und selbst integer und authentisch bleiben dürfen.

6.2 Beruf – Berufung

„Jede Gabe ist auch eine Aufgabe."

Käthe Kollwitz (1867–1945)

Hochsensible reflektieren sich und ihr Tun viel mehr als andere. Sie sind auf der Sinnsuche, wünschen sich sehnlich, sich mit ihren Begabungen, Fähigkeiten und mit ihrem Wesen einzubringen, sich ihrem Potenzial gemäß weiterzuentwickeln und einen wertvollen Beitrag zum großen Ganzen zu leisten. Ist der Anspruch an die Sinnhaftigkeit der eigenen Arbeit sehr hoch, klafft womöglich eine riesige Lücke zwischen Wunsch und Wirklichkeit, was äußerst frustrierend sein kann.

Marianne Skarics stellt in ihrem Buch *Sensibel kompetent: Zart besaitet und erfolgreich im Beruf* fest: „Seelisch oder körperlich belastende Arbeitssituationen, Tätigkeiten, die einem sinnlos erscheinen, Arbeit, die im Widerspruch zu den eigenen inneren Werten steht, aber oft auch Tätigkeiten, für die man überqualifiziert ist, fühlen sich für Hochsensible nach einiger Zeit wie Frondienst an." (Ich werde noch einige Male aus diesem Buch zitieren.) Dennoch halten Hochsensible oftmals lange aus in Berufsverhältnissen, in denen sie sich absolut unwohl fühlen. Unter anderem ist es ihr ausgeprägtes Pflichtbewusstsein, das Hochsensible in einem ungeliebten Job hält. Immerhin verdienen sie damit ihren Lebensunterhalt, versorgen gegebenenfalls ihre Familie, haben eine bestimmte Arbeitsaufgabe übernommen.

Vielen Hochsensiblen fällt es außerdem schwer, den Status quo offen infrage zu stellen und den Mut aufzubringen, konkret etwas zu verändern. Sie fürchten, einen (erneuten) Fehler zu machen, und werden von Zweifeln geplagt: Nehme ich mich selbst zu wichtig? Ist es vermessen von mir, nach etwas Besserem zu streben? Was werden meine Kollegen, was wird mein Chef sagen? Wie werden Familienmitglieder und Freunde reagieren? Wie kann ich sicher sein, dass ich mich dieses Mal richtig entscheide? Was, wenn eine berufliche Veränderung auch nicht zur Zufriedenheit führt? Was, wenn es anderswo noch schlimmer ist? Darf ich einen sicheren Arbeitsplatz aufgeben? Sollte ich mich nicht einfach mit dem, was ist, abfinden, mich irgendwie arrangieren?

Der Preis, den diejenigen zahlen, die keine Veränderungsmöglichkeiten suchen und wahrnehmen, ist hoch. Marianne Skarics: „Das Verharren in unwürdigen und unangenehmen Berufsverhältnissen raubt Menschen Energie und Selbstbewusstsein und schwächt ihre Fähigkeit, eine befriedigende Arbeit zu finden."

Was macht es für Hochsensible schwer, die eigene Berufung zu suchen und ihr zu folgen? Da sind zum einen die so stark wahrgenommenen Bedürfnisse, Ansprüche und Erwartungen anderer, denen zu entsprechen Hochsensible häufig einer Gewohnheit folgend sehr bemüht sind; zum anderen ein geringes Selbstvertrauen und eine große Unsicherheit darüber, was sie können und was nicht.

Elaine Aron geht jedoch davon aus, dass es „viele, wenn nicht die meisten HSP irgendwann zu einer ‚Befreiung' (…) drängt, selbst wenn diese erst in der zweiten Lebenshälfte vollzogen wird. Dann hören sie eher auf die Fragen, die sie sich insgeheim stellen, oder auf ihre innere Stimme – und nicht so sehr auf die Fragen, die ihnen andere stellen." Weiter führt sie aus: „Befreiung meint (…), dass Sie herausfinden müssen, wer Sie wirklich sind, und dass Sie nicht so werden, wie andere es gerne hätten."

Typische Begabungen und Fähigkeiten

Hochsensible richten oft genug den Blick auf das, was sie als ihre Schwächen ansehen – allem voran die hohe Empfindlichkeit –, sind sich aber in vielen Fällen kaum der zahlreichen Stärken bewusst, die mit der Hochsensibilität einhergehen. Die Stärken sehen sie als selbstverständlich und nicht der Erwähnung wert an. Grund genug, einige dieser Stärken, die sich hervorragend im Berufsleben einsetzen lassen, hier ausdrücklich zu benennen und auszuführen. Natürlich haben Hochsensible die aufgeführten Fähigkeiten nicht für sich gepachtet, eher kann man sagen, dass sie sie wahrscheinlich in höherem Maße besitzen als der „Durchschnittsmensch". Diese Begabungen und Stärken können Hochsensible bewusst anführen, wenn sie sich für eine Stelle bewerben oder in der Selbstständigkeit für sich werben, statt ihre Wesensart zu verstecken.

„Wo Licht ist, ist auch Schatten", besagt eine Redensart. So ist es auch bei den Begabungen. Deshalb möchte ich die mit den Stärken einhergehenden „Schattenseiten" nicht unerwähnt lassen. Im Anschluss liefere ich dann aber noch jeweils die Entwicklungsperspektive, die ich sehe – hier „Lernaufgabe" genannt.

Nuancenreiche Wahrnehmung und Liebe zum Detail

Hochsensible betrachten die Dinge sehr differenziert, achten sorgfältig auch auf Kleinigkeiten, nehmen alles sehr genau, sind zuverlässig und gewissenhaft. Sie streben nach Vollkommenheit und Perfektion. Sie verlangen viel von sich selbst und sind aus sich heraus motiviert, sorgfältig und möglichst fehlerfrei zu arbeiten. Durch den Blick für die Einzelheiten und das Erkennen von feinen Unterschieden sind sie prädestiniert für alle Aufgaben, bei denen es auf Feinheiten ankommt, auf das Erkennen und Korrigieren von Fehlern oder auf das Bearbeiten von filigranen Dingen.

Die Schattenseite: Hochsensible sind häufig perfektionistisch, können sich kaum mit einigermaßen guten Ergebnissen, die manches Mal durchaus genügen würden (oder aufgrund von zeitlichen Vorgaben genügen müssen), zufriedengeben. Sie machen dann mehr, als angezeigt ist, und brauchen länger als andere für bestimmte Aufgaben. Im ungünstigsten Fall werden sie nicht in der vorgegebenen Zeit fertig und geraten gehörig in Stress.

Die Lernaufgabe: Neben Genauigkeit und Gewissenhaftigkeit auch die Werte Großzügigkeit und Gelassenheit gelten lassen. Hat Nonchalance nicht auch etwas für sich? Was ist je wirklich abgeschlossen und komplett? Wann kann man sich schon vor Kritik sicher sein? Ohne eine gewisse Fehlertoleranz kommt man zu nichts! Mark Twain hat sehr passend formuliert: „Kontinuierliche Verbesserung ist besser als hinausgeschobene Perfektion."

Übergreifendes, vorausschauendes und ganzheitliches Denken

Hochsensible interessieren sich für das Gesamtbild, für erkennbare Muster, für das übergeordnete Prinzip, für die Metaebene. Für sie ist es natürlich und selbstverständlich, über den Tellerrand hinauszuschauen, in größeren Zusammenhängen zu denken, Querverbindungen herzustellen, verschiedene Einflussgrößen zu berücksichtigen. Bevor sie sich entscheiden, werden sie Handlungsalternativen sorgfältig abwägen, indem sie die jeweiligen möglichen Auswirkungen gedanklich durchspielen. Daraus kann sich ein weitsichtiges, besonnenes Handeln, das auf Nachhaltigkeit abzielt, ergeben.

Die Fähigkeit, etwas im Kontext zu sehen, das große Ganze zu erfassen, vernetzt und systemisch zu denken und Dinge zu abstrahieren, erleichtert ihnen, mit Komplexität umzugehen und umfassende Problemlösungen zu ersinnen. Auf jeden Fall werden sie offen sein für interdisziplinäres Zusammenwirken und eine übergeordnete Sichtweise.

Die Schattenseite: In größeren Zusammenhängen und weit vorauszudenken und x Faktoren ins Denken mit einzubeziehen kann bisweilen so ausufern, dass die Handlungsfähigkeit gelähmt wird. Eine Entscheidungsfindung kann sich lange hinziehen, weil bei jeder Alternative auch die möglichen Nachteile und Risiken bedacht werden. Mitunter können die Menschen in ihrer Umgebung den komplexen Gedankengängen nicht mehr folgen (sie finden diese oft zu kompliziert). Das Vorhersehen und -sagen von möglicherweise problematischen Entwicklungen bringen den Hochsensiblen gelegentlich den Ruf ein, ewige Pessimisten und Bedenkenträger zu sein.

Die Lernaufgabe: Bei allem Respekt vor der Komplexität der Dinge sich auch einmal auf einen begrenzten Denkrahmen beschränken, wissend, dass es eine willkürliche Reduktion ist. Anerkennen, dass man trotz noch so vieler Überlegungen den Lauf der Dinge nicht voraussehen kann, dass manches Vorhaben einfach beherzt angegangen werden will.

Intuition

Hochsensible haben eine stark ausgeprägte Intuition, sind sich dessen auch meist bewusst, und sie sind geneigt, der Intuition Raum zu geben. Mithilfe der Intuition ist es möglich, sehr schnelle und umfassende Einsichten zu gewinnen, die dem langsameren, sequenziell arbeitenden Verstand so nicht zugänglich sind. Intuition verhilft zu stimmigen Entscheidungen, ohne dass man alle Zusammenhänge versteht, manchmal obwohl offensichtliche Argumente auf eine andere Entscheidung hindeuten. Intuition ist ausgesprochen kreativ. Einzelelemente werden zu einem neuen Ganzen zusammengefügt. Auch ein unerwarteter Geistesblitz ist eine Form von Intuition.

Sachlich betrachtet ist Intuition der nicht steuerbare Zugriff auf die große Menge der im Unbewussten abgespeicherten Informationen. Intuition lässt sich nicht erzwingen und nicht instrumentalisieren, man kann lediglich gute Voraussetzungen für Intuition schaffen und ihr Beachtung schenken. Dass Hochsensible über eine ausgeprägte Intuition verfügen, erkläre ich mir damit, dass sie durch ihre lebenslange detailreiche Wahrnehmung einen reichen Fundus von Informationen „abgespeichert" haben und deshalb auf eine besonders umfangreiche „Wissensdatenbank" zugreifen können.

Die Schwierigkeit: Das intuitive Einschätzen von Situationen und Menschen hat nicht unbedingt den Anspruch auf größere Wahrheit, denn die Intuition bezieht sich nicht nur auf einen soliden Wissensschatz und zuverlässige Erfahrungswerte, sondern ebenso auf ein riesiges Reservoir von Prägungen, Vorurteilen und Glaubenssätzen und folgt deren Logik. Ferner lässt sich nicht jedes Bauchgefühl auf Anhieb einordnen und nutzbar machen. Noch etwas: Ein hochgradig aktiver Verstand – und auch der ist typisch für Hochsensible – kann die Intuition behindern, wenn er dominierend ist.

Die Schattenseite: Wer vieles intuitiv erspürt, ist zuweilen reichlich verwirrt und ratlos, wie er das „komische" Gefühl deuten soll und was sich als sinnvolle Handlungskonsequenz daraus ergibt.

Die Lernaufgabe: Der Umgang mit dem Bauchgefühl, das sich Intuition nennt, will gelernt sein. Der Verstand kann und sollte die intuitive Entscheidung überprüfen, einen „Fakten-Check" vornehmen und um Relativierung bemüht sein (Vorurteile identifizieren!). So gesehen sind Intuition und Verstand keine Gegenspieler. Die besten Ergebnisse werden erzielt, wenn sie Hand in Hand arbeiten.

Kreativität

Hochsensible verfügen über ein reiches kreatives Potenzial. Kreative Lösungen stellen Verknüpfungen von nicht beieinanderliegenden Elementen her und bringen so Neues hervor. Für den lebendigen sprachlichen Ausdruck förderlich ist das Denken in Bildern, Analogien und Geschichten. Für kreatives Schaffen im künstlerischen und handwerklichen Bereich kommt Hochsensiblen ihre zumeist gute Feinmotorik zugute, ebenso ihr Sinn für Ästhetik. Sie lieben schöne und geschmackvolle Dinge, entfalten ihre Kreativität zum Beispiel beim Gestalten, Dekorieren, Schmücken, Arrangieren und Einrichten.

Die Schwierigkeit: Voraussetzungen für kreatives Schaffen sind Gestaltungsfreiraum, Muße, Entspanntheit und immer wieder Regeneration zwischen den Arbeitsphasen (spricht man nicht von kreativen Pausen?). Kreativarbeiter tun sich schwer, wenn es festgelegte Zeitpläne und Abläufe gibt. Zeit- und Erfolgsdruck und eine irritierende oder unschöne Umgebung behindern oder verunmöglichen Kreativität.

Die Schattenseite: Wer vor lauter Ideenreichtum in Gedanken schon zur nächsten und übernächsten Idee springt, während die vorherige noch nicht vollständig ausgeführt ist, hat am Ende vielleicht vieles angefangen, aber nur weniges vollendet. Zur Geltung kommen aber nur die Projekte, die auch wirklich auf den Weg gebracht werden.

Die Lernaufgabe: Für den Erfolg und die eigene Zufriedenheit wird es gut sein, öfter einmal beharrlich an der Fertigstellung eines Projekts dranzubleiben, bevor das nächste angepackt wird.

Idealismus

Hochsensible sind in der Regel idealistisch und beziehen sich in ihrem Denken und Handeln auf einen Kanon von Werten. Sie legen großen Wert auf Authentizität und Integrität, haben einen ausgeprägten Sinn für Fairness und Gerechtigkeit, stellen Missstände und Fehlentwicklungen fest, setzen sich für die Belange von Benachteiligten und Notleidenden ein. Sie wünschen sich dringend eine bessere Welt. Daher liegt ihnen zum Beispiel nahe, sich für humanitäre und ökologische Projekte zu interessieren, sie zu unterstützen oder auch daran aktiv mitzuwirken.

Die Schattenseite: Angesichts der zahllosen Dinge, die in der näheren und ferneren Umgebung im Argen liegen, und dem wahnsinnig großen Elend, das es weltweit gibt (Kriege, Unterdrückung, Hungersnöte, Naturkatastrophen, Umweltzerstörung …), können sich Hochsensible überwältigt, ohnmächtig und unendlich betrübt fühlen.

Die Lernaufgabe: Der Arzt und Philosoph Albert Schweitzer (1875–1965), der ganz sicher ein großer Idealist war, bietet eine zuversichtliche, gegen Resignation gerichtete Sichtweise an: „Ich war immer davon überzeugt, dass jeder von uns in irgendeiner Form ein wenig mithelfen kann, der Not ein Ende zu machen." Und: „Das wenige, das du tun kannst, ist viel."

Empathie

Hochsensible werden in ihrem Umfeld oft besonders wegen ihres großen Einfühlungsvermögens geschätzt. Menschen mögen das aufmerksame Interesse und das Verständnis, das ihnen entgegengebraucht wird; dann schenken sie Vertrauen, öffnen sich, teilen sich gerne mit, erzählen von sich. Indem Hochsensible auf ihr Gegenüber eingehen, gelingt es ihnen leicht, eine Verbindung herzustellen. Sie können unter Umständen gut zur Deeskalation von Konflikten beitragen, indem sie schlichtend eingreifen und für mehr gegenseitiges Verständnis plädieren. Bei der Darstellung der eigenen Stärken bietet es sich an, Feingefühl und Einfühlungsvermögen zu betonen.

Die Schattenseite: Die Tücke an dieser Fähigkeit liegt in der logischen Reihe Einfühlen – Mitfühlen – Mitleiden. Dabei geht Mitleiden an die eigene Substanz, ohne dem anderen zu nützen. Hochsensible sind permanent in Gefahr, sich die Befindlichkeiten und auch die Probleme von anderen – im beruflichen Bereich von Kollegen, Vorgesetzten, Kunden, Klienten, Patienten – zu eigen zu machen, davon vereinnahmt zu werden und das Gefühl für sich zu verlieren.

Die Lernaufgabe: Immer wieder braucht es ein Innehalten und Sortieren: Was ist meins? Was sollte ich beim anderen lassen? Wie kann ich zur Problemlösung beitragen, ohne selbst vom Problem überwältigt zu werden? Was liegt innerhalb und was außerhalb meiner Zuständigkeit und Verantwortung?

Wissbegierde und Begeisterungsfähigkeit

Neugierde und Lernfreude machen es Hochsensiblen leicht, Zugang zu immer neuen Themen, die in ihrem weiten Interessensfeld liegen, zu finden. Wenn sie sich einem Thema zuwenden, sind sie schnell begeistert und schaffen es oft auch, andere dafür zu interessieren. Da es ihnen so wichtig ist, die Dinge zu verstehen, erschließen sie sich vertieftes Wissen durch Nachforschen, Nachfragen, Hinterfragen.

Die Schattenseite: Oft geht der Wunsch nach Wissens- und Kompetenzerwerb so weit, dass sie unaufhörlich eine Ausbildung an die andere reihen, weil ihnen die Begrenztheit ihres Wissens und Könnens bewusster ist als der Wert ihres bereits vorhandenen Wissens- und Erfahrungsschatzes.

Die Lernaufgabe: Nicht länger zögern und das angesammelte Wissen zur praktischen Anwendung bringen – im privaten, im ehrenamtlichen und im beruflichen Bereich. Learning by doing! Gegen die Einschätzung, noch nicht gut genug zu sein, angehen.

Der Berufung auf die Spur kommen

> *„Wo deine Talente und die Bedürfnisse der Welt sich kreuzen, dort liegt deine Berufung."*
>
> Aristoteles (384–322 v. Chr.)

Hochsensible setzen viel daran herauszufinden, was in ihnen steckt und was sie nach außen tragen können, was ihnen wirklich am Herzen liegt und womit sie zum Wohl der Gemeinschaft beitragen wollen. Mehr noch als andere suchen sie nach ihrer individuellen Lebensaufgabe, der beruflichen Tätigkeit, für die sie sich bestimmt fühlen – ihrer Berufung. Wie es ihrem Wesen entspricht, denken sie überdurchschnittlich viel und intensiv nach – so auch über ihren beruflichen Weg.

Sie wünschen sich sehr, mit dem, was sie am liebsten tun, auch ihr Geld zu verdienen. Damit das gelingt, muss ein Angebot, eine Leistung gefunden werden, für die eine Nachfrage besteht, das heißt für die andere auch bereit sind zu zahlen, sei es ein Arbeitgeber für einen Angestellten oder seien es Kunden für einen Selbstständigen oder einen Unternehmer.

Der Ratschlag, bei der Suche nach der Berufung auf die eigene Intuition zu hören, führt nicht ohne Weiteres zum eindeutigen Ergebnis, denn häufig gibt es nicht nur *eine* „innere Stimme", sondern ein Stimmengewirr, das es zu sortieren gilt, bevor daraus etwas Handlungsleitendes zu entnehmen ist. Befürchtungen liegen dicht neben Hoffnungen, Zukunftsangst neben Zuversicht, Selbstzweifel neben Selbstvertrauen. Unbedingt die richtige Entscheidung treffen zu wollen, die am besten für die gesamte Zukunft stimmen soll, ist ein viel zu hoher Anspruch und eine einzige Überforderung.

Die eigene Berufung, einen dementsprechenden Beruf und dann auch noch einen geeigneten Arbeitsplatz zu finden ist alles andere als leicht. Und man kann sich mit der Suche nach der Berufung auch gehörig unter Druck setzen. Es entspricht dem Zeitgeist, den Job mit möglichst viel Begeisterung ausführen und Erfüllung und Sinn in der Arbeit finden zu wollen. So gerät Selbstverwirklichung manches Mal mehr zur Forderung als zur Chance. Enttäuschung, Frustration und Sinnkrise sind vorprogrammiert.

Mit diesem kritischen Hinweis möchte ich keineswegs die Suche nach der beruflichen Lebensaufgabe und der passenden Arbeitsstelle für unsinnig erklären, sondern nur davon abhalten, die „wahre Berufung" zu einem Mysterium zu machen und mit völlig überhöhten Erwartungen zu belegen.

Hinzu kommt: Viele Hochsensible sind nicht die geborenen Spezialisten, die sich nur mit einem begrenzten Themengebiet beschäftigen möchten, sondern eher Generalisten. Dies gilt es zu erkennen, zu würdigen und dementsprechend vorzugehen, sonst ist man immerzu vergeblich auf der Suche nach der *einen* passenden Fokussierung, kritisiert sich wegen eines unsteten Berufslebens und beneidet andere schmerzlich um ihre große Beständigkeit.

In meinen Coachings sitzen mir immer wieder Menschen gegenüber, die mit ihrem Job nicht zufrieden sind, aber nicht genau wissen, was sie stattdessen machen wollen und können, auch wenn sie viel darüber nachgrübeln. Bei manchen ist da nur der vage Gedanke, dass es noch etwas anderes geben müsste, was weniger belastet, mehr Freude macht, mehr Befriedigung bringt und ihrer Berufung näher kommt.

Ziele im Coaching sind, dass der Coachee die weitreichende Bedeutung seiner Hochsensibilität im beruflichen Bereich erkennt, die eigenen Stärken und Talente noch deutlicher sieht, sich über seine Wünsche an den Beruf noch klarer wird. Vielleicht gilt es, den Mut zu fassen, zu ganz neuen Ufern aufzubrechen. Vielleicht aber auch, den Beruf und die gegenwärtige Stelle in einem anderen Licht zu betrachten und lediglich eine kleinere Kurskorrektur vorzunehmen. Es gilt herauszufinden, worin genau die Unzufriedenheit begründet liegt und ob es wirklich einer kompletten Neuorientierung bedarf. Wichtig ist auch zu sehen, welche bedeutsame Rolle die Arbeitsumstände für die Arbeitszufriedenheit spielen: der Weg zur Arbeit, die Arbeitszeiten, die räumliche Umgebung, die Unternehmenskultur, das Arbeitsklima und (ganz wichtig!) das Verhältnis zu Kollegen und Vorgesetzten.

Entsprechend der Lebensweisheit „Love it, change it or leave it" lauten die Fragen: Kann ich die aktuelle Berufstätigkeit lieben lernen? Oder kann ich sie derart verändern, dass sie für mich annehmbar wird? Oder muss ich sie tatsächlich hinter mir lassen und etwas ganz Neues anstreben? Eine Aufbruchsstimmung ist ernst zu nehmen, aber bitte keinen Umbruch um jeden Preis.

Hinzu kommt: Eine radikale berufliche Veränderung, die die persönliche Entwicklung außen vor lässt, steht auf wackligen Füßen. Dann kann es passieren, dass einem die altbekannten Probleme hinterherlaufen und einen auch wieder einholen.

Fragen, die Aufschluss über die Berufung geben können

Meiner Überzeugung nach ist es nicht so, dass die Berufung irgendwo als fertige Einheit vergraben liegt und nur noch freigelegt zu werden braucht. Wonach man suchen kann, sind die wesentlichen Bausteine, aus denen sich das Gesamtgefüge namens Berufung zusammensetzen lässt.

Stellen Sie sich in Ruhe die folgenden Fragen. Die Antworten liefern Ihnen die Teile für Ihr persönliches Berufungspuzzle:
- Was kann ich gut? Was geht mir leicht von der Hand?
- Auch: Was kann ich nicht gut? Was bereitet mir immer wieder Schwierigkeiten?
- Was tue ich gerne? Was macht mir Spaß? Was erfüllt mich mit Freude?
- Auch: Was tue ich total ungern? Was bereitet mir nur Stress? Womit möchte ich auf keinen Fall zu tun haben?
- In welchem Bereich kenne ich mich sehr gut aus?
- Was beschäftigt mich gedanklich immer wieder?
- Was mache ich in meiner Freizeit am liebsten? Welche Beschäftigung lässt mich Zeit und Raum vergessen? Mit welchem Tun bin ich völlig im Einklang? Für welches Hobby gebe ich am meisten Geld aus?
- Was würde ich tun, wenn ich in der Lotterie fünf Millionen Euro gewinne? Welches Traumszenario male ich mir aus? Welchen Teil meiner Arbeit würde ich vielleicht trotzdem weiter ausüben wollen?
- Welche Artikel und Bücher lese ich mit dem größten Interesse? Welche Themen regen mich regelmäßig auf? Welche faszinieren mich?

- Worin bilde ich mich freiwillig weiter?
- Was sind meine Lieblingsfilme? Was fesselt mich daran?
- Was waren meine Lieblingsschulfächer, Lieblingsvorlesungen, Lieblingsseminare? Auch: Welche Fächer / Kurse lagen mir gar nicht?
- Was waren meine Vorbilder als Kind? Welche Menschen bewundere ich heute?
- Wofür?
- Worüber unterhalte ich mich am liebsten?
- Welche Fähigkeiten benennen und schätzen andere an mir?
- Mit welchen Belangen kommen andere zu mir und bitten mich um Hilfe oder fragen mich um Rat?
- Wobei bin ich unermüdlich? Was gibt mir Energie? Was inspiriert mich?
- In welchem Umfeld und unter welchen Bedingungen arbeite ich am liebsten und am besten?
- Bin ich gerne unter Menschen? Welche Mischung zwischen Alleinsein und In-Gesellschaft-Sein passt für mich?
- Mit welchen Menschen habe ich gerne beruflich zu tun? Erwachsene / Kinder / Jugendliche, Frauen / Männer, Gesunde / Kranke …? Welche Art des Miteinanders wünsche ich mir?
- Welche Tätigkeit, welche Branche, welcher Bereich übt eine Anziehung auf mich aus?
- Mit welchen Produkten, mit welchen Dienstleistungen möchte ich gerne zu tun haben?
- Was liegt mir am Herzen? Wozu möchte ich gerne einen Beitrag leisten?
- Welche Spuren möchte ich auf der Welt hinterlassen?

Diesen Fragenkatalog habe ich im Laufe der Jahre für meine Arbeit zusammengestellt. Es gibt dafür nicht nur eine Quelle. Sehr stark inspiriert ist er jedoch durch das Gedankengut und die Veröffentlichungen von Ralf G. Nemeczek.

Für das sinnvolle Zusammenfügen zu einem Gesamtwerk – Ihrer Berufung! – gibt es einigen Gestaltungsspielraum. Folgen Sie den Brainstorming-Regeln: Lassen Sie Ihre Einfälle nur so sprudeln, setzen Sie Ihrer Fantasie keine Grenzen. Kombinieren Sie auf alle erdenklichen Arten. Korrigieren, kritisieren, beurteilen Sie zunächst gar nicht. Die Realitätsprüfung, das Bewerten und das Auswählen kommen anschließend.

Wenn Sie eine Vorstellung gewonnen haben, wo es für Sie hingehen soll, verfolgen Sie die gefundene Spur. Nutzen Sie alle möglichen Quellen, um Informationen zu sammeln; das Internet ist eine wahre Fundgrube. Nehmen Sie sich dafür genügend Zeit, aber lassen Sie es nicht schleifen, bleiben Sie dran. Sprechen Sie mit anderen Menschen in Ihrer Umgebung über Ihre Pläne, hören Sie sich Rückmeldungen, Kommentare und Ratschläge in Ruhe an, beziehen Sie neue Informationen in Ihre Überlegungen mit ein, aber lassen Sie sich nicht so leicht entmutigen und von ihrem Weg abbringen. Jeder sieht aus seinem Blickwinkel auf die Dinge und wird sie vor dem Hintergrund seines Wissens und seiner Erfahrung beurteilen und bewerten. Nutzen Sie die Gespräche mit anderen – vielleicht auch mit einem professionellen Coach – dazu, sich selbst zu klären. Die Fragen und das Feedback im Coaching können Sie auf bisher unbeachtete Aspekte bringen. Finden Sie dann den richtigen Zeitpunkt, konkret ins Handeln zu kommen, vielleicht zunächst mit einem Hineinschnuppern in den von Ihnen favorisierten Bereich.

Die Berufung leben

In den meisten Fällen gibt es nicht nur den *einen* geeigneten Beruf, sondern durchaus mehrere gleichwertige Möglichkeiten – zumal Hochsensible mehrere Talente und vor allem eine Vielzahl von Interessen haben. Hinzu kommt, dass sich in den verschiedenen Lebensphasen und Lebenssituationen die Interessenschwerpunkte verlagern. Auch kann es sein, dass eine Berufstätigkeit, die jahrelang glücklich und zufrieden gemacht hat, irgendwann nicht mehr genug ist oder zu viel wird. Dann steht die Suche nach dem „richtigen" Beruf erneut an.

Zumindest geringfügige Veränderungen und Anpassungen wird es immer wieder geben, alles andere wäre unnatürlich. Die Gewichtung von Beruf und Privatleben kann sich zum Beispiel in der Familienzeit vorübergehend ganz verschieben. Oft ist schon allein die Abwechslung attraktiv. Es hat seinen Reiz, im Laufe des (Berufs-) Lebens ganz verschiedenartige Berufssparten und Tätigkeiten kennenzulernen und immer wieder neuartige Erfahrungen zu sammeln. Der berufliche Weg kann also einige Wendungen enthalten, und doch ist bei genauerem Hinsehen ein roter Faden – oder auch ein bunter! – zu erkennen.

Der Berufung zu folgen heißt nicht zwangsläufig, im „Traumberuf" hauptsächlich zu arbeiten. Es ist auch möglich (in Übergangszeiten oder überhaupt), im angestammten Beruf zur finanziellen Absicherung zu arbeiten (vielleicht halbtags) und die restliche Zeit dazu zu nutzen, seiner Berufung nachzugehen bzw. ihr näher zu kommen. Das kann ein Hobby sein, eine ehrenamtliche Tätigkeit, eine Nebentätigkeit, eine berufsbegleitende Ausbildung, eine Weiterbildung oder auch das Aufbauen einer Selbstständigkeit. Wichtig ist nur, dass neben diesen Aktivitäten noch genügend Raum für Partnerschaft, Familie, Freunde, Erholung und Alleinsein bleibt.

Viele sehen es so, dass sie ihre Berufung erst leben, wenn sie ihren vollständigen Lebensunterhalt damit verdienen. Ralf G. Nemeczek bedauert, dass Berufung für viele ein Schwarz-Weiß-Thema ist, und sagt: „Wir leben unsere Berufung bereits in dem

Moment, in dem wir beginnen, darauf hinzuarbeiten." Und er fügt hinzu: „Der Weg zum Hauptberuf, der unserer Berufung entspricht, ist ein Prozess. Ein Prozess, der von kurzer Dauer sein kann oder aber durch viele verschiedene berufliche Stationen führt."

Am grünen Tisch wird man seinen Idealberuf nicht herausfinden, vielmehr nach dem Motto „Probieren geht über Studieren" und nach dem Prinzip von Versuch und Irrtum. Sehr schön veranschaulicht wird die Prozesshaftigkeit in folgender grafischer Darstellung von Ralf G. Nemeczek:

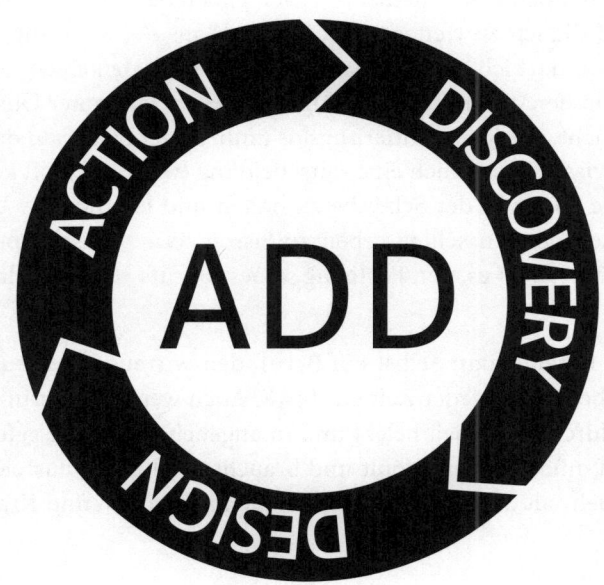

Abbildung 1: Der ADD-Prozess

„Es geht also darum, in Aktion zu gehen (= Action), zu entdecken, was funktioniert und was nicht (= Discovery), anschließend die Gestaltung entsprechend zu verändern (= Design) und damit erneut in Aktion zu gehen. Dann beginnt der Kreislauf aufs Neue." (Aus dem Beitrag von Ralf G. Nemeczek „Abenteuer Berufung: Wie Sie mit ADD Ihr Potenzial entfalten" in *Von den Besten profitieren Band III*, herausgegeben von Hermann Scherer)

Das heißt: Eine Berufsidee in die Tat umsetzen, herausfinden, was dabei herauskommt, dann die Erfahrungen auswerten, die Berufstätigkeit entsprechend anpassen und wieder ins Handeln kommen, sich im Tun erfahren, erkennen, was sich bewährt und was nicht, die Berufsgestaltung erneut mehr oder weniger verändern, und weiter geht es mit der nächsten Erfahrungsrunde.

Der Anspruch an Geradlinigkeit im Lebenslauf kann getrost aufgegeben werden. Ich bin auch skeptisch, wenn es heißt, man müsse sein Ziel definieren, die Meilensteine auf dem Weg dorthin festlegen, um dann Etappe für Etappe unbeirrt und zielstrebig zu absolvieren – eine Vorgehensweise, wie sie in etlichen Erfolgsbüchern angeraten wird. Die Strategien, nach denen ich mit fünf oder sieben Schritten zum Ziel kommen soll, nützen mir wenig, wenn ich noch keine feste Vorstellung davon habe, was ich erreichen möchte. Ich meine: In vielen Fällen bezieht sich die Entscheidung, die ansteht und die ich zu treffen habe, lediglich auf die Richtung, in die ich losmarschiere. Dann darf ich gespannt sein, was sich nach den ersten Schritten weiter ergibt und wohin der Weg mich noch führt. Treffe ich vor lauter Unsicherheit diese Entscheidung nicht, irre ich orientierungslos umher oder bleibe auf der Stelle stehen. Das wäre in gewisser Weise auch eine Entscheidung (wenn auch oft keine bewusste), nämlich die, die Dinge in der Schwebe zu halten und letztlich die Umstände oder andere Menschen den Ausschlag geben zu lassen. Wie viel selbstbestimmter und eigenverantwortlicher ist es, den Fortgang seines (Berufs-)Lebens selbst in die Hand zu nehmen!

Etwas sei noch hinzugefügt: Selbst ein Beruf, den wir aus Überzeugung ausüben, macht nicht unbedingt zu jeder Zeit nur Spaß. Auch wenn der Beruf zu einem passt und man sich durch die Arbeit belebt und in angenehmer Weise gefordert fühlt, ist man am Abend müde und erschöpft und braucht regelmäßig ausreichend Zeiten – Hochsensible mehr als andere! – zum Abschalten, Ausruhen und Kraftschöpfen.

Eine Vielzahl von Berufen kommt für Hochsensible infrage

Vorweg möchte ich sagen: Welchen Beruf auch immer Hochsensible ausüben, sie werden es auf *ihre* Weise tun: achtsam, besonnen, gewissenhaft, verantwortungsbewusst, sorgfältig, gründlich, umsichtig, mit viel Feingefühl.

Vielen Hochsensiblen ist es wichtig, dass ihr Beruf eine soziale Komponente hat, dass sie (auch) mit Menschen zu tun haben. Hochsensible können von ihrer grundsätzlichen Befähigung her gut zuhören, helfen, unterstützen, beistehen, begleiten, verstehen, hinterfragen, besprechen, beraten, ermutigen … Und das möchten sie zumeist auch in ihrer beruflichen Tätigkeit unterbringen, allerdings darf es – Sie ahnen es schon – nicht zu viel werden, denn von den Menschen gehen – Sie wissen es schon – Unmengen von Reizen aus.

Hochsensible haben ein Gespür für die Sorgen und Nöte und das Leid anderer Menschen, für Tiere in Not und eine Not leidende Natur, und sie haben ein ausgeprägtes Bedürfnis, dieses Leid zu mindern, sich für eine bessere Welt einzusetzen. Meist haben sie eine Vorstellung davon, was getan werden muss. Daher ist es folgerichtig, dass sich viele Hochsensible für einen betreuenden und helfenden Beruf entscheiden: in der Sozialarbeit, im kirchlichen Bereich, in der Seelsorge, der Kinderbetreuung, der Krankenpflege, der Behindertenbetreuung, der Altenpflege, der Hospizarbeit, der Tierpflege, im Tierschutz, im Naturschutz, in Hilfsorganisationen, in der Entwicklungshilfe usw.

Die Arbeit in einem helfenden Beruf kann Hochsensiblen große Erfüllung bringen, allerdings besteht auf Dauer auch die Gefahr der Überforderung. Schwierig wird es insbesondere dann, wenn sie große Not unmittelbar miterleben müssen, die Arbeit körperlich sehr anstrengend ist, die Arbeitszeiten zu lang und die Regenerationszeiten zu kurz sind, wenn die Zustände in der Einrichtung nicht so sind, wie sie ihrer Meinung nach sein sollten.

Diejenigen, die es nur schwer verkraften, mit Leid direkt konfrontiert zu sein, sollten sich überlegen, ob sie wirklich direkt an der „Front" arbeiten wollen oder nicht lieber eine planerische, koordinierende oder beratende Aufgabe in der zweiten Linie übernehmen. Auch damit können sie wirkungsvoll helfen.

Aufgrund des tiefen Interesses für menschliches Verhalten und für die Gefühlswelt findet man Hochsensible überdurchschnittlich oft unter Psychologen und in allen therapeutischen und heilenden Berufen, wie zum Beispiel als Arzt, Psychotherapeut, Physiotherapeut, Ergotherapeut, Logopäde, Heilpraktiker usw. Hochsensible sind sehr aufgeschlossen gegenüber alternativen und naturheilkundlichen Methoden und spirituellen Ansätzen in der Lebenshilfe und in der Heilkunde.

In allen beratenden Berufen sind Hochsensible bestens aufgehoben. Dabei können sie für Menschen da sein, auf sie eingehen, ihnen weiterhelfen. Die Palette ist riesig. Es gibt wohl keinen Lebensbereich, in dem es keine Berater gäbe: Rechtsberater, Finanzberater (wenn es wirklich um Beratung und nicht um eine verdeckte Form des Verkaufs geht), Lebensberater, Erziehungsberater, Eheberater, Gesundheitsberater, Ernährungsberater, Einrichtungsberater, Stilberater, Farbenberater usw. Eng verwandt mit der psychologischen Beratung ist das Coaching, das es auch in großer Vielfalt gibt. Coaching ist für Hochsensible ein äußerst attraktives Berufsfeld.

Sowohl in der Beratung als auch im Coaching ist sehr viel Einfühlung gefragt – etwas, was Hochsensible gut geben können. Außer in einer beratenden Rolle fühlen sich viele Hochsensible auch sehr wohl, wenn sie ausgleichend und vermittelnd wirken können, zum Beispiel als Mediator.

Überproportional viele HSP finden sich unter Erziehern und Lehrern. Mit viel Idealismus gehen sie an ihre pädagogische Aufgabe heran, kommen jedoch häufig eher schlecht mit dem stressigen Arbeitsalltag zurecht. Große Gruppen und Klassen mit viel Lärm und Unruhe, Konflikte mit den Kindern und Eltern bringen hochsensible Erzieher und Lehrer schnell an ihre Grenzen. Leichter haben es Lehrer und Trainer im Bereich der Erwachsenenbildung.

Fast alle Hochsensiblen leben gerne ihre kreative und künstlerische Seite aus und wertschätzen auch die verschiedenen Formen von Kunst, die von anderen geschaffen worden ist. Sie können Künstler sein im Bereich Malerei, Bildhauerei, Grafik, Design, Fotografie, Architektur, Landschaftsarchitektur, Kunsthandwerk, Musik, Literatur, Schauspiel, Tanz usw., als Hobby, im Nebenberuf oder im Hauptberuf. Elaine Aron schreibt: „Fast alle Untersuchungen von Persönlichkeiten prominenter Künstler halten daran fest, dass Sensibilität ein zentraler Faktor ist." Oder sie beschäftigen sich als Wissenschaftler mit einer Kunstgattung oder der Kunstgeschichte oder sie üben einen Beruf aus, der mit Kunst und Kultur zu tun hat, zum Beispiel als Archivar, Bibliothekar, Lektor, Verleger, Buchhändler, Galerist usw.

Nicht unerwähnt bleiben soll die Aufgabe, sich als Vater oder Mutter, als Hausmann oder Hausfrau für einige Jahre ganz der Familie und dem Haushalt zu widmen. Der abwertende Ausdruck „Nur-Hausfrau" (gibt es auch den „Nur-Hausmann"?) kann gut zugunsten des Begriffs „Haushaltsmanagerin" (bzw. Haushaltsmanager) aufgegeben werden. Wie sagt die Frau so schön in der Vorwerk-Werbung aus dem Jahr 2006: „Ich führe ein sehr erfolgreiches kleines Familienunternehmen". Das gefällt mir! Auch die Pflege eines Angehörigen kann für einige Zeit zu einer Vollzeitaufgabe werden.

Neben dem geeigneten Beruf an sich ist ein weiterer wichtiger Punkt, der den Ausschlag geben kann zwischen Zufriedenheit und Unzufriedenheit im Job, welche Funktion sie in diesem Beruf erfüllen. Hochsensible sind sehr gut darin, ihr Expertenwissen zur Verfügung zu stellen und beratend tätig zu sein. Konzeptionen und Strategien zu entwickeln entspricht ebenso ihren Neigungen wie Abläufe zu optimieren, da sie sehr gut vielfältige Fakten und Einflüsse mit einbeziehen und Konsequenzen der einen oder anderen Lösung durchdenken können.

Arbeiten Hochsensible in Berufen, die keine Domäne von Hochsensiblen sind, werden sie nur wenige Kollegen und Vorgesetzte haben, die ihnen ähnlich sind, und sie werden sich noch wahrscheinlicher Umgebungsbedingungen ausgesetzt sehen, die sie womöglich über Gebühr strapazieren. Dem Anspruch, in ihrem Beruf zu bestehen und Leistung zu erbringen, mögen sie gerecht werden, die Frage bleibt, wie sehr sie sich ihrer Umgebung anzupassen vermögen, ohne dabei ihre Authentizität einzubüßen und langfristig Schaden zu nehmen.

HOCHSENSIBLE BERICHTEN ÜBER IHREN BERUFLICHEN WEG

Michaela*: Schon als Kind hatte ich ein ganz großes Interesse für Menschen. Ich beobachtete, studierte und analysierte sie stundenlang selbstvergessen. Zu gerne wäre ich in sie hineingeschlüpft, um erfahren zu können, was sie bewegt. Dabei hatte ich intuitiv ein besonderes Interesse für Menschen, die ‚unperfekt' sind, die nicht dem gesellschaftlichen Ideal entsprechen, die eine Besonderheit haben und sich dadurch von der Masse abheben. Diese Menschen haben mich angezogen – ich habe sie bemerkt, gesehen und erkannt.

Ich habe mich für den Beruf der Krankenschwester entschieden und war unter anderem insgesamt fast 12 Jahre in der Hospiz- und Palliativversorgung. Die größte Herausforderung ist, konstruktiv damit umzugehen, dass die Grenzen zwischen mir und dem Gegenüber immer wieder stark verschwimmen. Als HSP lasse ich mich tief auf die Erlebniswelten des Hilfebedürftigen ein. Ich muss mich in mir orientieren und sortieren, um eine wertvolle Helferin und Beraterin zu sein und zu bleiben. Zum Ausgleich, um mich selbst nicht zu verlieren, benötige ich immer wieder großen Abstand zu meiner Arbeit – um Energie tanken zu können, damit ich wieder energievoll für die Nöte anderer da sein kann. Es ist nicht immer leicht, diesen Abstand geltend zu machen, aber dringend notwendig, damit ich keine hilflose Helferin werde! Als Krankenschwester trägt man viel Verantwortung und ist einem hohen Maß Stress ausgesetzt. Man hat häufig einen beengten, lauten und sehr unruhigen (!) Arbeitsplatz und muss mit vielen Gerüchen klarkommen. Ich war gottfroh, dass ich überwiegend im Nachtdienst gearbeitet habe und da weitestgehend von vielen Unannehmlichkeiten verschont war, die für mich eine Reizüberflutung bedeutet hätten.

Mit Sicherheit war ich in dem Beruf lange Zeit am richtigen Platz. Für die Zukunft habe ich vor, mich im Coachingbereich selbstständig zu machen, um meinen persönlichen Bedürfnissen mehr Freiraum zu geben. Ich bleibe also den Menschen, die sich Hilfe und Unterstützung wünschen, treu. Gleichzeitig auch mir selbst, weil ich die Gaben der Hochsensibilität weiterhin bewusst einsetze.

Christian: Ich bin Coach und Trainer und habe mir wohl diesen Beruf ausgesucht, weil ich Menschen durch meine sehr empathische Wahrnehmung unterstützen kann. In meiner Arbeit kann ich die Emotionen anderer Menschen in mir fühlen; das geht so weit, dass ich Dinge ausspreche, die sie mir gerade erst mitteilen wollten. Im Coachingprozess werden dann Lösungskonzepte aufgezeigt, die auf die individuelle Lebenssituation angepasst sind. Das geht ganz automatisch, weil Coachee und ich sehr eng miteinander verbunden sind. Die Zusammenarbeit ist getragen von Wertschätzung, Anerkennung und Mitgefühl. Ich kann diese Art zu arbeiten nur ausüben, weil Lebenssituationen anderer Menschen mich nicht mehr belasten. Wenn ich Gefühle anderer trage, so tue ich das nur für den Moment und kann es danach wieder loslassen. Schwieriger wird es, wenn eine Resonanz mit meinen eigenen Themen auftritt, dann vermischt es sich. Besonders spannend für mich ist die Arbeit mit einer Gruppe, die neben den individuellen Emotionen auch Gruppenemotionen zu klären hat. Das macht mir besonders viel Spaß.

Mario: In der Zeit der beruflichen Neuorientierung hin zur Selbstständigkeit habe ich festgestellt, dass ich einen sehr großen inneren Wunsch verspüre, anderen zu helfen. Ja, ich gehöre zu denen, die in beratender und coachender Funktion tätig sind. Ich möchte jeden Tag etwas Nachhaltiges und Nützliches unterstützen und liebe das Gefühl, wenn Menschen sich darüber freuen und ihre Dankbarkeit zeigen. Das ist es, was mich antreibt. Und da ich für mich verstanden habe, dass die Gesundheit das höchste Gut ist, das ich besitze, habe ich mir den Bereich Burn-out-Hilfe, Burn-out-Prävention und Gesundheitsförderung erwählt.

Simone*: Ich habe zwar noch keine Ausbildung, weil ich erst dieses Jahr Abitur gemacht habe, möchte aber Fotodesignerin werden. Mir wurde gesagt, ich hätte auf diesem Sektor Talent, vor allem aber macht es mir Spaß. Ich glaube, als HSP kann ich sehr gut Stimmungen wahrnehmen und somit auf Fotos bringen. Ich habe einen starken Radar für feinste Stimmungen, was mir mein Leben schwer macht, aber beim Fotografieren von Vorteil ist.

Claudia: Ich hab bisher keinen Beruf gefunden, der mir ganz entspricht, bin beruflich ein „Wanderer durch die Welten". Hab eine Ausbildung zur DV-Kauffrau absolviert und später noch eine Ausbildung zur Industriemechanikerin Geräte- und Feinwerktechnik gemacht. Hab als Bodenlegerin im Sportbodenbau gearbeitet, ebenso als Bedienung, Expressfahrerin, Gruppenleiterin in einer Werkstatt für Menschen mit geistiger Behinderung und Arbeitserzieherin in einer Tagesstätte für psychisch kranke Menschen. War ehrenamtlich in der ambulanten Betreuung von Menschen mit geistiger Behinderung tätig und war Elternbeiratsvorsitzende in einer Kindertagesstätte.

Heute bin ich mit meinem Lebensgefährten selbstständig mit einem Haus- und Gartenservice. Ich bin zuständig für alles, was sich unter Büroarbeit zusammenfassen lässt. Einfühlungsvermögen, das Verstehen komplexer Zusammenhänge, ein Hang zum Grübeln, ein ausgeprägtes Gerechtigkeitsbedürfnis, der Hang zum Perfektionismus und der Drang, mich zu entwickeln, gehören zu meinen Eigenschaften. Ich kann keine Routinearbeit ertragen, hier mache ich dann auch die meisten Fehler, weil ich gedanklich zu viel und zu weit abschweife. Brauche für manche Aufgaben einfach zu lange, bis sie „perfekt" sind. Im Dienstleistungsbereich konnte ich problemlos kundenorientiert sein. Am besten konnte ich meine Hochsensibilität in der Tagesstätte gebrauchen, wo es sehr von Nutzen war, auch die ungesagten Worte hören zu können.

Anja: Meine Berufung und mein aktueller Hauptberuf sind nicht dasselbe. Meinen Hauptberuf (technische Redaktion vor allem für die IT- und Softwarebranche) übe ich aus, um Geld zu verdienen, mein Leben und meine Ausbildungen zu finanzieren. Meine Berufung ist die Arbeit mit Menschen. Ich habe eine Ausbildung zur Trainerin für eine Körperstrukturarbeit gemacht. Das ist eine Methode für Körperform und Haltung, die dabei hilft, zu natürlichen, anatomisch guten Bewegungen zurückzufinden, und dem Aufbau der Tiefenmuskulatur, der Körperwahrnehmung und der Achtsamkeit dient. Ich gebe Einzelstunden und Kurse und liebe diese Arbeit. Parallel dazu mache ich noch eine Ausbildung zur systemischen Beraterin und ich bin dabei, diese beiden Dinge zu kombinieren und die technische Redaktion immer weniger und meine Berufung immer mehr werden zu lassen. Meine Tätigkeit als Redakteurin mag ich auch, aber sie befriedigt den Kopfmenschen in mir, nicht mein Gefühl. Ich bin gerade dabei, ein eigenes Studio mit Praxis aufzubauen und so tatsächlich immer weiter meinen Schwerpunkt zu verlagern. Und je mehr ich das tue, umso interessantere Herausforderungen kommen auf mich zu.

Annegret: Ich brauchte über ein halbes Jahr, bis ich mich nach dem Abitur aus meinen vielfältigen Interessen zu einem Beruf entschlossen hatte. Für die Ausbildung zu meinem Bürojob lernte ich nur so viel wie nötig – lieber hing ich meinen Gedanken nach, schrieb Gedichte und Geschichten und war in der Natur. Als ich nach erfolgreichem Abschluss eine Stelle fand, war ich sehr motiviert und erledigte dreimal so viel wie andere in der gleichen Zeit. Nicht, dass ich mich extra beeilt hätte; ich konnte mich einfach sehr gut konzentrieren, hatte eine sehr schnelle Auffassungsgabe und konnte schon im Voraus erspüren, was die anderen von mir erwarteten. Zudem arbeitete ich sehr genau und ordentlich. Mit der Zeit allerdings fielen Umstände ins Gewicht, die mir vorher nicht bewusst gewesen waren und mit denen ich viel vorsichtiger umgegangen wäre, hätte ich von meiner Hochsensibilität gewusst: Ich war den Belastungen des Großraumbüros mit dem künstlichen flimmernden Licht ausgesetzt (an den kurzen Wintertagen kein Sonnenlicht zu sehen war deprimierend), den ekelhaft nach Zigaretten stinkenden Stellwänden und Teppichen, wovon mir auch nach langer Zeit noch regelmäßig schlecht wurde, dem Brummen und Surren der elektrischen Geräte, dem Klingeln der Telefone, dem Stimmengewirr. Es gab keinen Platz, um sich zurückzuziehen außer der Toilette, wo es ebenfalls schlecht roch. Herkömmliches Kantinenessen, das ich wegen der Geschmacksverstärker und Nahrungsmittelzusätze bald nicht mehr vertrug, belastete mich stark, genauso wie der häufige Ärger mit Kunden und Lieferanten, die stressigen Krisensitzungen sowie eine festgefahrene Hierarchie, in der Vorschläge zur Verbesserung auf taube Ohren stießen. Konflikte wurden ignoriert, ebenso die Tatsache, dass ich die Arbeit meiner Kollegin größtenteils mittragen musste, da sie ständig krank war.

Am Ende war ich im Burn-out und hatte unzählige körperliche, psychische und seelische Beschwerden. Als sehr irritierend und belastend erlebte ich in dieser Zeit, wie unterschiedlich ich von Ärzten, der Krankenkasse und Ämtern behandelt wurde. Ein Betreuer der Krankenkasse zum Beispiel war freundlich und beantwortete meine Fragen strukturiert und zügig; eine Psychiaterin hingegen wollte mich mit Antidepressiva umgehend wieder zur Arbeit schicken, sie meinte, ich solle nicht so empfindlich sein und mich nicht so anstellen. Ich war innerlich völlig leer und ohne Gefühle. Ich hatte keine Kraft mehr zu denken, ich vergaß sogar die einfachsten Handgriffe, etwa wie ich in der neuen Waschmaschine meine Wäsche waschen sollte. Ich hätte ein Jahr am Stück schlafen können und wäre immer noch müde gewesen. An diesem Punkt wurde mir klar, dass ich kündigen und mein Leben von Grund auf neu, d. h. mir entsprechend, gestalten musste. Der Weg aus meiner Krankheit heraus dauerte etwa zwei Jahre.

Heute kann ich auf das alles in Gelassenheit und Dankbarkeit zurückschauen. Der Burnout war eigentlich nur das große Stoppschild dafür, dass in meinem Leben etwas Grundsätzliches total verkehrt lief und ich mich selbst verloren hatte. Er hat mir für vieles die Augen geöffnet und mich gelehrt, mich in meiner Hochsensibilität anzunehmen. Und nachdem ich diese Veranlagung und Begabung endlich verstanden habe und gelernt habe, damit umzugehen, habe ich meinen inneren Frieden gefunden. Ich kann ohne Groll auf die Vergangenheit zurückschauen und ich bin meinen Eltern und vor allem meinem Mann unendlich dankbar, dass sie mich in meiner Heilung unterstützt haben.

Für meinen neuen Berufsweg als Heilpraktikerin sind meine Hochsensibilität und alles, was ich erlebt habe, ein großer Segen. Aus der Härte ist Mitgefühl geworden, für mich selbst und für andere, und große Dankbarkeit und Ehrfurcht vor dem Leben. Ich bin zwar in manchen Situationen immer noch vorsichtig und prüfe vorher möglichst genau, wie ich die Umstände angenehm für mich gestalten kann. Auch plane ich genügend Ruhephasen ein. Aber ich genieße mein Leben mehr denn je, ich gestatte mir, all die reichen Gefühle in mir wahrzunehmen und auszudrücken, auch mal Neues auszuprobieren und mich selbst damit zu überraschen. Ich habe gelernt, viel mehr zu lachen und mich in meinem Sosein zu lieben und für mich zu sorgen. Ich erlaube mir Skepsis und Wut und bringe sie zur Sprache. Ich habe gelernt zu streiten, Nein zu sagen oder sogar etwas zu widerrufen, wenn es sich nicht mehr stimmig anfühlt, und mir keine Vorhaltungen deswegen zu machen. Ich lebe immer mehr meine Wahrheit und genieße die Freiheit und den Frieden, der sich daraus ergibt. Und ich freue mich nun darauf, in meiner eigenen Praxis, die so gestaltet sein wird, wie ich es mir wünsche, andere Menschen auf ihrem Lebensweg zu begleiten.

Von mir – Der Umgang mit Sprache allein genügte mir nicht

Schon in der Schule waren Deutsch und Englisch meine Lieblingsfächer. Dass meine Begabung im sprachlichen Bereich liegt, fand ich in einer Ausbildung zur Wirtschaftskorrespondentin für Englisch direkt nach dem Abitur bestätigt. Das Studium der Angewandten Sprachwissenschaft (Fremdsprachen Englisch und Niederländisch), für das ich mich demzufolge entschied, lag mir sehr. Das nuancierte Übersetzen machte mir Spaß, die Suche nach dem genau treffenden Wort bzw. der passenden sprachlichen Wendung war immer wieder eine spannende Herausforderung. (Das ist es heute noch, wenn ich Texte redigiere!)

So weit, so gut. Nur machte mir die Ausübung des Übersetzerberufs überhaupt keinen Spaß. Nie wieder hatte ich einen derart einsamen und eintönigen Job wie während eines Übersetzerpraktikums beim Europäischen Parlament in Luxemburg. Wäre da nicht die Mittagspause gewesen, in der ich Kolleginnen in der Kantine traf, hätte ich außer dem Boten, der mir die Übersetzungsaufträge in mein Einzelbüro brachte und die besprochenen Bänder wieder abholte, den ganzen Tag keinen Menschen gesehen oder gesprochen. Hilfe! Der andere Haken: Im Übersetzerberuf kommt es, ganz anders als im Studium, auf Schnelligkeit an, nicht so sehr auf sprachliche Feinheiten. Und genau das war gar nicht meine Stärke: in kurzer Zeit eine einigermaßen gute Übersetzung hinzubekommen. Lieber mit mehr Zeit eine ausgezeichnete; nur legte darauf keiner Wert.

Also entschied ich mich, abgeschlossenes Studium hin oder her, eine Stelle als Sekretärin in der Wirtschaft zu suchen. Diese Art von Tätigkeit hatte ich schon in mehreren Ferienjobs kennengelernt. Mir gefielen die vielseitige Arbeit im Büro und die vielen Kontakte mit Menschen intern und extern. Mir gefiel es, Schaltstelle zu sein. Meine Chefs schätzten – so vermute ich – meine Zuvorkommenheit, Zuverlässigkeit und Gewissenhaftigkeit, meine Stärke im Formulieren der Korrespondenz, mein diplomatisches Geschick, meine Rundum-Aufmerksamkeit. Dafür bekam ich Anerkennung. Tatsächlich war ich im Großen und Ganzen bis zur Geburt meiner Tochter (1992) in dem Beruf als Sekretärin / Assistentin, später als Chefsekretärin, über weite Strecken ziemlich zufrieden. Später stand etwas anderes an ... (Fortsetzung folgt)

6.3 Hochsensibel im Angestelltenverhältnis

Hochsensible haben meistens einen schweren Stand am Arbeitsplatz. Weder die äußeren Umstände noch die Arbeitsbedingungen noch die Kommunikationskultur noch die Leistungsanforderungen sind üblicherweise auf sie zugeschnitten – einfach schon deshalb nicht, weil sie eine Minderheit darstellen. Anders als im privaten Bereich, wo der Einzelne viel mehr Freiheiten hat zu gehen, wann er möchte, Kontakte abzubrechen, die ihm nicht behagen, sich von einer Aktivität zurückzuziehen, wenn es ihm zu viel wird, muss der Arbeitnehmer die Dinge und die Menschen um sich herum weitgehend hinnehmen, wie sie sind. Und er muss den ganzen Arbeitstag durchstehen. Jüngere Hochsensible bewältigen dies vielleicht noch eher als ältere. Doch kann man generell sagen: Für Hochsensible kann eine übliche angestellte Vollzeit-Berufstätigkeit mit der Zeit zu einer starken Belastung werden. Viele Hochsensible haben mir gesagt, dass das nicht gut gehen könne: acht Stunden am Tag (einschließlich Pausen und Wegzeiten oft über zehn Stunden, von Überstunden gar nicht zu reden), fünf Tage in der Woche, ein ganzes Arbeitsleben lang.

Umgebungsbedingungen

Die Reizflut aus der Arbeitsumgebung dringt über alle Sinneskanäle ein: Geräusche (Kollegen sprechen miteinander und telefonieren, Telefone klingeln, Tastaturen klappern, Computerlüfter rauschen, Kaffeeautomaten brummen usw.), optische Eindrücke (künstliches Licht, bewegte Bilder auf Bildschirmen aller Art, Bewegungen von im Blickfeld sitzenden und umherlaufenden Kollegen usw.), Gerüche (Ausgasungen von Kunststoffen, Körpergeruch, Parfüm und Deodorant von Kollegen, Ozon vom Kopierer usw.), Fühlen (Zugluft von Fenstern und Klimaanlage, unergonomischer Schreibtischstuhl mit rauem Stoff usw.). Hochsensible beeinträchtigt es sehr, wenn es in ihrer Umgebung permanent hektisch und geräuschvoll zugeht. Ihre Aufmerksamkeit wendet sich ständig unwillkürlich all den Geschehnissen in ihrer Umgebung zu. Besonders Gespräche stören die Konzentration und mindern das geistige Leistungsvermögen. Auch die erfühlten Befindlichkeiten der Menschen in ihrer Umgebung kommen zu den zu verarbeitenden Eindrücken hinzu. Ein Großraumbüro stellt in jeder Hinsicht eine maximale Herausforderung dar, aber auch schon ein Zweierbüro kann problematisch sein.

Vielleicht hilfreich: Ein Einzelbüro wäre ideal, ist aber natürlich nur in seltenen Fällen realisierbar. Wenn irgendwie eine Wahlmöglichkeit besteht, dann sollte aber zumindest der Schreibtisch im Mehrpersonen- oder Großraumbüro nicht nahe einer Tür oder einem Durchgang, nicht mit dem Rücken zur Tür, nicht neben einem von mehreren genutzten Kopierer, nicht unter einer Klimaanlagenauslassöffnung stehen. Zwei Schreibtische sollten eher im Winkel als direkt gegenüber aufgestellt werden, denn das Eindringlichste ist, jemanden den ganzen Tag vis-à-vis sitzen zu haben. Gegen störende Geräusche nutzen manche Menschen zeitweise Ohrstöpsel oder spezielle Kopfhörer, die nicht nur gegen Lärm abschotten, sondern einen Gegenschall erzeugen, und finden dadurch Entlastung.

Im Großraumbüro können Raumteiler die Schreibtische voneinander trennen und Sichtschutz bieten. Bestehen sie aus geeignetem schallabsorbierendem Material, dienen sie auch der akustischen Abschirmung. Es gibt auch Decken, Bodenbeläge oder Wandelemente, die den Schall wirksam dämpfen. Zudem hilft der Kauf leiser Bürogeräte, den Lärmpegel zu senken. Es wäre wünschenswert, dass von diesen segensreichen technischen Entwicklungen vonseiten der Unternehmen viel mehr Gebrauch gemacht wird.

Arbeitsbedingungen

Es entspricht Hochsensiblen nicht, nach starren Regeln in stark hierarchischen Strukturen und unter strenger Aufsicht zu arbeiten. Ob ein Vorgesetzter als Autorität anerkannt wird, hängt von dessen Fach- und Führungskompetenz ab. Authentizität und Integrität sind von zentraler Bedeutung. Idealerweise begrüßt und fördert der Vorgesetzte die Kompetenz seiner Mitarbeiter. Hochsensible wünschen sich, ihre eigene Größe problemlos zeigen zu können, ohne mit einem Dämpfer rechnen zu müssen. Erfahren sie Wertschätzung, sind sie sehr loyal und engagiert. Ihre Leistungen fallen stark ab, wenn sie zurechtgewiesen, bevormundet, kontrolliert und unter Zeitdruck gesetzt werden. Die besten Leistungen erbringen sie, wenn sie in einer reizarmen Umgebung mit wenig Ablenkung, geringem Zeit- und Konkurrenzdruck und mit viel Freiraum arbeiten können. (Klingt das allzu utopisch?) Sie sind aus sich selbst heraus überaus bestrebt, ihr Bestes zu geben, dazu bedarf es keiner speziellen Aufforderung oder Überwachung.

Haben Hochsensible selbst Personalverantwortung, fällt es ihnen mitunter schwer, in die Führungsrolle zu finden. Eine Schwierigkeit liegt darin, dass Erwartungen und Anforderungen von zwei Seiten kommen, von der oberen Führungsebene und von den eigenen Mitarbeitern. Hochsensible bevorzugen Arbeitsbeziehungen auf Augenhöhe und werden daher einen „weichen", kooperativen Führungsstil praktizieren.

Es steht außer Frage, dass Hochsensible leistungsfähige und leistungsbereite Mitarbeiter sind. Allerdings können ungünstige Arbeitsbedingungen dazu führen, dass sie weit hinter ihren Möglichkeiten zurückbleiben und ihr Potenzial nicht zur Entfaltung bringen. Das Thema Stress und Erschöpfung betrifft nicht nur Hochsensible, aber sie eben mehr noch als andere. Aus ethischen wie aus wirtschaftlichen Gründen geht der Appell an Unternehmensleitung und Führungskräfte, die Gesundheit und Arbeitskraft der Mitarbeiter (aller Mitarbeiter!) langfristig zu erhalten, statt sie kurzfristig maximal auszunutzen und damit zu gefährden. Gesundheitsmanagement sollte mehr als ein im Trend liegendes Schlagwort sein und tatsächlich praktische Umsetzung erfahren.

Vielleicht hilfreich:
Arbeitsbedingungen verbessern. Wenn Sie ein Anliegen oder einen Wunsch vorbringen, vermeiden Sie Unterwürfigkeit ebenso wie Arroganz, betonen Sie Ihr Können und Ihr Expertentum und Ihre Leistungsbereitschaft. Sagen Sie, dass Sie noch besser arbeiten könnten, wenn man das Sie belastende Problem beseitigen oder mindern würde. Seien Sie dabei realistisch, aber nicht pessimistisch. Wenn Sie von vornherein denken, Sie könnten nichts ausrichten, haben Sie wenig Aussicht auf Erfolg.

Je mehr es Ihnen gelingt, als eine wertvolle Arbeitskraft in Erscheinung zu treten, desto eher können Sie in dem einen oder anderen Punkt mit Entgegenkommen rechnen. Bringen Sie nicht nur Ihre besonderen Bedürfnisse zur Sprache, sondern unterstreichen Sie zugleich, was Sie unter günstigen Voraussetzungen leisten können. Um einmal ein paar vorstellbare Beispiele zu bringen: „Ich lege großen Wert darauf, möglichst genau und fehlerfrei zu arbeiten. Die besten Arbeitsergebnisse erziele ich, wenn ich Ruhe um mich herum habe und konzentriert arbeiten kann."; „Ich kann mich im Gespräch sehr gut auf mein Gegenüber einstellen, allerdings nur ohne allzu große Ablenkung. Ich möchte für die Kundenbesprechung gerne in den Raum XY gehen."; „Ich mache eine kurze Pause zum Abschalten, dann sehe ich mir die Unterlagen durch und gebe meinen Kommentar dazu."; „Das waren jetzt viele Informationen auf einmal. Ich möchte in Ruhe meine Gedanken sortieren. Darf ich Ihnen meine Meinung / Entscheidung morgen früh mitteilen?"

Häufig wird es gar nicht darum gehen, nur für sich selbst Verbesserungen zu erreichen, sondern die Arbeitsbedingungen für die ganze Arbeitsgruppe oder Belegschaft zum Besseren zu wenden. Betonen Sie, dass Sie nicht für sich persönlich Vorteile herausholen wollen, sondern auf Veränderungen zum Wohle aller bedacht sind.

Überstunden reduzieren. Betrachten Sie es als Ihre persönliche Aufgabe, Ihre Arbeit in gesundheitsverträglicher Weise auszuüben, bevor Ihr Körper Sie zwingt, ein selbstzerstörerisches Verhalten aufzugeben. Verstehen Sie Pflichtbewusstsein so: Schöpfen Sie Ihre Leistungsgrenzen aus, aber erschöpfen Sie sich nicht. Hören Sie auf, regelmäßig Überstunden zu machen, auch wenn das von den Kollegen und dem Vorgesetzten (zunächst) argwöhnisch betrachtet wird. Erklären Sie möglichst selbstbewusst und selbstsicher, warum Sie das tun. Das sollte einleuchten: Physische und psychische Gesundheit ist die Voraussetzung dafür, produktiv zu arbeiten. Damit Sie ohne Überstunden auskommen, wird es nötig sein, die Arbeitsmenge zu begrenzen. Das heißt: sich auf die eigentlichen Aufgaben konzentrieren, Zusatzaufgaben ablehnen (öfter Nein sagen!).

Freizeit einhalten. Am Feierabend und an den Wochenenden „unerreichbar" sein. Nur in Ausnahmefällen Arbeit mit nach Hause nehmen. Auf der anderen Seite kann es mitunter stressmindernd wirken, wenn man bestimmte Aufgaben, die viel Konzentration erfordern, an einem ruhigen Ort und ohne Zeitdruck erledigt – unter Umständen eben auch zu Hause. Zur Regel werden sollte das aber nicht. Es sei denn, es ist anerkannter Teil Ihrer Arbeitszeit.

Flexible Arbeitszeiten. Wenn Sie Ihre Arbeitsstunden innerhalb einer weiten Spanne wählen können, liegt es in Ihrer Entscheidung, sehr früh zu kommen und die ruhigen ersten Stunden für Aufgaben zu nutzen, die besonders viel Konzentration erfordern. Oder Sie kommen später und bleiben länger, um am Abend in Ruhe noch etwas fertig zu machen, wenn die meisten anderen gegangen sind. Oder Sie arbeiten vor und haben ab und zu einen halben Tag frei.

Arbeitszeitreduzierung. Überlegen Sie ernsthaft, ob Sie nicht mit weniger Einkommen auskommen können und von einer Vollzeitstelle auf eine Dreiviertel- oder Halbtagsstelle reduzieren. Schon ein freier Tag in der Woche schafft wohltuende Freiräume. (Ich höre Berichte, dass der Mittwoch ein guter Tag ist, weil er die Woche in überschaubare Arbeitsstrecken teilt.) Ich weiß um das Argument, dass man bei verringerter Arbeitszeit häufig ähnlich viel Arbeit wie zuvor bewältigt – nur bei weniger Bezahlung. Ich halte dagegen: Es liegt mit an Ihnen, tatsächlich einen Teil der Aufgaben abzugeben. Und: Anstrengend ist nicht nur das Arbeitspensum, sondern auch die Zeit, die Sie am Arbeitsplatz verbringen müssen. Es schafft spürbare Entlastung, mehr Freizeit zu haben. Das ist Gold wert.

Vorbildlich finde ich folgendes Modell, von dem ich gelesen habe: In einem Maschinenbau-Unternehmen in Baden-Württemberg können sich die Angestellten alle zwei Jahre von Neuem entscheiden, wie viele Wochenstunden sie arbeiten wollen, in einem Rahmen von 15–40 Stunden. Das soll den Angestellten die Möglichkeit geben, unterschiedlichen Lebenssituationen Rechnung zu tragen (Kurznotiz in *managerSeminare,* Juli 2011).

Veränderung des Aufgabengebiets. Wenn Sie merken, dass Ihnen zwar das Unternehmen gefällt, nicht aber Ihr Tätigkeitsfeld, dann versuchen Sie firmenintern den Aufgabenbereich zu wechseln oder mit anderen Projekten betraut zu werden. Das kann zum Beispiel notwendig werden, wenn eine rege Reisetätigkeit Ihnen auf Dauer zu viel wird.

Home Office. Falls es vom Aufgabengebiet her infrage kommt, ist ein Home Office, von dem aus Sie ganz oder gelegentlich arbeiten, eine hervorragende Sache. Für Hochsensible vielleicht überhaupt *die* Lösung. Dank der neuen Kommunikationstechnik können Sie die Verbindung zum Büro problemlos halten. Und wenn nötig, können Sie vor Ort sein, zum Beispiel zu Besprechungen. Wenn Sie diese Möglichkeit zur Sprache bringen, setzen Sie auf Ihre Vertrauenswürdigkeit und verweisen Sie auf das Ihnen eigene hohe Maß an Eigenverantwortlichkeit und Zuverlässigkeit.

Stellenwechsel. Scheuen Sie sich nicht, nach einer ganz anderen Stelle Ausschau zu halten, wenn Sie auf Dauer unzufrieden in dem Unternehmen und mit Ihrem Job sind. – Achten Sie bei der Stellensuche nicht nur auf das Aufgabengebiet, sondern auch auf die Ästhetik der Umgebung, die Firmenkultur und die Werte, die in einem Unternehmen gelebt werden. Nutzen Sie Ihr feines Gespür, um beim Vorstellungsgespräch oder einem Probearbeitstag (sehr empfehlenswert!) das Betriebsklima zu sondieren. In welcher Weise wird übereinander gesprochen? Welchen Umgang der

Mitarbeiter untereinander können Sie beobachten? Wie offen begegnet man Ihnen als Anwärter auf die Stelle? Was sagt Ihnen Ihre Intuition: Könnten Sie sich in der Umgebung und mit den Menschen wohlfühlen?

Zwischenmenschliches

Dass der Mensch ein zutiefst soziales Wesen ist, gilt selbstverständlich auch während der Arbeitszeit. Das heißt, die Qualität der sozialen Kontakte am Arbeitsplatz ist eine wichtige Säule für die Arbeitszufriedenheit. Auf die möglichen Schwierigkeiten im zwischenmenschlichen Bereich, denen Hochsensible typischerweise begegnen, bin ich in den vorangegangenen Kapiteln schon hinreichend eingegangen. Im Arbeitsumfeld steht man vor der Aufgabe, mit Menschen zurechtzukommen, die man sich nicht ausgesucht hat, die einem vielleicht gar nicht liegen, die größtenteils eine ganz andere Art, wahrzunehmen und zu denken, haben.

Durch ihre Andersartigkeit geraten Hochsensible leicht in eine Außenseiterrolle. Dazu möchte ich sagen: Wenn dem so ist, tragen beide Seiten dazu bei. Der Hochsensible, weil er sich öfter aus der Gemeinschaft herausnimmt und (innerlich) zurückzieht, die anderen, weil sie mit der hochsensiblen Wesensart wenig anzufangen wissen und deshalb zum Hochsensiblen kaum Bezug herstellen. In manchen Arbeitsaufgaben sind Hochsensible besonders gut, das kann bei Kollegen Unsicherheit oder Neid hervorrufen, andere Aufgaben können Hochsensible weniger gut erledigen, das löst womöglich Kritik aus und lässt sie sich selbst minderwertig fühlen. Unterschiedliche Ansichten und gegenläufige Interessen haben in vielen Fällen Disharmonien und Reibereien zur Folge.

Unaufmerksamkeiten und Unfreundlichkeiten machen Hochsensiblen sehr zu schaffen. Sie neigen dazu, Dinge sehr persönlich zu nehmen und manchmal schon eine Übellaunigkeit, die gar nichts mit ihnen zu tun hat, auf sich zu beziehen. Sie leiden darunter, wenn im Unternehmen generell eine schlechte Stimmung herrscht und wenn es Spannungen gibt. Die Gereiztheit und Unzufriedenheit von anderen übertragen sich schnell auf sie. Spüren sie eine ablehnende Haltung ihrer Kollegen ihnen gegenüber, schmerzt sie das sehr. Sich Kritik ausgesetzt zu sehen ist für sie furchtbar. Sich dagegen zu behaupten fällt ihnen extrem schwer.

Aber auch Hochsensible selbst betrachten ihr Arbeitsumfeld und die Menschen um sie herum sehr kritisch. Manchmal höre ich, wie sie heftig über ihre Kollegen und Chefs schimpfen. Ich sehe ihre Not. Aber es kann meines Erachtens nicht sein, dass alle anderen „verkehrt" sind und „Schuld" haben; Kommunikation ist immer ein Wechselspiel. Ich finde es bedauerlich, wenn mit dem Erkennen der eigenen Hochsensibilität und der Einsicht, dass man selbst nicht verkehrt ist, das Pendel umschlägt zu „Die anderen sind verkehrt." Ich meine, es passt nicht zusammen, wenn man sich über fehlende Wertschätzung durch Vorgesetze und Kollegen beklagt und umgekehrt selbst geringschätzig über sie denkt und spricht. Der Ausgangspunkt für ein friedliches und bereicherndes Miteinander ist die Haltung: „Ich bin in Ordnung und die anderen sind in Ordnung." Nur bestimmte Handlungsweisen mögen zu überdenken und gegebenenfalls zu verändern sein – auf der einen wie auf der anderen Seite.

Der Extremfall: Mobbing

So oft ist die Rede davon, deshalb will ich das Thema Mobbing nicht beiseitelassen. Eskalieren zwischenmenschliche Probleme am Arbeitsplatz, kann es zu Mobbing kommen. Mit Mobbing meint man, dass jemand von Vorgesetzten oder Kollegen systematisch schikaniert wird mit dem Ziel, ihn aus dem Unternehmen bzw. der Organisation hinauszuekeln. Der Gemobbte wird fortgesetzt in seiner persönlichen Würde verletzt, lächerlich gemacht, bloßgestellt, ständig kritisiert und mehrheitlich gemieden. Über ihn wird schlecht geredet, es werden Unwahrheiten oder sehr Persönliches verbreitet, ihm werden wichtige Informationen vorenthalten, sinnlose Arbeitsaufgaben übertragen. Es herrschen ungleiche Machtverhältnisse, der Ranghöhere quält den Untergebenen oder eine Gruppe agiert gegen einen Einzelnen. Der Gemobbte hat durch diese Unterlegenheit größte Schwierigkeiten, sich effektiv zu wehren.

Experten gehen davon aus, dass Mobbing seinen Ursprung in ungelösten strukturellen Konflikten innerhalb des Unternehmens bzw. der Organisation hat. In wirtschaftlich schwierigen Zeiten, wenn ein Abbau von Arbeitsplätzen droht und die Konkurrenz unter den Mitarbeitern schärfer wird, nimmt Mobbing zu. Mangelnde Kommunikation, unklare Zuständigkeiten, widersprüchliche Anweisungen, ungerechte Arbeitsverteilung, unzureichend vorbereitete tief greifende organisatorische Veränderungen begünstigen Mobbing.

Mobbing bezeichnet also den Extremfall feindseligen Verhaltens von Kollegen und Vorgesetzten und hat schwerwiegende Folgen. Es führt bei den Betroffenen zu einer starken Verunsicherung, zu Selbstzweifeln, Ohnmachtsgefühlen, sozialen Ängsten. Mobbingopfer sind zunehmend demotiviert, unkonzentriert und kraftlos, sie fallen in ihren Leistungen ab und werden krank.

Die Person, die Mobbing ausgesetzt ist, sollte sich unbedingt an eine Stelle wenden, die Unterstützung anbietet, und Hilfe in Anspruch nehmen. Verantwortlich für das Einschreiten in konkreten Mobbingfällen ist der Arbeitgeber. Wichtig ist daher, dass es im Unternehmen einen vertrauenswürdigen Ansprechpartner für Betroffene gibt, der für Hilfe sorgt, und dass Führungskräfte die Augen offen halten. „Eine Führungskraft hat nicht versagt, wenn in ihrem Verantwortungsbereich ein Mobbingfall auftritt, sondern erst dann, wenn sie ihn nicht zur Kenntnis nehmen will und nicht interveniert", sagt Monika Heilmann, Mobbingberaterin aus Stuttgart. Aufgrund ihrer langjährigen Erfahrung widerspricht sie der gängigen Meinung, dass es eine Opferpersönlichkeit gäbe. Sie betont, dass es die stärksten Männer und Frauen treffen kann.

Als geeignete Vorbeugung gelten Maßnahmen zur Aufklärung (Mobbing darf kein Tabuthema sein) und eine Unternehmens- und Führungskultur, die Wertschätzung für jeden Einzelnen und Fairness im Miteinander vorsieht und eine konstruktive Zusammenarbeit fördert.

Für Betroffene: Erkennen, dass man sich nur sehr bedingt selbst helfen kann. Deshalb: sich Hilfe holen! Sich immer mehr zurückzuziehen und still zu leiden löst das Problem nicht. Ein Wechsel des Arbeitsplatzes innerhalb des Unternehmens oder auf eine ganz neue Stelle kann notwendig sein. Besser das Feld räumen, als sich im Kampf aufreiben und daran kaputtgehen.

Strategien für ein gutes Auskommen mit Kollegen und Vorgesetzten

Man muss seinen Chef und seine Kollegen nicht lieben und sie müssen es umgekehrt nicht tun, es genügt, mit ihnen einen respektvollen Umgang zu finden. Damit Ihre hohe Sensibilität wenig Angriffsfläche bietet, scheint es mir am besten, offensiv damit umzugehen. Elaine Aron empfiehlt eine „selektive Offenheit", was bedeutet, dass man sich entscheidet, was man von sich preisgibt und was nicht. Das heißt auch: Sie brauchen nicht unbedingt den Begriff „Hochsensibilität" zur Sprache zu bringen.

Sie können sagen, dass Sie in bestimmten Punkten besonders empfindsam und auch empfindlich sind. Sie können sagen, was Sie konkret stört und belastet und Ihre Leistungsfähigkeit einschränkt – und das, ohne die anderen persönlich anzugreifen. Sehen Sie es so: Vorwürfe sind verunglückte Wünsche, die man in regelrechte Wünsche verwandeln kann. Sagen Sie konkret, was Ihre Kollegen bzw. Ihr Chef tun können, um Abhilfe zu schaffen oder eine Besserung herbeizuführen. So haben die anderen die Möglichkeit, etwas zu verändern, falls dies praktisch möglich ist und nicht wichtigen eigenen Interessen zuwiderläuft. Geht das nicht, wissen sie zumindest, wie sehr bestimmte Dinge Ihre Nerven strapazieren, und können Ihre Reaktionen besser einordnen.

Kommunizieren Sie auch, wie wichtig es für Sie ist, sich zwischendurch zurückzuziehen, zum Beispiel in der Mittagspause gleich nach dem Essen kurz alleine ins Freie zu gehen, statt mit den anderen noch in der Kantine sitzen zu bleiben. Anderenfalls wird der Rückzug vielleicht so gedeutet, dass sie nichts mit den anderen zu tun haben wollen. Wichtig ist, dass Sie den Eindruck vermeiden, Sie würden sich über die anderen stellen (das tun Sie doch nicht, oder?) oder sich abgrenzen wollen, weil Sie die anderen ablehnen. Vermutete Ablehnung ruft Ablehnung hervor. Beteiligen Sie sich wenigstens zeitweise am Small Talk, auch wenn es nicht wirklich Ihr Ding ist. Das fördert das Gemeinschaftsgefühl. Außerdem ist die informelle Kommunikation erwiesenermaßen nützlich, um über betriebsinterne Neuigkeiten auf dem Laufenden zu bleiben und um zu einem anderen Zeitpunkt „auf dem kleinen Dienstweg" kollegiale Unterstützung zu bekommen.

Je authentischer und selbstsicherer Sie auftreten und zu sich und Ihrer Wesensart stehen, desto mehr Aussicht besteht, verstanden und akzeptiert zu werden. Man kann die Schlussfolgerung von Elaine Aron nicht genug hervorheben: „Ich habe (…) herausgefunden, dass es erheblicher Anstrengung bedarf, bis HSP ihre negativen Auffassungen gegenüber ihrer Sensibilität ablegen und diese wahrhaftig schätzen lernen. Sie können aber unmöglich andere vom Wert Ihres Wesenszuges überzeugen, wenn Sie nicht selbst fest an dessen Vorzüge glauben."

Halten Sie in Ihrer Arbeitsumgebung Ausschau nach anderen Hochsensiblen und suchen Sie den näheren Kontakt. Es kann einfach guttun, sich von gleich zu gleich auszutauschen und sich gegenseitig emotionalen Halt zu geben. Hat das Unternehmen, in dem Sie arbeiten, zum Beispiel 300 Mitarbeiter, dann müssten rein rechnerisch circa 45 davon hochsensibel sein (gehen wir einmal von 15 Prozent aus). Eine Minderheit zwar – aber Sie sind nicht allein!

Mitarbeiterpotenziale

Eine Win-win-Situation für Arbeitgeber und Arbeitnehmer entsteht dann, wenn die Anforderungen der Arbeitsstelle mit den Stärken des Stelleninhabers möglichst gut übereinstimmen. Weder sollten dem Mitarbeiter Dinge abverlangt werden, die nicht zu den Stärken gehören, noch sollten wichtige Stärken brachliegen. Das wäre vergeudetes Potenzial. Einige Stärken der Hochsensiblen werden üblicherweise gesehen und genutzt, andere oftmals (noch) nicht ausreichend erkannt – auch nicht von ihnen selbst – und abgerufen.

Egal, in welchem Bereich sie beschäftigt sind: Hochsensible Mitarbeiter sind meist diejenigen, die als hilfsbereit, zuverlässig und gewissenhaft gelten. Durch diese offensichtlichen Stärken werden ihnen in vielen Fällen Arbeiten übertragen, bei denen es auf Gründlichkeit und Präzision ankommt. In der Tat nehmen sie alles sehr genau, differenzieren und vertiefen etwas lieber noch mehr, als es einseitig und oberflächlich abzuhandeln. Sie sind deshalb in der Tat dort richtig eingesetzt, wo es mehr auf die Arbeitsqualität als auf die Arbeitsmenge ankommt.

Fragt man Hochsensible, ob sie eher schnell oder eher langsam arbeiten, bekommt man Einerseits-andererseits-Antworten. Bei bestimmten Ausarbeitungen gehen sie sehr ins Detail, betrachten auch noch Aspekte am Rande, die irgendwie in die betreffende Angelegenheit hineinspielen, und streben nach Perfektion. Dadurch brauchen sie logischerweise länger als andere. Bei anderen Aufgaben, bei denen es auf gute Auffassungsgabe und Kombinationsfähigkeit ankommt, sind sie schnell. Elaine Aron: „Die Tatsache, dass wir Dinge intensiver verarbeiten, mag zuerst den Eindruck erwecken, dass wir nicht mithalten können, aber mit der Zeit verstehen wir mehr und erinnern uns besser als andere." Die Neigung, in die Tiefe und in die Breite zu gehen, gerät immer dann zum Nachteil, wenn ein zügiges, zielgerichtetes Arbeiten gefordert ist. Zu einem Vorteil wird sie, wenn eine gründliche, umfassende und ganzheitliche Aufgabenbearbeitung gefragt ist.

Bevor nun der Eindruck entsteht, Hochsensible seien ideal für alle Aufgaben, die genaues, zuverlässiges Arbeiten erfordern, gleich noch eine wichtige Einschränkung: Mit eintönigen Routinearbeiten haben sie ihre liebe Not. Dabei schweifen die Gedanken immer wieder ab, weil die Herausforderung fehlt. So passieren Flüchtigkeitsfehler. Es kann sich ein richtiger Widerwillen gegen Aufgaben, die als stumpfsinnig erlebt werden, entwickeln. Für die Arbeitszufriedenheit braucht es offensichtlich – natürlich nicht nur bei Hochsensiblen – ein bestimmtes Maß an Abwechslung und einen gewissen Schwierigkeitsgrad. (Für die Arbeitsunzufriedenheit, die aufgrund von Langeweile und Unterforderung entsteht, existiert der anschauliche Begriff „Bore-out".)

Häufig noch wenig genutzte Potenziale Hochsensibler

Die besonderen Stärken und Begabungen Hochsensibler habe ich schon wiederholt angesprochen. Mein Anliegen ist es, sie den Hochsensiblen selbst noch bewusster zu machen und sie zu ermutigen, damit noch mehr in Erscheinung zu treten – gerade in der Arbeitswelt. Hier möchte ich die Arbeitgeberseite gespannt darauf machen, welche Schätze in ihren hochsensiblen Mitarbeitern schlummern. Personalverantwortliche aufgemerkt!

Sensibilität. Zu den Schätzen hochsensibler Mitarbeiter gehört zuvorderst ihre Sensibilität, sprich ihre Empfindsamkeit und Feinfühligkeit. Diese bezieht sich auf Menschen und auf Lebewesen überhaupt, auf Dinge, auf Beziehungen und Verbindungen, auf Stimmigkeit und Ganzheitlichkeit. Mit ihrer daraus resultierenden Arbeitsethik und Visionskraft vermögen sie, ihr Arbeitsumfeld zu inspirieren und zu bereichern.

Intuition. Hochsensible nutzen mehr noch als andere ihre Intuition, die ungleich größere Datenmengen auswerten kann als der bewusste Verstand. Mit Intuition kann man besonders in komplexen Situationen zu passenden Entscheidungen gelangen. Die intuitive Einsicht in Sachverhalte braucht dann vom bewussten Verstand nur noch geprüft zu werden. So verbinden sich Fühlen (Bauchgefühl!) und Denken zu einer einsatzfähigen Einheit.

Kritisches Denken und Weitsicht. Hochsensible erkennen leicht Unlogik, Ungereimtheiten und Widersprüchlichkeiten. Sie können Konsequenzen von Worten und Taten gut absehen und Zukunftsszenarien gedanklich durchspielen. Man kann Hochsensible als Bedenkenträger und Schwarzseher diskreditieren oder ihre gesunde Skepsis, ihr Risikobewusstsein sowie ihr analytisches, differenzierendes Denken und kritisches Hinterfragen als nützliche Qualitäten schätzen.

Eine Management-Empfehlung geht in die Richtung, die Macher nicht ungebremst agieren zu lassen. Es braucht die Gegenspieler, die Auswirkungen von Entscheidungen durchdenken und Alternativen erwägen. „Es bräuchte eine (…) Kommunikationskultur, die echten, kritischen Austausch zulässt. (…) Es geht nicht darum, immer allem zu misstrauen. Es geht vielmehr darum, die eigene Informationsverarbeitung öfter zu reflektieren." (Aus dem Artikel „Mit Zweifeln zum Ziel" in *managerSeminare,* Juni 2011)

Problemlösungsdenken und Kreativität. Am Anfang einer jeden Lösungsfindung und eines jeglichen Innovationsprozesses steht das Problembewusstsein. Wie will man geeignete Lösungen finden, wenn man das Problem nicht klar erkannt hat? Hochsensible sind gut im Erfassen von Problemen und im Ersinnen von kreativen Lösungsmöglichkeiten. Wer ideenreich ist, übergreifend und vorausschauend denkt, kann gut auf neuartige, integrierte und nachhaltige Lösungen kommen.

Langfristiger Unternehmenserfolg gründet sich auf Wandlungsfähigkeit und Innovationsvermögen. Dazu können Hochsensible einen wertvollen Beitrag leisten. Unter günstigen Bedingungen werden sie zahlreiche brauchbare Verbesserungsvorschläge und Ideen entwickeln. Es gibt allerdings Punkte, die sie demotivieren: Wenn ihre Vorschläge nicht wirklich gehört und bedacht werden und sie gar kein Feedback dazu bekommen, was damit weiter geschieht. Und: wenn sie sogleich selbst – quasi automatisch – mit der Umsetzung des Vorschlags betraut werden, was häufig zusätzliche Arbeit bedeutet.

Organisationstalent. Hochsensible können gut planen, koordinieren und als Schaltstelle fungieren, da es ihnen leichtfällt, eine Vielzahl von Einzelinformationen aufzunehmen, miteinander zu verknüpfen und zu berücksichtigen sowie sie gedanklich abzuspeichern und bei Bedarf wieder hervorzuholen. Es gelingt ihnen, den Überblick zu behalten. Die Einschränkung: Es darf um den Hochsensiblen herum nicht auf Dauer zu laut und zu turbulent zugehen (was „zu" laut und „zu" turbulent ist, ist individuell sehr unterschiedlich). Zwischendurch müssen sie sich sammeln und in Ruhe ihren Ausarbeitungen widmen können. Letztlich geht nicht alles auf einmal, sondern eines nach dem anderen.

Beobachtungsgabe und Einfühlungsvermögen. Dank ihrer aufmerksamen, nuancierten Wahrnehmung sind Hochsensible gut darin, aufkommende Unzufriedenheit bei anderen und sich anbahnende Konflikte zu erkennen. Sie sind die Richtigen, geeignete Stellen (so vorhanden) darauf hinzuweisen, eventuell auch selbst Klärung und Ausgleich herbeizuführen, bevor Konflikte sich verschärfen oder gar eskalieren. Hochsensible können empathisch zuhören, Verständnis für Nöte aufbringen, Impulse geben für Konfliktlösungsideen. Oft agieren sie ganz informell in dieser Weise. Ich halte es jedoch für eine gute Idee, diese Gabe auch gezielt zu nutzen und Hochsensible ganz offiziell als Vertrauenspersonen, Moderatoren, Schlichter und interne Berater im Unternehmen einzusetzen – je nach den Erfordernissen entweder ausschließlich oder neben ihrer fachlichen Tätigkeit.

Aufgrund ihres Gespürs für die Bedürfnisse anderer sind sie die „geborenen" Dienstleister, egal ob intern oder im Kundenkontakt. Im Verkauf sind sie diejenigen, die sich gut in die Kunden einfühlen können und auch Verständnis für deren Einwände und (Sonder-)Wünsche haben. Es gelingt ihnen gut, langfristige Kundenbeziehungen aufzubauen und zu pflegen.

Lernbereitschaft und Fortbildungsinteresse. Bei Hochsensiblen besteht in der Regel viel Bereitschaft, sich weiterzubilden und weiterzuentwickeln. Sie lieben es, ihren Horizont zu erweitern, und werden sehr gerne an Qualifizierungsmaßnahmen teilnehmen, sofern das nicht bedeutet, dass sie dadurch über Gebühr strapaziert werden und anschließend noch zusätzliche Aufgaben zu erfüllen haben.

Diversity Management

Meine Absicht ist beileibe nicht, Hochsensible als die „besseren" Mitarbeiter darzustellen. Vielmehr gewährleisten Hochsensible und Nicht-Hochsensible in ihrem natürlichen Mischungsverhältnis (ungefähr 20:80), dass die verschiedenartigen Stärken und Fähigkeiten im Unternehmen repräsentiert sind und zum Tragen kommen. Im Personalmanagement spricht man von „Diversity Management", wenn es um die Wertschätzung und das konstruktive Nutzen von sozialer Vielfalt im Unternehmen geht.

Marianne Skarics, die mit ihrem Buch *Sensibel kompetent* einen Beitrag dazu leisten möchte, dass Sensibilität als wertvolle Eigenart anerkannt wird, schreibt über den möglichen praktischen Nutzen eines Diversity Managements: „Für Hochsensible bedeutet dieser Ansatz eine große Chance auf Anerkennung ihrer speziellen Qualitäten, denn: In dem Bewusstsein, dass jeder Mensch einzigartig ist, werden die individuellen Fähigkeiten von Mitarbeitern gefördert und deren persönliche Eigenschaften und Besonderheiten als wichtige Werte für das Unternehmen geschätzt."

Die Perspektive aus Unternehmenssicht ist meines Erachtens der beste Ansatz, um Arbeitgeber vom Nutzen von Verbesserungen der Arbeitsbedingungen zu überzeugen. Ein Unternehmen ist nun mal auf Gewinn angelegt. Hochsensible werden Veränderungen am ehesten dann erreichen, wenn das auch im erkennbaren Interesse des Unternehmens bzw. der Organisation liegt.

Meine Vision ist, dass die Arbeitswelt insgesamt menschlicher und freudvoller wird, besser geeignet für persönliches Wohlbefinden und individuelle Entfaltung. Die Bedingungen, die für Hochsensible so dringend notwendig sind, sind für andere Menschen in der Regel zumindest angenehm. Nach meiner Logik heißt das vom Grundsatz her: Würden Arbeitsbedingungen sich dahingehend verändern, dass es Hochsensiblen am Arbeitsplatz deutlich besser geht, dann geht es allen Arbeitnehmern besser.

Hochsensible können sehr gut Beobachter, Mahner und Visionäre sein. Machen Hochsensible auf ungünstige Arbeitsbedingungen, strukturelle Missstände und bedenkliche Entwicklungen aufmerksam und stoßen sie auf der Basis ihrer Werteorientierung Veränderungen an, dann kann die (Arbeits-)Welt zu einem besseren Ort werden. Mein Ansatz ist also weniger, dass für Hochsensible Sonderlösungen gefunden werden (von Einzelfällen abgesehen), sondern dass insgesamt immer mehr menschenfreundliche – und damit auch hochsensiblenfreundliche – Arbeitskonzepte Raum greifen.

HOCHSENSIBLE BERICHTEN

Monika*: Ich arbeite in einem mittelständischen Unternehmen in der Qualitätssicherung, einer Schnittstelle zu vielen Abteilungen. Ein Großraumbüro ist für mich ein Horrortrip. Ist mir viel zu laut. Das alleine stellt eine unglaubliche Belastung dar. Jetzt bin ich in einem Zweierbüro. Mit meinem Kollegen ist es sehr lustig. Nur bekommen wir ab und zu Besuch von Kolleginnen mit aufdringlichsten Parfüms. Der Geruch steht noch Stunden später im Büro. Selbst Lüften hilft da nur bedingt. Für mich ist das Verhältnis zum Chef wichtig. Mein letzter Chef war da klasse. Ich hatte viele Freiheiten, konnte kommen und gehen, wann ich wollte, erledigte meine Arbeit und gab ihm in gewissen Abständen Updates. Da er auch häufig abends lange im Büro war, hatten wir dann Zeit, in Ruhe Dinge zu besprechen. Ich fühle mich am besten mit einem Chef, von dem ich weiß, dass er hinter mir steht und mich machen lässt. – Ich bin im Betriebsrat. An der Arbeit dort finde ich gut, dass man für andere Menschen etwas tun kann. Außerdem wird man mit vielen interessanten Themenbereichen konfrontiert. Für mich muss eine Arbeit abwechslungsreich sein. So circa 30 Prozent Routine sind okay. Mir ist da, wo ich arbeite, ein offenes, konstruktives Miteinander wichtig. Und: dass ich ein gutes Gefühl habe.

Petra: Das Thema Rückzug beschäftigt mich sehr, seitdem ich mehr über mich und diese Sensibilität gelernt habe. Eigentlich ist es schön, unter Menschen zu sein, andererseits sollten diese auch am liebsten sofort ausgeblendet werden können, wenn es zu viel wird. Das ist in der Realität ganz schön schwer. Zum einem kann und möchte ich nicht jedem meine Sensibilität erklären, weil es auch gar nicht verstanden wird. Zum anderen kann man sich nicht einfach aus der ‚Affäre' ziehen. Ich glaube, im Büro gehe ich nicht nur, weil ich viel trinke, häufig auf das ‚stille Örtchen' (im wahrsten Sinne), sondern um auch immer wieder aus dem Zimmer zu können und eine kurze Weile für mich zu haben. Mit dem Thema des angestellten Arbeitens bin ich täglich konfrontiert. Ich glaube, einer der schwierigsten Punkte ist unsere Andersartigkeit, die nicht auf Verständnis stößt. So führt es, zumindest bei mir, immer wieder verstärkt zu einem Rückzug, weil ich nicht verstanden werde und natürlich auch nicht meine ganze Persönlichkeit ans Licht bringen möchte. Der Rückzug ist also wie eine Schutzhülle, die vor Angriffen wenigstens ein kleines Stück schützen soll. Dann ist es auch einfach so, dass ich es extrem spüre, wie Kollegen mit einer negativen Energie, ja fast schon ‚geladen', ins Büro kommen. Die innere Unzufriedenheit ist fast greifbar. Man akzeptiert sich, weil es halt nicht anders geht, ist aber nicht froh, dass der andere da ist. Das ist alles andere als ein erfreuliches Miteinander.

Ich arbeite seit vielen Jahren als Steuerfachwirtin. Die meiste Arbeitszeit bringe ich damit zu, Jahresabschlüsse und Steuererklärungen zu erstellen. Ich empfinde es als sehr schwierig, meine eigenen sehr hohen Anforderungen an mich und meine Arbeitsqualität in einem unharmonischen Umfeld in einem vorgegebenen Zeitraum irgendwie umsetzen zu können. Im Moment, wo ich die letzten Tage in diesem Büro bin, fällt es mir auf, dass es meine Persönlichkeit innerhalb und außerhalb gibt. Im Büro habe ich fast das Gefühl, dass ich mich in Leichenstarre befinde. Es dauert nach Feierabend dann eine ganze Weile, bis ich wieder im Leben zurück bin. Daher bin ich doch schon sehr gespannt auf meine neue Arbeitsstelle, die ich in der kommenden Woche quasi nahtlos beginnen werde. Dort werde ich ein eigenes Zimmer haben. Nicht mehr wie jetzt aneinanderstehende Schreibtische mit einem direktem Blickkontakt zur Kollegin, wo ich jede Bewegung, jedes Geräusch und auch die völlig konträre Persönlichkeit voll mitbekomme. Ich hoffe, dort den nötigen Rückzug zu haben und in „Freiheit" verbunden mit dem Sicherheitsfaktor der Anstellung arbeiten zu können.

Drei Wochen später: Was den Stellenwechsel angeht, kann ich persönlich nur dazu raten. Wobei dieser Stellenwechsel von mir sehr lange geprüft wurde. Es sollte kein Weglaufen sein, wie es in der Vergangenheit hin und wieder geschehen ist. Auch jetzt war es oft wahrlich kaum mehr auszuhalten, auch gesundheitlich. Dennoch habe ich Mut gebraucht. Ich weiß jetzt, dass es genau der richtige Schritt war. Vielleicht ein erster Schritt von vielen noch folgenden in einem beginnenden Veränderungsprozess. Mir geht es jedenfalls gut. Ich kann und darf wieder arbeiten. Ich fühle mich wohl in meiner Haut und bei der Arbeit in einem angenehmen, lebendigen Umfeld – mit Raum für Rückzug in meinem eigenen Zimmer, aber auch der Möglichkeit, Kontakt mit den Kollegen, Chefs oder Mandanten zu haben.

Von mir – die Härten in der angestellten Berufstätigkeit

Im Prinzip mochte ich die lebendige und abwechslungsreiche Tätigkeit als Sekretärin / Assistentin. Überfordernd waren aber die mitunter enorme Arbeitslast, die erforderlichen Überstunden (in der Stelle als Chefsekretärin), die Vielzahl der Dinge, die am besten alle gleichzeitig hätten erledigt werden sollen. Auch fand ich es immer schwer, mich im Großraumbüro und später im Zweierbüro zu konzentrieren, wenn andere telefonierten oder während der Arbeit ihr eigenes Tun kommentierten.

Leider gab es in zwei Jobs neben vielen netten Kolleginnen und Kollegen, mit denen ich gerne zusammenarbeitete und ein gutes Verhältnis hatte, jeweils eine nahe Kollegin, mit der ich es schwer hatte. Mit einer arbeitete ich jahrelang Schreibtisch an Schreibtisch, die andere hatte ihr Büro auf der anderen Seite des Gangs (mit offenen Türen!). Mit beiden gelang es mir trotz intensiven Bemühens nicht, einen wirklich guten Draht und eine aufrichtige Kollegialität zu finden. Bezeichnenderweise blieb es jeweils beim „Sie". Es gab zwar keinen lauten Streit, aber immer mal wieder Disharmonien, Zurechtweisungen und vor allem eine gefühlte Kälte und Ablehnung hinter einem Lächeln. Im einen Fall brachte eine Büroerweiterung mit neuer Raumaufteilung die (Er-)Lösung (die neue Kollegin, mit der ich danach das Büro teilte, war sehr nett und freundlich), im anderen Falle die Beendigung des Arbeitsverhältnisses.

Andere Härten bestanden in problematischen Umgebungsbedingungen: Umbaumaßnahmen mit Ausdünstungen von Klebstoffen und Baumaterialien, neu angeschaffte Möbel mit ausgasendem Holzlack. Ich bekam massive gesundheitliche Probleme (grippeähnliche Symptome), nachdem in meinem Büro eine Schrankwand eingebaut worden war. Ich denke, dass mich alle für hysterisch und hypochondrisch hielten, niemand hatte vergleichbare Probleme wie ich, niemand konnte nachvollziehen, wie es mir ging. Ich fühlte mich nur noch fürchterlich, physisch und psychisch, und mein Selbstwertgefühl war ebenso am Boden wie meine Gesundheit. Als wenig später meine Stelle durch personelle Veränderungen überflüssig wurde und mir ein Auflösungsvertrag angeboten wurde, kam mir das nur recht. In dieser Zeit reifte in mir der Entschluss, mich selbstständig zu machen ... (Fortsetzung folgt)

6.4 Hochsensibel in der Selbstständigkeit

Wenn ich über Selbstständigkeit schreibe, muss ich mich um Beschränkung bemühen, um im Rahmen dieses Buchs nicht unangemessen ausführlich zu werden. Es ist mein Thema in zweifacher Hinsicht: Ich bin seit 1999 selbstständig (als Lektorin und Textcoach) und meine Kunden sind größtenteils Selbstständige. (Erst seit 2010 ist das Coaching für Hochsensible hinzugekommen.) Das heißt, ich kenne sowohl Herausforderungen als auch Erfolgschancen aus beiden Perspektiven. Vermutlich sind unter meinen Kunden schon immer überdurchschnittlich viele Hochsensible gewesen, weil sie sich von meiner einfühlsamen Art und sorgfältigen Arbeitsweise mehr angezogen fühlen als andere.

So sehr ich die Selbstständigkeit für eine bedenkenswerte Alternative halte und so außerordentlich ich sie selbst zu schätzen weiß, so weit bin ich davon entfernt, sie als Patentlösung anzupreisen. Ich sehe es durchaus kritisch, dass der Beweggrund für Hochsensible, sich selbstständig zu machen, häufig mehr eine Flucht aus einem unerträglichen Anstellungsverhältnis ist als eine aktive Entscheidung für das (Klein-)Unternehmertum. Daher meine Aufforderung an diejenigen, die sich mit dem Gedanken tragen, in die Selbstständigkeit zu gehen: Wägen Sie unbedingt die Vor- und Nachteile sehr sorgfältig gegeneinander ab. Und: Gehen Sie vernünftig und planvoll vor. Das beinhaltet entsprechende Informationsveranstaltungen (zum Beispiel Gründermessen), einschlägige Vorbereitungskurse, möglicherweise eine Gründungsberatung und fachkundige unterstützende Dienstleister.

Hinweis: Den besten Einblick habe ich in das Freiberuflertum und die Einzelselbstständigkeit im Dienstleistungsbereich; entsprechend beziehen sich die folgenden Aussagen und Empfehlungen hauptsächlich darauf.

Ein riesiger Vorteil liegt klar auf der Hand: In der Selbstständigkeit ist man sein eigener Herr und kann Umgebungs- und Arbeitsbedingungen in einem hohen Maße selbst bestimmen. Man hat deutlich mehr Freiheiten in der Zeiteinteilung, in der Einrichtung des Arbeitsplatzes und in der Gestaltung sämtlicher Umgebungsbedingungen. Reizvoll ist die Aussicht, sich in hohem Maße mit der Tätigkeit identifizieren zu können und die Arbeit nach eigenem Gutdünken ausführen zu können (solange das die Kunden gut finden). Man kann sich die Menschen, mit denen man zu tun hat, weitgehend aussuchen (sieht man davon ab, dass man aus finanzieller Notwendigkeit unter Umständen auch Kunden annimmt, die einem weniger genehm sind.) Wenn die Tätigkeit passend gewählt ist, kann man ausreichend für sich sein, immer wieder Regenerationsmöglichkeiten finden – für Hochsensible ein sehr, sehr wichtiger Punkt.

Die Liste der Nachteile wird angeführt von der finanziellen Unsicherheit. Kein geregeltes Einkommen zu haben macht Hochsensible leicht nervös. Die Angst vor Geldnot und der Druck, wirtschaftlich erfolgreich sein zu müssen, können die Freude an der Freiheit erheblich trüben. Es gibt keinen offiziellen Dienstschluss, Arbeit und Privatleben können sich unübersichtlich vermischen auf Kosten von unbeschwerter und entspannender Freizeit. Im Endeffekt kann Selbstständigkeit – entsprechend der Redensart – bedeuten, selbst und ständig zu arbeiten. Das Verhältnis von Aufwand und Ertrag fällt dann womöglich sehr ungünstig aus.

Eine wesentliche Aufgabe besteht deshalb darin, die passende Alleinstellung zu finden, sich durch Differenzierung vom Wettbewerb deutlich abzuheben, um aus dem Preiskampf herauszukommen. Wer seine Dienstleistung billig anbietet, gewinnt unter Umständen Kunden, müsste aber tatsächlich rund um die Uhr arbeiten, um genug zu verdienen. Das wäre dann alles andere als eine Entlastung gegenüber der angestellten Tätigkeit.

Gerade den Introvertierten unter den Hochsensiblen mag es mitunter schwerfallen, sich zu vermarkten, immer wieder auf sich aufmerksam zu machen, auf potenzielle Kunden zuzugehen, sich Auseinandersetzungen mit Lieferanten und Kunden zu stellen, nötigenfalls auch einmal energisch aufzutreten und sich abzugrenzen.

Ein mögliches Erfolgshindernis sehe ich außerdem in der Unstetigkeit, die aus der Vielseitigkeit und dem Ideenreichtum resultieren kann. Wer in kurzer Folge die Richtung mehrmals wechselt, kommt nirgendwo an. Nur vollständig umgesetzte Geschäftsideen und Projekte können zum Erfolg führen. Darauf bezieht sich Elaine Aron: „(Es kann) sein, dass Ihr unruhiger Geist Sie bereits zu weiteren Vorhaben treibt, bevor Sie Ihr letztes Projekt mit allen Einzelheiten abgeschlossen haben."

Erfolgsvoraussetzungen

In einem VHS-Kurs, den ich seinerzeit in Vorbereitung auf meine Selbstständigkeit besuchte, wurden Erfolgsvoraussetzungen genannt. Nach so vielen Jahren erinnere ich mich nur noch an den Punkt, der an erster Stelle genannt wurde: unternehmerischer Drive.

Hier nun die Liste der Voraussetzungen aus meiner Sicht:

Unternehmerischer Drive (!). Man muss eine tragfähige Geschäftsidee entwickeln *und* vorantreiben, immer wieder aufs Neue Initiative aufbringen, Konzepte entwerfen *und* umsetzen, Widrigkeiten trotzen, Hürden überwinden, sich gegen Widerstände durchsetzen, sich nach Misserfolgen immer wieder aufrappeln. Ohne anhaltende Motivation, Durchhaltevermögen und Hartnäckigkeit geht es nicht. Erfolg braucht Zeit. Selbst wenn es gut läuft, dauert es zwei bis drei Jahre, bis man richtig Fuß gefasst und sich einen Ruf und einen Kundenstamm aufgebaut hat. – Hochsensible entwickeln den nötigen Drive umso leichter, je mehr eine echte Mission hinter ihrem Business steht.

Die Bereitschaft, Experte zu werden. Für potenzielle Kunden zählt nicht, was Sie alles können, sondern Ihre sichtbare Kompetenz. Es zählt, inwiefern Sie Ihre Kompetenzen dafür einsetzen können, zentrale Kundenprobleme besser zu lösen als andere. Für langjährige Spezialisten zahlen Kunden mehr als für Einsteiger und für Allrounder. Wer sich als Generalist positionieren will, muss dennoch irgendeinen Fokus finden und den speziellen Kundennutzen darstellen.

Experte ist man nicht von Anfang an. Der Weg geht so: Man beginnt als Einsteiger, wendet vorhandenes Wissen und Know-how an, sammelt Praxiserfahrung, lernt dazu, gewinnt neue Erkenntnisse, bringt diese wiederum zur Anwendung, wird dann immer mehr zum Könner und schließlich zum Experten. Übung macht den Meister, heißt es. Und auch Meister üben immer weiter.

Auch wenn Sie schon gut sind: Bauen Sie Ihre Stärken – und damit Ihre Expertenpositionierung – immer weiter aus. Bilden Sie sich fort, besuchen Sie Seminare, lesen Sie Bücher. Und präsentieren Sie sich mit Ihrem Wissen, halten Sie Vorträge, geben Sie Seminare oder Workshops, schreiben Sie Artikel, Blogbeiträge, ein Buch. Das lässt Sie in den Augen anderer zum Experten werden. – Hochsensible mit ihrer Neigung, in die Tiefe zu gehen, werden sich vermutlich gern weiterbilden.

Unternehmerisches Know-how. In der Selbstständigkeit reicht die Fachkompetenz für die Kernleistung nicht aus. Man muss die rechtlichen, steuerlichen und betriebswirtschaftlichen Erfordernisse kennen und sich um alles kümmern. Dabei ist es klug, nicht alles selbst machen zu wollen, sondern auch Fachleute heranzuziehen und Aufgaben zu delegieren. An dieser Stelle ein Buchtipp für ein umfassendes Handbuch für Freiberufler, Selbstständige und freie Mitarbeiter: *Erfolgreich ohne Chef* von Gerhard Gieschen.

Hochsensiblen, die eher zögerlich sind und sich eher zu wenig als zu viel zutrauen, sei dazu noch gesagt: Irgendwann sollte es gut sein mit der Vorbereitung und Qualifizierung. Dann muss es losgehen. Vieles lernt man einfach beim Tun. Sich selbstständig zu machen ist und bleibt ein Sprung ins kalte Wasser. Schwimmen lernt man nicht vom Beckenrand aus, man lernt es im Wasser!

Was ich noch sehr wichtig finde: Zwar kommt man im Dienstleistungsbereich ohne allzu große Investitionen aus, auf solide Füße gestellt werden sollte das Business aber schon. Zur Professionalität gehört ein überzeugendes Corporate Image. Das umfasst

Grafikdesign, Fotos, Texte, Webpräsenz auf professionellem Niveau. – Hochsensiblen mit ihrem Perfektionsstreben und ihrem Sinn für Ästhetik wird dieser Punkt leicht nahezubringen sein.

Die Bereitschaft, auf Kunden einzugehen. Erinnern Sie sich an den Werbeslogan „Bauknecht weiß, was Frauen wünschen"? (Er entstand 1954 und wurde erst 2004 – nach 50 Jahren! – von „Heute leben" abgelöst.) Der Slogan drückt die Nähe zum Kunden und das Verständnis für seine Bedürfnisse aus. Ich wandle ihn ab: Hochsensible wissen, was Kunden wünschen. Mit ihrem Gespür für Menschen und ihrem Einfühlungsvermögen sind sie prädestiniert dafür, auf Menschen individuell einzugehen, sei es im beratenden Verkauf oder in der Dienstleistung. Das ist in meinen Augen ihr dickes Plus, denn ihnen kann es gut gelingen, langfristige, vertrauensvolle Kundenbeziehungen herzustellen. Wichtig: Sich die wirklich passende Zielgruppe aussuchen und die Tätigkeit so wählen bzw. gestalten, dass die Menge Kundenkontakt zu den individuellen Bedürfnissen passt. Man muss Menschen mögen (ein Trainer nannte es einmal die vier Ms!), wenn man erfolgreich für/mit Menschen arbeiten möchte. – Hochsensible mit ihrem ausgeprägten Einfühlungsvermögen dürften sich hier leichttun.

Die Entschlossenheit, Qualität zu liefern – und ein bisschen mehr. Um wirklich erfolgreich zu sein, genügt es nicht, die Kunden zufriedenzustellen. Die Kundenerwartungen sollten nicht nur erfüllt, sondern ein Stück übertroffen werden. Was den Unterschied macht, ist das Überraschende, das kleine Extra. Begeisterte Kunden werden Stammkunden und Empfehlungsgeber. – Hochsensiblen mit ihrer Liebe zum Detail, ihrem Einfallsreichtum und ihrem Faible für das Besondere sollte es gut möglich sein, ihre Kunden zu begeistern.

Die Bereitschaft zum Netzwerken. Netzwerke geben ein Gefühl von Zugehörigkeit, Netzwerkkontakte treten an die Stelle von Kontakten zu Arbeitskollegen. Gerade als Einzelselbstständiger kann man sich sonst sehr einsam fühlen. Allerdings muss man sehen: Netzwerken macht man nicht einfach so nebenbei, es kostet viel Zeit. Dennoch lohnt sich der Aufwand. Netzwerken bietet Chancen für Kooperationen und Empfehlungen, die Gelegenheit, geeignete Dienstleister für sich zu finden und selbst als Dienstleister wahrgenommen zu werden, und nicht zuletzt die Freude am Zusammentreffen.

Den Erfolgsfaktor Netzwerken gab es im Geschäftsleben schon immer: Nutzen stiften und Nutzen ziehen aus dem Austausch und aus gegenseitiger Inspiration, Ermutigung und Unterstützung. Heute geschieht Vernetzung zu einem immer größer werdenden Teil über Social Media, d. h. die sozialen Netzwerke im Internet. Die Möglichkeiten sind grenzenlos und müssen individuell ausgewählt und genutzt werden. Finden Sie *Ihre* Kreise, die Ihnen einen angenehmen menschlichen wie fachlichen Austausch bieten. Nutzen Sie aber auch alle passenden Gelegenheiten zu realen Treffen. Das persönliche Kennenlernen und die persönliche Kommunikation sind unersetzlich, da können Ihre persönliche Ausstrahlung und Anziehungskraft am besten wirken, da können Sie am nachhaltigsten in Erinnerung bleiben. – Hochsensible werden sehr genau auf die für sie passende Dosis an Kontaktpflege achten müssen, sollten aber nicht ganz darauf verzichten.

Das Ziel: Gut Geld verdienen

Wie viel Einkommen über die selbstständige Tätigkeit erzielt werden muss, hängt von den individuellen Umständen ab. Je nachdem, wie groß das finanzielle Polster bzw. der finanzielle Rückhalt ist, können die Anlaufphase und mögliche Durststrecken mehr oder weniger gut durchgestanden werden. Leichter ist es natürlich, wenn es in der Familie noch andere Verdiener gibt. Grundsätzlich darf man aber nicht vergessen, dass der Sinn einer Unternehmung (unter anderem) darin liegt, Gewinn zu erwirtschaften. Auch der Wunsch, einen gewissen Wohlstand zu erreichen, ist legitim!

Der Betriebsberater Gerhard Gieschen, von dem ich mehrfach in Vorträgen gehört habe, weist nachdrücklich darauf hin, dass der Selbstständige seine unternehmerische Zukunft nur dann sicherstellen kann, wenn er gut verdient. „Gerade die Honorargestaltung und die anschließende Honorarverhandlung entscheiden heute über den Geschäftserfolg", heißt es in seinem Buch *Preisgestaltung und Honorarverhandlung*. „Wer unternehmerisch aktiv ist, hat ein Anrecht auf eine gute Entlohnung seiner Tätigkeit und seines unternehmerischen Risikos." Diese Aussage scheint mir für Hochsensible, die leicht Skrupel haben, wenn es um angemessene Honorare geht, wie geschaffen.

Auch Marianne Skarics weiß um diesen wunden Punkt bei Hochsensiblen: „Ein Hochsensibler, der seiner Berufung folgt (…), ist oft so glücklich, tun zu können, was ihm etwas bedeutet, dass er dafür kaum Geld nimmt. Es kann auch sein, dass die Selbstachtung zu gering ist, der eigene Wert und damit der Wert eigener Leistungen als zu gering eingeschätzt wird. Preisverhandlungen sind ihm meist ein Gräuel. Er tendiert dazu, das absolute Minimum zu verlangen, denn er will sich Konflikte (…) ersparen. Diese falsche Bescheidenheit kann für selbstständige HSP zu einer großen Hürde werden." (Aus *Sensibel kompetent*)

Eine weitere Überlegung, die mir Gerhard Gieschen in einem Gespräch mitteilte, leuchtete mir auf Anhieb ein: Wenn ich ständig meine Leistung unter Preis verkaufe, werde ich irgendwann böse auf meine Kunden. Dabei können die Kunden gar nichts dafür. Ich selbst habe dafür zu sorgen, dass das Gleichgewicht von Geben und

Nehmen stimmt. Vielleicht hätte der Kunde sogar ein besseres Gefühl, würde der Preis höher liegen. Eine Weisheit aus der Verkaufspsychologie ist, dass der Wert einer Leistung häufig an ihrem Preis festgemacht wird. (Die Schwaben sagen: „Was nix koschet, isch nix wert.") Ein höherer Preis lässt also einen höheren Nutzen vermuten.

Der Wert einer Leistung ist jedenfalls nie absolut, vielmehr ergibt er sich aus dem Nutzen, den der einzelne Kunde ihr beimisst. In Preisverhandlungen geht es nicht darum, verbissen um den Preis zu kämpfen, es geht vielmehr darum, dem Kunden den konkreten Nutzen und Wert der Leistung vor Augen zu führen und dafür einen angemessenen Preis zu finden. Entscheidend ist, wie die Preisgestaltung wahrgenommen wird; das Preis-Leistungs-Verhältnis muss aus Sicht des Kunden stimmen. Welcher Preis letztlich vom Kunden akzeptiert wird, hängt vor allem davon ab, welche Wertschätzung der potenzielle Kunde der angebotenen Leistung entgegenbringt. Das wiederum hat viel damit zu tun, wie attraktiv und einzigartig ein Angebot ist. Je weniger austauschbar ein Angebot ist, desto höher können Preise bzw. Honorare angesetzt werden.

Für Hochsensible, die viel Talent zum Aufbau von persönlichen Beziehungen haben, kann folgende Aussage aus dem Buch von Gerhard Gieschen zuversichtlich stimmen: „Fast alle Kunden kaufen zu der eigentlichen Leistung auch zusätzlichen Nutzen mit ein. Das kann der persönliche Draht zu dem Dienstleister sein oder dessen Renommee. (…) Die Herausforderung der Preisgestaltung besteht darin, diese zu erkennen und nicht nur das Angebot, sondern auch den Preis auf die Anforderungen und Motive des Kunden abzustimmen."

Als Anbieter habe ich die Aufgabe, dem potenziellen Kunden die Angst zu nehmen, dass er sein Geld falsch ausgibt. Wenn ich vom Nutzen meiner Leistung *und* vom Preis, zu dem ich sie anbiete, überzeugt bin, strahle ich das aus und kann auch mein Gegenüber mit höherer Wahrscheinlichkeit überzeugen. Wichtig ist dabei der Gedanke: Ich muss nicht jeden Interessenten überzeugen. Nicht jeder Kontakt führt zu einem Auftrag, schon deshalb nicht, weil auch nicht jeder zu mir passt. Anziehungskraft schaffe ich, wenn ich mich authentisch zeige, mit Selbstbewusstsein meine Position vertrete, den Kunden nicht hinterherlaufe, mich nicht verbiege, auch nicht in Bezug auf den Preis.

Gerhard Gieschen kommt auch auf die Frage, ob man besser nach Stunden abrechnet oder seine Leistungen pauschal anbietet, zu sprechen: „Rechnen gute Leute nach Stunden ab, werden sie bestraft. Denn sie liefern mehr und bessere Ergebnisse in kürzerer Zeit." Er empfiehlt daher, neue Preismodelle auszuprobieren. „Der fixe Stundensatz ist nicht das Maß aller Dinge, denn Kunden zahlen für eine Problemlösung und nicht für die Zeit, die es gedauert hat, diese zu erbringen." (Aus *Preisgestaltung und Honorarverhandlung*)

Was den Kunden interessiert, ist das Ergebnis, nicht der Stundenlohn. Kunden mögen keine Zeitabrechnung, da sie dann nicht wissen, was an Kosten auf sie zukommt. Eine Pauschale hingegen vermittelt dem Kunden, dass man für das Ergebnis geradesteht. Wie wenig geeignet ein Stundenpreis für den Anbieter sein kann, wird besonders deutlich im Kreativbereich. Würde bei der Abrechnung von Kreativleistungen der zeitliche Aufwand zugrunde gelegt, würden weder die jahrelange Erfahrung noch das besondere gestalterische Talent mit in den Preis einfließen.

HOCHSENSIBLE BERICHTEN

Mario: Ich habe mich jahrelang in diversen Angestelltenverhältnissen angepasst, ich habe versucht, alles so zu tun, wie man es von mir verlangte, und ich war richtig gut darin. Oft habe ich mich gefühlt wie ein exzellenter Schauspieler, ich konnte mich perfekt in verschiedene Rollen hineinversetzen. Doch immer wieder kam ich an den Punkt, wo ich mich extrem unwohl fühlte, weil man von mir Dinge verlangte, die ich innerlich anders sah. Doch ich machte es viele Jahre. Eines Tages kam der Punkt, wo mein Körper nicht mehr wollte. Dann habe ich mich auf die Suche gemacht, was denn mit mir los ist, habe in mich hineingehört und dann sah und fühlte ich etwas, was mein Leben verändert hat. Wer bin ich eigentlich? Wer will ich sein? Was will ICH?

Diese Fragen führten mich dazu, dass ich erkannte, dass ich von Jugend an selbstständig sein wollte. Man hatte es mir zwar immer ausgeredet, doch der Wunsch war immer noch da. In mir war ein Vertrauen, dass ich das schon schaffen würde und dass ich auch die Fähigkeiten dazu besitze. In einem Buch las ich die Frage, „Glauben Sie wirklich, dass Sie, wenn Sie jeden Tag das machen, was Sie wirklich wollen, was Ihnen Spaß und Freude macht, das, wofür Sie wirklich brennen, was Sie erfüllt, nicht erfolgreich sein können?" Diese Frage hat mich aufgerüttelt, denn ich musste sie mit einem klaren NEIN beantworten. Und so fing ich einfach an, daran zu arbeiten, jeden Tag das zu tun, was mir Freude macht. Ich traf dann die Entscheidung, in Zukunft selbstständig zu arbeiten.

Wie die Sache ausgeht, weiß ich noch nicht, denn ich bin noch in der Gründungsphase. Doch eines habe ich gemerkt: Es passieren ganz tolle Sachen, ich treffe auf wundervolle Menschen und ich werde immer mehr ich selbst. Natürlich gibt es Licht- und Schattenseiten, doch die gibt es überall. Ich habe mir gesagt: Ich habe die Fähigkeiten zu lernen und diese nutze ich einfach. Wenn es etwas gibt, was ich lernen muss, dann tue ich es, oder ich suche mir Partner, die das Thema abdecken.

Fiona*: Meine selbstständige Tätigkeit – seit 2003 – ist für den Aspekt der freien Gestaltung des Arbeitsplatzes in Richtung entspannte Rahmenbedingungen, Vielfältigkeit und Sinn der Aufgabe optimal. Was dabei etwas ‚leidet', sind die Punkte Sicherheit und Planbarkeit. Da aber alle anderen wichtigen Aspekte für mich gegeben sind und im Übrigen der weiteren Suche nach zusätzlichen sinnspendenden Aufgaben bei der Selbstständigkeit keine Grenzen gesetzt sind, würde ich schon sagen: Für mich ist die Selbstständigkeit die beste Lösung. Ich genieße die Freiheit und die Kreativität!

Simone: Was ich als Selbstständige am Allerwichtigsten finde, ist ein wertschätzendes soziales Netz. Und zwar nicht nur Kontakte zu Freunden und engeren Bekannten, sondern auch lockere Kontakte zu anderen Selbstständigen. Es sind eine ganze Menge Hochsensible da draußen, die selbstständig arbeiten, und ich finde es unglaublich wichtig, sich mit Menschen zu umgeben, bei denen ich mich nicht als ‚Alien' fühle. Diese Kontakte von gleich zu gleich sind wie Ruheinseln für mich. Ein weiterer wichtiger Punkt: die Sprache der ‚anderen' zu lernen. Gerade in der Wirtschaftswelt wird oft eine rauere Sprache gesprochen, rauer zumindest, als es für manchen Hochsensiblen angenehm ist. Es ist wichtig, diese Sprache zu lernen. Nicht um sie selbst zu sprechen, sondern um sie verstehen, einordnen und relativieren zu können. Ich halte das für elementar. Bei mir läuft zum Beispiel in Meetings mit bestimmten Auftraggebern immer eine Art Übersetzungsprogramm mit.

Susanne*: Nach meinem Hochschulstudium (ich bin Diplom-Biologin) bekam ich meine Tochter, und da mein Mann sich als Unternehmer selbstständig gemacht hatte, begleitete ich ihn bei den Entstehungsjahren seiner Firma als mitarbeitende Ehefrau im kaufmännischen Bereich. Zu meinem Erstaunen merkte ich, dass mir die Arbeit große Freude bereitete, da das Firmenklima damals sehr familiär war. Die eigentlichen Arbeitsinhalte waren nicht so wichtig wie die Möglichkeit, den Arbeitsalltag selbst zu gestalten und die Arbeitszeit relativ frei einzuteilen, sodass ich mich immer um meine Tochter kümmern konnte, wenn sie krank war. Dies war für mich sehr wichtig. Ein Nachteil an dieser Konstellation war, dass ich eine Art Zwischenstellung im Betrieb hatte, also nicht Chefin war, aber auch nicht ganz Kollegin. Mit dem Wachstum der Firma und einer Umstrukturierung nahmen Termindruck, sinnlose Arbeiten, Auseinandersetzungen mit den Kollegen, die Notwendigkeit, mich behaupten zu müssen, zu. Das war für mich irgendwann nicht mehr tragbar.

Ich suchte nach einer Alternative und fand sie in einer Ausbildung zur Lauftherapeutin beim Deutschen Lauftherapiezentrum und gebe jetzt Laufkurse und Laufeinzeltrainings. In meiner selbstständigen Tätigkeit fühle ich mich sehr wohl. Ich genieße eine große gestalterische Freiheit, kann meine Kreativität und Ideale voll ausleben und ich bin niemandem Rechenschaft schuldig. Von meinen Klienten bekomme ich viel Anerkennung. Und ich bin wirklich stolz auf das, was ich selbstständig auf die Beine gestellt habe. Mir gefällt auch, dass ich flexibel in der Zeitgestaltung bin, für die Familie Zeit habe. Abhängig ist man natürlich von der Nachfrage, vom Markt. Ich verdiene aus meiner Tätigkeit jedoch nicht genug Geld, bin also finanziell auf meinen Partner angewiesen. Müsste ich mich komplett selbst finanzieren können, würde ich eher wieder eine abhängige Beschäftigung aufsuchen, da die Selbstständigkeit oft mit finanziellen Durststrecken verbunden ist und dadurch mit Druck und ich dafür die nötige Gelassenheit nicht hätte.

Von mir – Freiraum für immerwährende Entwicklung

Für mich war der Schritt in die Selbstständigkeit im Jahr 1999 der Ausweg aus dem aufreibenden Versuch, das Muttersein (als alleinerziehende Mutter von zwei Kindern, damals zwölf und sieben Jahre alt) und das angestellte Arbeiten (ich war zu dem Zeitpunkt nach der Kinderpause wieder seit zwei Jahren halbtags berufstätig) unter einen Hut zu bringen. Als Mutter fühlte ich mich unzulänglich, da oft gestresst und ungeduldig, im Büro war ich „nur" eine Teilzeitkraft, die immer pünktlich gehen musste und ausfiel, wenn etwas mit den Kindern war. Das selbstständige Arbeiten von zu Hause aus befreite mich aus der Zerrissenheit. Ich fand Zeiten, in denen ich in Ruhe arbeiten konnte, war aber für die Kinder jederzeit greifbar. Ich konnte mich ihnen widmen, wenn sie mich brauchten und ich es gerne wollte. Das hohe Maß an Selbstbestimmung – auch über die äußeren Bedingungen (ein selbst gestalteter Arbeitsplatz für mich allein!) – war ein Segen für mich. Ich war in der glücklichen Lage, von meinen Eltern finanziell unterstützt zu werden. Wie es ohne diese Hilfe gegangen wäre, vermag ich nicht zu sagen. So wurde mir jedenfalls eine Menge Druck genommen.

Am Anfang nannte ich mein Business „Büro für Kommunikation und Projektabwicklung" und nahm Aufträge im Bereich Telefonmarketing (Hauptkunde war eine Elektronikfirma) und in der Kandidatendirektansprache für einen Personalberater an. Die Arbeit war intellektuell wenig anspruchsvoll und sie verdarb mir vorübergehend fast völlig den Spaß am Telefonieren. Entsetzlich mühsam war das Dokumentieren der umfangreichen Telefonaktionen. Mir kamen arge Zweifel an dem, was ich da tat ...

In der Zeit wurde ich auf einer Existenzgründermesse in Stuttgart auf ein damals neu gegründetes Netzwerk für Selbstständige aufmerksam. „Service Network" hieß es, initiiert von Ralf Nemeczek aus Stuttgart. Das fand ich prima. Ich war dabei. Und schon bald übernahm ich dafür administrative Aufgaben und moderierte Kennenlernabende. (Info: Service Network gibt es schon lange nicht mehr.)

Inspiriert durch Gespräche mit Ralf Nemeczek, der sich eingehend mit dem Themenfeld Talent, Beruf, Berufung beschäftigte, dachte ich ganz neu (eigentlich das erste Mal richtig) über die Ausrichtung meiner Tätigkeit nach. Das brachte ungefähr ein Jahr nach dem Beginn der Selbstständigkeit die Wende. Ich fing quasi noch mal von vorne an, startete mit dem Dienstleistungsangebot Lektorat und Textcoaching und wählte den Namen „ko-aktiv". Mit dem Textcoaching hatte ich die Verbindung gefunden zwischen meinen beiden großen Interessen, dem für Sprache und dem für Menschen. Ich konnte Text im Kontext Mensch behandeln. Texterarbeitung und -überarbeitung als intensiven Prozess gestalten. Ich fand meinen ganz eigenen Arbeitsstil (Slogan: „Gemeinsam finden wir die richtigen Worte"), das abwechselnde oder (noch besser!) gemeinsame Arbeiten am Text, oft übers Telefon. Da hatte ich es wieder, das Telefonieren; und so macht es Spaß! Einer meiner ersten Kunden war Ralf Nemeczek, der mich als Lektorin für sein Buch *Abenteuer Berufung* engagierte. Weitere Kunden rekrutierten sich aus dem Netzwerk. Ich wurde weiterempfohlen, Kooperationen ergaben sich. Das tat mir gut: eingebunden und doch frei zu sein.

Aus meinem Interesse an Persönlichkeitsentwicklung, Kommunikation und Psychologie heraus begann ich im Jahr 2000 nebenbei eine Coaching-Ausbildung. Die abgeschlossene Ausbildung änderte erst einmal nicht viel an meiner Tätigkeit, außer dass zunehmend Trainer, Berater und Coaches meine Kunden wurden, da ich mit ihrer Denk- und Themenwelt vertraut bin.

Die Textarbeit hat sich im Laufe der Zeit verändert. Wenngleich ich den Blick fürs Detail habe und durchaus gerne Fehler aufspüre und korrigiere, entwickelte ich eine Abneigung gegen ein reines Korrektorat, bei dem es auf 100-prozentige Fehlerfreiheit ankommt. Mir keine Fehler erlauben zu dürfen setzt mich einfach zu sehr unter Druck. Was ich nach wie vor reizvoll finde, ist das Entwickeln von Website-Texten und das Begleiten von Sachbuchprojekten als Textcoach. Ich habe in beidem im Laufe der Jahre durch zahlreiche Aufträge ein großes handwerkliches Können entwickelt und bringe das gerne zur Anwendung. Ich achte allerdings darauf, dass keine Hauruck-Aktionen gefordert sind. Eine große Arbeitsmenge in kurzer Zeit erledigen zu müssen ruft bei mir prompt körperliche Symptome hervor, vor allem starke Verspannungen im Schulter-/Nackenbereich.

Die neue Ära findet ihren Ausdruck in der neuen Benennung meines Textcoaching-Angebots seit 2011: „Hensel Coaching". (↗ https://www.hensel-coaching.de)

Persönliche wie berufliche Weiterentwicklung war und ist für mich jederzeit eine willkommene Bereicherung. So lerne ich unaufhörlich über Bücher, Vorträge, Seminare und Workshops dazu. Einen besonders starken Einfluss auf mich und meine gesamte Arbeit hatte ein Seminar im Jahr 2006 in München bei Marshall Rosenberg zur Gewaltfreien Kommunikation. Mir wurde noch bewusster, wie bedeutsam es ist, mir selbst und anderen einfühlsam und wertschätzend zu begegnen. Das Spannende: Diese Haltung lässt sich in einer entsprechenden Sprache („Sprache des Lebens") ausdrücken. Das hatte mir als Handwerkszeug noch gefehlt!

Der Gedanke, parallel zum Textcoaching ein Coaching speziell für Hochsensible anzubieten, entstand 2010. Das war auf Anhieb ein Volltreffer. Es passte zu mir und es passte in die Zeit, in der der Terminus Hochsensibilität bekannter wurde und Menschen anfingen, dazu Rat und Unterstützung zu suchen. Mit meiner Website ↗ https://coaching-fuer-hochsensible.de stieß ich schon bald auf rege Resonanz. Es entwickelte sich eine erstaunliche Eigendynamik mit spannenden Entwicklungen. Eine davon: Ich wurde zur Autorin! Durch die Mehrgleisigkeit – Textcoaching, HSP-Coaching und Autorentätigkeit – wird mein Wunsch nach Abwechslung einerseits und nach dem Ausleben meiner verschiedenen Begabungen andererseits erfüllt. In der Textarbeit freut es mich jedes Mal, wenn in enger, einvernehmlicher Zusammenarbeit mit meinen Kunden ausgefeilte, ausgereifte und authentische Texte entstehen. In der Coaching-Arbeit macht es mich glücklich zu erleben, wie Hochsensible zuversichtlich gestimmt mit Erkenntnisgewinn und neuen Handlungsimpulsen aus dem Coaching gehen. Als Autorin zum Thema Hochsensibilität kann ich mein Wissen und meine Erfahrungen an ein breites Publikum weitergeben. Das ist wunderbar!

Zum Schluss

> *„Alles Wissen und alle Vermehrung unseres Wissens endet nicht mit einem Schlusspunkt, sondern mit Fragezeichen."*
>
> Hermann Hesse (1877-1962)

Worum es im Endeffekt geht: Das Sich-Erkennen kann hochsensiblen Menschen helfen, sich selbst besser zu verstehen und mit sich ins Reine zu kommen, mit ihrer Eigenart konstruktiv umzugehen, belastende Lebensumstände mit Entschlossenheit zu verändern, besser mit den schwierigen Seiten der Hochsensibilität zurechtzukommen, selbst mehr Nutzen zu ziehen aus den bereichernden Seiten, andere mehr von den eigenen Stärken profitieren zu lassen und harmonischere Beziehungen zu ihren Mitmenschen zu erreichen.

Die Gewaltfreie Kommunikation kann helfen, Brücken zu anderen zu bauen, Verbindungen auf Herzensebene zu schaffen. Und es geht auch um die Verbindung zu sich selbst. „Die bedeutendste Anwendung der GFK liegt vermutlich in der Art und Weise, wie wir mit uns selbst umgehen. (…) Wir kultivieren Selbst-Einfühlung auch dadurch, dass wir uns im täglichen Leben bewusst dafür entscheiden, nur im Dienst unserer Bedürfnisse und Werte zu handeln und nicht aus Pflicht, für Belohnungen von außen oder um Schuld, Scham und Bestrafung zu vermeiden. Wenn wir noch einmal die freudlosen Handlungen anschauen, denen wir uns aktuell verschrieben haben, und ‚ich muss …' in ‚ich wähle frei …' übersetzen, dann werden wir mehr spielerische Freude und Integrität in unserem Leben entdecken." (Aus *Gewaltfreie Kommunikation: Eine Sprache des Lebens* von Marshall B. Rosenberg) Das finde ich so sehr passend für Hochsensible!

In ihrem Buch *Sind Sie hochsensibel?* spricht Elaine Aron die soziale Verantwortung Hochsensibler an. So sehr Hochsensible sich vor selbstzerstörerischem Verhalten hüten sollten, sollten sie sich ihrer Meinung nach dennoch nicht aus dem Kampf um soziale Gerechtigkeit und um eine saubere Umwelt zurückziehen. „Ganz im Gegenteil: Wir müssen uns dort einbringen, aber auf unsere Art. Ein Teil von dem, was in der Regierung und Politik falsch läuft, liegt (…) darin begründet, dass dort nicht genügend HSP vertreten sind, die die anderen dazu bewegen, innezuhalten und über die möglichen Konsequenzen nachzudenken." Die Welt brauche mehr solche Menschen in öffentlichen Positionen, sei es, dass sie dazu von außen aufgerufen werden oder sich von sich aus melden.

Elaine Aron an anderer Stelle: „Wie die Feuerwehr reagieren wir HSP auf jeden ausgelösten Alarm – meistens also auf Fehlalarm. Wenn aber mithilfe unserer Sensibilität auch nur ein Menschenleben gerettet werden kann, dann ist dies ein Wesenszug, der sich genetisch auszahlt."

Bei der Lektüre von Gerald Hüthers Buch *Was wir sind und was wir sein könnten: Ein neurobiologischer Mutmacher* sprach mich folgender Satz besonders an: „(Es werden) nicht länger Menschen gebraucht, die fast so gut wie Maschinen funktionieren, sondern solche, die mitdenken und mitgestalten, die sich einbringen, die Fehler machen, um daraus zu lernen, die mit anderen gemeinsam nach neuen Lösungen suchen, die Lust darauf haben, gemeinsam mit anderen über sich hinauszuwachsen." Ich bin überzeugt: Hochsensible können sich wunderbar mit ihren Gaben und Qualitäten in die Gesellschaft einbringen und einen wertvollen Beitrag zum Wohle aller leisten.

Welch eine Bereicherung die Verschiedenheit der Menschen darstellt, drückt Susan Marletta-Hart in *Leben mit Hochsensibilität* so aus: „Die Welt wäre langweilig und würde insgesamt nicht funktionieren, wäre alles gleich. Gerade die Unterschiede bewirken, dass die Welt sich weiterentwickelt. Was wir letztlich kultivieren sollten, ist Respekt für das gegenseitige ‚Anders-Sein'." Dem schließe ich mich voll und ganz an!

Das Wissen, das ich Ihnen mit diesem Buch angeboten habe, geht aus meiner Lebenserfahrung und meinem Expertentum hervor. Im Laufe des Schreibprozesses habe ich aus zahlreichen Quellen geschöpft, Versatzstücke ausgewählt und zusammengetragen und sie auf meine Art zusammengefügt. Mir kommt das fertige Werk vor wie eine große bunte Collage, die ich für Sie nach bestem Wissen angefertigt habe.

Der Philosoph Karl Popper (1902–1994), Begründer des Kritischen Rationalismus, lehnte jeglichen Absolutheitsanspruch des Wissens ab. Laut Popper ist unser Wissen nur Vermutungswissen, das wir immer wieder hinterfragen müssen. Niemandem könne es völlig gelingen, Fehler zu vermeiden. Die Menschen seien fehlbar, Irren sei menschlich. Es gehe darum, die Einstellung zu Fehlern zu ändern, von Fehlern zu lernen, nach Fehlern Ausschau zu halten. Entsprechend solle man es dankbar annehmen, wenn andere einen auf Fehler aufmerksam machen.

Ich habe mir eine Reihe von Vorträgen von Karl Popper aus den Jahren 1972 bis 1992 auf den CDs einer Vortragssammlung unter dem Titel *Alles nur Vermutung* angehört. Karl Popper beendete einen seiner Vorträge mit einem beeindruckenden Satz, den ich mir sogleich notierte, um ihn zum Ende meines Buchs wiedergeben zu können: „Ich bitte Sie, meine Formulierungen als Vorschläge zu betrachten."

Ich wünsche Ihnen von Herzen ein freudvolles und erfülltes Leben!

Ulrike Hensel

hensel@coaching-fuer-hochsensible.de
↗ https://coaching-fuer-hochsensible.de
↗ https://www.facebook.com/HSP.coaching

Fragenkatalog „Bin ich hochsensibel?"

Aus dem Buch *Hochsensible Menschen im Coaching. Was sie ausmacht, was sie brauchen und was sie bewegt* (Junfermann, 2015).

Einleitende Hinweise

Die Fragen des folgenden Fragenkatalogs sind für die Selbsteinschätzung konzipiert. Dabei beruhen viele Fragen auf einem Vergleich mit anderen Menschen, denn das für Hochsensible (also für ca. 20 Prozent der Menschen) Charakteristische definiert sich ja nicht für sich genommen, sondern eben gerade im Unterschied zu den 80 Prozent Nicht-HSP.

Wie immer das eigene Innenleben geartet ist, es kommt einem normal vor, man kennt ja kein anderes. Man muss überhaupt erst einmal auf den Gedanken kommen, dass andere Menschen (aus HSP-Sicht die Nicht-HSP) grundlegend anders wahrnehmen, denken und empfinden und sich nicht etwa nur unverständlicherweise anders verhalten.

Einzuschätzen, ob man zum Beispiel mehr als andere wahrnimmt oder tiefer nachdenkt oder intensiver fühlt, ist nicht einfach. Man kann ja nicht in andere hineinschauen, kennt deren Gefühltes und Gedachtes nur indirekt über beobachtbares Verhalten und über das, was andere im Gedankenaustausch über sich mitteilen.

In der folgenden Zusammenstellung von Fragen sind keine Ja/Nein-Kästchen vorgesehen, Sie bekommen am Ende auch keine zahlenmäßige Auswertung mit Abstufungen. Der Grund: Es handelt sich hier nicht um einen diagnostischen ‚Fragebogen', sondern einen informativen, zur Selbstreflexion anregenden ‚Fragenkatalog'. Da die Fragen für die Selbsteinschätzung entwickelt sind, können sie nur aus der Innensicht beurteilt werden. Es braucht die Fähigkeit, sich selbst mit etwas Abstand zu beobachten, um wiederkehrende Muster im Denken, Fühlen und Handeln als solche erkennen zu können. Die Beschäftigung mit den Fragen ist womöglich der Beginn einer langen und spannenden Entdeckungsreise!

Der Fragenkatalog zeichnet ein Gesamtbild. Bei jedem Einzelnen liegen die Schwerpunkte anders, kaum jemand ist überall gleichermaßen dabei. Auch als HSP wird man nicht unbedingt immer mit einem eindeutigen ‚Ja' antworten, sondern manchmal nur mit ‚eher ja'. Gerade wenn jemand zu den extrovertierten und/oder den abenteuerlustigen hochsensiblen Menschen gehört, werden häufiger eingeschränkte Ja-Antworten auftauchen. Beide dieser Eigenschaften überdecken teilweise die typisch hochsensiblen Charakteristika.

Ein ‚teilweise ja' ergibt sich an manchen Stellen schon daraus, dass ich nicht aus jeder Einzelfrage einen eigenen Punkt gemacht, sondern inhaltlich nah zusammenliegende Fragen unter einem Punkt zusammengefasst habe. Aber schon die Tendenz ist bedeutsam!

Versuchen Sie, möglichst offen und wertfrei an die Fragen heranzugehen. Es geht hier gar nicht um ‚gut' oder ‚schlecht' oder ‚erfreulich' oder ‚lästig'. Es ist nun mal so, dass Hochsensibilität ein Gesamtpaket mit Licht- und Schattenseiten ist, also wird sicher Angenehmes und Unangenehmes, Willkommenes und Unwillkommenes dabei sein.

Die Fragen

Rückblick

- Haben Sie im Lauf Ihres Lebens unzählige Male Sätze zu hören bekommen wie „Sei doch nicht so empfindlich!", „Stell dich nicht so an", „Du bist überempfindlich", „Du Sensibelchen!", „Jetzt reiß dich mal zusammen", „Was hast du jetzt schon wieder?", „Das bildest du dir nur ein", „Du machst es aber kompliziert", „Mit dir ist es immer so schwierig", „Du denkst zu viel!", „Du überreagierst!", „Du steigerst dich da in etwas hinein!"?
- Haben Sie selbst mehrfach gedacht, dass Sie irgendwie verkehrt sind? Dass etwas mit Ihnen nicht stimmt? Sie nicht in diese Welt passen? Haben Sie sich häufig nicht zugehörig gefühlt? Sondern als Außenseiter? Missverstanden, unverstanden?
- Hielten Eltern, Verwandte und Lehrer Sie für scheu, schüchtern, gehemmt oder (über-)ängstlich, als Sie Kind und Jugendliche/r waren?
- Erinnern Sie sich daran, dass Mitschüler und Freunde Sie aufforderten, bei Aktivitäten mitzumachen, während Sie noch zögerten und erst einmal zuschauen und überlegen wollten?
- Haben Sie schon oft im Leben den Wunsch gehabt, ein dickeres Fell zu haben, um besser gegen die Unbilden des Lebens geschützt zu sein? Robuster und belastbarer, stabiler und weniger verletzlich zu sein?
- Haben Sie selbst nach Erklärungen (Diagnosen) gesucht für Ihr Sosein? Haben Sie vielleicht sogar schon einmal Diagnosen wie AD(H)S, Autismus oder Borderline in Erwägung gezogen? Haben vielleicht andere (eventuell auch Fachpersonen) Vermutungen in Richtung psychischer Erkrankung geäußert?

Wahrnehmen

- Haben Sie ganz generell eine umfangreiche, differenzierte und intensive Wahrnehmung über alle Sinne?
- Bemerken Sie Nuancen und Feinheiten in Ihrer Umgebung (z. B. leise, entfernte Geräusche, feinste Gerüche, leichte Geschmacksnoten, kaum sichtbare Veränderungen), die anderen gar nicht (störend) auffallen?
- Empfinden Sie manche oder viele Reize als sehr störend: manches Kunstlicht (Neon- oder Energiesparlampen), grelles Licht, blendende Sonne, schnelle Bildfolgen, Lärm, bestimmte Geräusche, strenge Gerüche, Zugluft, einengende, kratzige Kleidung (z. B. Etiketten in Pullis, Hemden und T-Shirts!), Menschenansammlungen? Stellen Sie fest, dass Sie dadurch in Ihrem Wohlbefinden schnell beeinträchtigt sind?
- Sind Sie durch Ihre intensive Wahrnehmung in einer reizerfüllten Umgebung (Supermarkt, Kaufhaus, Einkaufszentrum, Großstadt …) von den vielen Eindrücken eher als die meisten anderen überstimuliert?
- Ist starker Lärm (z. B. Martinshorn von Einsatzfahrzeugen, quietschende Bremsen eines einfahrenden Zugs oder ein Presslufthammer …) oder andauernder Lärm (z. B. Straßenlärm, Baustellenlärm, Partylärm aus der Nachbarwohnung …) für Sie quälend? Sind manche leisen Dauergeräusche (z. B. Pfeifen eines Heizkörpers, Ticken einer Uhr …) für Sie nervig?
- Haben Sie Probleme mit Geräuschen, die von Mitmenschen ausgehen: Kau- und Atemgeräusche, Räuspern, Husten, Schnarchen …?
- Fällt es Ihnen in einem geräuschvollen Umfeld schwer, sich zu konzentrieren? Können Sie schlecht Hintergrundgeräusche (zum Beispiel Radio, TV, sich unterhaltende Menschen) ausblenden?
- Sind Sie ziemlich schreckhaft? Leicht zu irritieren? Brauchen Sie lange, um nach einer Störung wieder den Faden zu finden und zur Normalität zurückzukommen?
- Können Sie gut Fehler, Unstimmigkeiten, Widersprüche und Unwahrheiten aufspüren?
- Lesen Sie zwischen den Zeilen und hören Sie Untertöne und Zwischentöne heraus? Haben Sie ein Gespür für Unterschwelliges?
- Haben Sie ein feines Gespür für die Qualität zwischenmenschlicher Beziehungen? Bekommen Sie z. B. bei einer Party schon nach wenigen Minuten mit, wer an wem interessiert ist, wer wen mag oder nicht mag?

Denken

- Machen Sie sich oft viele Gedanken?
- Denken Sie lange und intensiv über vieles nach? Ist es Ihnen wichtig, den Dingen auf den Grund zu gehen? Geraten Sie vielleicht öfter ins Grübeln?
- Fällt es Ihnen relativ leicht, in komplexen Zusammenhängen zu denken? Querverbindungen herzustellen? Über den Tellerrand hinauszuschauen?
- Kommen Sie öfter auf ungewöhnliche Lösungsideen? Haben Sie schneller als andere Lösungen parat?
- Fällt es Ihnen leicht, Analogien zu bilden?
- Haben Sie einen besonderen Sinn für Situationskomik und Skurriles?
- Haben Sie schon öfter die Rückmeldung von anderen bekommen, Sie würden Gedankensprünge machen?
- Beziehen Sie gemachte Erfahrungen stark in Ihr Denken mit ein? Denken Sie vorausschauend?
- Ist es Ihre Gewohnheit, bei Entscheidungen möglichst viele Aspekte in Ihre Überlegungen mit einzubeziehen? Fällt es Ihnen mitunter ziemlich schwer, Entscheidungen zu treffen? Brauchen Sie vielleicht länger für Entscheidungen als andere?
- Neigen Sie zu kritischem Denken? Nehmen Sie nicht so leicht etwas als gegeben hin? Hinterfragen Sie Vorgaben? Stellen Sie gegebenenfalls auch Autoritäten infrage?
- Haben Sie einen Fokus darauf, Gedankengänge, Konzepte und Modelle auf Logik, Richtigkeit und Stimmigkeit zu prüfen (z. B. diesen Fragenkatalog)?
- Denken Sie sehr bildhaft? Sind Sie Tagträumer/in? Haben Sie eine rege Fantasie und eine gute Vorstellungskraft? Ergeben sich daraus sowohl Kreativität und Vorfreude als auch Befürchtungen und Sorgen (schlimmstenfalls Katastrophenfantasien)?
- Finden Sie Philosophie und Geisteswissenschaften spannend? Interessieren Sie sich für das große Ganze? Sind Sie offen für Spiritualität oder Religion?
- Können Sie sich lebhaft an vergangene Begebenheiten und Erlebnisse erinnern?
- Haben Sie ein gutes episodisches Gedächtnis, erinnern sich an Einzelheiten zurückliegender Begebenheiten? Vielleicht an Sätze, die jemand einmal zu Ihnen gesagt hat?
- Haben Sie über Ihre Intuition einen guten Zugang zu Ihrem Wissens- und Erfahrungsschatz?

Fühlen

- Haben Sie einen relativ engen Wohlfühlbereich (z. B. zwischen zu warm und zu kalt, zu langweilig und zu viel los …)?
- Fühlen Sie sich in einer lauten, turbulenten Umgebung und im Zusammensein mit vielen Menschen von den vielen Eindrücken eher als andere überreizt, erschöpft und erholungsbedürftig?
- Haben Sie ein intensives Gefühlsleben? Erleben Sie in starkem Maße gefühlsmäßige Höhen und Tiefen?
- Hallt bei Ihnen emotionales Erleben – egal ob positiv oder negativ – grundsätzlich lange nach? Trauern Sie lange? Dauert es lange, bis Sie sich nach einer Aufregung wieder beruhigt haben? Brauchen Sie Ruhezeiten, um Erlebtes gefühlsmäßig verarbeiten zu können? Zehren Sie lange von einem außergewöhnlich schönen Erlebnis?
- Werden Sie mitunter von Ihren Gefühlen geradezu überwältigt? Erschrecken Sie manchmal angesichts Ihrer heftigen Reaktionen? Finden Sie es gelegentlich schwer, Ihre starken Gefühlsregungen unter Kontrolle zu halten?
- Sind Sie leicht zu Tränen gerührt? Kommen Ihnen leicht die Tränen?
- Erfasst Sie schon mal ein Weltschmerz?
- Träumen Sie lebhaft? Gehen Ihnen Träume öfter lange nach?
- Vermeiden Sie es, Spielfilme und Krimis mit brutalen Gewaltszenen anzusehen?
- Erschüttern Sie Bilder von Kriegen, Hungersnöten, Katastrophen in Nachrichten und Reportagen? Geht Ihnen das Leid von Mensch und Tier, die Zerstörung der Natur sehr nahe?
- Fühlen Sie sich sehr verbunden mit der Natur und allen Kreaturen?
- Haben Sie eine gefühlsmäßig intensive Verbindung zu den Menschen, mit denen Sie in Beziehung stehen?
- Empfinden Sie Konfliktsituationen als sehr belastend? Wirken Streit und Missstimmung bei Ihnen lange nach?
- Haben Sie ein starkes Einfühlungsvermögen? Erspüren Sie leicht Befindlichkeiten und Stimmungen bei anderen?
- Haben Gefühlsäußerungen und Stimmungen anderer einen starken Einfluss auf Ihre eigene Gefühlslage? Haben Sie den Eindruck, dass Sie geradezu die Stimmungen anderer übernehmen? Fühlen Sie häufig so stark mit, dass Sie mitleiden, wenn es Ihrem Gegenüber schlecht geht? Fällt es Ihnen schwer, sich emotional abzugrenzen?
- Empfinden Sie starke Glücksgefühle durch Naturerlebnisse (z. B. Sonnenuntergang, Sternenhimmel, Morgentau, Schmetterlinge auf Blüten, Weitblick von einem Berggipfel, Meeresrauschen)?

- Genießen Sie sinnliche Eindrücke: eine Augenweide, einen Wohlklang, einen Wohlgeruch, einen Wohlgeschmack, ein Wohlgefühl?
- Beglückt Sie Schönes und Schöngeistiges? Erfreuen Sie sich außerordentlich an Kunst (Malerei, Bildhauerei, Musik, Gesang, Theater …)? Sind Sie davon zuweilen sehr angerührt?

Kommunizieren

- Neigen Sie dazu, Ihre Worte mit Bedacht zu wählen? Sich vorsichtig auszudrücken? Sich indirekt mitzuteilen?
- Sind Sie andererseits sehr direkt und unumwunden, wenn Sie sich verletzt fühlen und aufgebracht sind? Sind Sie dann vielleicht nicht gerade zimperlich in der Wortwahl?
- Reagieren Sie schon mal gereizt bis hin zu aggressiv, wenn Sie überlastet sind?
- Genügen Ihnen oftmals Andeutungen, kleine Gesten, Blicke und Nuancen im Ton, um zu verstehen, was andere Ihnen mitteilen wollen?
- Haben Sie sich schon gewundert, warum Andeutungen und körpersprachlicher Ausdruck meist nicht ausreichen, um von anderen verstanden zu werden?
- Finden Sie andere Menschen in ihrer Art zu kommunizieren häufig zu direkt, schroff und unsensibel?
- Wünschen Sie sich oftmals mehr räumliche Distanz zu Ihrem Gesprächsgegenüber, um sich wohlzufühlen?
- Sind Sie sehr harmoniebedürftig? Brauchen Sie im Konfliktfall unbedingt konstruktive, faire Auseinandersetzungen? Nimmt heftiger Streit Sie sehr mit?
- Sind Sie darum bemüht, Konflikte zu klären, weil Ihnen unausgesprochene Differenzen zu schaffen machen?
- Nehmen Sie das, was (zu Ihnen) gesagt wird, schnell sehr persönlich? Fühlen Sie sich leicht angegriffen und gekränkt? Ist Kritik sehr schlimm für Sie? Nehmen Sie sich Zurechtweisungen und Vorwürfe sehr zu Herzen?
- Finden Sie manches, was andere als Spaß ansehen, gar nicht witzig?
- Ist es für Sie unverzichtbar, dass Ihre Gesprächspartner ehrlich und wahrhaftig sind?
- Führen Sie lieber inhaltsreiche, tiefschürfende statt belanglose, oberflächliche Gespräche? Können Sie Small Talk wenig abgewinnen?
- Können Sie gut zuhören (wenn es Ihnen gut geht)? Ist es schon oft vorgekommen, dass andere sich mit Problemen an Sie wenden und Ihnen ihr Herz ausschütten?
- Fällt es Ihnen immer wieder schwer, sich ausreichend abzugrenzen? Anderen ein Nein zuzumuten?

Beziehungs- und Lebensgestaltung

- Orientieren Sie sich stark an Werten? Haben Sie z. B. einen ausgeprägten Gerechtigkeitssinn? Sind Sie idealistisch?
- Haben Sie häufig den Impuls, anderen Menschen und überhaupt anderen Kreaturen helfen zu wollen? Sich für eine bessere Welt einzusetzen?
- Sind Ihnen harmonische und friedliche Beziehungen außerordentlich wichtig – im Privat- und im Arbeitsleben?
- Sind Sie geneigt, viel Rücksicht auf andere zu nehmen? Ist es Ihnen schon öfter passiert, dass Sie eigene Bedürfnisse hintangestellt und sich angepasst haben? Wissen Sie manchmal gar nicht genau, was Sie selbst wirklich wollen?
- Erahnen Sie oftmals, was andere brauchen und wünschen? Haben Sie dann den Impuls, anderen etwas Gutes tun zu wollen?
- Fühlen Sie sich wohler im Zusammensein mit nur einer Person oder in einer kleinen Gruppe? Finden Sie Familienfeiern und Partys leicht anstrengend?
- Haben Sie zwischendurch immer mal wieder das starke Bedürfnis, sich aus der Gemeinschaft zurückzuziehen, um sich zu erholen und wieder zu sich zu finden?
- Brauchen Sie überhaupt verhältnismäßig viel Zeit für sich allein, um sich wohlzufühlen?
- Meiden Sie wenn möglich Menschenansammlungen? Fühlen Sie sich unwohl in vollen Einkaufszentren oder auf Großveranstaltungen? Sind Volksfeste nicht Ihr Ding? Bereiten Ihnen Vergnügungsparks kein Vergnügen?
- Gibt es Ihnen viel, in der Natur zu sein? Sind Sie ausgesprochen gerne am/im Wasser? Finden Sie in der Natur so gut wie sonst nirgends Erholung?
- Finden Sie Urlaubsreisen oft gar nicht wirklich erholsam? Bereiten die Vorbereitungen, die Anreise, die ungewohnte Umgebung, ausgedehnte Unternehmungen am Urlaubsort Ihnen Stress?
- Gehen Sie mit Bedacht, Umsicht und Vorsicht an Neues heran? Sind Sie zunächst abwartend und beobachtend, bevor Sie handeln? Bereiten Sie sich gründlich auf Ihre Vorhaben vor? Sind Sie bestrebt, Risiken zu minimieren?
- Finden Sie es schwer, mit größeren Veränderungen im Leben (z. B. Umzug, Jobwechsel …) zurechtzukommen? Selbst dann, wenn Sie sie selbst herbeigeführt haben und sie im Grunde erfreulich sind?
- Bedeutet es Ihnen viel, Ihre Kreativität und Ihre künstlerische Ader in irgendeiner Weise auszuleben?
- Gestalten Sie Ihre Umgebung gerne liebevoll und individuell? Mit einem besonderen Sinn für Ästhetik?

Arbeitshaltung und Leistungsfähigkeit

- Ist es Ihnen sehr wichtig, Sinn in Ihrem beruflichen Tun zu finden? Ihre Begabungen einzusetzen? Ihre Berufung zu finden und ihr zu folgen?
- Haben Sie einen sehr hohen Anspruch an die Qualität Ihrer Arbeit? Sind Sie ausgesprochen pflichtbewusst und gewissenhaft? Sind Sie sehr bemüht, Fehler zu vermeiden und nichts zu vergessen?
- Nehmen Sie die Dinge sehr genau? Haben Sie eine große Liebe zum Detail? Geht das manchmal bis hin zum Perfektionismus?
- Kommt bei Ihnen ganz klar Qualität vor Quantität?
- Fühlen Sie sich sehr unwohl, wenn Sie bei der Arbeit beobachtet werden? Werden Ihre Arbeitsergebnisse dann schlechter als sonst?
- Brauchen Sie relativ viel Freiraum bei der Ausführung Ihrer Aufgaben, um motiviert zu bleiben und zu guten Arbeitsergebnissen zu kommen?
- Stehen Sie nicht gern im direkten Wettbewerb?
- Können Sie sehr schlecht unter Zeit-/Leistungs-/Erwartungsdruck arbeiten? Machen Sie sich auch viel (unnötigen) Druck selbst?
- Werden Sie leicht nervös und fahrig, wenn Sie mehrere Dinge in kurzer Zeit zu erledigen haben? Wenn vieles gleichzeitig auf Sie einströmt? Wenn mehrere Personen zugleich etwas von Ihnen wollen?
- Sind Sie in Ihrer Leistungsfähigkeit in hohem Maße abhängig von für Sie geeigneten Umgebungsbedingungen? Stresst es Sie, wenn es um Sie herum laut, hektisch und turbulent zugeht?
- Fühlen Sie sich nach einem Arbeitstag in einer reizerfüllten Umgebung und mit vielen sozialen Kontakten so erschöpft, dass Sie dann ein starkes Rückzugsbedürfnis haben?
- Denken Sie öfter einmal, dass eine Vollzeitbeschäftigung über viele Jahre hinweg für Sie kaum zu schaffen ist?
- Hat es sich schon gezeigt, dass Sie in Ausnahmesituationen einen kühlen Kopf bewahren können, wissen, was zu tun ist, und besonnen handeln?

Körperempindungen und Körperreaktionen

(Dieser ganze Fragenblock ist nicht für alle HSP gleichermaßen zutreffend)

- Geraten Sie im Vergleich zu anderen deutlich früher in einen Zustand der Überreizung, das heißt der nervlichen und körperlichen Erschöpfung – auch mit entsprechenden Stresssymptomen?
- Beeinträchtigt Sie zu wenig Schlaf am darauffolgenden Tag erheblich in Ihrer Befindlichkeit und Leistungsfähigkeit?
- Reagieren Sie leicht mit körperlichen Symptomen auf seelische Probleme bzw. Überlastung (z. B. Migräne, Magenschmerzen ...)? Haben Ärzte schon von psychosomatischen Erkrankungen gesprochen? Haben Sie schon mit Fieber im Bett gelegen ohne weitere Symptome, so, als ob der Körper eine Erholungspause erzwingen würde?
- Haben Sie (eigentlich) ein feines Gespür für Ihren eigenen Körper? Merken Sie z. B. schon leiseste Anzeichen einer beginnenden Erkältung?
- Spüren Sie manchmal in irritierender Weise den eigenen Herzschlag?
- Haben Sie eine niedrige Schmerzschwelle (auffällig z. B. beim Zahnarzt)?
- Beobachten Sie an sich starke Reaktionen auf Koffein und Alkohol? Meiden Sie womöglich Kaffee und / oder Alkohol? Oder trinken nur wenig davon?
- Stellen Sie häufig starke Wirkungen und Nebenwirkungen von Medikamenten fest (auch bei pflanzlichen und homöopathischen Mitteln)?
- Leiden Sie unter Allergien und Nahrungsmittelunverträglichkeiten? Vertragen Sie viele Zusatzstoffe in der Nahrung nicht?
- Haben Sie eine empfindliche Haut? Haben sie (hin und wieder) mit Hautproblemen zu kämpfen?
- Reagieren Sie stark mit verschiedenen Symptomen auf Schadstoffe in der Luft (z. B. Rauch, Staub, Auspuffgase, Chemikalien)?
- Haben Hunger- und Durstgefühle einen erheblichen Einfluss auf Ihre Befindlichkeit?

Auswertung

Wenn Sie ungefähr zwei Drittel der Fragen oder mehr mit Ja bzw. einer deutlichen Tendenz zu Ja beantwortet haben, gehören Sie mit hoher Wahrscheinlichkeit zur Gruppe der hochsensiblen Menschen – vor allem, wenn die betreffenden Aussagen schon immer auf Sie zugetroffen haben. Die Zweidrittelhürde setze ich deshalb, weil sicher auch Nicht-HSP etliche Fragen mit Ja beantworten würden.

Kaum eine HSP findet sich in allen aufgeführten Punkten gleichermaßen wieder, in der Regel jedoch sind die Ja-Antworten über die Bereiche verteilt. Hochsensible Extrovertierte haben vermutlich weniger Ja-Antworten, ebenso hochsensible Sensation Seeker.

Die Lebensgeschichte, die Lebensumstände und die Lebensführung des Einzelnen haben Einfluss darauf, wie die veranlagungsbedingte Hochsensibilität sich ausgeprägt hat und bemerkbar macht. Es ist die Gesamtheit der Einzelaspekte, die Hochsensibilität erkennen lässt. Der letzte Fragenkomplex zu Körperempfindungen und -reaktionen kann als in Klammern gesetzt verstanden werden, da er erfahrungsgemäß für eine Reihe von HSP nicht zutrifft. Für andere wiederum rundet er das Selbstverständnis ab.

Literatur

Bücher

ARON, ELAINE N.: *Sind Sie hochsensibel? Wie Sie Ihre Empfindsamkeit erkennen, verstehen und nutzen.* München, mvg 2005.
ARON, ELAINE N.: *Hochsensibilität in der Liebe. Wie Ihre Empfindsamkeit die Partnerschaft bereichern kann.* München, mvg 2006.
BÖSCHEMEYER, UWE: *Worauf es ankommt, Werte als Wegweiser.* München, Piper 2003.
BRYSON, KELLY: *Sei nicht nett, sei echt! Das Gleichgewicht zwischen Liebe für uns selbst und Mitgefühl mit anderen finden. Handbuch für Gewaltfreie Kommunikation.* Paderborn, Junfermann 2006.
GIESCHEN, GERHARD: *Erfolgreich ohne Chef. Handbuch für Freiberufler, Selbstständige und freie Mitarbeiter.* 2. aktualisierte und erweiterte Auflage. Berlin, Cornelsen 2008.
GIESCHEN, GERHARD; GEGGUS, FRANK: *Preisgestaltung und Honorarverhandlung. Crashkurs!* Berlin, Cornelsen 2011.
GORDON, THOMAS: *Die neue Familienkonferenz. Kinder erziehen, ohne zu strafen.* Hamburg, Hoffmann und Campe 1993.
HÜTHER, GERALD: *Was wir sind und was wir sein könnten. Ein neurobiologischer Mutmacher.* Frankfurt, S. Fischer 2011.
JELLOUSCHEK, HANS: *Die Kunst, als Paar zu leben.* Stuttgart, Kreuz 1992.
JELLOUSCHEK, HANS: *Liebe auf Dauer. Die Kunst, ein Paar zu bleiben.* Stuttgart, Kreuz 2004.
JUUL, JESPER: *Aus Erziehung wird Beziehung. Authentische Eltern – kompetente Kinder.* Freiburg, Herder 2004.
JUUL, JESPER: *Dein kompetentes Kind. Auf dem Weg zu einer neuen Wertgrundlage für die ganze Familie.* Reinbek bei Hamburg, Rowohlt 1997.
JUUL, JESPER: *Elterncoaching: Gelassen erziehen.* Weinheim, Beltz 2011.
JUUL, JESPER: *Was Familien trägt. Werte in Erziehung und Partnerschaft. Ein Orientierungsbuch.* München, Kösel 2006.
KAST, BAS: *Die Liebe und wie sich Leidenschaft erklärt.* Frankfurt, S. Fischer 2004.
KAST, BAS: *Wie der Bauch dem Kopf beim Denken hilft. Die Kraft der Intuition.* Frankfurt, S. Fischer 2007.
MARLETTA-HART, SUSAN: *Leben mit Hochsensibilität. Herausforderung und Gabe.* Bielefeld, Aurum 2009.
MARY, MICHAEL: *Lebt die Liebe, die ihr habt. Wie Beziehungen halten.* Reinbek bei Hamburg, Rowohlt 2008.
NEMECZEK, RALF G.: Abenteuer Berufung. Wie Sie mit ADD Ihr Potenzial entfalten. – Beitrag in: Scherer, Hermann (Hrsg.): *Von den Besten profitieren.* Offenbach, GABAL management 2003.
PRECHT, RICHARD DAVID: *Die Kunst, kein Egoist zu sein: Warum wir gerne gut sein wollen und was uns davon abhält.* München, Goldmann 2010.
PARLOW, GEORG: Zart besaitet. *Selbstverständnis, Selbstachtung und Selbsthilfe für hochsensible Menschen.* 2. überarbeitete Auflage. Wien, Festland 2003.
Roche Lexikon Medizin, 2. Auflage. München, Urban & Schwarzenberg 1987.

Rosenberg, Marshall B.: *Gewaltfreie Kommunikation. Eine Sprache des Lebens.* Überarb. und erw. Neuauflage. Paderborn, Junfermann 2004.
Rosenberg, Marshall B.: *Konflikte lösen durch Gewaltfreie Kommunikation: Ein Gespräch mit Gabriele Seils.* Freiburg, Herder 2004.
Sellin, Rolf: *Wenn die Haut zu dünn ist. Hochsensibilität – vom Manko zum Plus.* München, Kösel 2011.
Skarics, Marianne: *Sensibel kompetent. Zart besaitet und erfolgreich im Beruf.* Wien, Festland 2007.
Wahrig Deutsches Wörterbuch. 7. Vollständig neu bearbeitete und aktualisierte Auflage. Gütersloh / München, Wissen Media 2006.
Willi, Jürg: *Psychologie der Liebe. Persönliche Entwicklung durch Partnerbeziehungen.* Stuttgart, Klett-Cotta 2002.

Artikel

Kitz, Volker; Tusch, Manuel: „Systematisch zum Selbst", in: *managerSeminare*, Heft 157, April 2011.
Leitartikel „Die gestresste Seele", in: *Spiegel* Nr. 6/2012.
Streitbörger, Wolfgang: „Von Natur aus dünnhäutig". Ein Gespräch mit Elaine Aron, in: *Psychologie Heute*, April 2012.

CD / DVD

Hüther, Gerald; Aarts, Maria: *Beziehung wirkt Wunder. Was Kinder und Jugendliche zum Aufwachsen brauchen.* DVD. Ein Vortrag auf dem Aachener Bildungstag „Zündstoff" vom 1. Oktober 2010.
Popper, Karl: *Alles ist nur Vermutung,* Original-Vorträge. Auditorium Netzwerk 2008.

Notizen

Notizen

Hochsensible adäquat begleiten

Ulrike Hensel
Hochsensible Menschen im Coaching
Was sie ausmacht, was sie brauchen und was sie bewegt

Circa 20 Prozent der Menschen gehören zu den hochsensiblen Personen (HSP), die ausgesprochen fein wahrnehmen, gründlich nachdenken und intensiv fühlen. Jeder Coach hat es in seiner Praxis – je nach Ausrichtung mehr oder weniger häufig – unter anderem mit HSP zu tun. Grund genug, sich ein Rüstzeug für eine adäquate Begleitung von HSP zuzulegen, selbst wenn keine Spezialisierung auf diese Zielgruppe beabsichtigt ist.

Das Phänomen Hochsensibilität wird im Buch umfassend erläutert und in seinen vielfältigen Erscheinungsformen und Auswirkungen dargestellt. Die Anforderungen von HSP an den Coach und an das Coaching werden ebenso beleuchtet wie typische Anliegen und Lebensfragen. Coaches erfahren, wie sie HSP erkennen, sich bestmöglich auf sie einstellen und sie effektiv unterstützen können.

240 Seiten, kart. • € (D) 23,00 • ISBN 978-3-95571-416-1
Auch als E-Book erhältlich.

Ulrike Hensel arbeitet selbstständig als Textcoach und Coach für Hochsensible. Selbst hochsensibel, ist es ihr ein Anliegen, Hochsensible in ihrem Selbstwertgefühl zu stärken.

Weitere erfolgreiche Titel:
Ich habe es doch nur gut gemeint
ISBN 978-3-95571-332-4

Coaching for Performance
ISBN 978-3-95571-036-1

Neurolinguistisches Coaching
ISBN 978-3-95571-446-8

www.junfermann.de

Mit Hochsensiblen zusammenleben

Ulrike Hensel

Hochsensible Mitmenschen besser verstehen

Unterstützung für Partner, Familienangehörige, Freunde, Kollegen und Vorgesetzte

Ist Ihr Partner hochsensibel? Ihre Freundin, Ihr Bruder, Ihre Kollegin, Ihr Mitarbeiter? Dann ist dies das richtige Buch für Sie!

Wer mit Hochsensiblen zu tun hat, ist mit einigen Herausforderungen konfrontiert. Von ihm wird erwartet, dass er sich einfühlt in ein Gefühlserleben, das er nicht aus eigener Erfahrung kennt. »Nimm dir das doch nicht so zu Herzen«, »Jetzt mach kein Drama aus der Sache!«, »Was hast du jetzt schon wieder?« – so oder ähnlich kommentieren Menschen aus dem Umfeld die Reaktionen von Hochsensiblen. Damit wiederum fühlen sich Hochsensible verkannt und gekränkt, und so können aus Kleinigkeiten schnell große Probleme entstehen. Wie trotz aller Unterschiede ein erfreuliches Miteinander möglich ist, darüber informiert dieses Buch. Mit ausführlichem Fragebogen »Bin ich hochsensibel?«.

208 Seiten, kart. • € (D) 20,00 • ISBN 978-3-95571-670-7
Auch als E-Book erhältlich.

Ulrike Hensel ist Sachbuchlektorin, Autorin und Coach für Hochsensible. Deren Erlebniswelt kennt sie bestens aus zahlreichen Kontakten und aus eigener Anschauung.
www.coaching-fuer-hsp.de

Weitere erfolgreiche Titel:
Kluge Köpfe, krumme Wege?
ISBN 978-3-95571-426-0
Hochsensible Männer
ISBN 978-3-95571-493-2
Mindfulness – Gelebte Achtsamkeit
ISBN 978-3-95571-671-4

www.junfermann.de

Männer in ihrem Selbstwert stärken

Tom Falkenstein
Hochsensible Männer
Mit Feingefühl zur eigenen Stärke
Mit einem Vorwort von Elaine Aron

„Weichei", „Warmduscher", „Mimose" – der hochsensible Mann ist mit dem gängigen Rollenklischee konfrontiert und wird schnell als unmännlich abgestempelt.

Immer wieder erleben Psychotherapeuten wie Tom Falkenstein, wie diese besonders tiefsinnigen Klienten unter ihrer angeborenen Temperamenteigenschaft leiden. Sie schämen sich für ihre Empfindsamkeit. In seinem Buch beleuchtet der Autor alle Aspekte der Hochsensibilität aus Sicht des Mannes: Merkmale, Angrenzung zu psychiatrischen Diagnosen – und vor allem: den selbstfürsorglichen Umgang mit der eigenen Sensibilität. Zahlreiche Übungen sowie Interviews mit hochsensiblen Männern, die gut mit ihrer Disposition leben, zeigen auf: Das Ziel ist nicht, weniger sensibel zu sein, sondern seine Stärken schätzen und einsetzen zu lernen.

„Ein wichtiges und nützliches Buch, das Druck wegnimmt und praktische Werkzeuge an die Hand gibt. Danke, Tom Falkenstein!"
– Georg Parlow, Autor von „zart besaitet"

224 Seiten, kart. • € (D) 22,00 • ISBN 978-3-95571-493-2
Auch als E-Book erhältlich.

Tom Falkenstein ist Psychologischer Psychotherapeut mit Spezialisierung auf Kognitiver Verhaltenstherapie in eigener Praxis in Berlin.

Weitere erfolgreiche Titel:

Die Stärken der Stillen
ISBN 978-3-95571-340-9

Achtsamkeitsübungen
ISBN 978-3-95571-405-5

Vielbegabt, Tausendsassa, Multitalent?
ISBN 978-3-95571-675-2

www.junfermann.de

Hochsensible wirksam unterstützen

Elaine N. Aron
Hochsensible Menschen in der Psychotherapie

Aufgrund besonderer Eigenschaften ihres Nervensystems nehmen Hochsensible mehr und intensiver wahr als andere Menschen. Dies hat manche Vorteile, führt allerdings auch zu schneller Überstimulation und scheinbar geringerer Belastbarkeit.

Für einen Psychotherapeuten ergeben sich dadurch besondere Herausforderungen. Sein Verständnis für dieses zentrale Wesensmerkmal ist die Grundlage für eine vertrauensvolle Beziehung zu seinen Klienten und für alle Behandlungsziele. Elaine Aron, die Pionierin auf dem Gebiet der Hochsensibilität, führt in das Thema fundiert und kurzweilig ein. Sie erklärt, wie die Lebensqualität sensibler Patienten durch Psychotherapie verbessert und deren Selbstwertgefühl dauerhaft gestärkt werden kann. Die Patienten lernen, welche Vorzüge die Hochsensibilität hat und wie sie mit Problemen umgehen können.

352 Seiten, kart. • € (D) 38,00 • ISBN 978-3-95571-022-4
Auch als E-Book erhältlich.

Elaine N. Aron ist US-amerikanische Psychotherapeutin in eigener Praxis. Sie ist Bestsellerautorin und gilt als Pionierin auf dem Gebiet der Hochsensibilität.

Weitere erfolgreiche Titel:
Die Schatten für immer vertreiben
ISBN 978-3-95571-564-9
Fantasiereisen
ISBN 978-3-95571-491-8
Achtsamkeitsübungen mit Kindern
ISBN 978-3-95571-442-0

www.junfermann.de

Hausapotheke für die Seele

Guy Winch
Emotionale Erste Hilfe
Wie wir mit seelischen Verwundungen im Alltag umgehen können

Auf ein aufgeschlagenes Knie kleben wir ein Pflaster. Was aber unternehmen wir, um die seelischen Verletzungen zu behandeln, die wir im Alltag erleiden? Gleich zum Therapeuten zu gehen ist nicht immer sinnvoll, denn viele seelische Verletzungen sind nicht so schwer, dass sie professionelle Hilfe erfordern.

Dieses Buch ist eine Hausapotheke für die kleineren seelischen Verletzungen, die wir uns im täglichen Leben holen. Guy Winch führt Sie Schritt für Schritt in die Behandlung der häufigsten psychischen Verwundungen ein: Zurückweisung, Einsamkeit, Verlust, Schuldgefühle, Grübeln, Scheitern und ein geringes Selbstwertgefühl – hier lernen Sie, wie Sie mit emotionalen Wunden wirksam umgehen und so zu mehr Resilienz und Selbstvertrauen finden.

240 Seiten, kart. • € (D) 17,00 • ISBN 978-3-95571-485-7
Auch als E-Book erhältlich.

Guy Winch, Ph.D. ist als Psychotherapeut in eigener Praxis tätig. Er ist sehr erfolgreich als Vortragsredner, u. a. für die Organisation TED.

Shopvorteile

- Kostenloser Versand – weltweit!
- Kein Mindestbestellwert.
- Lieferung innerhalb von 1–2 Tagen.
- Zahlung per Rechnung oder PayPal.

www.junfermann.de

Gelassenheit kann man lernen

Doris Iding & Nanni Glück
Immer mit der Ruhe!
Wie Sie Ihr Gehirn zur Gelassenheit erziehen

Ein Ratgeber und Rettungsanker in stürmischen Zeiten. Für Menschen, die spüren, dass sie sich in all dem Multitasking und To-do-Listen-Abhaken selbst verlieren; die Entschleunigung suchen und sich nach innerer Ausgeglichenheit sehnen.

Unterhaltsam, leicht verständlich und doch wissenschaftlich fundiert führen die Autorinnen die Leser in die Funktionsweise des Gehirns ein. Sie bieten viele Tipps, Übungen und Gedankenimpulse, um unser inneres Alarmsystem wieder zu beruhigen.

176 Seiten, kart. • € (D) 20,00 • ISBN 978-3-95571-673-8
Auch als E-Book erhältlich.

Doris Iding ist Meditations-, MBRS-, Achtsamkeits- und Yogalehrerin. Sie arbeitet als Seminarleiterin und gibt Achtsamkeitsseminare in Firmen und mit Privatpersonen.

Nanni Glück hat Markt- und Werbepsychologie studiert und ist Inhaberin der Werbeagentur „ars agendi" in Stuttgart.

Weitere erfolgreiche Titel:
Resilient durch Yoga
ISBN 978-3-95571-566-3
Letzte Zuflucht Firmenklo
ISBN 978-3-95571-748-3
Übungsbuch Resilienz
ISBN 978-3-95571-005-7

www.junfermann.de